VdN

DRESDEN ZUR GOETHEZEIT

Die Elbestadt von 1760 bis 1815

Herausgegeben von Günter Jäckel

Verlag der Nation
Berlin

STADT DER ERINNERUNG

Die Karte
ist an die Wand genagelt,
unterstrichen ein Name,
die unaufgefundene Stadt,
eingezeichnet
Wege dorthin.

Johannes Bobrowski

I

Dresden zur Goethezeit, das scheint ein topographisch und historisch genau beschreibbarer Natur- und Geschichtsraum zu sein: die Kulturlandschaft zwischen dem Elbsandsteingebirge und Meißen; im Zentrum jene Silhouette, deren markanteste Züge das 18. Jahrhundert an den Himmel geschrieben hatte, Brücke, Kuppeln und Türme, die sich im Strom spiegeln; Stadt der Erinnerung an Glanz und festliches Dasein, Zorn und Empörung, an Schutt und Geröll, Scherben und Trümmer; Vineta, dessen Glocken an jedem 13. Februar aus dem Abgrund der Geschichte heraufklingen.

Die kulturgeschichtliche Rekonstruktion der vergangenen Wirklichkeiten befragt Biographien, Memoiren, Briefe, Reiseberichte, zersplitterte Zeugnisse unserer Vorfahren, und sucht sie mosaikartig zusammenzufügen zu Bild und Sinnbild eines Gemeinwesens, das stellvertretend auf unsere Beziehungen zu einer großen Vergangenheit weist. Gewißheit und Mutmaßung müssen sich wechselseitig ergänzen; Wolfgang Hildesheimers Rat in seiner Mozartbiographie, dem Wörtchen «vielleicht» mehr Bedeutung zu schenken, ist zu beachten. Zwar wissen wir viel von den Formen des äußeren Lebens: von Fürstenhof und Ständen, Beamten und Zünften, Künstlern, Gesellen, Tagelöhnern, Schreibern, Lakaien, doch die inneren Bedingungen ihres Menschseins sind wenig erhellt. Wie sah der Alltag in jener berühmten und immer wieder gepriesenen Hauptstadt aus? Wie lebten die etwa 55 000 Menschen vor zweihundert Jahren? Wie verbrachten jene die Feier- und Arbeitstage, die in der Anonymität der literarischen Sprachlosigkeit blieben: die Männer, Frauen und Kinder, die täglich zwölf Stunden in den Manufakturen der Friedrichstadt, den Holzstapelplätzen an der Elbe, den Ziegeleien in der Pirnaischen Vorstadt zu arbeiten hatten; die ewig hungrigen Kinder in den Waisenhäusern, die Kranken, die Soldaten in den Kasernen der Neustadt, für die Prügel

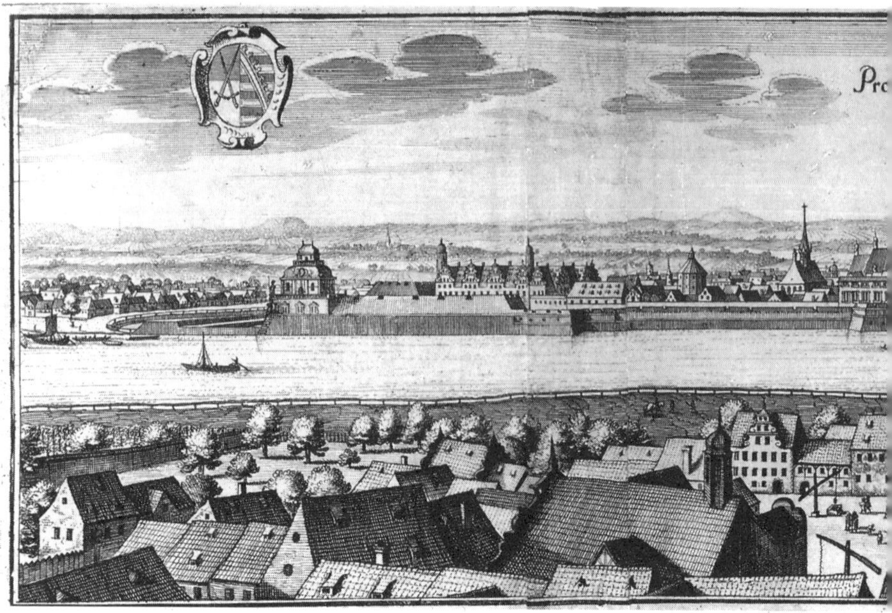

und Spießrutenlauf ständige Erfahrungen waren? Wie haben sie damals mit ihren Kindern gelacht, wovor haben sie sich gefürchtet, worüber geweint? In ihrem Fühlen und Denken werden die meisten dem Mittelalter nähergestanden haben als unserer Zeit: in Glaube und Aberglaube, ihrem Verhältnis zu Autoritäten, den Beziehungen zu Raum und Zeit. Die Herren bestimmten ihr Schicksal, sie waren Diener. Fuhr die kurfürstliche Kutsche durch die Straßen, hatten sie sich zu verneigen; die Last des Tages beugte sie tiefer. Hunger, Seuchen, Kriege, eisige Winter, Hochwasser, Teuerungen bedrohten ihr Leben. Der Tod war ihnen stets nahe. Von zehn Kindern der ärmeren Familien wurden höchstens zwei älter als vierzehn Jahre. Die Welt war eng, sie reichte kaum über die Hügelketten rings um die Stadt. Leipzig war mit der ordinären Postkutsche in 36 Stunden, Berlin in zwei Tagen zu erreichen. Den Erzgebirgskamm zu überqueren war auch für vermögende Reisende ein Wagnis.

Nach heutigem Verständnis war Dresden klein. 1756 hatte es 63 000 Einwohner, Leipzig 30 000, Berlin 113 000. In wenigen Minuten gelangte man von jedem Punkt der Stadt zu den Feldern. «Neben Dir eine Elbe, die aus einem weiten Reiche in das andere fließet» (Jean Paul), «Strom der Zeiten» (Carus), Zwischenreich aus Phantasie und Wirklichkeit, Natur und Schönheit,

Stadtansicht von Dresden 1648

das vor allem die Kunst der Romantik zu sehen gelehrt hatte. Zugleich war die Stadt eine Festung: mit sieben Bastionen in der Altstadt und sechs in der Neustadt, mit mächtigen Wällen und Gräben, je drei Toren, einer berühmten Brücke, der Pöppelmann seit 1731 ihr lange gültiges Gesicht gegeben hatte; in der Altstadt mit Vorstädten, die von einem Palisadenzaun geschützt, deren Zugänge an «Schlägen» überwacht wurden, später im offenen Felde gesichert durch Schanzen, Lunetten, Gräben und Verhaue; militärische Zweckbauten, hinter denen sich die kurfürstlich-königliche Residenz seit den ehrgeizigen und weitdenkenden Entwürfen Augusts des Starken zu einem urbanen Ereignis zwischen Versailles und Warschau, Wien und Kopenhagen verwandelte; geprägt von dem hochgemuten, festlichen Dasein der adligen Gesellschaft, das Voltaire, der die Stadt auch kannte, so beschrieb: «Ganz Europa hatte keine schöneren Tage gesehen als die Tage nach dem Aachener Frieden [1748] bis zum Jahre 1755. Der Handel blühte von Petersburg bis Cadix, die schönen Künste standen überall in Ehren, alle Völker verkehrten miteinander: Europa glich einer großen Familie, die sich nach ihren Zwistigkeiten geeinigt hat.»

Doch am 29. August 1756 fielen preußische Truppen in das politisch nicht schuldlose, rechtlich indes neutrale Sachsen ein. Elf Tage darauf besetzten sie die Hauptstadt, verloren sie drei Jahre später nach erbitterten Kämpfen an die Österreicher, verbrannten die südlichen und westlichen Vorstädte und beschossen im folgenden Jahr die Altstadt und die Pirnaische Vorstadt zwei Julitage lang mit schwerem Geschütz und Brandgranaten. Noch vor dem Ende des Krieges, dem Tod König Augusts III. und seines Premierministers Brühl markierten die Zerstörungen eine Zäsur für Land und Gesellschaft. Der «glänzendste Hof der Welt» war verödet, das mächtige und fleißige Gewerbeland im Herzen Europas verarmt und verwüstet. Die Trümmer, die der achtzehnjährige Goethe vom Turm der Frauenkirche sah, waren Zeichen und Zeugnis für das Ende des augusteischen Barocks, für das endgültige Ausscheiden Sachsens aus dem Kreis der großen europäischen Mächte. Die Stadt hatte noch 40 000 Einwohner. «Dresden ist nicht mehr ganz vorhanden», schrieb ein Augenzeuge jener Tage. «Sein Schönstes und Bestes liegt in Asche. Seine größten Paläste und Straßen, wo Kunst und Pracht miteinander um den Vorzug stritten, sind Steinhaufen; die Haupt- und Kreuzkirche nebst deren Turm haben Feuerkugeln und Bomben ruiniert. Die reichsten Einwohner sind arm geworden, denn was ihnen noch das Feuer übriggelassen, hat ihnen der Raub genommen. Viele sind von denen Flammen verzehret und verbrannt, viele sind von dem feindlichen Geschütze und eingefallenen Mauern wo nicht umgekommen, doch hart beschädigt worden. So sieht das ehemalige prangende Dresden jetzund in seinen Ringmauern aus. Wirft man einen Blick auf die Vorstädte — o was vor Verwüstung und öde Plätze sieht man nicht allda. Hier hat der Feind durch dreimalige Abbrennung derselben vollends den Garaus gemacht ... Wer diese Residenz ehedem in ihrer Zierde und ihrem Flor gesehen und selbige nunmehr betrachtet, müßte kein menschlich Herz haben, wann er bei ihrem jetzigen bejammernswerten Zustande nicht auf die äußerste Art gerührt und zu mitleidigen Tränen bewogen werden sollte.»

«Dresden zur Goethezeit» ist freilich eher eine vom Herausgeber gewählte Metapher als eine historische Kategorie: nicht nur Versuch einer Rekonstruktion vergangener Lebens- und Gesellschaftsformen, sondern zugleich Konstruktion von Texten zu einem Abbild möglicher Wirklichkeiten, die im Grenzbereich von Kunst und Geschichte angesiedelt sind und über ihre dokumentarische Glaubwürdigkeit hinaus auf ein ästhetisches Anliegen verweisen. Episodisches und Anekdotisches als Grundgerüst der Ordnung soll nicht einfach illustrieren, sondern Allgemeines hervorheben; stets ist die Kraft der Imagination herausgefordert, wenn Vergangenheit lebendig werden soll. Auswahl und Arrangement, ergänzt durch Anmerkungen und Zeittafel, streben in thematischen Querschnitten eine kulturgeschichtliche Spurensicherung an, die mit einer wissens- und erfahrungsbegründeten Kompetenz des aktuellen

Lesers rechnet. Einer einfachen Chronologie wollen sich die Texte nur bedingt unterwerfen. Gegenüber aller Anfechtbarkeit solch einer subjektiven Inszenierung aus einem kaum ausschöpfbaren Quellenmaterial ist das Bemühen zu betonen, in wechselseitiger Erhellung der Belege Dresden als kulturgeschichtliches Ereignis so zu begreifen, daß Grundmuster des späten 18. und frühen 19. Jahrhunderts sichtbar werden, Lokales und Alltägliches als Oberflächenschicht des Historischen aus dessen epochaler Tiefenstruktur zu verstehen ist. Aus Einzelfällen oder deren Bündelungen zu Gemeinsamkeiten oder Gegensätzlichkeiten sollen Bilder von Hoffnungen oder Betroffenheiten Gestalt gewinnen; Durchblicke auf die Gegenwart, freilich nicht als vordergründige Identifizierungen.

Die Jahre zwischen 1760 und 1815 sind Markierungspunkte, die um thematischer Abrundungen willen gelegentlich überschritten werden: das Ende des augusteischen Zeitalters im Zeichen der großen Demütigung vom Juli 1760 und das Ende der napoleonischen Ära, mit der Dresden auf enge und zuletzt tragische Weise verknüpft war. Mitte und geistiges Kraftfeld ist die Französische Revolution. Noch in der Form eines spätbarocken Hoffestes zu Napoleons vierundvierzigstem Geburtstag empfing die Stadt am 10. August 1813 einen fernen Widerschein dieses Epochenereignisses.

II

Entstanden um 1200 aus einem sorbischen Fischerdorf, das an einem günstigen Elbübergang lag, war Dresden schon 1216 als Stadt erwähnt. Die Burg des Markgrafen von Meißen an der Erhebung des Taschenberges wurde 1287 durch eine steinerne Brücke ergänzt. Dadurch konnten die Handelswege kontrolliert werden, die Böhmen mit Meißen, Nürnberg mit Krakau verbanden. Der Markt am Schnittpunkt der städtischen Ost-West- und Nord-Süd-Achsen behielt bis 1945 seine alte Form; an seiner Südostecke öffnete sich ein zweiter Platz mit der Pfarrkirche (ab 1499 Kreuzkirche). Mit Ausnahme eines älteren Teils um die Frauenkirche (Altdresden) schützte seit 1299 eine Mauer die Siedlung. Seit 1485 ständiger Sitz der albertinischen Linie des Hauses Wettin, wurde Dresden 1547, nachdem Herzog Moritz die Kurwürde erlangt hatte, Hauptstadt des mächtigsten protestantischen Landes im alten deutschen Reich. Fast zur gleichen Zeit begann man, den mittelalterlichen Mauerring durch Wälle mit Bastionen zu ersetzen. Seit 1591 war der historische Kern der Stadt zugleich eine moderne Festung, die bis etwa 1826 von ihren Vorstädten abgegrenzt war.

Das rechtselbisch gelegene Altendresden, 1685 nahezu vollständig abgebrannt, erhielt als Neue Königsstadt unter August dem Starken seine endgültige, bis heute erkennbare Gestalt. Mit dem Zwinger, dem Taschenbergpalais, dem Japanischen Palais und dem im Großen Garten, mit einer städtischen Gesamtplanung und straffen Bauordnung entfaltete sich die augusteische Barockarchitektur zu bislang nie gekannter Pracht und Geschlossenheit. Zwar verlor das seit 1697 von einem katholischen Kurfürsten und König von Polen regierte Sachsen die Führung der evangelischen Reichsstände an Preußen, gewann aber Anschluß an die große europäische Kunstbewegung der Gegenreformation. Auf seiten des Hofes bedeutete das keinerlei Intoleranz, wie es die lutherische Orthodoxie gern behauptete. Auch Juden erhielten einen Gebetsraum. Im Todesjahr Augusts des Starken wuchsen die Ringmauern des monumentalsten aller protestantischen Kirchenbauten langsam über die Dächer des Neumarktes empor. Erst als sich die im deutschen Architekturraum einzigartige Kuppel der Frauenkirche schloß und fünf Jahre nach George Bährs Tod von einer Laterne gekrönt wurde, stieg auch der filigrane Turm der katholischen Hofkirche zum Himmel, wollte im Zeitalter der Aufklärung noch einmal die Idee der Gegenreformation Gestalt gewinnen in den überlebensgroßen Heiligen, die das Turmgeschoß und die beiden Kirchenschiffe säumen. Zu einer politischen Macht konnten sie nicht werden.

Es mag heute in Erstaunen setzen, daß – im Unterschied etwa zu den Gemälden von Johann Alexander Thiele um die Mitte des 18. Jahrhunderts – die Beschreibungen «der vorzüglichsten Merkwürdigkeiten» die Stadt nur als eine vernünftige, zweckmäßige Ordnung preisen und wenig zu wissen scheinen von der damals einzigartigen Harmonie des urbanen mit dem natürlichen Raum. 1718 erschien dem preußischen Gesandten Johann Michael von Loen, Goethes Großonkel, Dresden als «ein bloßes Lustgebäude ... Ein Fremder hat fast ein paar Monate zu tun, wenn er alles, was dieser Ort Schönes und Prächtiges hat, in Augenschein nehmen will.» Damit ist ein Grundmuster für Reiseberichte angedeutet, die nahezu ein Jahrhundert variiert werden: Hof und Kirchen, Galerie, Skulpturen-, Münz- und Porzellansammlungen, die Mengsschen Gipsabgüsse, ferner Musik, Oper, Theater, die Brühlsche Terrasse, der Zwinger, die Brücke sind feste, in Briefen und Büchern stets gepriesene Topoi. Aus der näheren Umgebung galt es zu sehen: Pillnitz – seit 1765 Sommersitz der kurfürstlichen Familie –, den Borsberg, die Sächsische Schweiz (so von den Schweizer Malern Graff und Zingg zuerst benannt), den Plauenschen Grund und Tharandt, den Königstein und Meißen. Stadtbeschreibungen, die in ihrer Systematik zu einem aufgeklärten touristischen Verhalten anleiten wollten, betonen, daß die «Stadt nach wahren und echten

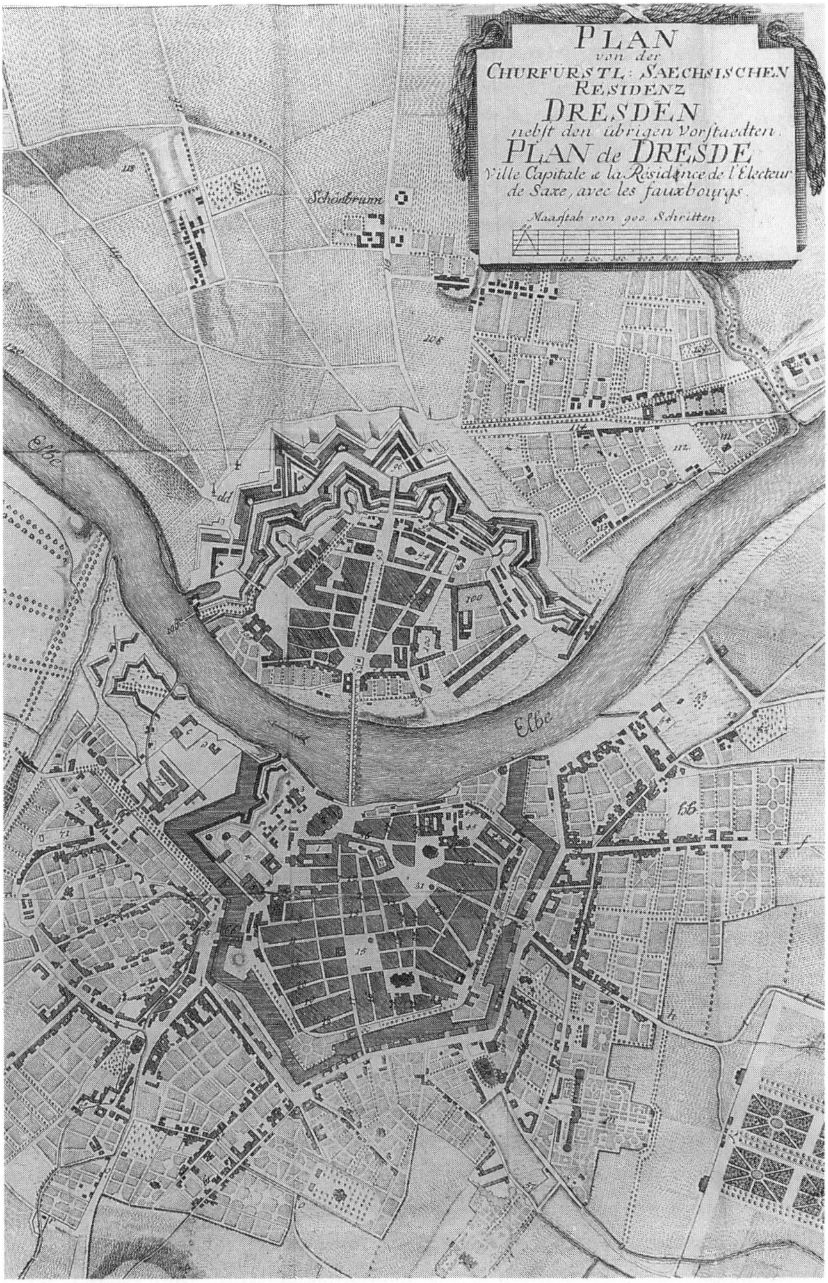

Plan von der kurfürstlich sächsischen Residenz Dresden (Ausschnitt)

Grundsätzen der Polizei eingerichtet ..., Kirchenverfassung und die Regierung den vernünftigsten Grundsätzen der allgemeinen Rechte» entsprächen. Ebenso rational geordnet erscheint die Natur: «unreine Dünste» beseitigt der Elbstrom, Waldungen befinden sich in gehöriger Entfernung, Berge «stellen dem Auge ein entzückendes Amphitheater dar» (Weinart). Daniel Chodowiecki gibt 1773 in seinem französisch geschriebenen Tagebuch und im «Journal, gehalten auf eine Lustreyse von Berlin nach Dresden» vom Juni 1789 ein gelassenes, an Anschaulichkeit der Detailschilderung kaum übertroffenes Bild der Außenwelt und zugleich Kenntnis von seiner Art zu reisen, zu berichten, zu zeichnen. Christian Kosegarten ist 1801 ähnlich genau, doch erschöpft sich die systematische Schilderung seiner «Freuden in Sachsen» gelegentlich in spätempfindsamen Schwärmereien und den stereotypen Wahrnehmungsmustern einer von Klischees bestimmten Reiseliteratur.

In den aufklärerisch auf Bildung, Wissen und Belehrung ausgerichteten Reiseberichten verbindet sich äußere Authentizität, die dem Informationsverlangen des Lesers Rechnung trägt, eng mit der Subjektivität des Berichterstatters. Johann Kaspar Riesbeck hat als Fußwanderer (wie später Johann Gottfried Seume) nicht nur der üblichen Reiseform mit Pferd oder Wagen ein anderes Erfahrungsmuster entgegengestellt, sondern zugleich die literarische Konvention im Rollenspiel eines «reisenden Franzosen» auf eine leicht durchschaubare Weise verfremdet. Doch erst Friedrich Georg Rebmanns «Wanderungen und Kreuzzüge durch einen Teil Deutschlands, von Anselm Rabiosus dem Jüngeren» bedeuten den eigentlichen Höhepunkt der aufklärerischen Reiseliteratur; Dresdnische Umrisse gleichsam — in unbewußter, aber bezeichnender geistiger Verwandtschaft zu Georg Forsters «Parisischen Umrissen» — machen den gewichtigsten Teil des Buches aus; vordergründige Informationen werden hier gegenüber einer kritischen Reflexion der Dresdner Lebenswirklichkeit zurückgestellt; die Weite des Horizonts bekundet sich in einer satirischen, oft sarkastischen Darstellung. Erst im Vormärz sind die sozialen Verhältnisse wieder so genau erfaßt worden wie in diesem Buch, das 1796, fern zensorischer Bevormundungen, im dänischen Altona erschien.

Demgegenüber ist für die aufgeklärte Kurländerin Elisa von der Recke die Elblandschaft eher ein Reizmoment des empfindsamen Herzens als unmittelbar vergegenständlichtes Naturereignis, geschweige ein soziales Phänomen. Die Tempel und Statuen im Seifersdorfer Tal, Sonnenuntergänge, die sie in Körners Loschwitzer Weinberg beobachtet, sind ihr, die 1787 den Geisterseher Cagliostro in einer aufsehenerregenden Schrift entlarvte und die dem Republikaner Seume während seiner Krankheit beistand, Bilder einer Welt, die von den literarischen Mustern der Empfindsamkeit bereitgestellt wurden.

III

Dresden als ein im augusteischen Barock begründetes Weltereignis der Kunst, die südliche Stadt im Zauber einer Stromlandschaft, die Maler und Dichter zu immer neuen Abbildern herausforderte — und Enge, Armut, Zurückgebliebenheit, geistige Bedürfnislosigkeit im Alltag breiter kleinbürgerlicher und plebejischer Schichten: fast stereotyp ist die Reiseliteratur zwischen der Französischen Revolution und dem Maiaufstand von 1849 von diesen gegensätzlichen Erscheinungen bestimmt. Kunstgespräche stehen neben Publikumsbeschimpfungen, das Lob der Freude und Freundschaft neben zaghaften Äußerungen des Ungehorsams.

Seit den glücklosen militärischen Unternehmungen Augusts des Starken und seiner Nachfolger war es stets das Geschick dieses fleißigen und reichen Landes, auf seiten der Besiegten zu stehen: von 1700 bis 1706 im Nordischen Krieg gegen Karl XII. von Schweden, der das Land schwer heimsuchte und dem König die polnische Krone für Jahre nahm; 1744/45 im Zweiten Schlesischen Krieg, der mit der Schlacht bei Kesselsdorf vor den Toren Dresdens endete. Im Siebenjährigen Krieg starben gegen 100 000 Einwohner des Landes, das die Hauptlast der gegen Preußen Verbündeten zu tragen hatte. Die unmittelbaren Schäden betrugen etwa 50 Millionen Taler, der Gesamtverlust das Doppelte. Allein die 226 Bürgerhäuser, die bei der Beschießung Dresdens im Juli 1760 abgebrannt waren, wurden auf 1 176 405 Taler geschätzt. Sechs Jahre nach dem Frieden von Hubertusburg sollen an der großen Hungersnot und ihren Folgen 70 000 Menschen gestorben sein — fast jeder zwanzigste Einwohner. Noch war die Kartoffel hier nahezu unbekannt. Gegen Diebesbanden in der Dresdner Heide mußte im März 1773 ein ganzes Regiment Soldaten eingesetzt werden; ein Jahr zuvor war dort der königliche Küchenwagen nach Rückkehr von der Jagd ausgeplündert und das silberne Jagdservice im Wert von 4 000 Talern gestohlen worden. Im Frühjahr 1784 verwüstete eine mächtige Flutwelle große Teile des Elbtals. Am Zwinger stand das Wasser einen Meter hoch, in der Friedrichstadt und Teilen der Neustadt bis 2,80 m.

Ein Regime der Sparsamkeit und Wirtschaftlichkeit suchte nach dem Tode König Augusts III. und seines Ministers Brühl im «Retablissement» den Folgen des Siebenjährigen Krieges und der Naturkatastrophen zu begegnen. Der Verzicht auf die polnische Königskrone, Verwaltungsreformen und Sparmaßnahmen bei Kunst und Militär verbanden sich mit der Förderung von Manufakturen, dem Bergbau und Handel. 1773 noch betrugen die Zinsen für die Staatsgläubiger 27,5 % der Einnahmen. Nur allmählich konnten in Dresden

Die neue Anlage auf dem Walle

die Kriegsschäden beseitigt werden. Das Landhaus unter Friedrich August Krubsacius und der Wiederaufbau der Kreuzkirche (bis 1792) waren die bedeutendsten öffentlichen Bauvorhaben. Die Trümmer des Brühlschen Belvederes, das Friedrich II. von Preußen zerstören ließ, lagen bis 1814 im Ostteil der verwilderten Terrasse; der Zwinger, im Siebenjährigen Krieg Holzstapelplatz, seine Säle Magazine der preußischen Truppen, blieb lange verwahrlost; dem klassizistischen Kunstempfinden war seine barocke Formensprache ebenso fremd wie dem romantischen. Bis 1782 enthielt er die königliche Bibliothek. Eine Bretterwand trennte seine Elbfront von den etwa vierzig kleinen Häuschen, Schuppen, Remisen des Italienischen Dörfchens, die sich um das Morettische Theater (von 1769 bis 1841 Opern- und Schauspielhaus) gruppierten und von einer Kastanienallee durchzogen waren. Fleiß und Tatkraft zeigten sich bei der Bewältigung sozialer Maßnahmen, nicht zuletzt in der Volksbildung. Ein weithin aufgeklärtes Beamtentum aus Vertretern des Adels und der Bürgerschaft stieß indes auf ständige Vorbehalte des konservativen, obschon redlich denkenden Kurfürsten und seines einflußreichen Beraters Graf Marcolini. Die Reglementierung eines sich aufgeschlossen dünkenden Polizeistaates – Vernunft ohne Aufklärung – verzögerte den wirtschaftlichen Aufstieg, indem jeder Elan gehemmt wurde.

Nimmt es Wunder, wenn in dem verarmten, politisch zurückgesetzten Land die dünne kulturprägende Schicht von den provokanten Appellen der neuen Kunst wenig berührt wurde? In Leipzig hatte der sanfte Christian Fürchtegott Gellert seine lehrhaften, ehrlich gemeinten Botschaften von bürgerlicher Tugend und Moral verkündet; der Obersteuerrat Rabener, in Dresden als gottlos verschrien, suchte seine Moralsatiren vorsichtig in den Grenzen des Erlaubten zu halten. Schon zuvor, 1749, hatte Christian Ludwig Liscow als Sekretär des Grafen Brühl seine dreiste Kritik an der sächsischen Mißwirtschaft mit Haft und Amtsentzug zu büßen gehabt.

Am 30. November 1760, während preußische Truppen wieder gegen Dresden vorrückten, starb im nahe gelegenen Dorf Laubegast arm und vergessen Friederike Caroline Neuberin, eine der bedeutendsten Schauspielprinzipalinnen der Aufklärungszeit. Gemeinsam mit ihrem Mann und gefördert von dem Professor Johann Christoph Gottsched hatte sie in der weltoffeneren Handelsstadt Leipzig versucht, eine Reform des deutschen Theaters einzuleiten. Lutherische Orthodoxie und Frömmelei, Poesie als Exemplifizierung von Religion und Moral begrenzten zumal in Dresden den literarischen Erwartungshorizont eines in hausbackener Nüchternheit erzogenen Lesepublikums. Die Debatte um Goethes «Werther» – beunruhigender Einbruch des Freitodes in scheinbar gesicherte Bezirke des kirchlich verwalteten Christentums – zeigte die engen Grenzen des hauptstädtischen Kunstverständnisses und der offiziellen Toleranz. Auch später blieb kaum ein modernes Theaterstück ohne oft groteske Eingriffe der Zensur. 1802 durfte in Schillers «Jungfrau von Orleans» auf der Bühne nicht gebetet werden; um den französischen Gesandten zu schonen, mußte von «Feinden» statt von «französischen Weichlingen» gesprochen werden.

Grund genug, daß Schiller und Rebmann, Jean Paul, Caroline Schlegel, Johanna Schopenhauer, Gottfried Seume bittere Worte fanden über die subalternen Hofbeamten, die Hofchaisenträger, königlichen Hofbettschreiber, Hofzuckerbäcker und Militärs – das «gekrümmte Schranzenvolk», «ein seichtes, zusammengeschrumpftes, unleidliches Volk», die «trübseligen, unglücklichen, entmenschten Gesichter» –, die, anders als in der Handelsstadt Leipzig, hier das Klima des öffentlichen Lebens bestimmten. Die Unterdrückten, die Gedemütigten, die Zornigen und Ungehorsamen, die Gesellen und Tagelöhner, jene, die weitgehend in der Sprachlosigkeit des Außerliterarischen blieben, in dunklen Wohnungen, Höfen, engen Straßen lebten, in den vom Feind zuerst bedrohten und verbrannten Vorstädten, bemerkten sie kaum. Dies vermochten nur jene, die immer hier gelebt und den Alltag von unten erfahren, nicht von außen betrachtet hatten. Gustav Nieritz hat am genauesten hingesehen. Sein sozialer und poetischer Standort war die Armenschule. Dort wohnte die Familie, dort war sein Vater schlecht bezahlter Lehrer, von dort empfing er die prägenden Erfahrungen seines Lebens. Von dort aus konnte er die Tiefenschichten im sozialen Leben der Stadt erkunden, wie sie weder dem acht Jahre jüngeren Ludwig Richter und Wilhelm von Kügelgen noch dem eine Generation älteren Friedrich Schulze (Laun) oder Woldemar Hottenroth zugänglich waren. — Rebmann berichtet, daß um 1791 von fünf Dresdner Kindern eines unehelich geboren war. Wie lebte eine solche Mutter, deren Not die moderne Literatur eben in dramatischen Szenen als Aufstand des bürgerlichen Bewußtseins und der Menschenrechte entdeckt hatte?

Mit dem politischen Niedergang Sachsens hängt wohl auch jener bemerkenswerte Wandel im Sprachempfinden zusammen. Das Obersächsische, Sprache im Kernland der Reformation und in seiner Schriftsprachlichkeit Träger des über Jahrhunderte bedeutsamsten literarischen Ereignisses, der Lutherbibel, 1731 noch von Johann Gottfried Schnabel als vorbildlich angesehen, wurde nun seiner Vormachtstellung beraubt. Kaspar Riesbeck kam in den siebziger Jahren vom Süden über den Kamm des Erzgebirges ins Elbtal. Hier, wo Johann Adelung, Bibliothekar, Historiker und Philologe, dem Meißnischen noch einmal zu wissenschaftlichem Glanz verholfen hatte, hörte er «zum erstenmal ... das gemeine Volk verständig Deutsch sprechen; denn durch ganz Schwaben, Bayern und Östreich spricht man ein Jargon, das einer, der das Deutsch von einem Sprachmeister gelernt hat, ohne besondere Übung unmöglich verstehen kann. Nun bin ich erst in dem eigentlichen Deutschland.» — Franz Grillparzer reiste etwa fünfzig Jahre später auf dem gleichen Weg. Im Sächsischen hörte er eher das Quäken von Fröschen und das Mähen von Schafen. Dresden schrieb er mit zwei «ä».

IV

Sparsamkeit und Genügsamkeit, Ruhe und Beschränktheit schienen nach den zurückliegenden Erschöpfungen das Leben der Bürger zu bestimmen. Stets war ihre Ergebenheit größer als der Zorn. Das zwanzigjährige Regierungsjubiläum des Kurfürsten Friedrich August III. zeigte im Mai 1788 eine völlig unangefochtene Feudalordnung, in der unter der «väterlichen» Leitung des Fürsten die landtagsfähigen Städte und der Adel regierten. Er, musikalisch und botanisch hoch gebildet, gerecht, sparsam in seiner Hofhaltung, ein tatenarmer Grübler, wie ihn das Denkmal Ernst Rietschels von 1843 (mit dem Sockelentwurf Gottfried Sempers) zeigt, lebte ohne alle Beziehung zu seinen Untertanen, mit denen er — anders als sein berühmter und populärer Urgroßvater — nie sprach. Er kannte keine so schändlichen Praktiken wie etwa der

Landgraf Friedrich II. von Hessen-Kassel, der damals 19 400 junge Männer an England verkaufte. Den weitverbreiteten Soldatenhandel gab es in Sachsen nicht. Die Tortur wurde abgeschafft. Doch was Goethe später in seiner Schrift «Über literarischen Sansculottismus» (1795) sagte, galt auch für die Mikrostruktur des geselligen Lebens in Dresden. Es gab keine homogene Öffentlichkeit, keine Trägerschicht für Kunst außer der vom Hof akzeptierten; es be-

Zeugnis des Maurerhandwerks zu Dresden

standen eine Reihe «Sozietäten», Zirkel, Kreise, Gesellschaften, Kränzchen, die sich begegneten, berührten oder ausschlossen. Ein säuberlich geschiedenes Nacheinander von Aufklärung, Sturm und Drang, Klassik und Romantik, wie es Ordnungsschemata der Literaturgeschichte gern suggerieren, hat es freilich nie gegeben — am wenigsten um 1790 in einer Stadt von etwa 55 000 Einwohnern. Nicht nur der schmale Raum der hauptstädtischen Festung, sondern der spärliche Prozeß der Kunstkommunikation selbst schuf eine Gleichzeitigkeit der Richtungen, die sich in Zuneigung oder Abneigung,

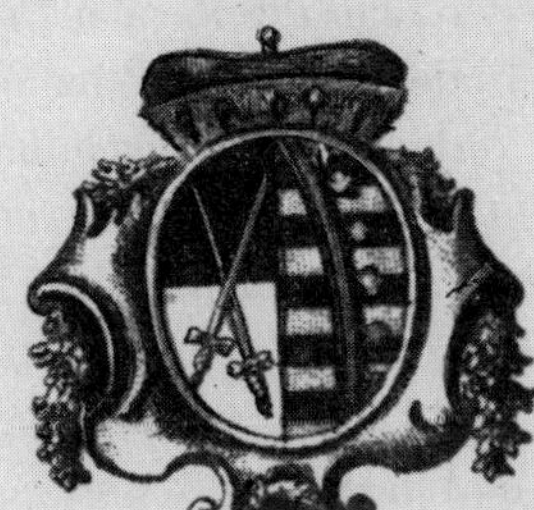

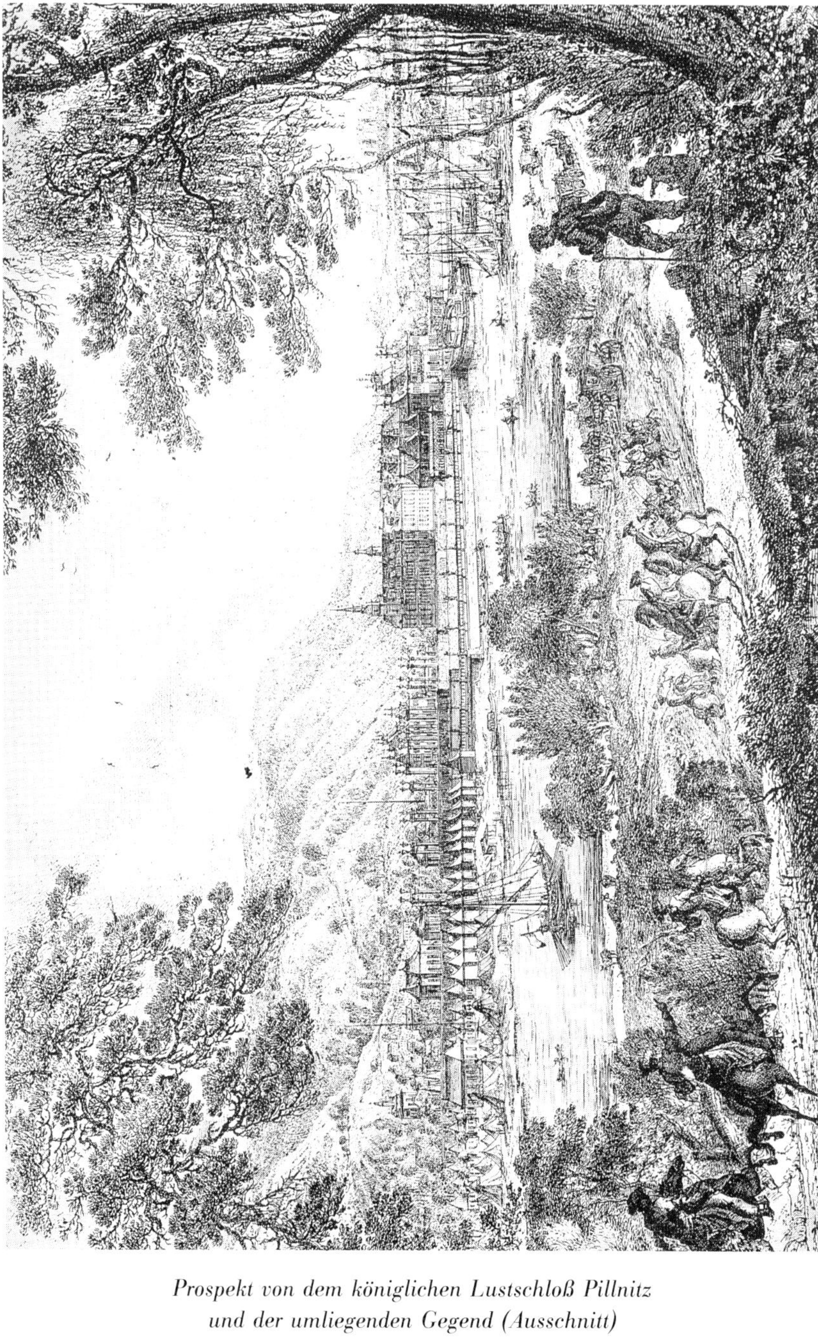

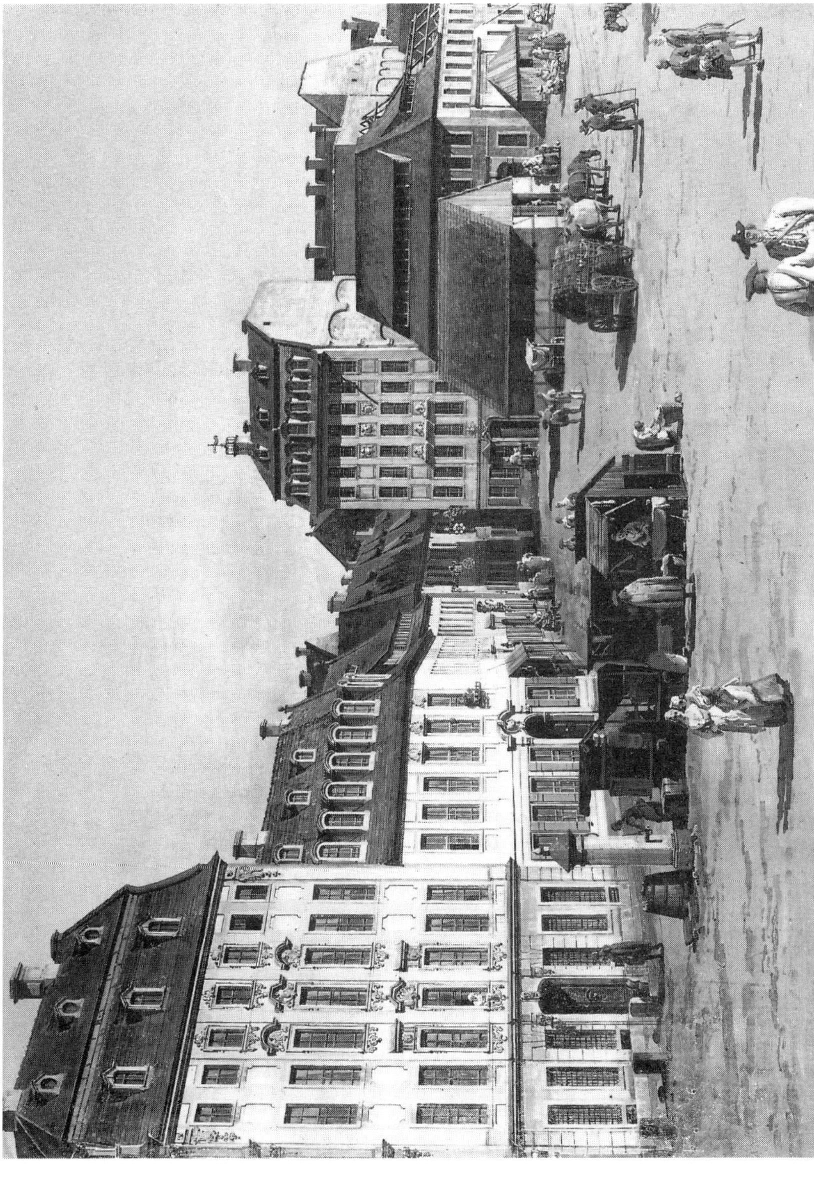

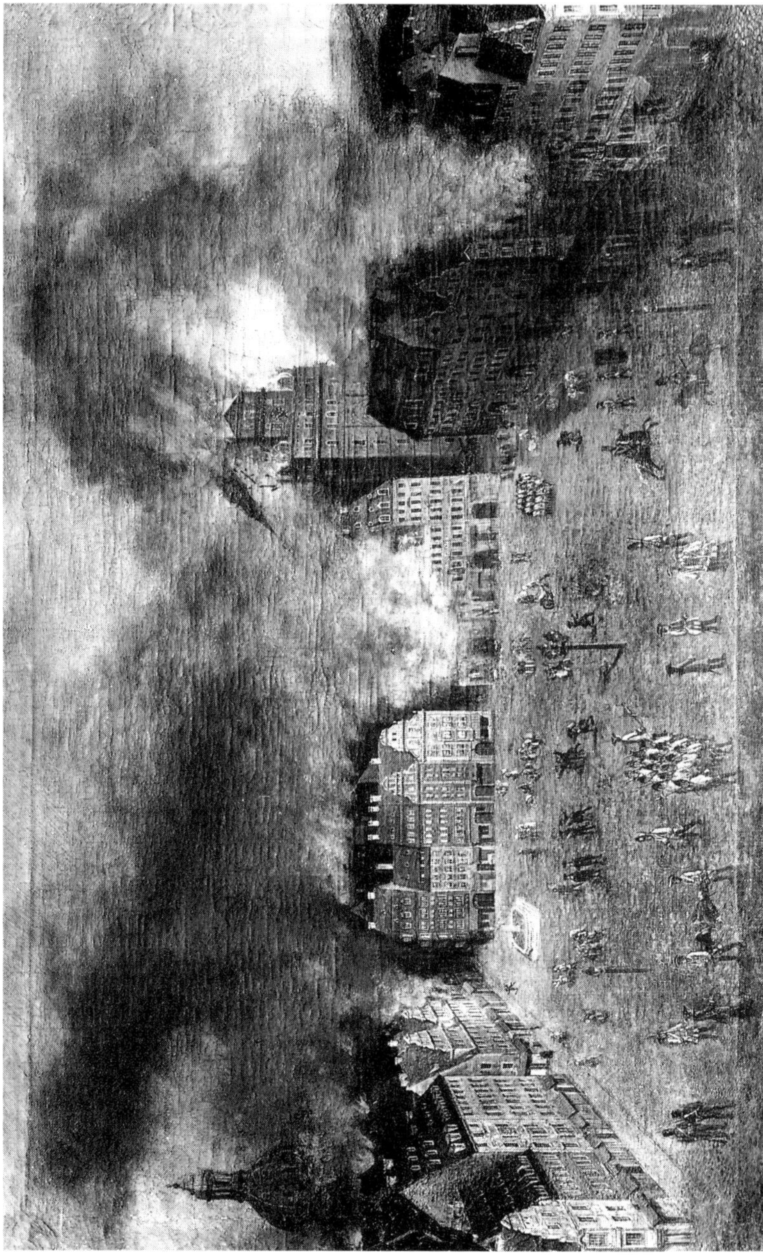

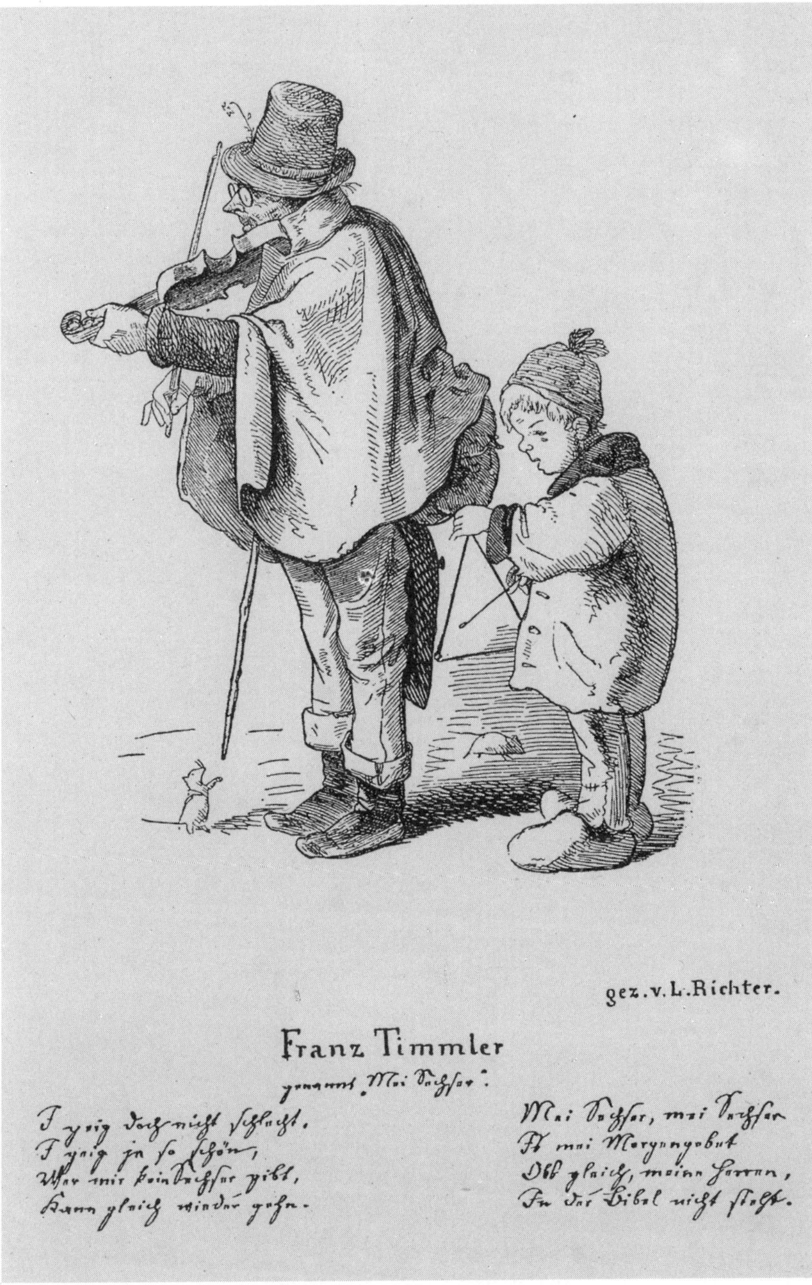

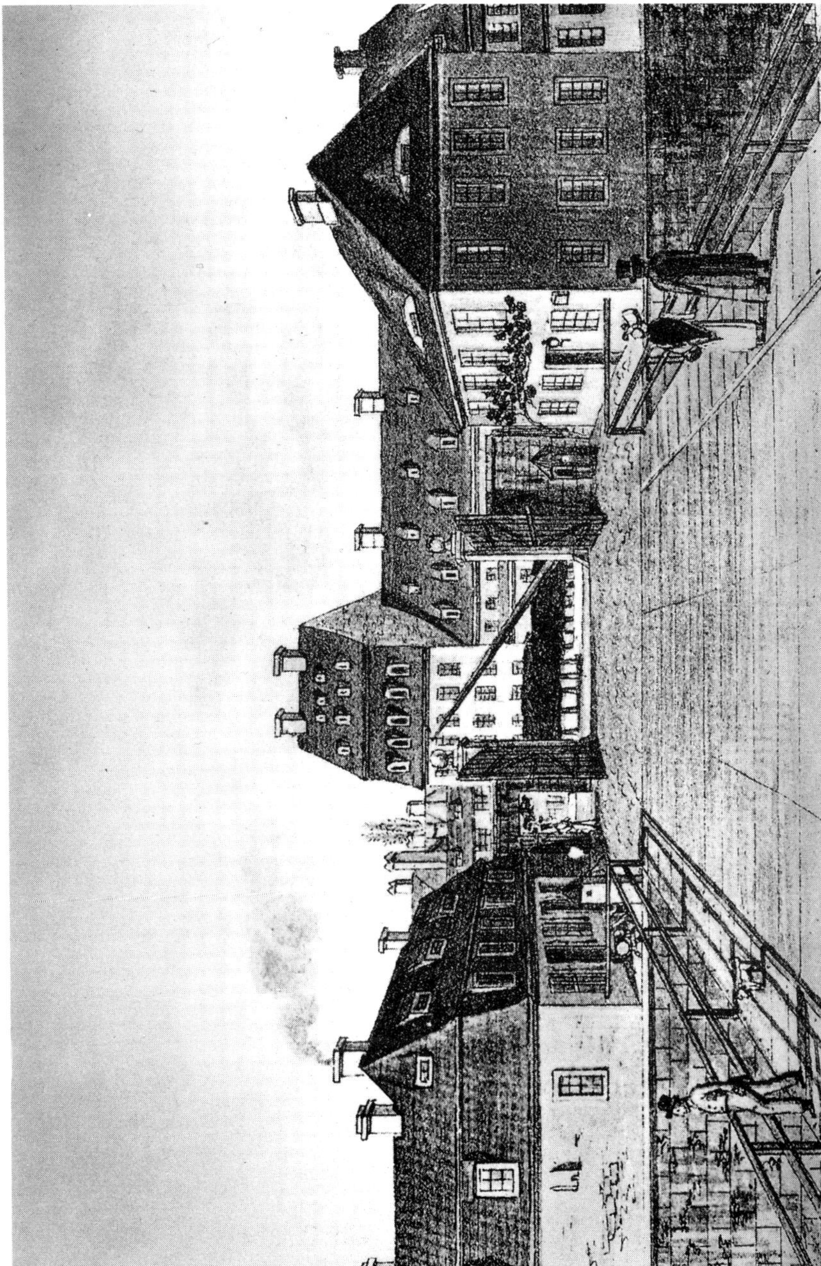

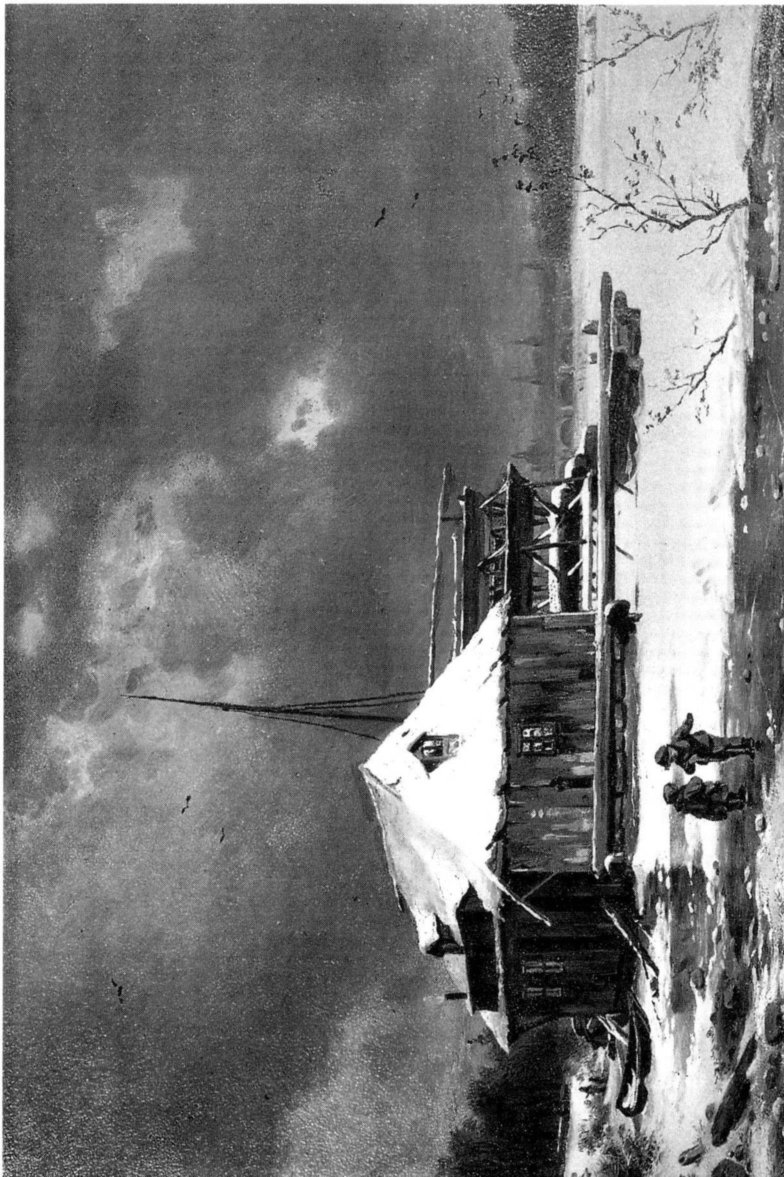

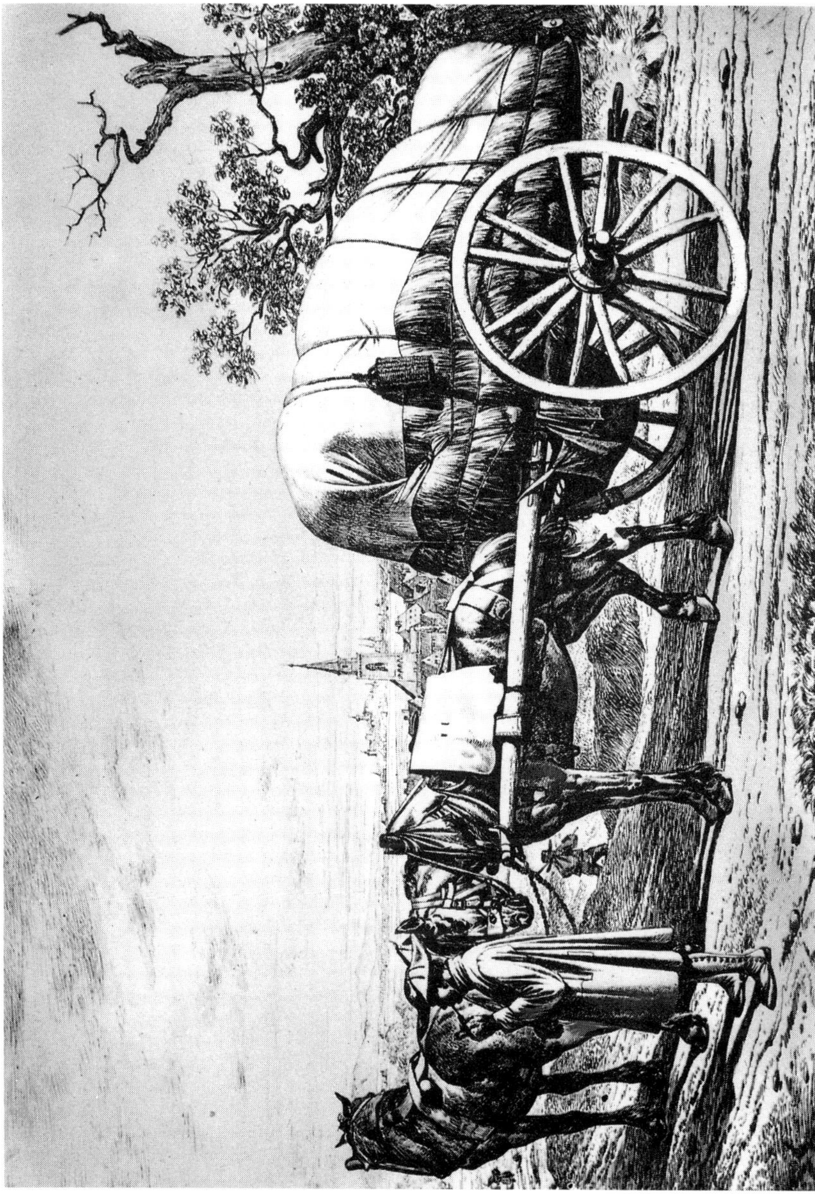

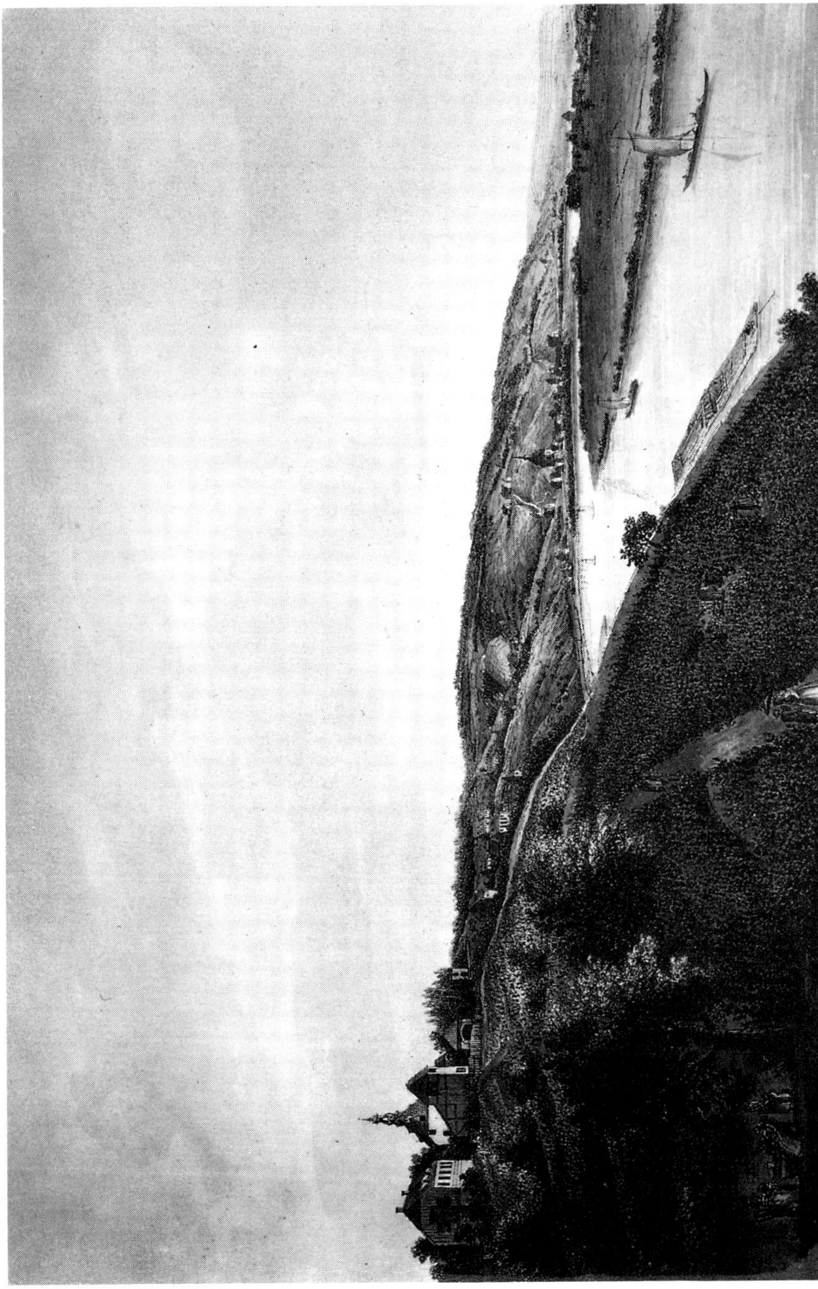

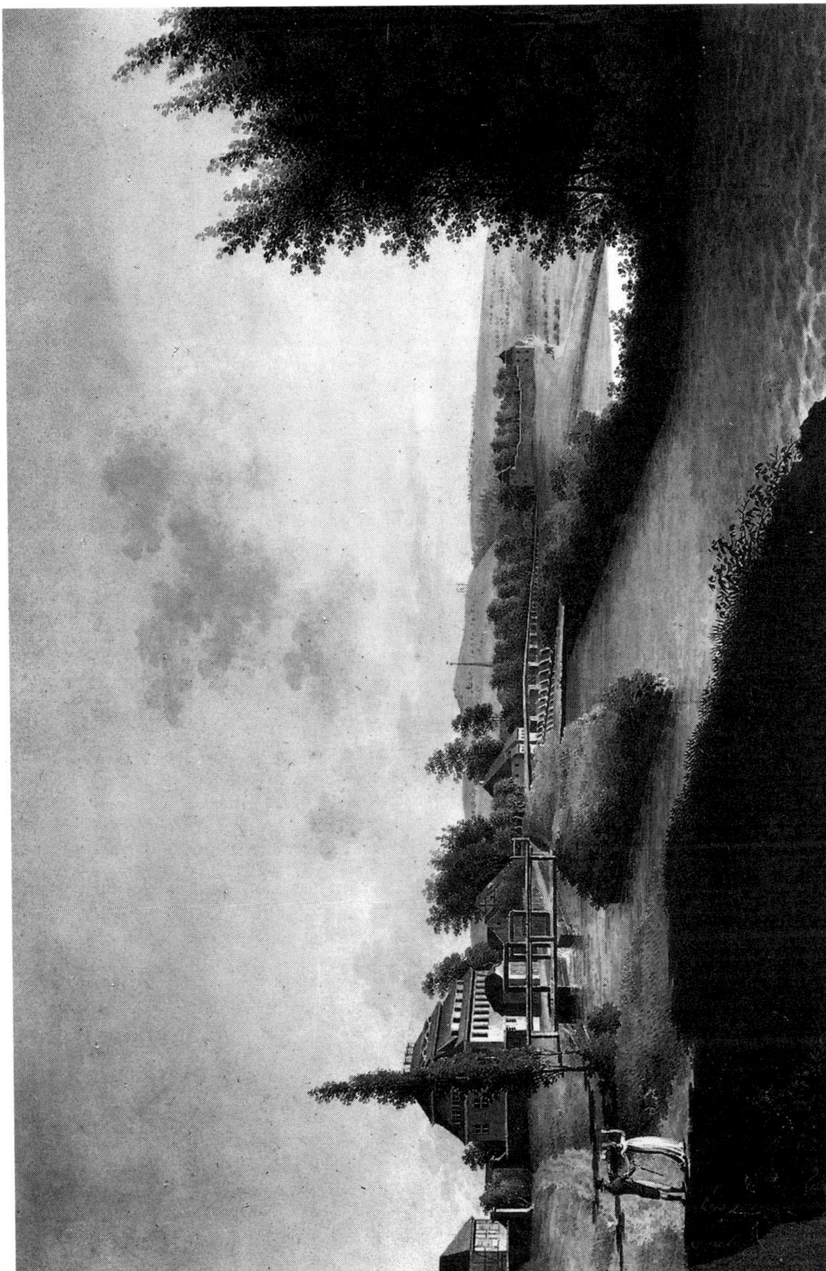

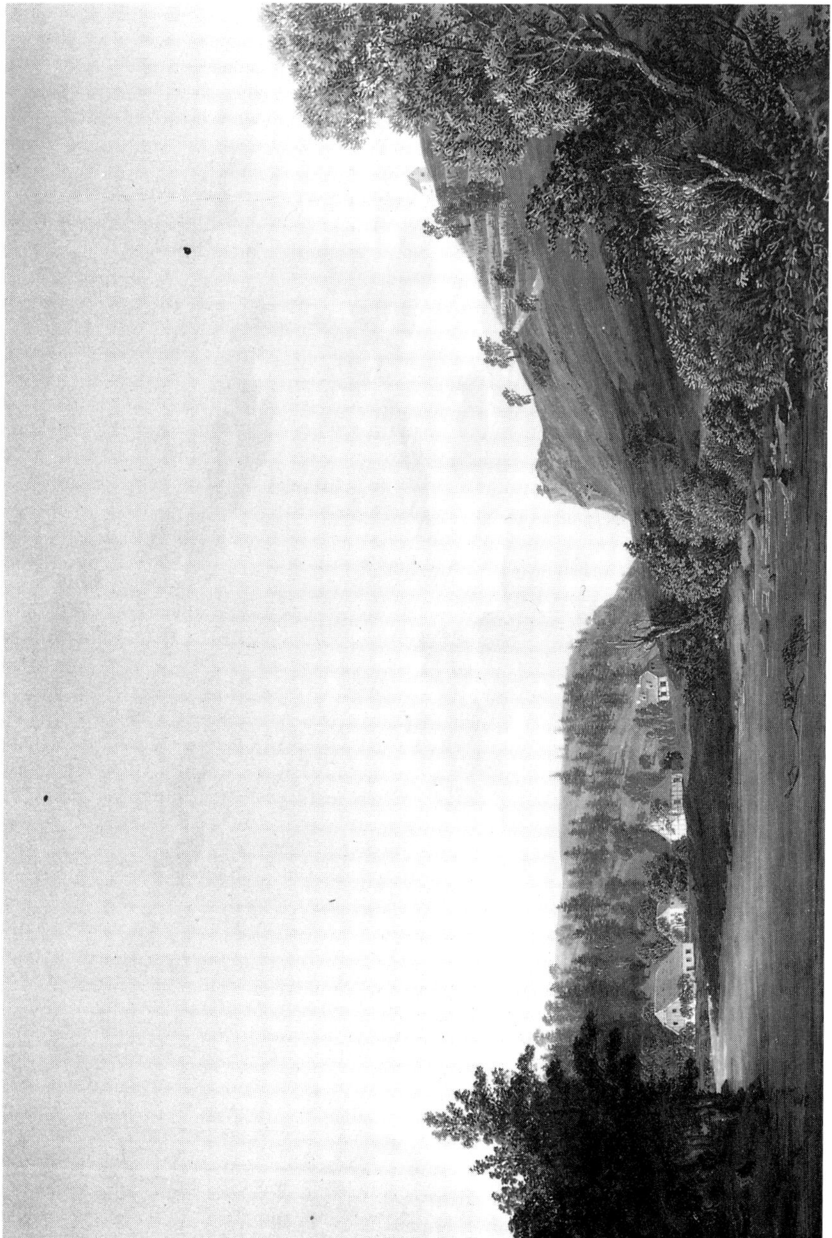

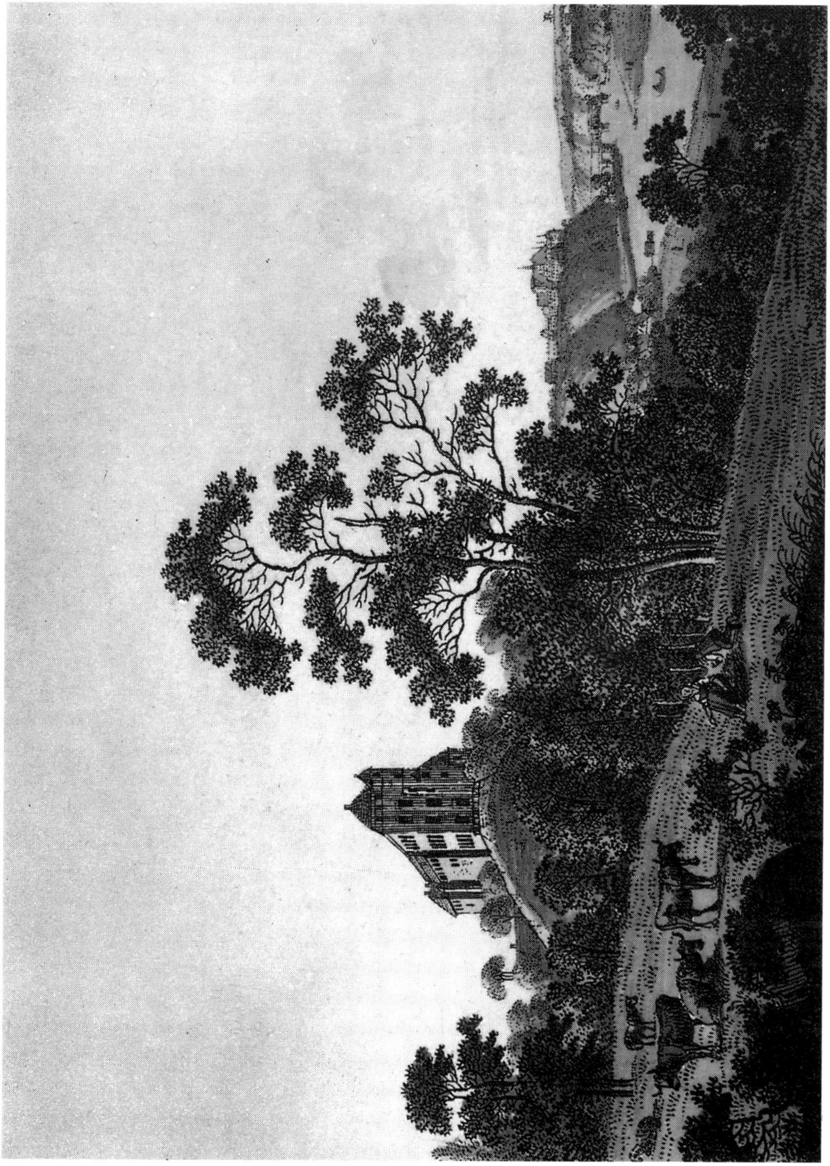

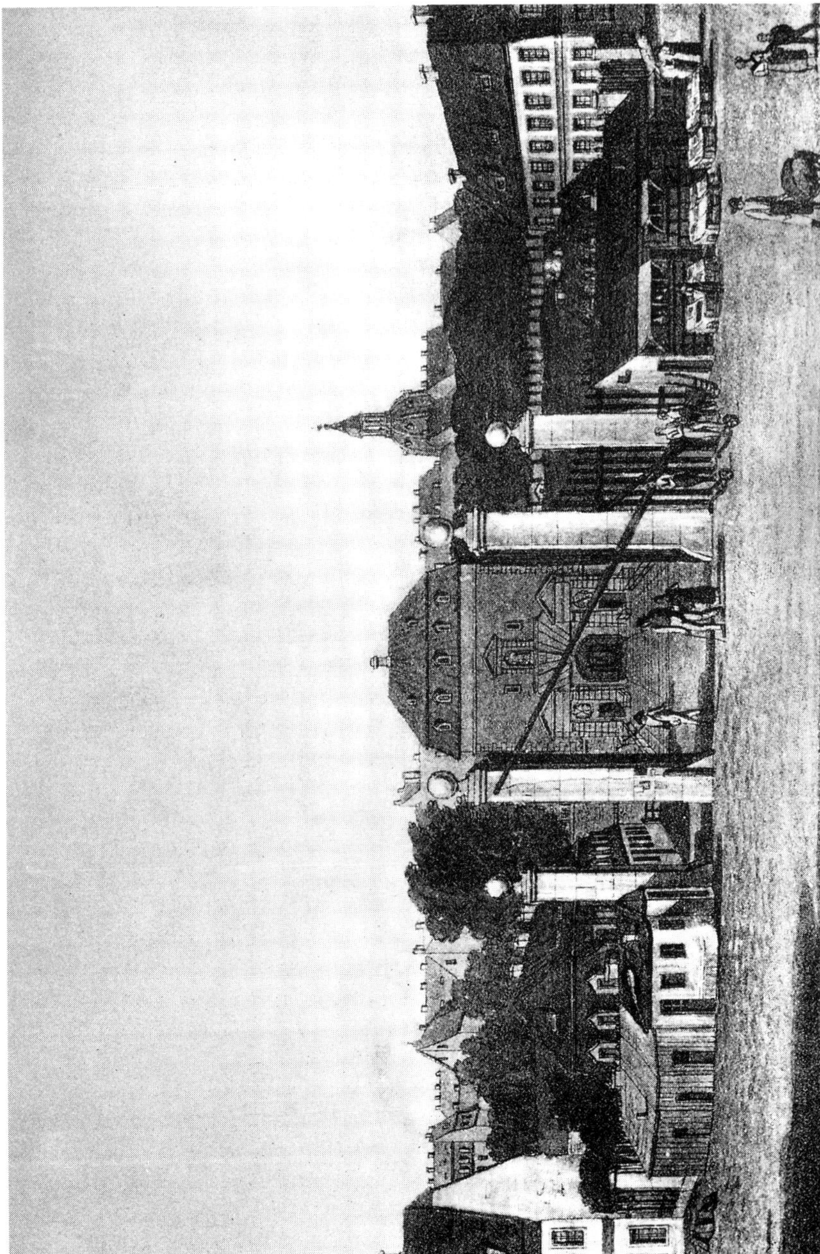

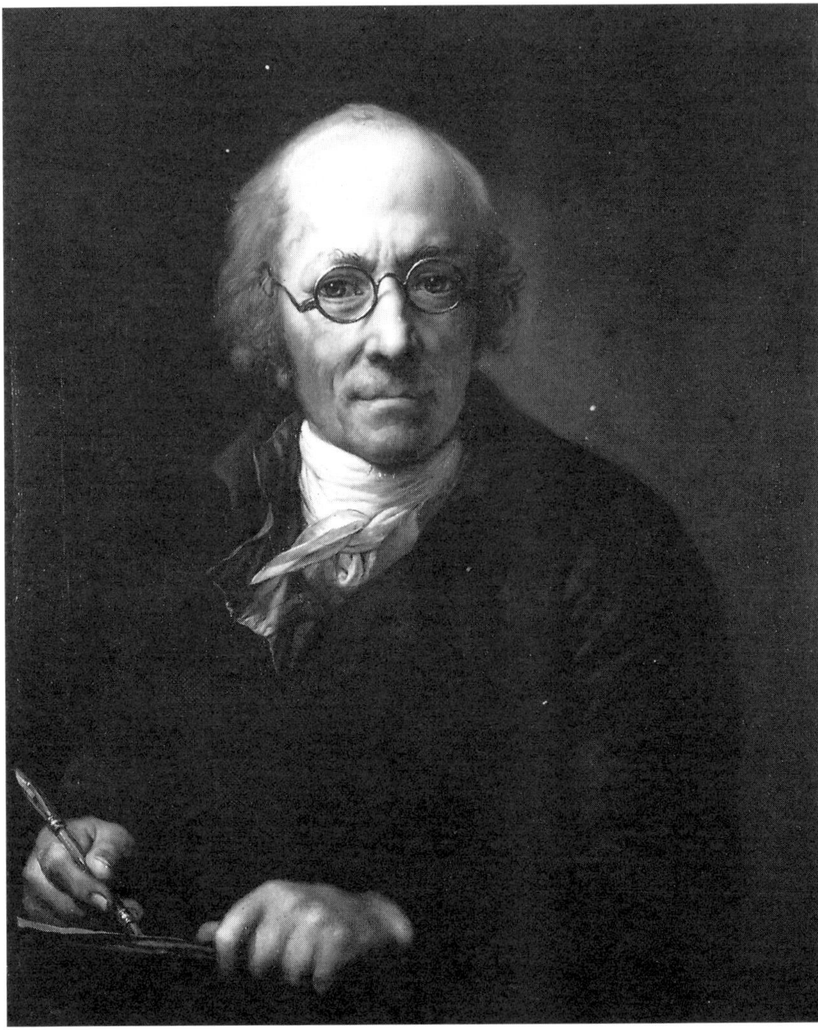

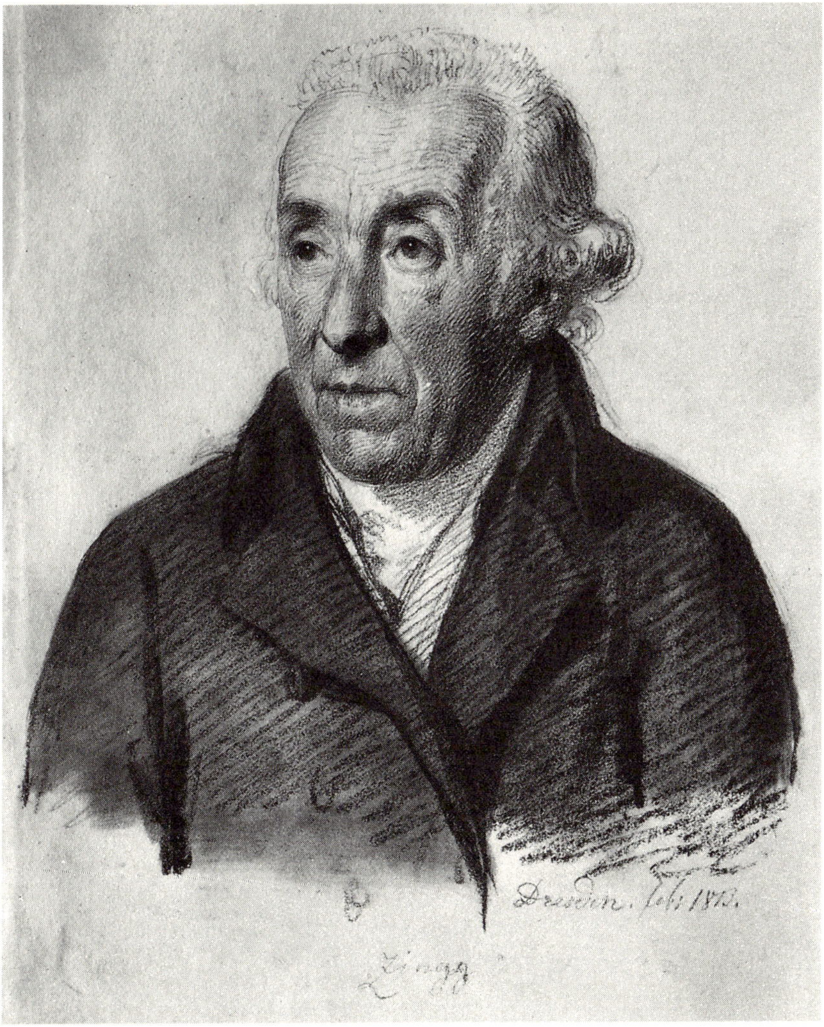

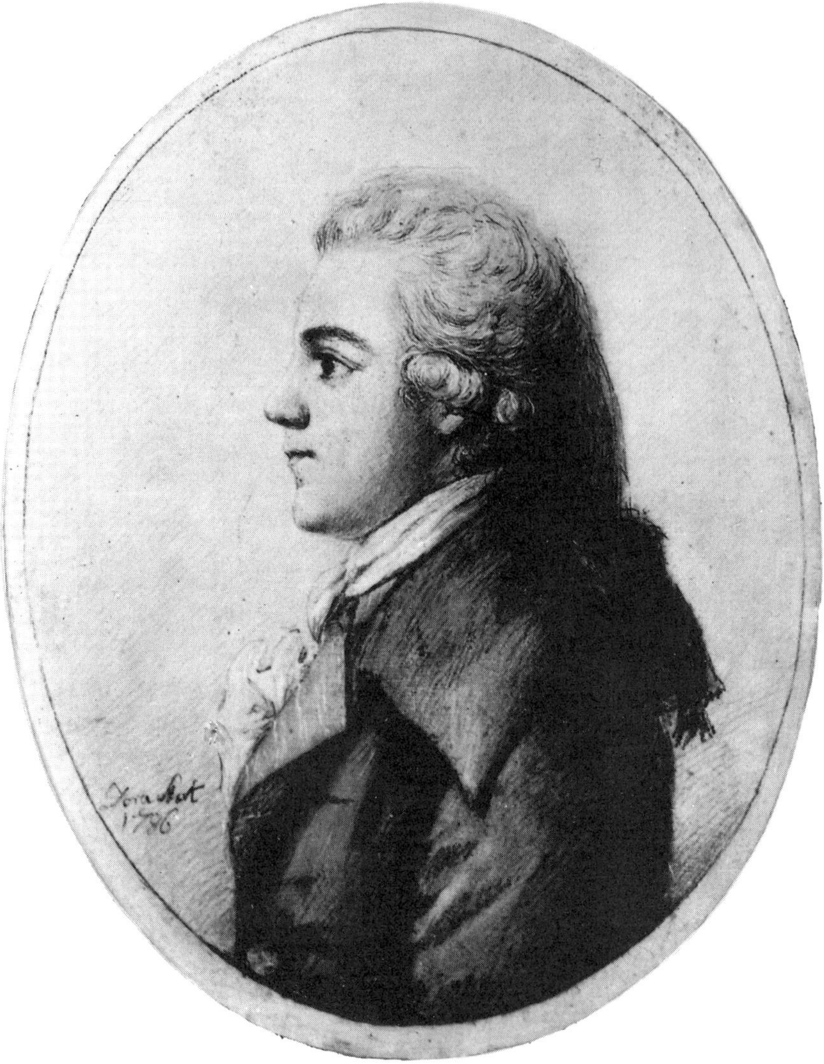

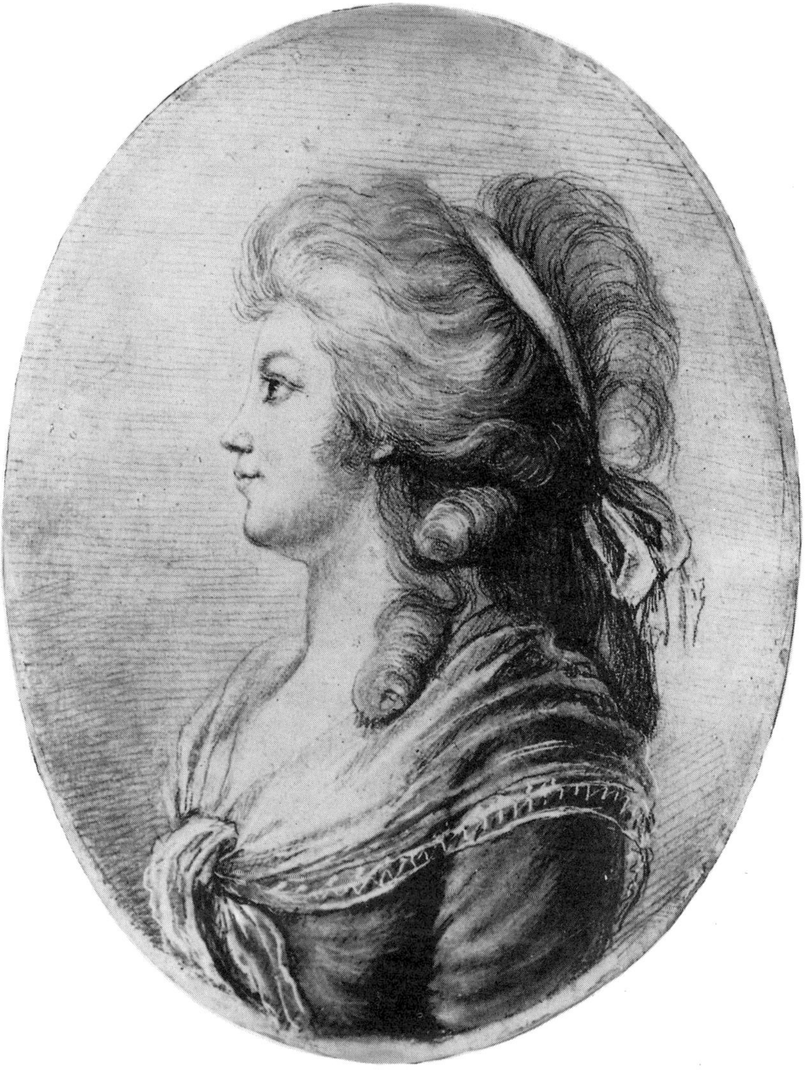

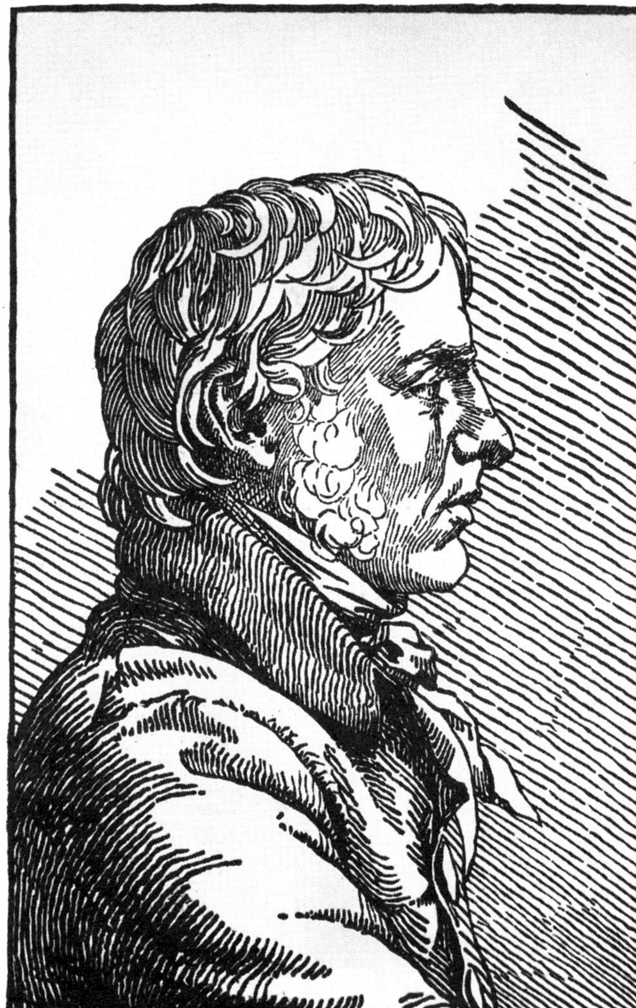

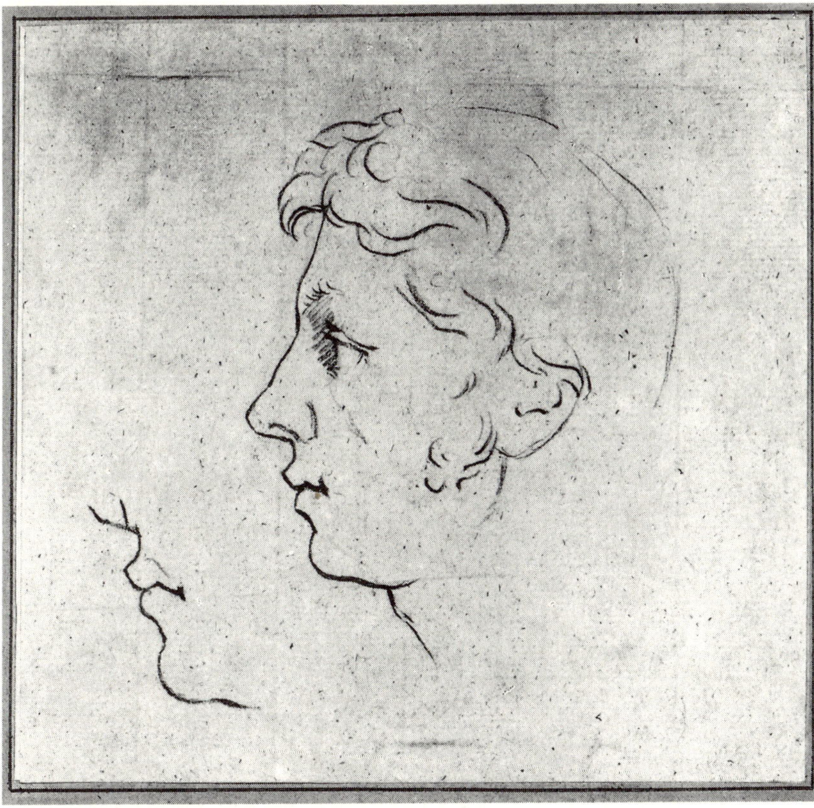

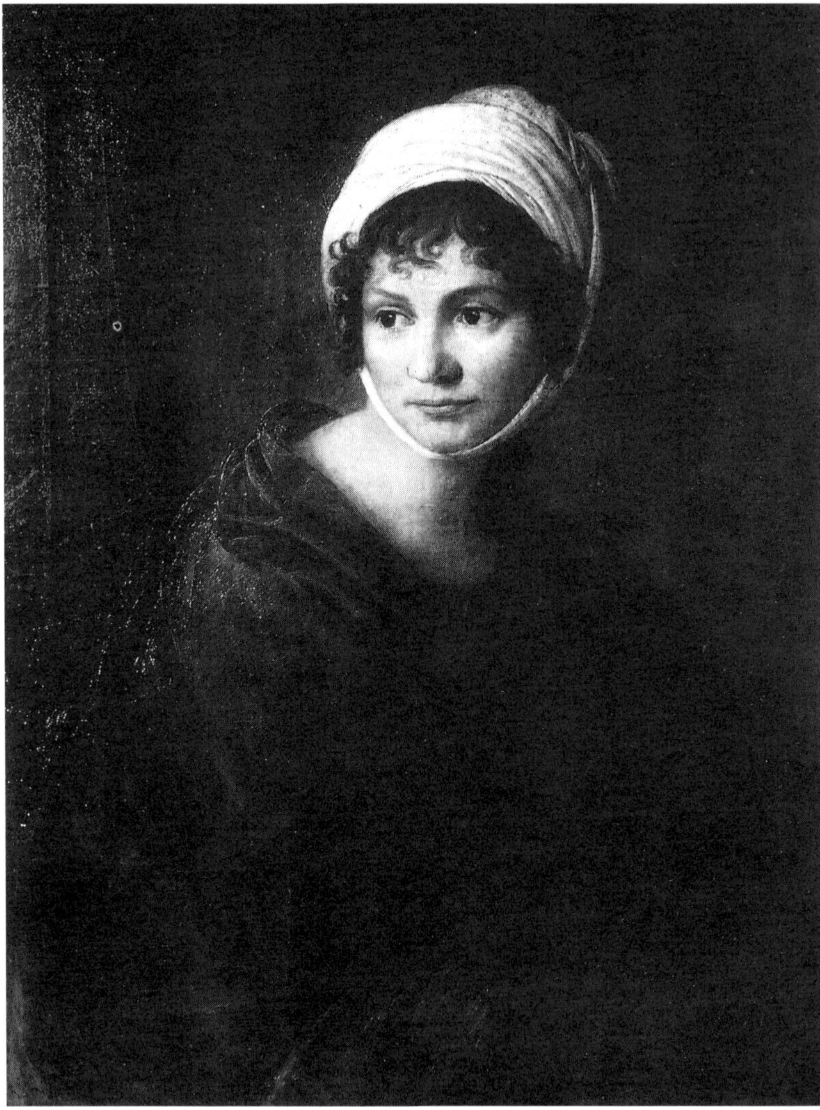

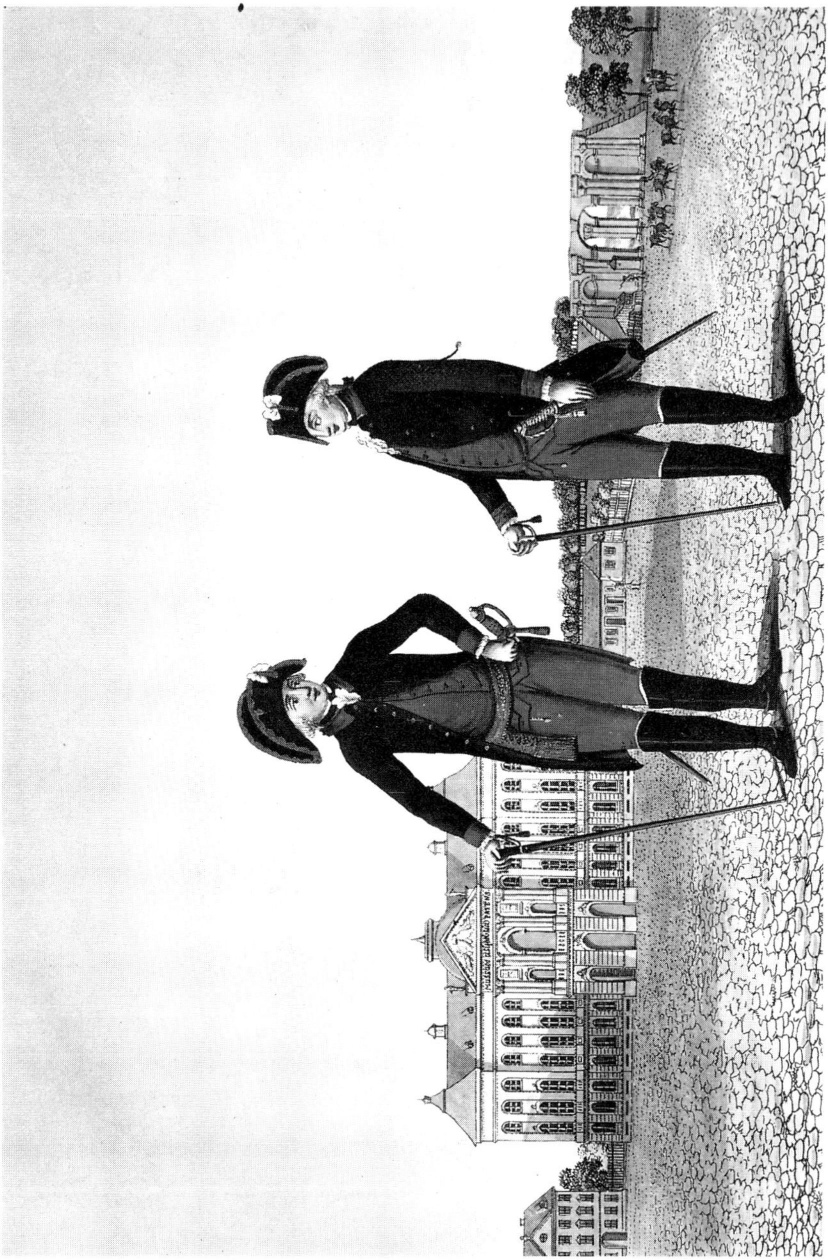

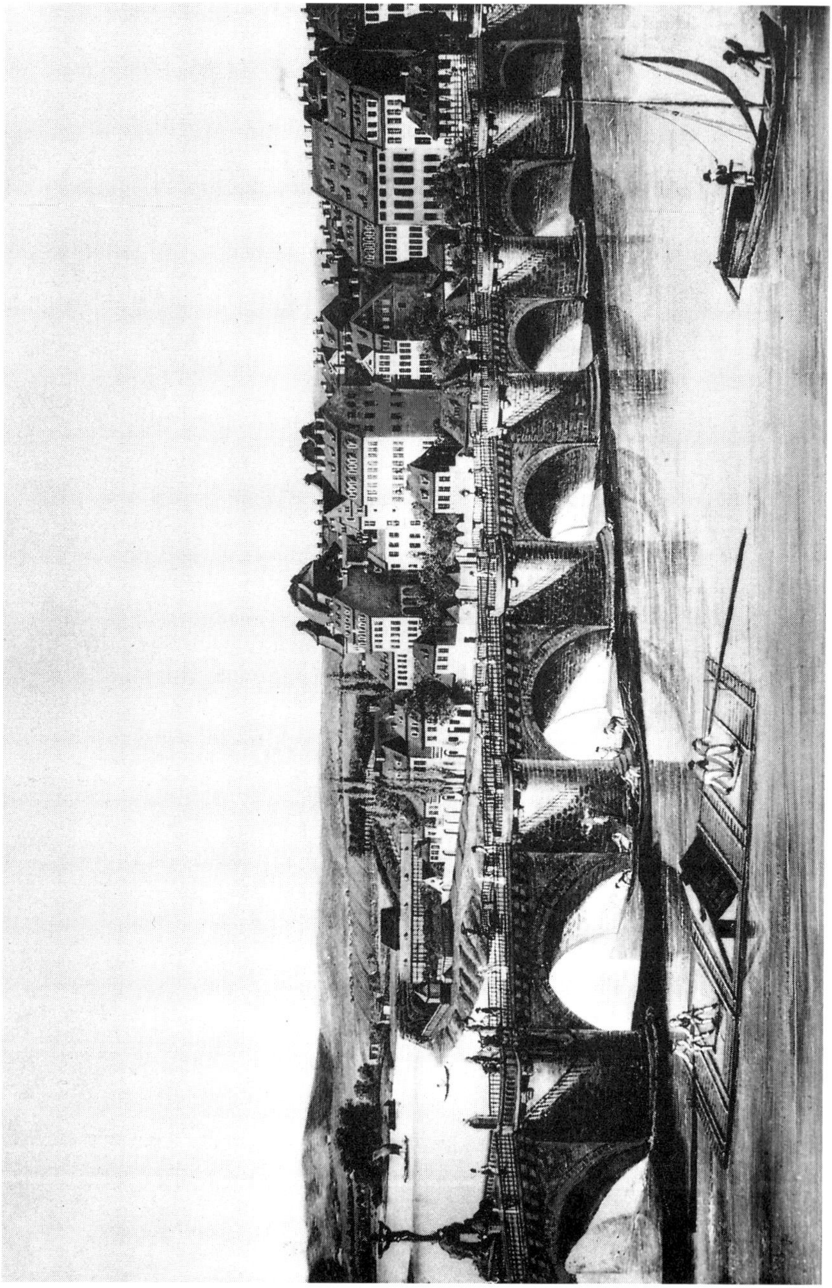

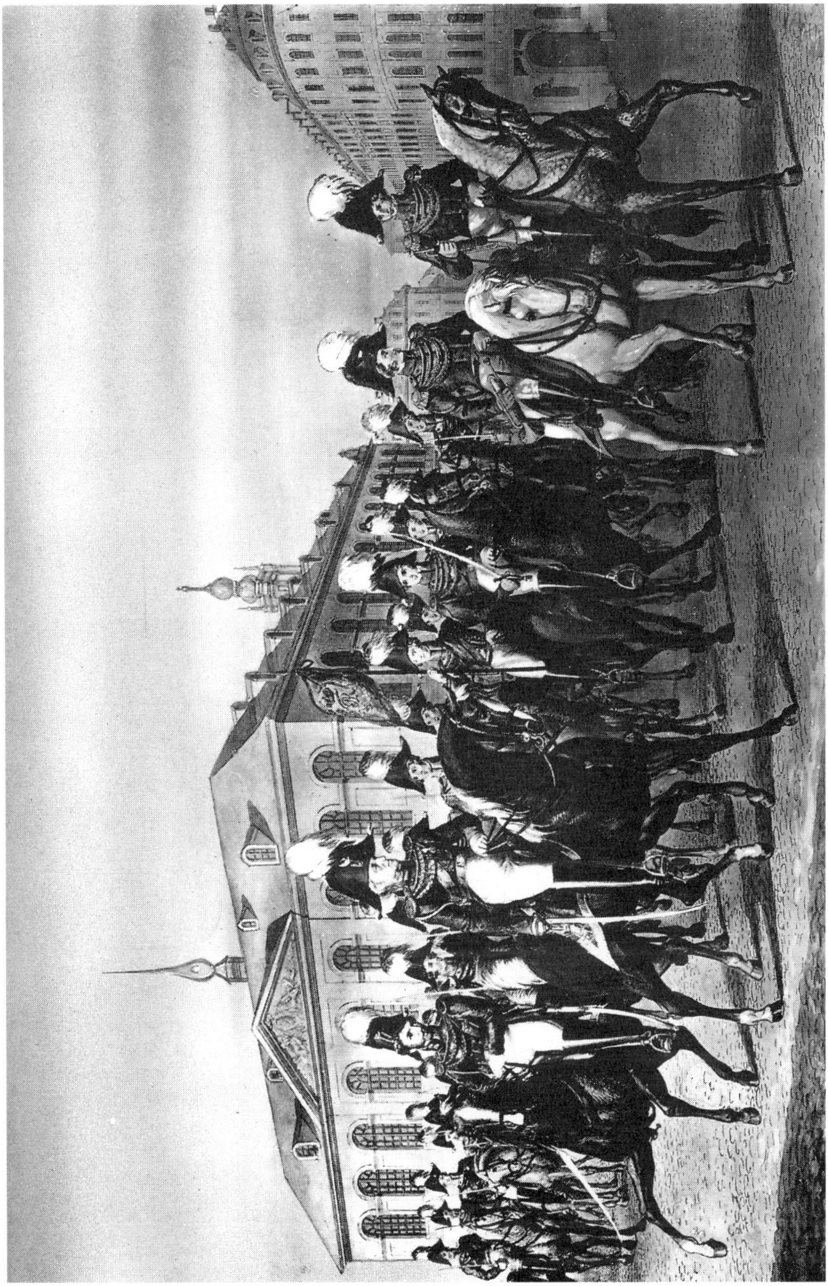

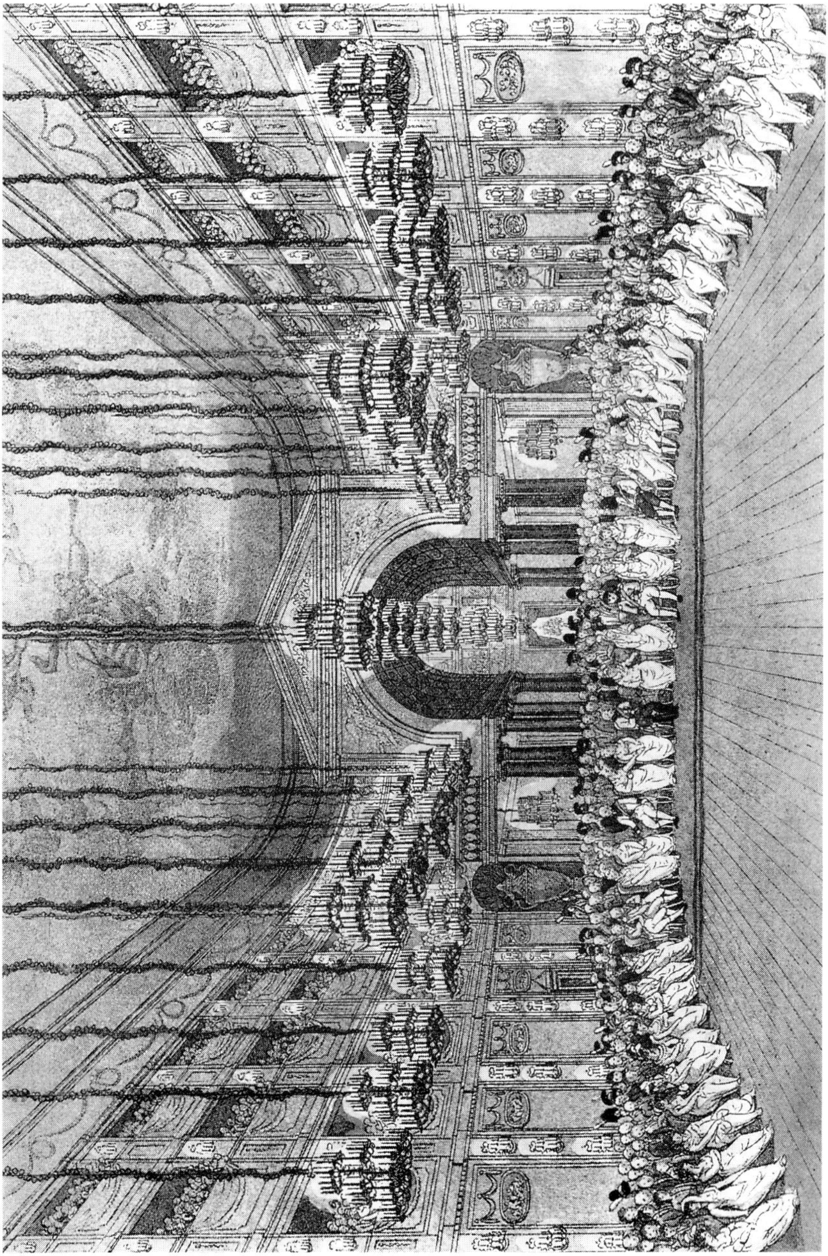

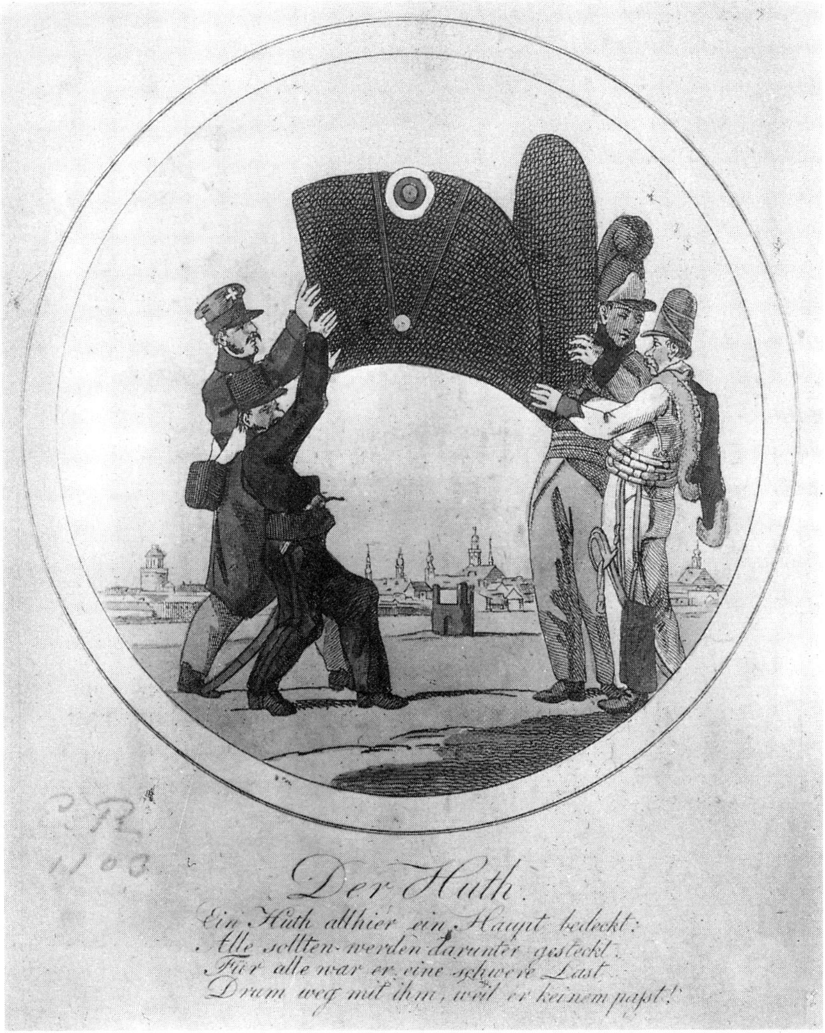

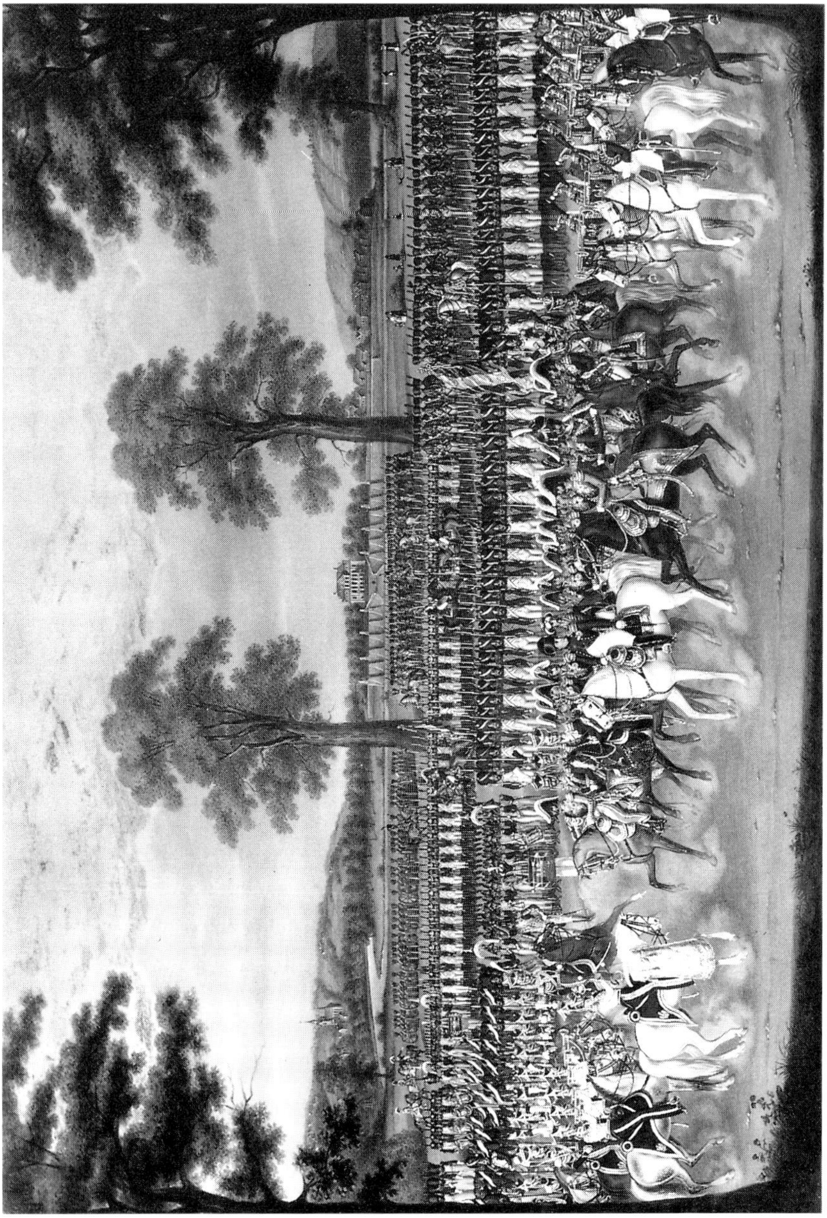

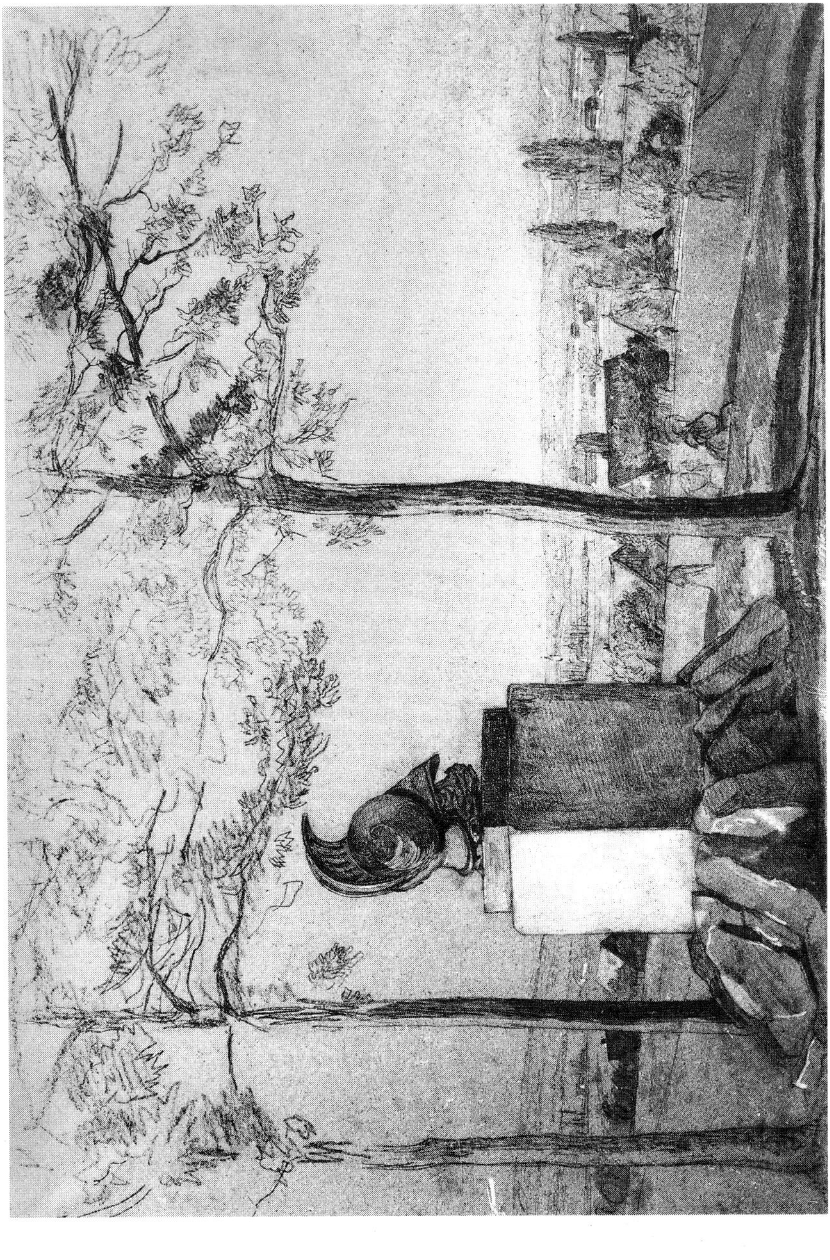

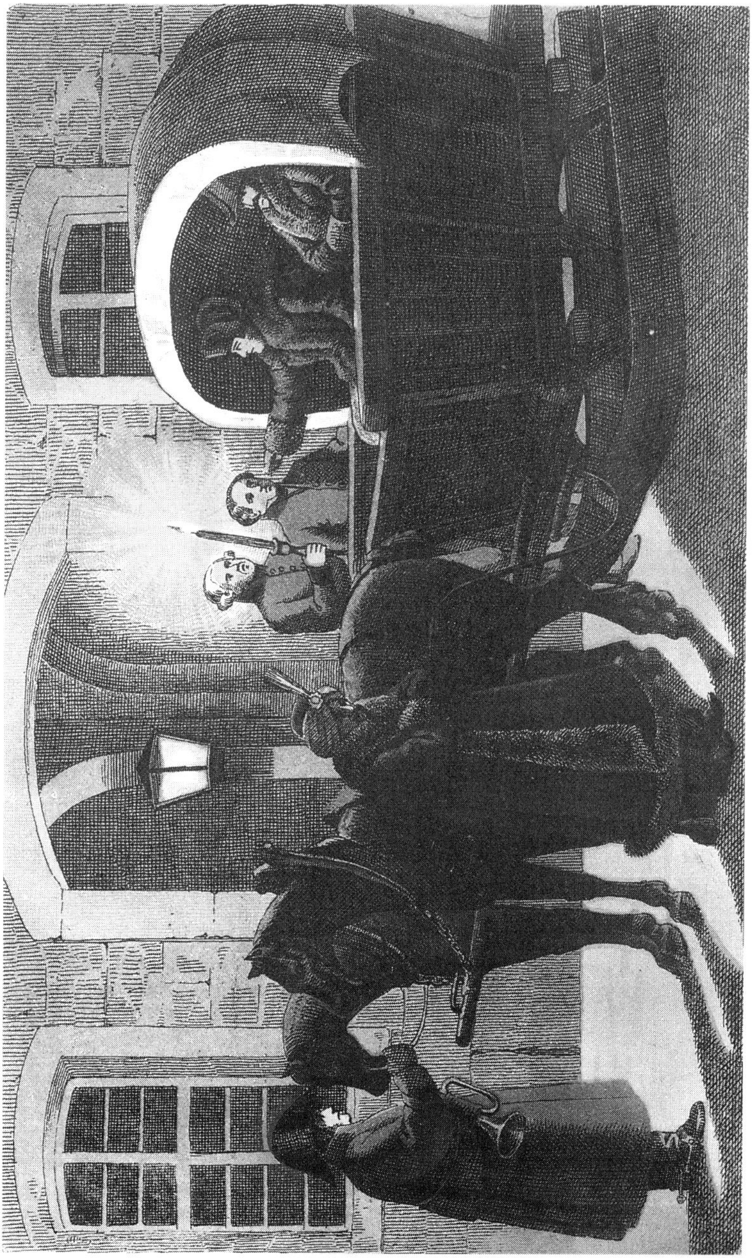

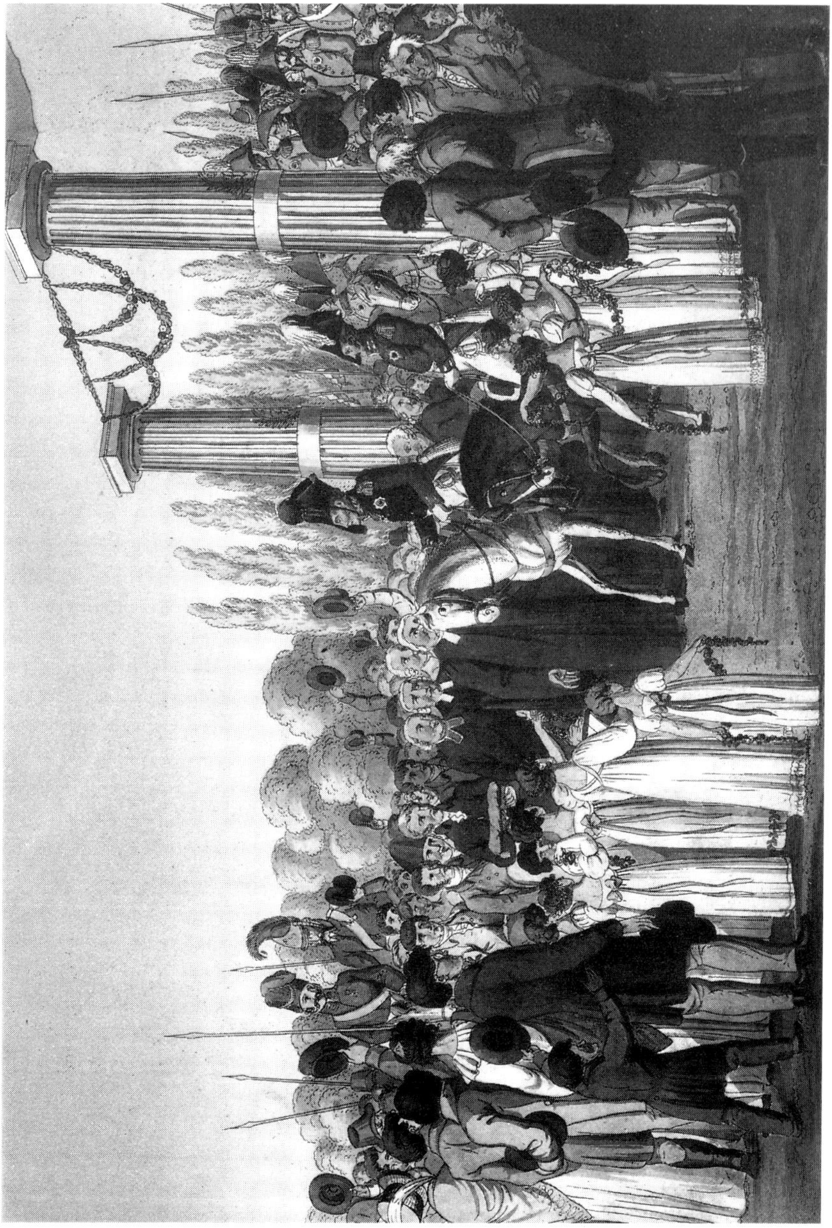

H. G. v. Carlowitz, Mir ist er unersetzlich

Die Dresdner

Öffentlichkeit

Gerechtigkeit

Sprache

Männerstolz und Königsthrone

«An die Freude»

Gehorsam und Ungehorsam

Interesse und Desinteresse bekundete. Nur der Hof beachtete eine absolute Isolierung.

Die «Große Sozietät» im «Hotel de Bavière» auf der Schloßgasse vereinte vornehme Dresdner Familien, gleich daneben stand die «Casino-Gesellschaft» Adligen und Offizieren offen; größeren Kreisen zugänglich war das Haus des gebildeten Freiherrn von Racknitz, sächsischer Haus- und Hofmarschall, Freund Körners und durch seine Neigungen für Mineralogie und Geologie auch mit Goethe verbunden. Er wohnte am Palaisplatz in der Neustadt, nur wenige Minuten von Körner entfernt. Christoph August Tiedge und Elisa von der Recke lebten um die Jahrhundertwende oft in Dresden, seit 1819 endgültig in einem Haus am Kohlmarkt. Tiedge, Verfasser eines um 1800 weit berühmten Lehrgedichts «Urania. Über Gott, Unsterblichkeit und Freiheit», unterhielt freundschaftliche Beziehungen zu Beethoven. Dieser hatte 1805 und 1816 mit op. 32 und 94 («An die Hoffnung») Verse aus der «Urania» vertont; 1811 war er fast bereit, Tiedge in Dresden zu besuchen. Der anonyme Verfasser von «Rebmanns Freunde» berichtet, wie bescheiden der äußere Rahmen dieser Geselligkeiten war. Im Lesekabinett der Arnoldischen Buchhandlung am Altmarkt werden sich Mitglieder aller Vereinigungen begegnet sein. Für 12 Taler jährlich (das Existenzminimum lag bei 70 Talern) durfte man hier die Bibliothek mit ihren 22 000 Bänden benutzen, die 91 in- und ausländischen Zeitschriften einsehen. Eine demokratische Lesegesellschaft nach dem Muster von Mainz entstand daraus nicht.

Zentrum und zugleich Sinnbild für den bedeutendsten Kreis bürgerlicher Kultur, der im Dresdner Raum des späten 18. Jahrhunderts bestand, war — neben der Wohnung am Kohlmarkt und später auf der Moritzstraße — der Loschwitzer Weinberg Christian Gottfried Körners. 1783 war der siebenundzwanzigjährige Leipziger, der sich dort als Privatdozent habilitiert, aber keine Hörer gefunden hatte, als jüngster Rat an das Oberkonsistorium, die Schul- und Kirchenbehörde, gekommen. Mit seinem Gespür für Kunst, seinen gediegenen Kenntnissen in Ökonomie, Mathematik, Naturwissenschaften, Jurisprudenz und Sprachen, seinen auf Reisen gewonnenen Erfahrungen in England, Frankreich und der Schweiz, stand er auf der Höhe des deutschen Geisteslebens. Körner hat sein Wissen zur Tat werden lassen. Die zwei durchaus nicht spannungsfreien Jahre, die Schiller in seinem Haus verbrachte, Körners Bescheidenheit, mit der er hinter die Leistungen des um drei Jahre jüngeren, bedeutenderen Freundes zurücktrat, Toleranz und Freimut auch in ihren späteren Briefgesprächen sind einzigartig in der Geschichte literarischer Freundschaften. Schillers Lied «An die Freude», Umdeutung eines bekannten Gedichts Friedrich von Hagedorns unter Verzicht auf alle modischen

Sprachmuster der Anakreontik, steigerte jene ursprüngliche Begeisterung, zu der die Jugend in den Jahren vor der Französischen Revolution fähig war, ins Menschheitliche. Sie werden das Lied auch auf der Terrasse des Weinbergs gesungen haben, Körner hatte es vertont wie zuvor das Lied der Amalie aus den «Räubern». Schon in seiner Bonner Jugendzeit dachte Beethoven an eine Komposition.

Daß Schiller in Dresden keine Heimstatt fand, hatte vielerlei Gründe, die erst in ihrer wechselseitigen Verknüpfung zu einem Bild dieser Jahre führen: seine innere Zerrissenheit («eine fatale fortgesetzte Kette aus Spannung und Ermattung, Opiumschlummer und Champagnerrausch», an Huber 20. Januar 1788), Schaffenskrisen und Hypochondrie bei der mühsam voranschreitenden Arbeit am «Don Carlos», vor allem wohl die wirtschaftliche Aussichtslosigkeit, zumal der Dresdner Hof ihm kein Amt bieten konnte. Zu bedenken ist auch die schwierige Lage des siebenundzwanzigjährigen alleinstehenden Mannes im Kreise fast gleichaltriger verliebter Paare, die sich gelegentlich eine Vormundstellung anmaßten und ihn im April 1787 kurzerhand in das einsame Tharandt schickten, nachdem er sich im Februar auf einem Maskenball in die neunzehnjährige Henriette von Arnim verliebt hatte. Vor allem Dora Stock — spitzzüngig gewiß auch hier wie bei vielen anderen Gelegenheiten — scheint ein wenig zu weit gegangen zu sein. Am 20. Juli 1787 brach Schiller nach Weimar auf. Die Freundschaft der Männer zeigte sich bis zu seinem Tod allen Spannungen gewachsen.

Wie Körner an den hauptstädtischen Verhältnissen litt, wird aus lapidaren Bemerkungen in seinen Briefen deutlich. Letztlich waren es Rücksichten auf Beruf und Familie, die ihn von Schillers ein wenig leichtfertigem Angebot, nach Weimar zu ziehen, abhielten. Seine Häuser am Kohlmarkt und von 1801 bis 1815 auf der Moritzstraße blieben bis zuletzt Mittelpunkte des Dresdner Geisteslebens. Unterschiedlichste Auffassungen — vorwiegend freilich unpolitische — wurden hier vorgetragen und in Toleranz akzeptiert: von Goethe, Zelter, Mozart, Novalis, den Brüdern Schlegel und Humboldt, von Elisa von der Recke und Anna Amalia von Sachsen-Weimar, Graf Geßler, Henrik Steffens, Friedrich Schleiermacher, Ludwig Tieck und zuletzt von den Vertretern der nationalen, antinapoleonischen Bewegung wie Heinrich von Kleist, Ernst Moritz Arndt, dem Freiherrn vom Stein und den gebildeten sächsischen Adelsfamilien von Carlowitz und von Miltitz. Meist freilich wird Lektüre den geselligen Umgang, den Körner offenbar selten suchte, ersetzt haben, um ihn «vor Erschlaffung unter den hiesigen Menschen» (24. Oktober 1789) zu bewahren. Der für Dresdner Verhältnisse allzu weltoffene Beamte hatte oft genug Mißtrauen und Zurücksetzung erfahren müssen. 1815 zogen

Dora Stock und das Ehepaar Körner in tiefer Resignation nach Berlin. Erst im November 1813 hatten sie erfahren, daß ihr Sohn Karl Theodor am 26. August im Lützowschen Korps gefallen war. Anfang 1815 starb die Tochter Emma, 26 Jahre alt, an Masern. — Als Ludwig Tieck im Juli 1819 nach Dresden kam, fand das geistige Leben einen neuen Mittelpunkt.

V

Nur selten mag sich jener «Männerstolz vor Königsthronen» geäußert haben, von dem die jungen Leute im Loschwitzer Weinberg ja auch gesungen hatten. Doch ein Jahr nach dem Sturm auf die Bastille zeigte der sächsische Bauernaufstand und seine Rückwirkungen auf die Hauptstadt, wie trügerisch die Ruhe des Retablissements war. Selbst die Berichte konservativer Offiziere wie Ferdinand von Funck oder Friedrich Ernst von Liebenroth wissen um den hohen Bildungsstand vieler sächsischer Bauern. Johann Georg Palitzsch aus dem Dorf Prohlis bei Dresden war gewiß eine Ausnahme. Doch er war Bauer — und zugleich korrespondierendes Mitglied der Akademien in Paris, Petersburg und London. Er hatte den Blick zur Erde gerichtet, einen botanischen Garten angelegt und die ersten Kartoffeln im Elbtal gepflanzt, sich mit Mineralogie, Geodäsie, Physik, Biologie befaßt, und am Himmel entdeckte er am 25. Dezember 1758 den Halleyschen Kometen — einen Monat vor den führenden europäischen Astronomen.

In den «Zirkeln von neugierigen Landleuten» wird man jene agitatorischen und aufklärerischen Schriften gelesen und besprochen haben, die zum Unmut der Obrigkeit seit 1789 vor allem mit dem Leipziger Handel aus Frankreich eingeschleust wurden. Lehrer, Advokaten, Ärzte popularisierten sie. Zur Ursache des Aufstandes wurden sie kaum. Diese lag in den überlebten feudalen Zuständen, dem «Rätsel der sächsischen Verfassung», der «verhaßte[n] Stimme des Egoismus, der Dummheit und der Brutalität» (Hans Georg von Carlowitz); es waren die ständigen «Unterdrückungsplane der öffentlichen Meinung» (Novalis); die Hierarchie von Kurfürst, Adel und Militär, die Rebmann beschreibt, und es war vor allem der Haß auf die Gerichtsherren, Rittergutsbesitzer, Jagdherren und Forstbeamten. Dies alles, die verworrenen, aber hoffnungsvollen Nachrichten aus Frankreich und die Zustände im eigenen Lebensbereich, bündelte sich im Frühjahr 1790 zum Konflikt, als nach einem kalten Winter und trockenen Frühjahr das vor allem für die kurfürstliche Jagd gehegte Wild sich zu einer Plage ausweitete. Von Wehlen und Lohmen bei Pirna, wo ein Gedicht mit Losungen einer offenen Bibel — wie im

Jahr 1525 — rasch zirkulierte, breitete sich eine organisierte Selbsthilfe bis in den Raum Nossen und Meißen aus. Dort waren seit dem 21. August 1790 etwa 8 000 Bauern im Aufstand, sie besetzten Meißen und öffneten das Gefängnis. Dresden war in den ersten Septembertagen von panikartig geflüchteten Familien des Landadels überschwemmt und zitterte vor unkontrollierbaren Ereignissen. Die Lebensmittelpreise stiegen, der Jahrmarkt in der Neustadt wurde wegen des unterbrochenen Verkehrs abgesagt. Unter dem Vorwand rechtsbegründeter Beschwerdeführung waren größere Gruppen von Bauern in die Stadt eingedrungen. Ihr Zorn traf sich mit Aufstandsneigungen in den plebejischen Schichten. Die Stadttore wurden verschärft überwacht, das Militär in Alarmbereitschaft versetzt. Wie immer erwies sich die Hoffnung der Bauern auf Hilfe durch die einfachen Soldaten als Illusion. Anfang September war der Aufstand unterdrückt. «An eine Verbesserung von Grund aus ist jetzt noch nicht zu denken. Der Bauer, welcher allein dabei gewinnen könnte, ist dazu noch nicht aufgeklärt genug, ohnerachtet er Schlözers ‹Staatsanzeigen› lieset; und die höhern Stände alle können dabei nur verlieren. Es sind also nur Palliative, die den einstigen Ausbruch des Feuers mit doppelter Kraft nicht verhindern werden», schrieb Johann Gottlieb Fichte am 5. September 1790 an seine Braut. Im Mai 1799, unter dem Eindruck der von Dresden ausgegangenen Denunziation wegen Atheismus, gründete er seine Hoffnungen einer Beseitigung der drückenden Zustände in Kursachsen auf Frankreich.

Dresden blieb lange beunruhigt. Der Seilermeister Christian Benjamin Geißler aus Liebstadt, als Leser von Wielands «Teutschem Merkur» von der Überführung Ludwigs XVI. aus Versailles nach Paris unterrichtet, wollte im Juli 1790 an der Spitze von 16 000 bis 18 000 Bauern den Kurfürsten von Pillnitz nach Dresden bringen. Von Dorf zu Dorf reitend, verbreitete er selbstverfaßte Aufrufe. Sie zirkulierten im Osterzgebirge, auch nachdem er zu lebenslänglicher Haft verurteilt war. Als er 1808 nach der Flucht aus dem Torgauer Zuchthaus und jahrelangem Umherirren zurückkehrte, schützte ihn Carl Adolf von Carlowitz vor weiteren Verfolgungen.

1792 wurde der dreiundzwanzigjährige Pfälzer Georg Friedrich Rebmann, der in Jena wahrscheinlich Schillers Vorlesungen gehört hatte, Redakteur der «Dreßdnischen Merckwürdigkeiten» und des «Allgemeinen Sächsischen Annalist». Als Anhänger der Französischen Revolution und aufmerksamer Beobachter der Dresdner Wirklichkeit hatte er bald Konflikte mit der Zensur des harmlosen Magisters Olpe, Rektor der Kreuzschule; vor allem aber durch seine «ungezügelte Freimütigkeit im Heraussagen seiner politischen Ansichten» mit der Obrigkeit. Sein Freund Friedrich Laun berichtet davon in seinen

«Memoiren». Rebmann verließ, gewarnt durch Verhöre und Ermahnungen, die Stadt 1794; zwei Jahre später traf er nach dramatischen Episoden in Paris ein, im folgenden Jahr war er im Auftrage des Direktoriums in Mainz Richter. – War er noch Ende Juli 1794 in Dresden, als die Stadt vom Streik der Handwerksgesellen bewegt wurde? Ein belangloser Anlaß (den Gustav Nieritz, politisch stets zurückhaltend, in seiner Darstellung noch mehr zu bagatellisieren sucht) führte zu ungewöhnlicher Entschlossenheit, Standhaftigkeit und Einmütigkeit in allen Innungen, so daß die Regierung Militär gegen die etwa 3000 Ungehorsamen heranführen ließ.

Reformbestrebungen aufgeklärter Adliger und bürgerlicher Beamter, ihre Kritik an Verwaltung und Steuerverteilung und den Privilegien der Rittergüter begleiten mit wenig Erfolg die neunundfünfzigjährige Regierungszeit Friedrich Augusts, den man wegen seiner Korrektheit in kleinen Dingen den «Gerechten» nannte. 1806 wurde er als Friedrich August I. König von Napoleons Gnaden und bald dessen folgsamster Anhänger; an seiner konservativen Innenpolitik änderte sich dadurch nichts, ebensowenig wie neun Jahre darauf nach seiner Rückkehr aus preußischer Kriegsgefangenschaft. Das Bündnis mit Frankreich, der dadurch herbeigeführte Umschwung auch in der öffentlichen Meinung und eine im Vergleich zu Preußen lange währende Sympathie mit den Franzosen vollzogen sich ohne spürbaren Einfluß der Ideen von Freiheit, Gleichheit und Brüderlichkeit.

VI

Die Werke der alten Schönheit, zur Verklärung und festlichen Steigerung des augusteischen Zeitalters bestimmt, leuchteten als Botschaften des Humanen weiter hinter Brandwolken und Trümmern, inmitten Armut und Dürftigkeit der Jahre nach dem Siebenjährigen Krieg. In achtzehn großformatigen leuchtenden Veduten hat Bernardo Bellotto (Canaletto) in der Mitte des 18. Jahrhunderts diese Schönheit bewahrt; die letzten beiden aber zeigen die Ruinen der Pirnaischen Vorstadt und der Kreuzkirche. Goethe hatte 1768 in der ausgeraubten, zertrümmerten Stadt etwas von der Weltmacht ihrer Kunst erlebt, die zusammen mit der Architektur Dresden zu einem «deutschen Florenz» erhob. – «Du trittst in einen langen lichten hohen gewölbten Saal ... Zwischen den Säulen ruhen die alten Götter, die ihre Grabeserde oder ihre Himmelswolken abgeworfen haben ... Du findest da den Unterschied zwischen der Schönheit eines Menschen und der Schönheit eines Gottes.» Nie seit Winckelmann, der die Skulpturen zusammengepfercht in dem Kavaliershäuschen des Großen Gartens betrachtet und daran seinen Begriff der klassischen

Der Neustädter Markt in Dresden

Kunst entwickelt hatte, sind die Werke der antiken Kunst so unmittelbar empfunden worden wie in diesem Brief Jean Pauls vom 17. Mai 1798 über die Mengsschen Gipsabgüsse. Und er fährt fort: «So oft ich künftig über große oder schöne Gegenstände schreibe, werden diese Götter vor mich treten und mir die Gesetze der Schönheit geben.» Der Altertumswissenschaftler Karl August Böttiger pflegte später unter großem Zuspruch die Antiken bei Fackelschein zu erklären.

Als Brücke zwischen Malerei und Poesie und darum bald als eine romantische Form der «Universalpoesie» (Friedrich Schlegel) empfunden, waren Galeriegespräche in den oberen Stockwerken des Stallhofs ein Ereignis des Kunstlebens: Konversationen zwischen Besuchern und Malern, die hier Italiener und Niederländer kopierten. (Therese aus dem Winkel[l] machte daraus ein florierendes Geschäft, bis strengere Bestimmungen sie zwangen, Kopien von ihren Kopien zu verkaufen.) Dora Stock bemerkte mit Unmut die «dummen Gespräche», die «albernen Fragen» und zugleich mit Stolz, daß «ein paar Künstler mit meiner Arbeit zufrieden sind». Hier waren die Brüder Schlegel, Novalis, Schelling, Rahel Levin und Jean Paul, der dann mit Caroline Schlegel, dieser «geistvollste[n] Frau in Dresden», «ein ganzes Souper verstritt». Das «Gespräch», im «Athenäum», der Zeitschrift der Frühromantiker, veröffentlicht, sind als Apotheose der Sixtinischen Madonna, dem Kultbild dieser Generation, ein hervorragendes Zeugnis romantischer Kunstbetrachtung.

Von ihrer Staffelei wird Dora Stock scheele Blicke zumal auf Caroline Schlegel geworfen haben, die fünf Jahre zuvor in Mainz mit Georg Forster und Doras einstigem Verlobten, Ferdinand Huber, befreundet war. In dem Dresdner Spätsommer 1798, der die Frühromantiker hier vereinte, waren die Gegensätze zur Klassik wohl stärker ausgeprägt als die Gemeinsamkeiten. Noch vier Jahre zuvor hatte Friedrich Schlegel in Körner einen wohlwollenden Fürsprecher bei Schiller gefunden, als er in Dresden seine ersten Aufsätze über griechische Literatur veröffentlichte. Sein demokratischer Republikanismus, der Kenntnis der Antike mit den revolutionären Zeitereignissen verband, ging freilich stets andere Wege als die Weimarer. Zumal mit der Rezension auf Schillers «Musenalmanach für das Jahr 1796» war der Bruch endgültig. Schlegel hatte unter anderem empfohlen, das Gedicht «Würde der Frauen» rückwärts zu lesen; doch reichten die Gegensätze über das Ästhetische weit hinaus ins Politische. Schlegels Würdigung Georg Forsters und Schillers bösartige Xenien gegen den in Reichsacht gestorbenen Jakobiner bezeichnen dies wohl am entschiedensten. Das alles mußte auch die Beziehungen des Schlegelkreises zum Körnerhaus belasten.

Ludwig Tieck, ohnehin weniger Theoretiker als Dichter der Frühromantik, hatte keinen Anlaß, Schiller zu meiden. Zwar verdeckt ihr Galeriegespräch vom September 1801 keine Gegensätze, bleibt aber auf der Ebene des Ästhetischen. Ihre Auffassungen von Malerei und Plastik reflektieren nicht nur Positionen einer klassizistisch verstandenen Antike und romantische Interpretationen der Renaissancemalerei, sondern zugleich die Verschiedenartigkeit von epischer Beschreibung und der dreidimensionalen Kunst des Dramatikers.

Gab es eine Dresdner Romantik in den Jahren zwischen 1798 und 1812? Gewiß nicht als Schule wie in Jena, Berlin und Heidelberg, wohl aber als eine lose und wechselnde Bündelung philosophischer, historischer, naturwissenschaftlicher und ästhetischer Auffassungen und künstlerischer Ergebnisse. Die entscheidenden Anregungen kamen von den Malern. Schon 1764 wurde die Kunstakademie gegründet. Hier lehrten der Architekt Friedrich August Krubsacius und Bernardo Belotto (Canaletto). Die beiden Schweizer, Anton Graff – der bedeutendste Porträtmaler seiner Zeit – und Adrian Zingg, blieben der Stadt zeitlebens verbunden. Im Herbst 1798, dem für die Dresdner Romantik bedeutsamen Jahr, kam Caspar David Friedrich aus Greifswald, um bei Zingg und Johann Christian Klengel zu lernen. Die Begegnungen mit Ludwig Tieck und Philipp Otto Runge, der seit 1801 hier lebte, führten ihn zu seiner eigentlichen Bildsprache. Ein Streit um Friedrichs Altarbild «Kreuz im Gebirge» offenbarte im Frühjahr 1809, welche Energien in dieser modernen Kunst bereitlagen. Basilius von Ramdohr, ein konservativer Kritiker, trat ve-

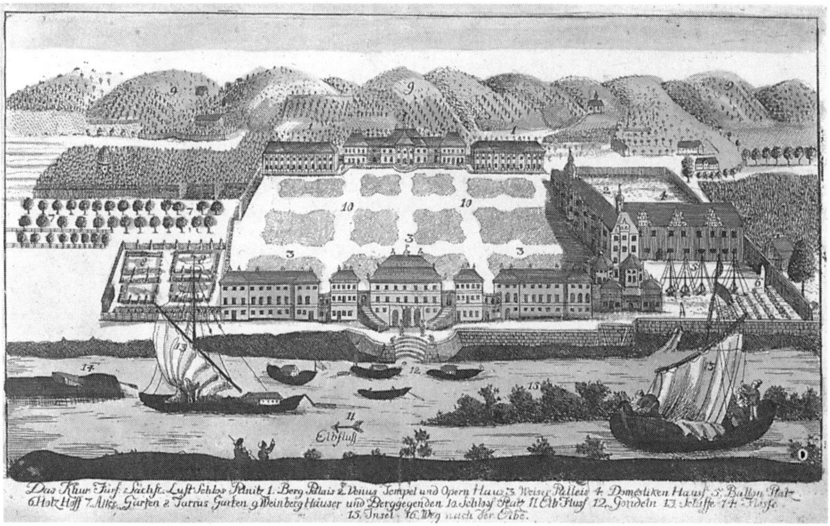

Ansicht von Schloß Pillnitz gegen die Weinberge

hement gegen die als umstürzlerisch empfundene Verehrung der Landschaft in der Sakralkunst auf. Friedrich und sein Atelier am Elbberg rückten ins Zentrum der romantischen Kunstbewegung. Später, 1834, wird David d'Angers über den in der Restaurationszeit fast vergessenen, kranken und verbitterten Mann sagen, er habe die Tragödie der Landschaft entdeckt. Nicht zuletzt unter dem Einfluß Tiecks und dessen für die Romantik programmatischen Künstlerroman «Franz Sternbalds Wanderungen» fand Runge zu einer unklassizistischen, von der pantheistischen Mystik Jakob Böhmes inspirierten Formensprache. Im Hauptwerk seiner knapp vier Dresdner Jahre, den «Tageszeiten», hat er dies am entschiedensten verwirklicht.

Die Kulturlandschaft zwischen Meißen, Siebeneichen, Scharfenberg, zwischen Pillnitz und dem Elbsandsteingebirge, dem Plauenschen Grund und Tharandt – immer wieder fanden sich in diesen von der Bewegtheit des Urbanen und der Besinnlichkeit des Natürlichen bestimmten Räumen Kreise und Richtungen romantischen Empfindens zusammen. Die Gemäldegalerie, das Pillnitzer Gut des Hofrates Ernst und seine Wohnung in der Stadt waren Treffpunkt der Frühromantiker; 1801 hielten sich Ludwig Tieck und der norwegische Naturphilosoph Henrick Steffens in Tharandt auf, und man glaubt in Tiecks «Runenberg» etwas von der Stimmung dieser dunklen Waldtäler zu spüren. Der Plauensche Grund inspirierte den jungen Novalis zu einem Gedicht und später, 1824, Wilhelm Müller zu den «Frühlingsliedern aus dem

Plauenschen Grunde». Siebeneichen, dessen Schloßherr Haubold von Miltitz den jungen Fichte entdeckte und förderte, wo Novalis 1797/98 verkehrte, und das benachbarte Scharfenberg waren Begegnungsstätten der sächsischen Nationalromantik. Im verborgen gelegenen Siebeneichen trafen sich zwischen 1808 und 1813 heimlich Patrioten wie die Brüder Hans Georg und Carl Adolf von Carlowitz, Dietrich von Miltitz, Gottfried Körner, der General Johann Adolf von Thielmann. Scharfenberg vereinte um 1816 den künstlerisch hoch gebildeten Carl Borromäus von Miltitz, die Dichter August Apel, Friedrich de la Motte Fouqué und seine Frau Caroline sowie den Meißner Maler Moritz Retzsch.

Vor allem im Winter bot die Stadt den Rahmen für Gespräche über Kunst und Philosophie: in der Galerie, den Ateliers, in Adels- und Bürgerhäusern. Seit der Rheinbund-Allianz mit Napoleon Ende 1806 entwickelte sich in der nun franzosenhörigen Hauptstadt des Königreiches Sachsen ein zaghafter Patriotismus inmitten des herkömmlichen Untertanenbewußtseins. Adam Müller, nationalökonomisch, philosophisch und literarisch gleichermaßen gebildet, hielt schon seit Januar 1806 im Hotel de Pologne Vorlesungen über deutsche Wissenschaft und Literatur – ein Jahr vor Fichte gleichsam die ersten «Reden an die deutsche Nation», wobei er aus seinen Abneigungen gegen Reformation und Revolution kein Hehl machte. Auf Weisung des französischen Gesandten mußten im Winter 1807 die Vorlesungen Carl August Böttigers über Tacitus eingestellt werden. Dies mag die Mißgunst des aus Weimar gekommenen Archäologen gegen den populäreren Müller geweckt und zu mancherlei Intrigen geführt haben. Hans Georg von Carlowitz, der sich nach mißvergnügter Wohnungssuche auf der Landhausstraße niedergelassen hatte, öffnete seine Wohnung nun für wissenschaftliche Vorlesungen. Nur unter Zögern entschloß sich der Arzt und Naturphilosoph Gotthilf Heinrich Schubert, öffentlich aufzutreten, war aber bald berühmt, zumal seine Vorlesungen «Ansichten von der Nachtseite der Naturwissenschaft» ins Zentrum der romantischen Bewegung trafen. Die Zwischenwelten von Traum und Somnambulismus, Dämmerung und Magnetismus wurden hier einer Generation nahegebracht, der Geschichte und Leben tragische Erfahrungen bereithielten. Kleists und Hoffmanns Novellen mit ihren Düsternissen und Leidenschaften, mit Automaten und Doppelgängern, den Verwandlungen des Alltags ins Gespenstische und Maßlose zeigen, wie nahe diesen Dichtern das Abgründige war. Novalis, Tieck und Hoffmann haben es beschrieben, Kleist hat es vorgelebt. – Dennoch wäre das Bild einseitig, das nur ihre Visionen von Traum und Tod, «Nachtseiten der Naturwissenschaft» und «Hymnen an die Nacht», die Sehnsucht nach der blauen Blume des Heinrich von Ofterdingen oder die geheimnisvollen Wege nach innen darstellte und die Kalküle der Vernunft außer acht ließe, die gleichermaßen ihren Alltag bestimmten. Novalis, der «in uns oder nirgends ... die Ewigkeit mit ihren Welten, die Vergangenheit und Zukunft» suchte, beteiligte sich als in Freiberg ausgebildeter Bergingenieur an geologischen Erkundungen Sachsens und wies auf Bedeutung und Technik des Braunkohlebergbaus hin. E. T. A. Hoffmann war Jurist und zuletzt preußischer Kammergerichtsrat, der 1816 Helmina von Chézy von Anklagen der Regierung freisprach und sich 1819 für den verhafteten «Turnvater» Friedrich Ludwig Jahn einsetzte. Carl Gustav Carus war einer der namhaften Ärzte seiner Zeit, Kleist studierte Mathematik und Physik.

Heinrich von Kleist ist von Dresden nachdrücklich geprägt worden; vielleicht hat er hier seine glücklichste Zeit verbracht, zumal während seines vierten Aufenthalts seit dem 31. August 1807. Er wohnte, aus halbjähriger Kriegsgefangenschaft in Frankreich entlassen, nur wenige Minuten vom Hause Körners entfernt auf der Rampischen Gasse und fand in Ernst von Pfuel und Otto Rühle von Lilienstern alte Freunde aus der Potsdamer Garnisonszeit. An seinem dreißigsten Geburtstag empfing er im Hause des österreichischen Gesandten den Dichterlorbeer; auch Carl Adolf von Carlowitz gehörte zu seinen Gönnern. Mit Adam Müller, der schon im Mai 1807 den «Amphitryon» herausgegeben hatte, begründete Kleist den «Phöbus. Ein Journal für Kunst». Das Titelkupfer dieser bedeutendsten literarischen Zeitschrift, die je in Dresden erschien, entwarf der Maler Ferdinand Hartmann: der Sonnenwagen des Gottes zieht über die Stromsilhouette der Stadt. Neun Hefte, in denen sich, dem Jenaer «Athenäum» vergleichbar, junge Künstler zu Wort meldeten, konnten zwischen Januar 1808 und Februar 1809 herausgegeben werden, dann waren die finanziellen Mittel endgültig erschöpft. Nicht nur Goethe, dem das erste Heft mit dem Penthesilea-Fragment «auf den Knien des Herzens» zugesandt wurde, versagte sich in eisiger Distanzierung. Auch das tolerante Körnerhaus vermochte klassizistische Vorurteile nicht zu überwinden. Böttiger lieferte als anonymer Rezensent der Berliner Zeitschrift «Der Freimütige» groteske Beispiele des Unverständnisses.

Am 29. April 1809 verläßt Kleist Dresden für immer. Nach der raschen Niederlage Österreichs, dem seine antinapoleonischen Hoffnungen galten, sucht er sich nun auf das Preußen einer historischen Idealität zu berufen, das es nie geben konnte. Das Sachsen einer opportunistischen Rheinbund-Realität erscheint im historischen Modell seiner größten Novelle als Gegenmacht. Hainichen und Döbeln, Wilsdruff und Mockritz, der Schloßplatz mit erzürnten Bürgern sind Schauplätze in der tragischen Geschichte des Michael Kohlhaas. Konfrontiert mit einer schnöden Dresdner Obrigkeit, dem Schranzenvolk einer Beamtenclique, einem wortbrüchigen Kurfürsten, erfährt der märkische Rebell einen letzten Triumph. Doch nur um den Preis seines Lebens vermag er den Widersacher zurückzustoßen ins Nichts. – Zweieinhalb Jahre nach seinem Abschied von Dresden erschoß sich Heinrich von Kleist.

VII

«Zu befürchten ist vielleicht nach einer Zeit, wo die Kanonen die Stunden schlugen und die Schwerter sie zeigten, daß ein Fürst sich und sein Volk am besten zu beraten glaubt, wenn er eine ewige Kriegserklärung organisiert, alle Stände verdeckt zum Wehrstand, alle Schulen zu Kriegs- und Fechtschulen einschmilzt, so daß am Ende Pflug und Feder und das Geräte aller Musen nur das Trieb- und Federwerk einer langsamern Kriegsmaschine werden ... – Statt eines ewigen Friedens und Frühlings (beide leichter möglich als ihr Gegenteil) gäb es einen ewigen Krieg und Winter, und am Ende, da der Krieg nur auf Kosten eines vorher bereichernden Friedens leben kann, gäb' es nichts mehr zu bekriegen und zu – leben.» Jean Pauls Ängste, 1808 in seiner «Friedenspredigt an Deutschland» zu visionären Bildern gestaltet, mochten im allgemeinen Denken bereitliegen; vor allem waren sie der Wirklichkeit entnommen. Denn die Zeitgenossen eines Lessing und Goethe, Novalis, Schlegel und Ludwig Richter waren auch die eines Friedrich II. von Preußen und Grafen Daun, Custine und Murat, Napoleon, St. Cyr, Nelson, Kutusow und Blücher. Friedlosigkeit war ein Kennzeichen jener Jahrzehnte und Generationen («denn Krieg besteht nicht nur während der Schlachten oder Kampfhandlungen, sondern während eines Zeitraumes, in dem der Wille zum Kampf genügend bekannt ist», heißt es im «Leviathan» des Thomas Hobbes).

Als in Dresden die letzten Spuren der großen Zerstörung von 1758 bis 1760 – 580 Häuser und fünf Kirchen – beseitigt waren und die völlig neuerbaute Kreuzkirche 1792 geweiht wurde, zeichneten sich bereits die neuen Auseinandersetzungen ab, die dem Lande noch bevorstehen sollten. Zwar blieb Sachsen in den zwanzigjährigen Kriegen nach der Französischen Revolution vorerst weitgehend verschont, dafür hatte die Bevölkerung 1809 und 1812/13 ungewöhnlich schwer zu leiden. Zwischen 1757 und 1813 wurden die Gegenden zwischen Erzgebirge und den beiden Lausitzen und vor allem die Umgebung Dresdens so verwüstet wie zur Zeit des Dreißigjährigen Krieges. Von Gottlieb Wilhelm Rabener bis Gustav Nieritz und Ludwig Richter waren es drei Generationen aus Kriegs- und Revolutionsjahren, deren Schicksal ständige Ängste und Entbehrungen, Schrecken, Enttäuschungen und Hoff-

Phoebus über Dresden, Titelblatt zu Heinrich von Kleists Zeitschrift

nungen, die Augenzeugenschaft unsäglichen, oft nur stilisiert dargestellten Grauens bereithielt; Zeitgenossen einer Epochenwende, die sich weniger im festlichen Glanz imperialer Aufzüge, nachdrücklicher hingegen in Durchmärschen von Armeen, Einquartierungen, Feldzügen, Leichenfeldern, in Schmutz, Seuchen und Hunger bekundete. Ludwig Richter, Wilhelm von Kügelgen, Gustav Nieritz waren Kinder, als Napoleon am 17. Juli 1807 unter

Glockenklang in Dresden einzog. Sie beobachteten im Frühjahr 1812 den gewaltigen Aufmarsch gegen Rußland, standen im Januar darauf an den Straßen, durch die sich die Reste der Großen Armee zurückschleppten – von 23 000 Sachsen sollen nur etwa 3 000 zurückgekehrt sein. Drei Monate darauf befreundeten sie sich zögernd mit den exotisch erscheinenden Kosaken und Baschkiren. Sie sahen, wie am 10. August 1813 des Kaisers vierundvierzigster Geburtstag gefeiert wurde: mit einer Festtafel auf der Neustädter Hauptstraße für die Garden, mit Feuerwerk und Illumination. Zum letzten Male erschien Napoleons Namenszug, von 1 000 Feuerwerkern und Artilleristen gegenüber dem Schloß mit Leuchtkugeln an den nächtlichen Himmel geschrieben – für Sekunden, um dann zu verlöschen. Das Fest war um fünf Tage vorverlegt worden, da der Waffenstillstand abgelaufen war. Zwei Wochen darauf wurde die Schlacht um Dresden geschlagen, Napoleons letzter Sieg. Sie sahen die Leichenberge an den Verhauen am Großen Garten, am Ziegelschlag, am Mosczinkaschen Garten bei Strehlen, und sie erlitten bis zum 11. November die Entbehrungen der Belagerungszeit, sahen die Dörfer ringsum brennen, die sterbenden jungen Franzosen auf Straßen und Hausfluren, die Verzweiflung der preußischen und russischen Kriegsgefangenen in den Lagern, die früher Kirchen gewesen waren. Niemand hat die Namen der Toten aufgeschrieben. Es sollen gegen 20 000 gewesen sein. Gustav Nieritz hat jene gesehen, die in der Orangerie auf der Ostraallee festgehalten wurden. Seine schlichten Schilderungen geraten ihm zum Gleichnis einer elementaren menschlichen Not, die immer betroffen macht. Täglich wurden gegen 200 Leichen auf Pferdewagen geworfen, festgetreten und zu großen Gruben gefahren, wo sie oft tagelang lagen. Die Totengräber verdienten gut, sie bekamen acht Groschen pro Leiche. Ein Pfund Brot kostete, wenn es Anfang November überhaupt zu haben war, mindestens zwei Groschen, ein Apfel ebensoviel, ein Ei drei bis vier Groschen. Am 1. Juni waren 30 000 Verwundete in der Stadt; nur ein Bruchteil konnte in den neunzehn Lazaretten, unter ihnen das Palais im Großen Garten, untergebracht werden. Operationen und Amputationen erfolgten oft auf der Straße.

Das alles vermag kaum Poesie zu werden. Der Kapellmeister E. T. A. Hoffmann hatte in seiner Person gleichsam die Spannungen zwischen den bedrängenden Realien des Krieges und den ästhetischen Normen der «Kunstperiode» auszuleben. Während er im Morettischen Theater am Italienischen Dörfchen fast täglich dirigierte (das Theater am Linckeschen Bad gehörte schon zur Kampfzone), am «Magnetiseur» und der «Undine» schrieb, sah er auf den Straßen mehrmals den Kaiser. Am 4. November, als die Versorgung der Stadt zusammenzubrechen drohte, wurde Mozarts «Zauberflöte» gegeben. Hoffmanns «Auszug aus meinem Tagebuch für die Freunde – Drei verhängnisvolle Monate» vermittelt die Dresdner Ereignisse zwischen August und November in ihrer Alltagsauthentizität – im Unterschied zu der ins Allegorische gesteigerten «Vision auf dem Schlachtfeld zu Dresden» und der virtuosen Verwandlung des Abgründigen ins Fiktionale des Märchens vom «Goldnen Topf». In diesem Jahr wurden 5 552 Einwohner und 21 500 Soldaten begraben, im folgenden Jahr starben noch einmal 3 514 Dresdner. – Die Stadt hatte 49 094 Einwohner. Im Jahr 1813 hatte sie 7 369 947 Soldaten aller Nationen zur Einquartierung, 1814 waren es 2 712 345. Wilhelm von Kügelgen erzählt, daß sich im Haus «Gottessegen» zeitweise bis zu 500 Soldaten aufhielten. – Wie immer im Kriege sind es die Frauen und Kinder, die Alten, Kranken, Verwundeten und Gefangenen, an denen sich jene später so gern verdrängte Wirklichkeit vollzieht. Hier erscheint das Humane in seiner Kreatürlichkeit und Verletzbarkeit; vermag aber damit auch das abstrakte Pathos heroischer Schlachtgesänge, die gelassene Vogelschau allgemeiner Kriegsschilderungen zu korrigieren. «Wenn ich später von Schlachten las», schreibt Ludwig Richter in seinen Erinnerungen, «von großen, herrlichen Siegen, von dem Todesmut der Kämpfenden und ihrer Tapferkeit, so mußte ich immer mit innerem Entsetzen an das Ende denken, an das Schlachtfeld.»

Nur scheinbar behaglich mag Goethe an jenem 24. April 1813 aus dem zweiten Stock des Kügelgenhauses auf die Weltgeschichte herabgeschaut haben, die sich im Einzug der verbündeten Monarchen vollzog. Er war gereizt, wie die arme Sara von Grotthuss erfahren mußte. Seine tiefe Abneigung gegen jene oft schrillen und maßlosen Bekundungen des Nationalen und der Franzosenfeindschaft hatte sich schon drei Tage zuvor unter Mißbilligung Ernst Moritz Arndts und gewiß auch des Hausherrn Körner auf der Moritzstraße entladen. Auch wenn die Geschichte anders verlief, als Goethe annahm, Haß auf «eine Nation ..., die zu den kultiviertesten der Erde gehört und der ich einen so großen Teil meiner eigenen Bildung verdanke» (an Eckermann, 14. März 1830), konnte er nie empfinden.

Denn erst aus dem Abstand der Nachgeborenen erscheint die Geschichte jener Jahre zwangsläufig. In der Mitte der Zeitereignisse war es in Sachsen ungleich schwerer, eine richtige Entscheidung zu treffen, wie etwa das Verhalten der Generale von Funck und von Thielmann zeigen könnte. Hätte für das Land bis Mai 1813 eine Möglichkeit bestanden, sich dem Einfluß Napoleons zu entziehen? Er hatte 1807 dem Kurfürsten die alte Königswürde zurückgegeben, zuvor schon, nach dem Sieg bei Jena und Auerstedt, das sächsische Heereskontingent mit Großmut behandelt und das Land für neutral erklärt. In Dresden zog er nicht als Sendbote der gefürchteten Revolution ein, sondern als Imperator, dessen treuester, zumindest folgsamster Verbündeter der sächsische König werden sollte. «Mon cher Papa» pflegte ihn der Kaiser gern anzureden. Alte Rivalitäten mit Preußen wußte er geschickt auszunutzen. Sachsen erhielt eine preußische Enklave bei Cottbus, seine Soldaten mußten schon 1807 gegen die ehemaligen Bundesgenossen kämpfen. In Berlin hatte man dies nicht vergessen, als die Große Armee in Rußland besiegt war. Im Grunde war König Friedrich Wilhelm III. genau so konservativ und gegenüber den Kräften des nationalen Aufbruchs ebenso mißtrauisch wie Friedrich August I. Doch in Preußen übernahmen kluge Staatsmänner und Offiziere das Geschick; auch zwang der unbändige Wille des Volkes den König zur Entscheidung.

Diese Impulse fehlten in Dresden in entscheidendem Maße. Die Aktivitäten sächsischer Patrioten wie der Brüder von Carlowitz, Dietrich von Miltitz', Christian Gottfried Körners oder des Finanzrats Julius Wilhelm von Oppel und des Generalmajors Justus Vieth von Golßenau vermochten nicht in die Breite zu wirken. Der General Thielmann übergab die wichtige Festung Torgau nicht an die Preußen, sondern ging im April allein zu ihnen über. Sachsen war in eine isolierte Lage geraten. Seit dem 7. Mai 1813 war Dresden wieder in der Hand Napoleons, der es als Angelpunkt seiner Operationen ansah, während in Prag der schwankend gewordene sächsische König auf eine Vermittlung Österreichs hoffte. Ultimativ zur Rückkehr aufgefordert, traf er fast gleichzeitig mit dem Kaiser in seiner Hauptstadt ein. So blieb das Land wenig empfänglich für preußische Proklamationen. Bald wurde es von den Armeen beider Seiten als feindlich angesehen und hatte die schwersten militärischen Entscheidungen des Krieges zu bestehen. Gegen 400 000 Menschen wurden 1813 hier begraben. Doch auch politisch hatte das Land die mangelnde Tatkraft des Königs bitter zu büßen. Ratlos standen er und sein Gefolge am Ende der großen Schlacht auf dem Leipziger Markt. Der Kaiser von Rußland und der König von Preußen ritten grußlos vorüber. Wenig später wurde er nach Friedrichsfelde bei Berlin in preußische Kriegsgefangenschaft gebracht. Seit dem 9. Dezember 1813 wachte ein «General-Gouvernement der Hohen Verbündeten Mächte» in Dresden über das öffentliche Geschick, mit Klugheit und Toleranz unter dem russischen Fürsten Repnin-Wolkonski, wesentlich härter ein Jahr später unter preußischem Regime. Erst als auf dem Wiener Kongreß im März 1815 die Nachricht von der Rückkehr Napoleons bekannt wurde, entschied sich auch das Schicksal Sachsens. Um mehr als die Hälfte des Territoriums und um fast eine Million seiner Einwohner verkleinert, schied es nun endgültig aus dem Kreis der namhaften europäischen Mächte aus.

Am 7. Juni 1815, wenige Tage, bevor in Belgien die großen Armeen noch einmal zusammentrafen zu jener mörderischen Schlacht von Waterloo, kehrte der König unter unvorstellbarem Jubel der Bevölkerung nach Dresden zurück. Man wollte in ihm eine Symbolgestalt für die Wiederkehr der alten, als besser empfundenen Zeiten sehen und vergaß seine konservative, jeder Reform abholde Einstellung. Wieder, wie nach den Verwüstungen des Siebenjährigen Krieges, hatte das verarmte Volk die Lasten des Aufbaus zu tragen. Seine Hoffnungen, daß der Befreiung auch Freiheiten folgen werden, verkümmerten schon bald unter dem Druck eines sich neu etablierenden Polizeistaates, den Militär, Beamte und Adel stützten. Bürgerlicher Fleiß paarte sich mit Resignation und biedermeierlicher Selbstgenügsamkeit in einer Weise, die das Lächeln fremder Besucher herausforderte. Erst die großen europäischen Ereignisse von 1830 und 1848 eröffneten neue Hoffnungen.

Günter Jäckel

Die Stadt im Tale

Karl Wilhelm Daßdorf
Beschreibung der vorzüglichsten Merkwürdigkeiten

Die Stadt Dresden gehört, wegen der Schönheit ihrer sowohl öffentlichen als Privatgebäude, unter die vorzüglichsten Städte Deutschlands. Ihre Lage ist reizend und entzückend. Der gute Geschmack in den Weinbergs- und Gartenhäusern macht dem sich ihr nähernden Fremden schon sehr vorteilhafte Begriffe von den noch größern Schönheiten der Stadt selbst.

Sie liegt in einem anmutigen Tale, durch welches die majestätische Elbe strömt und das teils von Anhöhen, die mit Wäldern bekränzt sind, teils von den reizendsten und fruchtbarsten Weingebirgen eingeschlossen wird. Die Menge der schönen und angenehmen Lusthäuser, die diese Weinberge bedekken, die große Anzahl der an dem Fuße dieser Gebirge sich sanft hinziehenden heitern und lachenden Dörfer, in denen man so viel Freude und Wohlstand antrifft, gewähren dem Auge des Beobachters den reizendsten und abwechselndsten Anblick, daß er mit Vergnügen bei der Betrachtung dieser mannichfaltigen Schönheiten verweilt.

Alle Fremden äußern daher beim ersten Anblick der Lage dieses Orts eine freudige Verwunderung. Schon der Herzog von Rohan sagt in seiner deutschen Reisebeschreibung, daß Dresden so schön und so angenehm sei, daß man sagen möchte, es wäre in einem Tage gebaut worden. Daß dieses günstige Urteil, nach den seit 1600 so vielen gemachten herrlichen Veränderungen, noch weit mehr stattfinden müsse, wird niemand leicht bezweifeln.

Dresden war lange Zeit ein offener Ort gewesen, an dem man nur hier und da einzelne und unbeträchtliche Verteidigungsanstalten, als Türme etc., angebracht hatte. Endlich entschloß sich Herzog *George der Bärtige*, an den diese Stadt nach seines Vaters *Albrechts* Tode kam, sie zu befestigen. Dieses geschahe in den Jahren 1520 bis 1528. Der Anfang dieser Befestigung geschahe an der Kreuzpforte, wo das sogenannte Fraumutterhaus steht, zog sich von da nach dem Seetor und rückte so bis zum Elbtor fort, wo er alles mit einem Walle und Wassergraben einschließen und mit gehörigen Werken versehen ließ. *Moritz*, der erste Kurfürst von der Albertinischen Linie, erweiterte und verstärkte diese Befestigungen ungemein, indem er die alte, noch stehende Mauer, die vom Schlosse bis zum Frauentor hinlief, umwerfen und den Graben verschütten ließ. Er ersetzte also diese alte Befestigung des Herzogs *George* durch diejenige, welche noch heutigen Tages da sind; und er ist es, dem wir unsere guten Basteien, tiefe Wassergräben und sich selbst deckenden Flanken zu danken haben. ...

Die Stadt *Dresden* besteht aus drei Städten.

1. Dresden oder die Residenz
2. Die Neustadt
3. Die Friedrichstadt, sonst Ostra

I. *Dresden* oder *die Residenz* ist zu allen Zeiten, vorzüglich aber unter den glorreichen Fürsten der Albertinischen Linie, ein Gegenstand der Sorgfalt und Verschönerung seiner Beherrscher, der Kurfürsten von Sachsen, als Augustus, Christian des I. und II., Johann George des I., II., III., besonders aber seiner Auguste gewesen. Diese Stadt gehört unter die schönste Städte von Deutschland. Sie ist von mittlerer Größe, die meisten Straßen sind schön, breit und gerade; sie hat zwei regelmäßige Plätze, welche wegen ihrer Schönheit besonders angemerkt zu werden verdienen. Das Stadtpflaster, welches beständig in gutem Stand erhalten wird, und die in den Gassen befindlichen unterirdischen Schleusen machen diese Stadt zu allen Zeiten reinlich. Alle öffentlichen und Privatgebäude sind von einer schönen Bauart, von Bruchsteinen, und vier bis fünf Stock hoch. Viele bürgerliche Häuser haben das Ansehen von Palästen, welche gewiß eine besondere Beschreibung verdienen.

Was übrigens die Volksmenge dieser Stadt betrifft, so ist es sehr schwer, die Anzahl seiner Einwohner richtig zu bestimmen. Indessen ist es gewiß, daß die Anzahl derselben zu allen Zeiten beträchtlich gewesen; denn ohngeachtet eines langwierigen siebenjährigen Krieges, welcher Sachsen fast ein Dritteil seiner Einwohner beraubte, ohngeachtet der im Jahr 1772 erfolgten Hungersnot, welche gleichfalls schreckliche Verwüstung anrichtete, kann man dennoch gegenwärtig in Dresden etliche vierzigtausend Einwohner annehmen.

Die Stadt Dresden, welche ehemals mehrere Tore hatte, hat gegenwärtig nur drei, als:

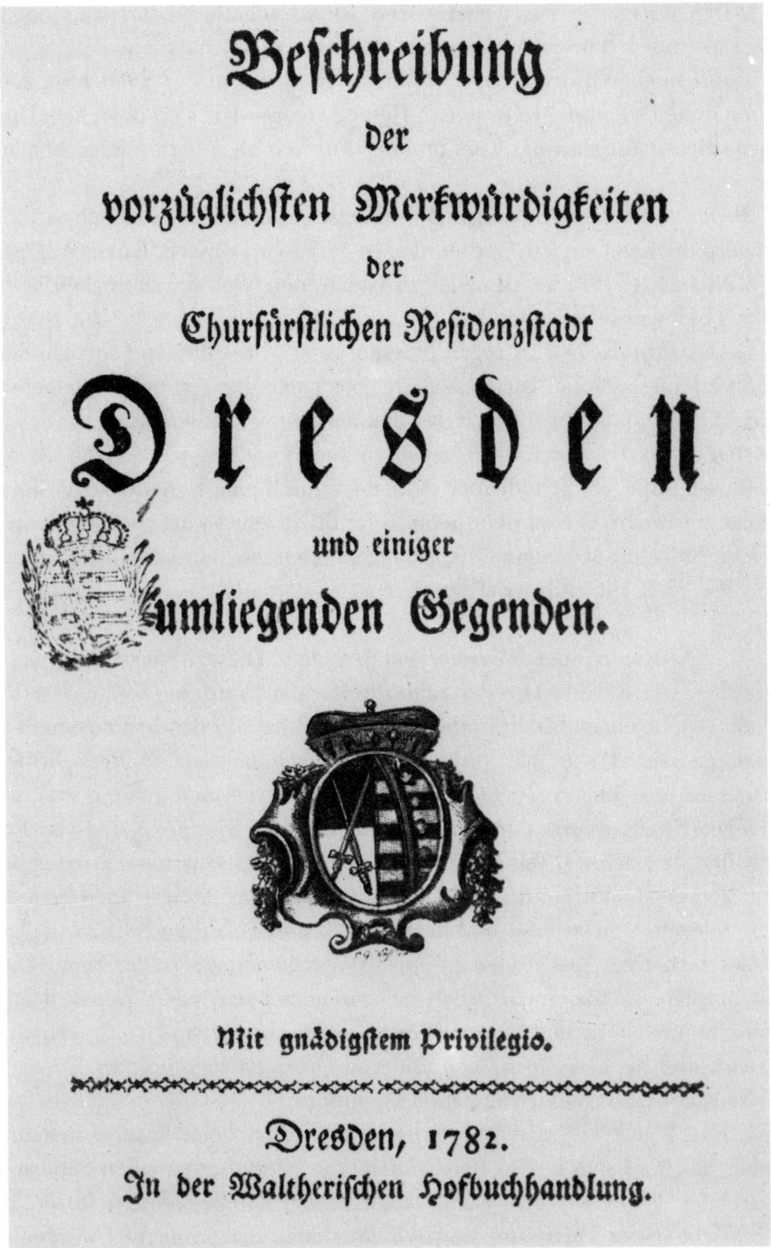

Beschreibung

der

vorzüglichsten Merkwürdigkeiten

der

Churfürstlichen Residenzstadt

Dresden

und einiger

umliegenden Gegenden.

Mit gnädigstem Privilegio.

Dresden, 1782.

In der Waltherischen Hofbuchhandlung.

Titelblatt zu Karl Wilhelm Daßdorf,
Beschreibung der vorzüglichsten Merkwürdigkeiten …

1. Das *Wilsdorfer Tor*, gegen Abend, ist das allerälteste, das schon im Jahr 1313 in einer Urkunde erwähnt wird. Es hat seinen Namen von dem Städtgen Wilsdorf oder Wilsdruff, das zwei kleine Meilen von der Stadt liegt. Es hat einen hohen steinernen Turm, den Herzog George 1521 erhöhen ließ. Die gotische Befestigungsart des Tors und des Turms zeugen von seinem hohen Alter.

2. Das *Seetor*, gegen Mittag. Dieses ließ Kurfürst Moritz im Jahr 1548 zumauern, in welchem Zustand es ganzer 200 Jahr verblieb. König August III. ließ im Jahr 1746, um ein neues zu bauen, den Wall durchbrechen, und im Jahr 1747 wurde es vollendet.

3. Das *Pirnaische Tor*, gegen Morgen, ist vom Kurfürsten Christian dem I. 1559 erbauet worden. Dieses Tor, welches nach alter Art mit Bildhauerarbeit geziert worden, litte viel durch das Bombardement 1760. Die Statue des Kurfürsten zu Pferde, gegen die Vorstadt zu, neben welchem zwei Schildwachten, in Riesengröße, als Schildhalter stehen, ist durch eine Kanonenkugel sehr beschädigt worden. Die darüber befindliche Brustwehr ist itzt abgetragen und an dessen Stelle die sogenannte Baugefangenen-Kirche, nebst einer Wohnung für den Prediger, aufgeführt worden.

II. Die *Neustadt*, oder *Neustadt bei Dresden*. Diese ist eigentlich das alte Dresden, von welcher Dresden oder die Residenz nur eine Kolonie ist. Diese Stadt, welche ehemals den Ergießungen der Elbe und den feindlichen Streifereien ausgesetzt war, hat verhältnismäßig weit langsamere Fortschritte gemacht als ihre jüngere Tochter, die Residenz. Sie bestand daher auch nur aus wenigen Straßen längs der Elbe. ... Augustus der Zweite, König von Polen, Kurfürst zu Sachsen, war der erste, welcher dieses Quartier zu verschönern und zu vergrößern anfing. Er ließ nach einem regelmäßigen Plan neue Straßen anlegen, welche breit und gerade sind, und befahl auch 1724, daß man dieses bisherige Alt-Dresden künftig Neustadt nennen sollte. Seine Durchlauchtigsten Nachkommen haben nicht minder beigetragen, Neustadt immer mehr zu erweitern und zu verschönern. Alle Häuser sind von regelmäßiger Bauart, drei bis vier Stock hoch und von Quadersteinen erbauet.

Neustadt hat eigentlich nur zwei Haupttore.

1. Das *Weiße Tor*, gegen Mitternacht, das wahrscheinlich seine Benennung daher hat, weil sein großes massiv steinernes Portal aus weißen Sandsteinen gearbeitet ist. Dieses Tor, welches Augustus der Zweite anfangen lassen, ist in Rücksicht seiner Verzierung und Wölbung noch nicht vollendet worden; was man aber davon fertig sieht, ist voller schöner Bildhauerarbeit und architektonisch.

Der Fürstenzug

2. Das *Lausitzer* oder *Schwarze Tor*, gegen Morgen, ist, nach seiner itzigen Gestalt, auch ein Werk König Augusts des Zweiten.

III. *Friedrichstadt*, sonst *Neustadt-Ostra*. Wir übergehen die ältern Schicksale dieses Orts, die ohnedem nur auf ungewissen und schwankenden Mutmaßungen beruhen würden, und führen nur so viel an, daß Kurfürst Moritz, dem Ostra gefiel, dieses Gut 1550 an sich kaufte und daß sein Bruder August, dieser weise und ökonomische Fürst, noch mehr darzu schlug, um ein großes kurfürstliches Küchen-Vorwerk hier anzulegen, worinnen ihn seine wirtschaftliche Gemahlin, die dänische Prinzessin Anna, aus einer besonderen Prädilektion für dieses Vorwerk, sehr unterstützte. Doch blieb es ein Dorf oder kurfürstliches Vorwerk, bis ihm George II., dem man auf dem Ausschußtage zu Meißen 1676 verschiedene Vorschläge zur besseren Aufnahme desselben getan, das *Stadtrecht* erteilte und *Neustadt-Ostra* nennen ließ. Durch diese Unterstützung wuchs sie in kurzer Zeit dermaßen an, daß man gar balde eine Stadt entstehen sah, welche ziemlich groß und sehr regelmäßig angelegt ist. Doch bekam sie erst von August dem Zweiten, diesem großen Beförderer und Kenner der Baukunst, ihre itzige schönere und bessere Gestalt und führt auch nach ihm den Namen *Friedrichstadt*.

Sie liegt eigentlich jenseits der Weißeritz, die an der Wilsdorfer Vorstadt hinläuft und sie von Dresden abschneidet; doch ist sie durch eine im 16. Jahrhunderte erbaute steinerne Brücke mit demselben verbunden worden.

Benjamin Gottfried Weinart
Über den jetzigen Zustand von Dresden und dessen innerliche Verfassung überhaupt

Ist je eine Stadt nach wahren und echten Grundsätzen der Polizei eingerichtet, so ist es gewiß unter vielen andern Dresden. Gewiß, die meisten Regeln, die D. Zink, Christian Ludwig von Griesheim, D. Becher und ganz neuerlich I. P. Willebrand in dem Grundriß einer schönen Stadt gegeben, findet man hier schon längst in der genauesten Befolgung. Die Gassen sind weder zu enge noch zu weit; sie sind reinlich, weil das Pflaster unaufhörlich verbessert wird. Die Luft ist wegen des vorbeifließenden Elbstroms, der alle etwan sich über der Stadt verbreitete unreinen Dünste mit sich wegzieht, gesund und unschädlich. Man gehe zu einem Tore hinaus, zu welchem man wolle, man wird die fruchtbarsten Auen und die bebautesten Äcker erblicken. Alles ist Abwechslung. Alle Reizungen der Natur haben gleichsam diese Stadt in ihren Schoß aufgenommen. Waldungen, in einer gehörigen Entfernung, Berge, teils nahe, teils fern, umgeben die ganze Gegend und stellen dem Auge ein entzükkendes Amphitheatrum dar. Nahe um die Stadt sind, zum freien Vergnügen der Einwohner, die schönsten Gärten und zum Sommervergnügen vollkommen geschickt eingerichtete Örter in großer Anzahl. Niemals kann die Stadt an irgend etwas einen Mangel leiden. Wenn auch die ganze Gegend um Dresden eine Zeitlang unfruchtbar läge, würde doch der etwan zu befürchtende Mangel an Lebensnotwendigkeit, wegen der beständigen Zufuhre aus Böhmen und den an der Unterelbe gelegenen Provinzen, wenig merklich sein. Keine Art Früchte werden dem Geschmack der Einwohner dieser vortrefflichen Residenz entzogen. Alle Fremden geben dieser Stadt vor vielen andern hierinne den Vorzug.

In der Stadt selbst bewundert man eine Menge der prächtigsten Häuser; geschmackvolle Bauart macht sie schon von außen merkwürdig. Inwendig ist alles, was nur irgend zu einiger Bequemlichkeit erdacht werden könnte, meistenteils angebracht; nur die schaudererweckenden Ruinen der letzten Belagerung stören noch oft den Bewunderer und entrüsten ihn. Durch schon gemachte weise Anstalten werden aber auch bald diese traurigen Überreste unsern Augen, schwerlich aber unserm Andenken entzogen werden.

Die Kirchenverfassung und die Regierung der Stadt ist nach den vernünftigsten Grundsätzen der allgemeinen Rechte eingerichtet, jede Sache wird nach der Billigkeit und den durch Weisheit sich besonders auszeichnenden Gesetzen des Landes untersucht und unterschieden. Alle Landesangelegen-

Königliche und kurfürstliche Residenzstadt Dresden
vom 13. bis zum 29. Juli 1760

heiten werden in denen hier angelegten hohen Kollegien bestimmt, und denselben abhelfliche Maße gegeben. Diese sind auch Ursache, daß von einer Zeit zur andern ein großer Zufluß von Fremden sich einfindet. Wie denn überhaupt um deswillen die Stadt volkreicher ist, als sie in der Abwesenheit derselben nicht sein würde. Man rechnet von jetzt die Volksmenge, ob sie gleich seit dem letztern Krieg sehr abgenommen und kaum die Hälfte der ehemaligen Anzahl erreichet, doch noch auf 30 000 Menschen, die in verschiedenen Ständen, Handwerken und Künsten hier ihr gutes Auskommen finden.

Christian Heinrich Schreyer
Juli 1760

Die Bogenschüsse aus Kanonen, welche am fünften Tage häufiger wurden und niedriger gingen als die Bomben, gestatten uns ferner keinen sicheren Aufenthalt, nicht einmal im Hofe, da die durchs Dach des drei Geschoß hohen Hauses fliegenden Kugeln unaufhörlich die Ziegel herabwarfen. Donnerstag (17. Juli) nachmittags um 4 Uhr entschlossen auch wir uns, mit der größern Hälfte von elf Familien auszuwandern, und was sich in einem gepackten Korbe und in den Händen fortbringen ließ, mitzunehmen. Es war auch die höchste Zeit, denn folgenden Vormittags lag das Haus und fast die ganze Gasse bereits im Schutte. Wir flüchteten zuerst in den Großen Garten, wo wir auf dem sehr geräumigen Boden des ansehnlichen Palais schon um und um fast alles von Flüchtlingen besetzt und kaum noch ein Plätzchen zum Niederlassen und Ausruhen fanden. Ehe wir soweit gelangen konnten, kamen zwei preußische Offiziers, welche den ganzen Boden durchgingen und andeuteten, daß alles hier geräumt werden müsse, da alle Verwundeten und Kranken aus dem Lager hierher geschafft werden sollten.

Die Beherztern entschlossen sich, es abzuwarten, wir nebst andern Furchtsamern setzten den Wanderstab weiter fort, ohne zu wissen, wohin. Ein Kamerad meines Vaters, der sich unterwegs zu uns fand und im Dorfe Strehlen eine bekannte Familie wußte, riet uns, mit ihm es zu versuchen, und es glückte uns, daß der Bauer Ludwig auch uns ganz Unbekannte nach einigem Bitten aufnahm. Wahrscheinlich mochte ihn das willfähriger machen, daß er nun durch uns einige Gehilfen mehr zu schleuniger Einbringung seiner in Gefahr stehenden Erntefrüchte bekam. Für mich war es ein ungewohntes Vergnügen, fleißig auf dem geleerten Erntewagen mit des Wirts beiden Kindern aufs Feld fahren zu können.

Als dieses auch den folgenden Sonnabend (19. Juli) in den Nachmittagsstunden geschah und wir Kinder immer die Augen auf die vielen Feuer in der Stadt gerichtet hatten, bemerkten wir auf einmal das eine Seitentürmchen der Kreuzkirche brennen. Dieses wurde zwar wieder gelöscht, aber bald darauf stund der hohe Hauptturm in vollen Flammen, und ehe wir noch auf dem Rückwege das Haus erreichten, sahen wir die lange Spitze sich etwas rückwärts neigen; heftiger schlugen nun die Luft erhaltenden Flammen um sie herum, und bald darauf stürzte die ganze brennende Masse mit einem so starken Krachen, als ob es im Dorfe selbst wäre, auf das Dach, schlug dieses und das Gewölbe durch und setzte die Kirche in Brand, deren vieles Holzwerk bis in die späte Nacht, wie man sich einen entzündeten Vulkan denken kann, Flammen und Dampf aus dem wie ein Berg hervorragenden ansehnlichen Gebäude in die Höhe trieb und einen horriblen, mir unvergeßlichen Anblick gewährte. Folgenden Sonntags abends gegen 9 Uhr sahen wir auch die mir so liebe Annenkirche im Feuer stehen, welche jedoch nicht das Bombardement erreichte, sondern nebst der Schule und Pastoratwohnung angezündet worden war.

Gottlieb Wilhelm Rabener
Dieser schreckliche Tag

An Herrn Kabinettssekretär Ferber in Warschau

Dresden, am 12. August 1760 Bald werden Sie glauben müssen, daß mein gutes freundschaftliches Herz mit verbrannt sei, da ich, seit meinem erlittenen Unglücke, an meinen liebsten Freund nicht geschrieben und ihm meine Not nicht geklagt habe. Mitten in meiner größten Beängstigung habe ich tausendmal an Sie gedacht, und da ich endlich erfuhr, daß ich alles verloren hatte, so fiel mir zu meiner größten Beruhigung ein, daß mir doch noch die Freundschaft eines Ferbers übrig sei. Es war ganz natürlich, daß mir dieses einfiel, da ich, Sie wissen es wohl, Sie von ganzem Herzen liebe, und da ich die Nachricht von meinem Verluste eben damals in Gegenwart Ihrer Mademoiselle Schwester erfuhr, die ich unendlich und doppelt hochschätze, weil sie Ihre Schwester und meine Freundin ist. Sie wird Ihnen von H+++ aus von meinem Schicksale etwas gemeldet haben; erlauben Sie mir, daß ich es hier wiederhole. — Unsere Briefe sind so oft vergnügt und scherzhaft gewesen; dieser mag einmal traurig sein. Nicht allzu traurig, ich gebe Ihnen mein Wort; denn mein Verlust, so weh er mir auch tut, hat mir keine unruhige Minute gemacht. Mir selbst ist das unbegreiflich. Es war weder Unempfindlichkeit noch Philosophie; eine Gnade von Gott war es, ich erkenne es dafür, daß ich mit der größten Gelassenheit mein Haus brennen sah und mit eben der Gelassenheit hernach anhörte, daß alles verloren sei.

Der 19te Julii war dieser schreckliche Tag. Schon am 14ten, da unsre Not anging, war mein Haus der Gefahr am meisten ausgesetzt. Früh um acht Uhr zerschmetterte eine Haubitzgranate das Zimmer meines Bedienten und zündete. Wir löschten damals noch das Feuer. Ich ließ meine Sachen, so gut es möglich sein wollte, zusammenpacken und teils in den Keller, teils in ein Gewölbe schaffen, welches mir feste genug zu sein glaubte. Weil sich aber die Gefahr vermehrte und es Kugeln und Karkassen auf die Gegend meiner Wohnung regnete, so flüchtete ich noch am selbigen Abend um sieben Uhr nach Neustadt zu Herrn D+++, meinen Bedienten aber ließ ich, mit seinem guten Willen, zurücke. Neustadt ward vom 15ten an auch beschossen, und zwei Zwölfpfünder fuhren durch unser Haus, aber wir waren doch mit dem Feuereinwerfen daselbst verschont.

So gefährlich und ängstlich dieser unser Aufenthalt war, so viel komische und lächerliche Auftritte kamen doch dabei vor. Die Madame Z+++ mit ihrer

Bedienung und ich waren die meiste Zeit bei Herrn H+++ in seiner Stube, und da schliefen wir auch. Hinten im Hofe, in zwei gewölbten Stübchen stak die ganze D+++ Familie, und noch vierzig Personen, alt und jung. Die Fensterladen waren mit Miste verschüttet, der obere schöne Saal mit Miste bedeckt und mit ebensoviel Miste der ganze Hof bestreut. Unter diesem Miste lagen alle diese Personen. Einige waren stille und verdrüßlich, einige beteten, und man sahe es ihnen am Maule an, wie sie mit ihrem Gott zankten, daß er es doch so weit habe kommen lassen, ungeachtet sie ihm nun seit vier Jahren die Ehre angetan und fleißig gebetet. In einem andern Winkel saßen einige politische Kannengießer und machten für Daunen einen Operationsplan, wurden aber sehr uneinig, weil sie sich über den kleinen Nebenumstand nicht vergleichen konnten, ob sie den König von Preußen mit seiner Armee wollten zu Kriegsgefangenen machen oder nicht lieber alles über die Klinge springen lassen. Ich war fürs letztere, aber ich ward überstimmt. Eine Priesterwitwe kriegte mich immer auf die Seite und zischelte mir ins Ohr: Wir sollten Gott danken! Nur der lieben Religion wegen schösse uns der König von Preußen tot und unsre Häuser in Grund. – Aber, zum Henker, Madame, was haben meine Perucken mit der Religion zu tun? (Denn kurz vorhero hatte ich erfahren, daß eine dreißigpfündige Granate meinen ganzen Apparatum von Perukken zerschmettert habe.) Lassen Sie es gut sein, antwortete sie mir, es wird sich schon geben, danken Sie Gott dafür! – Die verwünschte fromme Frau hat mich grausam gepeinigt. Ich und ein paar Freunde vertrieben uns die Zeit in unserer Stube, und mich deucht, das war noch am solidesten gedacht. Unter dergleichen Abwechslung und Unruhe brachten wir den 19ten heran, den schrecklichsten Tag meines Lebens. Schon um drei Uhr nachmittags stund die Kreuzkirche, das Amthaus und meine Wohnung in voller Flamme. Ich lief vor in das Gouvernementshaus (hier war es eben, wo ich die Frau Mama und Ihre Babet antraf), und sah diesem Greuel der Verwüstung zu. Ich blieb einige Zeit dort, und gegen fünf Uhr kam mein ehrlicher Bedienter mit der Nachricht, daß mein Haus niedergebrannt, das Gewölbe von den Bomben eingeschmissen und darinnen alles verbrannt, der ganze unbeschädigte Keller aber von denen zum Löschen kommandierten Soldaten rein ausgeplündert sei. Das tat weh, mein lieber Ferber, sehr weh; all mein Hausrat, meine Kleider, Wäsche, Vorräte, alle meine Bücher und Manuskripte, alle Briefe, die ich von Ihnen und andern guten Freunden so sorgfältig gesammelt hatte, alles war verloren; von Sachen, die ich wohl auf dreitausend Taler rechnen kann, habe ich nicht zehn Taler wert gerettet. Der älteste Zeugrock, den ich anzog, um desto bequemer zu löschen, eine alte abgelebte Perucke, die ich in ebender Absicht aufgesetzt, ein paar alte Hemden, die ich schon für meinen Bedienten be-

Der Altmarkt zu Dresden, von der Seestraße aus gesehen

Ansicht des Neumarkts zu Dresden

Die ehemaligen Festungswerke zu Dresden

Dresden, vom linken Elbufer aus gesehen

Aufstellung zum Fußturnier auf dem Dresdner Altmarkt am 10. Juni 1709

Prospekt von dem königlichen Lustschloß Pillnitz und der umliegenden Gegend (Ausschnitt)

Der Zwingergarten mit Orangenbäumen und dem Blick auf den Wallpavillon

Aufstellung zum Fußturnier auf dem Dresdner Altmarkt am 10. Juni 1709 (Ausschnitt)

stimmt hatte, und ein Schlafrock: das war meine ganze Garderobe. Die witzigen Manuskripte, welche nach meinem Tode sollten gedruckt werden, sind zum kräftigen Troste der Narren künftiger Zeit alle, alle mit verbrannt. Nun verlohnt es beinahe die Mühe nicht, daß ich sterbe, weil nach meinem Tode weiter nichts gedruckt werden kann. Dieser Gedanke hat mich bisher noch beruhigt, wenn ich, als Autor, an den Tod dachte; aber nun will ich immer leben bleiben und mich in die Welt schicken, so gut ich kann. Meine schönen Bücher dauern mich sehr, aber mannichmal dauern mich doch meine Hemden noch mehr und meine Kleider und meine Betten und ... kurz, Ferber, ich bin so nackigt wie ein Gratulant! Ein Glück für mich, daß ich noch meine Wechsel und Dokumente gerettet habe. An barem Gelde habe ich nicht viel über vierzig Taler verloren; aber wie viel bares Geld hat denn ein Steuersekretär, der ein Jahr in preußischem Depot und zwei Jahr unter der Vormundschaft der Landesdeputation gestanden? Das schmerzt mich am meisten, was ich durch die Plünderung verloren habe. Einige von unsern Freunden, unsern Hülfsgenossen, unsern Errettern, Leute, die sich das größte Gewissen machen würden, am Karfreitage Schweinebraten zu essen, die plünderen uns selbst in der größten Beängstigung und brechen die Keller auf, in welchen man vielleicht vor der Wut der Feinde noch etwas hätte retten können. Sagen Sie es auf mein Wort in Warschau nach, daß uns die Feinde zwei Drittel verbrannt und diese Freunde ein Drittel gestohlen haben; aber sagen Sie auch, daß alle Ehrliebende von der Garnison, Offiziers sowohl als Gemeine, einen Abscheu vor diesen Gewalttätigkeiten gehabt, und sagen Sie auch zum Ruhme unsers tapfern Kommandanten, daß er die strengste Ordre gestellet habe, diesem Unwesen zu steuern: doch hat es nichts geholfen, denn einen Räuber macht kein Galgen ehrlich!

Gerechte Tränen eines Hirten über die Not seiner Herde,

in denen Angststunden der im Monat Julius 1760 geschehenen preußischen Belagerung Dresdens vergossen und entworfen von *M. Johann Christian Schlipalius*, Diaconus zum heil. Kreuz in Dresden

Wir flohn, allein, wohin? Kaum in das dritte Haus,
So trieb uns die Gefahr schon wiederum heraus.
Man sah und hörte bald, die Bomben kamen wieder.

Und rissen Kirch und Turm und unsre Häuser nieder.
Wir flohen weiter fort, allein das Feur, der Knall,
Ging mit bei jedem Tritt, die Not war überall.
Die Mütter nahmen jetzt die Kinder auf die Armen
Und schrien tränenvoll: O Gott laß dich's erbarmen!
Wir überliefen Gott; wir taten Ihm Gewalt;
Allein Er schwieg noch still und hörte nicht so bald.
Wir sahn und hörten nichts als Kugeln, Feur und Flammen,
Die ließen uns nicht mehr, wie zu vorhin beisammen.
Ein jeder wählte sich selbst eine Sicherheit
Und fand sie gleichwohl nicht, das war ein neues Leid.
Es häuften sich nunmehr Not, Schrecken, Angst und Sorgen,
So blieb es diese Nacht bis wieder an den Morgen.

Johann Wolfgang Goethe
Die Galerie und die Trümmer

Die Stunde, wo die Galerie eröffnet werden sollte, mit Ungeduld erwartet, erschien. Ich trat in dieses Heiligtum, und meine Verwunderung überstieg jeden Begriff, den ich mir gemacht hatte. Dieser in sich selbst wiederkehrende Saal, in welchem Pracht und Reinlichkeit bei der größten Stille herrschten, die blendenden Rahmen, alle der Zeit noch näher, in der sie verguldet wurden, der gebohnte Fußboden, die mehr von Schauenden betreten als von Arbeitenden benutzten Räume gaben ein Gefühl von Feierlichkeit, einzig in seiner Art, das um so mehr der Empfindung ähnelte, womit man ein Gotteshaus betritt, als der Schmuck so manches Tempels, der Gegenstand so mancher Anbetung hier abermals, nur zu heiligen Kunstzwecken aufgestellt erschien. Ich ließ mir die kursorische Demonstration meines Führers gar wohl gefallen, nur erbat ich mir, in der äußeren Galerie bleiben zu dürfen. Hier fand ich mich, zu meinem Behagen, wirklich zu Hause. Schon hatte ich Werke mehrerer Künstler gesehen, andere kannte ich durch Kupferstiche, andere dem Namen nach; ich verhehlte es nicht und flößte meinem Führer dadurch einiges Vertrauen ein, ja ihn ergetzte das Entzücken, das ich bei Stücken äußerte, wo der Pinsel über die Natur den Sieg davontrug: denn solche Dinge waren es vorzüglich, die mich an sich zogen, wo die Vergleichung mit der bekannten Natur den Wert der Kunst notwendig erhöhen mußte. …

Die wenigen Tage meines Aufenthalts in Dresden waren allein der Gemäldegalerie gewidmet. Die Antiken standen noch in den Pavillons des Großen Gartens, ich lehnte ab, sie zu sehen, sowie alles übrige, was Dresden Köstliches enthielt; nur zu voll der Überzeugung, daß in und an der Gemäldesammlung selbst mir noch vieles verborgen bleiben müsse. So nahm ich den Wert der italienischen Meister mehr auf Treu und Glauben an, als daß ich mir eine Einsicht in denselben hätte anmaßen können. Was ich nicht als Natur ansehen, an die Stelle der Natur setzen, mit einem bekannten Gegenstand vergleichen konnte, war auf mich nicht wirksam. Der materielle Eindruck ist es, der den Anfang selbst zu jeder höheren Liebhaberei macht....

So sollte mir denn auch, noch kurz vor meiner Abreise, etwas sehr Angenehmes begegnen. Durch die Vermittlung jenes jungen Mannes, der sich wieder bei mir in einigen Kredit zu setzen wünschte, ward ich dem Direktor von Hagedorn vorgestellt, der mir seine Sammlung mit großer Güte vorwies und sich an dem Enthusiasmus des jungen Kunstfreundes höchlich ergetzte. Er war, wie es einem Kenner geziemt, in die Bilder, die er besaß, ganz eigentlich verliebt und fand daher selten an anderen eine Teilnahme, wie er sie wünschte. Besonders machte es ihm Freude, daß mir ein Bild von Swanevelt ganz übermäßig gefiel, daß ich dasselbe in jedem einzelnen Teile zu preisen und zu erheben nicht müde ward: denn gerade Landschaften, die mich an den schönen heiteren Himmel, unter welchem ich herangewachsen, wieder erinnerten, die Pflanzenfülle jener Gegenden und was sonst für Gunst ein wärmeres Klima den Menschen gewährt, rührten mich in der Nachbildung am meisten, indem sie eine sehnsüchtige Erinnerung in mir aufregten.

Diese köstlichen, Geist und Sinn zur wahren Kunst vorbereitenden Erfahrungen wurden jedoch durch einen der traurigsten Anblicke unterbrochen und gedämpft, durch den zerstörten und verödeten Zustand so mancher Straße Dresdens, durch die ich meinen Weg nahm. Die Mohrenstraße im Schutt sowie die Kreuzkirche mit ihrem geborstenen Turm drückten sich mir tief ein und stehen noch wie ein dunkler Fleck in meiner Einbildungskraft. Von der Kuppel der Frauenkirche sah ich diese leidigen Trümmer zwischen die schöne städtische Ordnung hineingesät; da rühmte mir der Küster die Kunst des Baumeisters, welcher Kirche und Kuppel auf einen so unerwünschten Fall schon eingerichtet und bombenfest erbaut hatte. Der gute Sakristan deutete mir alsdann auf Ruinen nach allen Seiten und sagte bedenklich lakonisch: «Das hat der Feind getan!»

Daniel Chodowiecki
Spaziergang mit Adrian Zingg und Anton Graff

28. Oktober [1773] Um 6 Uhr stand ich auf, ließ einen Barbier kommen, dem ich 2 gute Groschen gab, und trank Kaffee. Ich ließ mir ein Band für meine Börse besorgen, da ich meins unterwegs verloren hatte. ½ 9 Uhr ging ich ins Palais der Gräfin Cosel, um die Frau des Kutschers aufzusuchen, die ich aber nicht gefunden habe. Sie soll in der Langegasse vor dem Pirnaischen Tor wohnen, gegenüber dem Hotel des Chevalier de Saxe. Bevor ich in das Coselsche Palais ging, trat ich in die Frauenkirche ein, die ganz nahe dabei steht, ich habe aber nichts gesehen, was meine Aufmerksamkeit erregt hätte. Ich erkundigte mich nach Herrn Graff, man wies mich nach dem Kurfürstlichen Stallgebäude, wo mir der Wagenmeister würde Auskunft geben können; er wußte aber nicht Bescheid und führte mich in ein kleines graues Haus nahe am Zwinger, er wohnte aber nicht dort. Man sagte mir, daß er vielleicht auf der Akademie wäre. Ich ging hin und traf dort Herrn Zingg, der mich sehr gut aufnahm. ...

Gegen 11 Uhr erbot er sich, mit mir zu Herrn Graff zu gehen, was ich gern annahm. Wir gingen hin und trafen ihn zu Hause. ... Wir aßen dann zu Mittag, und nach dem Kaffee gingen wir spazieren; wir kamen durch die Neustadt, wo wir uns das Reiterstandbild aus vergoldetem Kupfer ansahen. Es ist ziseliert; das Pferd macht die Courbette, es ist aber ziemlich schlecht gemacht, der Kurfürst ist im Küraß, aber ohne Mantel, und die Vorderbeine des Pferdes sind zu kurz. Unser Weg hatte uns über die große Brücke geführt; wir verließen die Stadt durch dasselbe Tor, durch das ich gestern gekommen war, das sogenannte Schwarze Tor. Dann stiegen wir hinauf nach rechts, zu den Weinbergen, die längs der Elbe liegen; nachdem wir die schöne Aussicht von dort bewundert hatten, gingen wir zurück, am Tor vorbei, und wendeten uns nach der anderen Seite bis zum Meißner Tor, durch das wir wieder in die Stadt hineingingen. Von dieser Seite bietet die Stadt einen besonders hübschen Anblick. Links, wenn man hineingeht, steht das Holländische Palais, das sehr gut gebaut ist, im Composit-Stil. Wir gingen in den Garten hinein und stiegen auf eine Terrasse; dann gingen wir wieder durch die Stadt und über die Brücke und traten einen Augenblick in meinem Gasthof ein, um mein Pferd anzusehen. Dann gingen wir wieder zu Herrn Graff, wo wir mit einem Herrn Müller zusammen aßen, einem Maler und Schmierer. Nach dem Essen sahen wir uns zwei Mappen mit Kupferstichen an. Er hat viel englische

Holländisches Palais aus der Vogelschau

und französische Porträts. Um 10 Uhr verabschiedeten wir uns; ich gab dem Hausmädchen 6 oder 7 Groschen. Im Gasthof habe ich dem Stubenmädchen eine Halsbinde und zwei Hemden zum Waschen gegeben.

Gustav Nieritz
Schulen, Schüler und Lehrer

Armenschule [1770]

Damals gab es in Dresden, außer zwei Gymnasien, keine öffentlichen Volksschulen. Selbst die wenigen Schulanstalten, welche die Wohltätigkeit gestiftet hatte, waren nur Winkelschulen, weil deren Inhaber die Befugnis hatten, neben ihren wenigen Freischülern noch so viele Privatschüler anzunehmen, als der Raum der Örtlichkeit, die Kraft des Lehrers und die übrigen Verhältnisse

Der Volks- und Jugendschriftsteller
Gustav Nieritz

erlaubten. Der Volksschulunterricht befand sich fast ausschließlich in den Händen unversorgt gebliebener, verkümmerter oder sonst zurückgekommener Predigtamtskandidaten, vormaliger Unteroffiziers und Fouriers, Advokatenschreiber sowie der Söhne einstiger Schulinhaber.

Für Dresdens Garnison war ein oberer Saal des großen Zeughauses zur Kirche eingerichtet worden. Der hierbei angestellte Kantor und Organist – zu jener Zeit namens Pfeilschmidt – war zugleich der Inhaber einer Privatschule, welche damals die angesehenste und besuchteste in Dresden war. Ihren guten, weit verbreiteten Ruf verdiente sie mit vollem Recht. Sie zählte in ihrer Blütezeit über 300 Schüler und hat dem Staate wie der Stadt Dresden Tausende von Bürgern, Künstlern, Gelehrten und Beamten erzogen. Auch mein Vater war so glücklich, zu Pfeilschmidts Schülern zu gehören, und da der Kantor an dem armen Soldatenknaben einen eisernen Fleiß, ungewöhnliche Anstelligkeit und eine besonders schöne Handschrift entdeckte, so beschloß er, aus ihm sich einen brauchbaren Lehrgehilfen heranzubilden. Ein Schullehrerseminar gab es damals noch nicht in Dresden, wie überhaupt in Sachsen nicht. Gleichwie in früheren Zeiten die berühmtesten Maler, Bildhauer und andere Künstler nicht auf Akademien gebildet wurden, sondern die Schüler irgendeines geschickten Meisters waren, so auch der vormalige

Schulmeister, dem die Theorie der Pädagogik, der Katechetik und der Schulmeisterweisheit ebenso fremd blieben als dem Landmann die Befähigung, die Beschaffenheit seines Ackerbodens chemisch zu untersuchen und zu bestimmen.

Der Kantor P. fand keine Ursache, seine Wahl in meinem Vater zu bereuen. Aus dem Schüler wandelte sich ein Lehrgehilfe um, welcher für seine treue und geschickte Mühwaltung freien Mittagstisch und monatlich noch eine kleine klingende Entschädigung erhielt. Letztere legte mein Vater auf tausendfach wuchernde Zinsen an, indem er das Klavier- und Orgelspiel, den Generalbaß und die Gesangskunst erlernte, sich eine kleine Büchersammlung ankaufte und sogar nach dem Besitze einer Taschenuhr strebte.

Zweiundzwanzig Jahre erst war mein Vater alt, als ihm schon das Glück lächelte. Das Hungerjahr 1772–1773 hatte in Dresden zwei kleine Stift- oder Armenschulen ins Leben gerufen, in welchen eine Anzahl armer Kinder unentgeltlich unterrichtet wurde.

Kreuzschule [1808]

Der Regent Klengel hatte als unterster Lehrer die letzte und siebente Klasse zu unterrichten. Allein er war ein ebenso vorzüglicher Pädagog als Mensch und brachte seine Schüler meist so weit vorwärts, daß sie, mit dem Überspringen der zwischeninne liegenden Klassen, aus der siebenten sogleich in die zweite übergehen konnten. Zu diesem Berufe erteilte er nach den festgesetzten, gewöhnlichen Lehrstunden täglich noch zwei Privatstunden, an welchen der größere Teil seiner Schüler sich beteiligte. Mit welchen Gefühlen ich die Kreuzschule betrat! Dieses einzige Gymnasium der sächsischen Haupt- und Residenzstadt besaß ein Gebäude hinter der nahen Kreuzkirche, das innen und außen einem Gefängnisse und einer Ruine ähnelte. Das Vorzimmer, durch welches man in unsere Klasse gelangte, besaß weder Kreuzstöcke noch Fensterrahmen, noch Glasscheiben, sondern nur leere Fensteröffnungen, zwischen welchen zahllose Spinngewebe ausgespannt waren und wo Schwalben und Fledermäuse, Ratten und Mäuse, Katzen und andere vierbeinige Besucher ihren ungehinderten Ein- und Ausgang fanden. Unser Lehrzimmer, mit seinen zwei Fenstern nach der Schulgasse hinausgehend, wurde während meines dreijährigen Schulbesuchs nicht ein einziges Mal geweißt, hatte eine schwarzbraune Balkendecke, große Löcher in den Dielen, so daß man den Fuß darin sich vertreten konnte, und im ganzen nur drei lange Schultafeln, an welchen auf beiden Seiten die mit jenen nicht verbundenen Bänke standen.

Diese Subsellien sowie der Lehrtisch, der keine Ähnlichkeit mit einem Katheder besaß, zeigten keine Spur von einem farbigen Ölanstrich, waren wurmstichig und vielfach mit Messern zerschnitzelt. In dem kleinen Schulhofe, wo in gleich erbärmlicher Weise für die Retirade gesorgt war, lagen ansehnliche Schutthaufen aufgetürmt, welche über unsere offenen Fenster hinaufreichten und daher bis in unser Vorzimmer sich gedrängt hatten. Ich lernte mit Leichtigkeit und Lust meine lateinischen Aufgaben, so daß ich bald meine älteren Mitschüler einholte. Durch die lateinische Grammatik lernte ich nun erst die deutsche kennen. Mein lieber Klengel erachtete mich für geeignet zum Studieren, und darum sollte ich auch das Griechische bei ihm erlernen. Allein mein Vater erschrak vor dem Gedanken, daß er bei einem jährlichen Gehalt von nur 200 Taler mindestens ebensoviel seinem Sohne auf der Universität darreichen müsse, und da ich nur sein Lehrgehülfe werden sollte, so fanden die Wünsche meines Klengel bei ihm kein geneigtes Gehör.

Lehrerseminar [1811]

Als ich am bestimmten Tage im Seminar, wo die Lehrstunden früh vor 7 Uhr begannen, erschien, bekam ich meinen Sitz an der Novizentafel angewiesen, die in einem Winkel neben dem Ofen stand. Dieselbe war mit etwa einem Dutzend angehender Jünglinge meines Alters besetzt, unter welchen ich den letzten Platz einnahm. Vor uns hatten wir das Katheder des Direktors und eine Reihe von Subsellien, welche von 40 bis 45 Seminaristen besetzt waren, die zum Teil bereits das Mannesalter erreicht hatten. Mehrere von ihnen und namentlich die ältesten an den vordersten Tafeln erschienen zu meiner großen Verwunderung nur halb bekleidet, brachten ihre noch nicht angelegten Kleidungsstücke mit und vollendeten unter des Direktors Augen und während der Lehrstunde ihre Toilette. Nach beendigter erster Lehrstunde über den Religionsunterricht, den der Direktor nach einem Lehrbuche Dinters erteilte, katechisierte ein Seminarist mit einer Anzahl Knaben aus der mit dem Seminar verbundenen Realschule über einen Lehrsatz aus dem Dresdner Kreuz-Katechismus, worauf nach Entfernung der Schüler der Direktor in Gegenwart sämtlicher Seminaristen die eben abgehaltene Katechisation einer genauen Beurteilung unterwarf. Von 9 bis 11 Uhr war eine Pause, während welcher ein Teil der Seminaristen in den verschiedenen Klassen der Realschule Unterricht erteilte, ein anderer dagegen ausging, um durch Privatstunden einigen Gewinn zu erzielen. …

Mit Ausnahme des Zeichenlehrers wohnten die Seminarlehrer im Seminargebäude, auch besaß jeder von ihnen ein kleines, abgesondertes Stück von dem das Hauptgebäude umgebenden Seminargarten. Jeder wirkliche Seminarist hatte gleichfalls ein Beet zu seiner freien Benutzung inne, an dessen Beschaffenheit und Pflege man recht gut den Charakter seines Besitzers erkennen konnte. Die Seminaristen bewohnten je zu zweien eine einfenstrige Dachkammer, deren Reinigung einem alten, buckligen Weibe — aus triftigen Gründen — übergeben war. Von den fünfzig Seminaristen erhielten nur fünfzehn eine Beköstigung und darunter drei durch die Güte der Meißner Ritterschaft, die übrigen auf Landesunkosten. Aber, lieber Himmel! was für eine Beköstigung war dies! Wie gut haben es dagegen jetzt unsere gemeinen Soldaten in der Kaserne!

Punkt 12 Uhr fanden sich die zwölf königlichen Kostgänger (die ritterschaftlichen drei aßen in der Wohnung der Köchin) in unserm Lehrzimmer ein, wo sie ihren Sitz an unsrer Novizentafel hinter dem Ofen einnahmen. Ein armer Seminarist, welcher für seine Dienste mit einem kleinen, in der Schüssel zurückgelassenen Speiseüberreste belohnt wurde, versah das Amt eines Truchseß (richtiger: Trugsessen) und die Tafel mit einem Tischtuch von grobem Zwillich, mit zwölf flachen Zinntellern, mit Löffeln, Messern und Gabeln. Dann holte er aus der am Ende des Seminargartens befindlichen Wohnung der Köchin das Essen in einer großen Schüssel herbei, worauf der Seminarist du jour oder vielmehr der Woche die Austeilung des Essens übernahm. Dasselbe bestand an vier Wochentagen aus Gemüse, in Wasser gekocht, sonnabends aus Milchhirse und mittwochs wie sonntags aus Fleisch- und beziehentlich Bratenspeise. Die Portion Gemüse für einen im vollsten Wachstum befindlichen Jüngling bedeckte just den Boden des Zinntellers, und der sonnabendliche Hirsebrei bestand in einem Klecks, der, vermöge seiner Dichtigkeit, sich nicht breit machen lassen wollte. Man wird sich einen Begriff von der Qualität und Quantität dieser Kost machen können, wenn man erfährt, daß diejenigen Seminaristen, deren Mittel den Genuß einer besseren Mittagskost in einem Speisehause erlaubten, ihre Eßportionen für den üblichen Preis von drei Pfennigen an ihre dürftigeren Kameraden verkauften. Der Hunger bewirkte, daß auch ich wiederholt für drei Pfennige eine Portion Hirsebrei erkaufte und verzehrte, gegen welche diejenigen unsrer Armenkinder mindestens doppelte waren. An den beiden Fleischtagen besorgte der Seminarist von der Woche die Zerteilung, was an dem kleinen, knochenreichen Fleisch- oder Bratenstücke eine große Kunst war. Da der Zerteiler selbst die zuletzt übrigbleibende Portion erhielt, so mußte er sich der gleichmäßigsten Teilung befleißigen. Man wird gestehen, daß unsere Behörde auf diese Weise ihre Landschulmeister zu gar trefflichen Vorschneidern bei Tauf-, Hochzeit-

und Kirmesschmäusen heranbildete, sie auch in Zeiten an Dürftigkeit sowie an Entbehrungen gewöhnte. Das beste bei der ganzen Beköstigung war ein Brot von sieben Pfunden, welches allwöchentlich die fünfzehn Kostgänger zugeteilt bekamen und von guter Beschaffenheit war.

David August Taggesell
Jahr 1809

In das Jahr 1809 fällt die Begründung der ersten Blindenschule zu Dresden durch den Lehrer Flemming, und zwar auf dessen eigene Kosten.

Nach den Kirchen-Nachrichten waren in diesem Jahre 426 Trauungen, 1752 Taufen, 1950 Beerdigungen, darunter 75 Totgeborene und eine Person von 101 Jahren.

Johann Kaspar Riesbeck
In einer ganz neuen Welt

Dresden hat eine stolze Lage und beherrscht auf allen Seiten eine vortreffliche Aussicht. Sie ist ohne Vergleich die schönste Stadt, die ich in Deutschland gesehen. Die Bauart der Häuser hat viel mehr Geschmack als die von Wien. Auf der langen und prächtigen Elbbrücke ist die Aussicht bezaubernd. Der Fluß, welcher bis auf einige Entfernung von der Stadt sehr eingeschränkt war, fängt an, sich merklich auszubreiten, und ist hier schon ein mächtiger Strom, welcher der Pracht der Stadt und Landschaft entspricht. Das Gebirge gegen die Lausitz zu bietet einen majestätischen Anblick dar, und die teils wilden, teils mit Weinreben bepflanzten Berge längst dem Fluß hinab bilden ein ungemein schönes Perspektiv.

Die Sitten und die Art der hiesigen Leute sticht mit den Deutschen, die ich bisher gesehen, noch stärker ab als die Schönheit der hiesigen Straßen und der Geschmack der Gebäude mit den Städten in Schwaben, Bayern, Österreich und Böhmen. Ein ungemein schöner Wuchs, sprechendere Gesichtszüge, eine gewisse Rundung und Leichtigkeit der Bewegungen, eine zuvorkommende Höflichkeit, eine durchaus bis auf die untersten Volksklassen herrschende Reinlichkeit und ein gewisses gesprächiges, zudringliches und einnehmendes Wesen muß jedem, der auf meinem Weg hierher kommt, an den hiesigen Einwohnern stark auffallen.

Es war ein unglücklicher Einfall, diese schöne Stadt zu befestigen, und unbegreiflich ist es, daß man, anstatt die Festungswerke sobald als möglich zu schleifen, sie noch verbessern will. So ausgesetzt, wie das Land ist, und in seinen jetzigen Umständen, wo es sich in keine Fassung setzen kann, um in einer Fehde zwischen Österreich und Preußen die Neutralität zu behaupten, ist diese Stadt mehr als irgendeine in Gefahr, verwüstet zu werden. Das Andenken der Verwüstungen von 1758 und 1760 ist noch frisch genug, um der Regierung zur Warnung zu dienen.

Die Stadt scheint nach der Größe ihres Umfanges nicht sehr bevölkert zu sein. Man schätzt die Anzahl der Einwohner auf 50 000. Soviel ist gewiß, daß sie seit dem Ausbruch des letzten Schlesischen Kriegs und dem Tod Augusts des Dritten fast einen Dritteil ihrer Einwohner verloren hat. Die Fremden und Einheimischen, welche die Stadt vor dieser Epoche kannten, wissen von der Abnahme derselben nicht genug zu erzählen. Die Kriegsverheerungen haben zu dieser Veränderung lang nicht soviel beigetragen als die Sparsamkeit des Hofes, welche auf eine große Verschwendung desselben erfolgte. Unter dem letztern Kurfürsten war der hiesige Hof vielleicht der glänzendste in Europa. Man rechnet, daß bloß die Hofmusik, die Oper und das Ballett den Kurfürsten jährlich im Durchschnitt gegen 300 000 Gulden sächsisch oder über 780 000 Livres gekostet haben. Seine Tafeln, Jagden, Ställe usw. entsprachen vollkommen diesem Aufwand. Aus allen Ländern strömten Fremde hierher, um all die Herrlichkeit mitzugenießen. Dresden war im Norden der Mittelpunkt des Geschmacks und der feinen Lebensart. Das zahlreiche Gefolge des Hofes und der vielen Fremden machten den Umlauf des Geldes, die Künste und alles Gewerbe lebhaft. Unterdessen häuften sich die Schulden, wodurch sich aber der Kurfürst so wenig irremachen ließ, daß, als er in einer gewissen Oper das schöne Opferfeuer vermißt, welches sonst in einem Tempel zu brennen pflegte und mehrere hundert Taler kostete, und ihm der Intendant sagte, die heidnische Gottheit müßte sich für diesmal mit einem Feuer für zwanzig bis dreißig Gulden begnügen, weil kein Geld mehr in der Kasse sei, er doch den strengsten Befehl gab, daß bei der nächsten Aufführung dieser Oper wieder, wie zuvor, die vielen hundert Taler verbrennt werden sollten.

Ein Hof, der auf diesen Ton gestimmt ist, hat selten gute Staats- und Verwaltungsgrundsätze. Die Minister werden, wie der Fürst selbst, von eitelm Glanz geblendet, wollen sich in der Welt eine bedeutende Miene geben, lassen sich in Unternehmungen ein, denen die durch die Verschwendung geschwächten Kräfte des Landes nicht gewachsen sind. Sie sind in einem gewissen Schwindel, worin sie weder ihre eigne Lage noch jene der andern Mächte, mit welchen sie in Kollision kommen, genau ins Auge fassen können. Durch die allgemeine Verschwendung werden Untreue, Bestechung, Verrat und alle Laster begünstigt. Die wichtigsten Stellen werden erkauft, erschmeichelt, erhurt. Dieser wird Geheimer Staatsrat, weil er schön tanzt, und jener General, weil er die Flöte gut blaset. Das Verdienst wird unter dem Unterrock abgemessen, und die ganze Politik eines solchen Hofes ist gemeiniglich in der Sphäre eingeschlossen, welche die schöne Göttin zu Florenz mit der einen Hand bedeckt. ...

Je länger ich hier bin, Bruder! desto mehr glaube ich in meinem Vaterlande zu sein. Die Sitten der hiesigen Einwohner, ihre Lebensart, ihre Gebärden, Vergnügungen, der Ton ihrer Gesellschaften, kurz, alles versetzt mich nach Haus. Ich wünsche nur, daß unsre Damen, Fräulein und Mädchen auch so schön und frisch wären als die hiesigen. – Ich erinnere mich, daß eine Österreicherin, als einige Herren in einer Gesellschaft den Sächsinnen eine große Lobrede hielten, denselben zur Antwort gab: «Gebt uns nur so schöne und artige Männer, als die Sachsen sind, und dann laßt uns für das übrige sorgen.»

Mit dem Essen und Trinken sieht es hier nicht so gut aus als in Süddeutschland. In diesem Punkt ist der Kontrast zwischen den Sachsen und den übrigen Deutschen, die ich bisher gesehn, so groß, daß man zu den Antipoden der letztern gekommen zu sein glaubt. Die Brühen sind hier so dünne, man hat so oft kalte und immer so schmale Küche, daß ich glaube, ein Wiener könne es hier in einem mittelmäßigen Haus nicht vier Wochen aushalten. Ich hatte schon mehr als eine Gelegenheit zu bemerken, daß auch in den vornehmen Häusern eine Kärglichkeit in Rücksicht auf Küche und Keller herrscht, die man in Österreich und Bayern für eine Entehrung halten würde. Diese strenge Ökonomie erstreckt sich über alles, was zum innern Hauswesen gehört, und ich habe noch keine andre Art von großem Luxus bemerken können als die Kleidungen, worin der Aufwand im ganzen noch größer sein mag als in Süddeutschland. ...

Zwischen dem Frauenzimmer ist der Abstich noch stärker als zwischen den Mannesleuten. Bei einer Schönen in Deutschland hast du nichts zu tun, als die Bettvorhänge auf- und zuzuziehen. Das Geschäft ist so kurz und so ganz ohne Vor- und Nachgeschmack, daß ich in diesem Punkt ein Kyniker geworden wäre, wenn ich länger unter diesen Waldnymphen hätte bleiben müssen. Für mich hat keine andre Liebe einigen Reiz als die zwischen der faunischen und platonischen schwebt und die Vater Ovid lehrt. Man heiße es Koketterie, Ziererei, Affektation, oder wie sonst will. – Die sogenannten *natürlichen Mädchen* sind meine Sache nicht. Ich halte es mit Montaigne, der die Venus auch nicht anders als in Gesellschaft der Musen und Grazien willkommen hieß, und die köstlichsten Augenblicke für mich sind die, wo das Fleisch den Geist noch nicht ganz überwältigt hat, sondern noch eine Art von Lustkampf unter ihnen obwaltet. Das hiesige Frauenzimmer ist ganz dazu gemacht, die körperliche und geistige Wollust zusammenzuschmelzen und den Ekel zu verbannen, der den bloß sinnlichen Genuß zu begleiten pflegt. Es hat nicht nur die Kenntnisse, die unmittelbar dazu beitragen, seine natürlichen Reize zu erhöhen, sondern auch sehr viel allgemeine Weltkenntnis und, was noch viel mehr ist, *schöne Sitten.* – Mit Ekel erinnere ich mich eines Auftrittes zu Wien, wo ich einen Bekannten, teils aus Gefälligkeit, teils um die Wirkung der Keuschheitskommission zu sehen, an einen gewissen Ort begleitete. Ich war keine Minute da, so floh ich, was ich fliehen konnte. Die Yahoo, welche Gullivern bei den Houyhnhnms im Bad anfiel, kann keinen so großen Abscheu in ihm erregt haben, als ich über dem Anblick und dem Betragen dieser Kreaturen empfand. – Die Treue der hiesigen Weiber ist nicht so schwankend als jene zu Wien, und mit großem Vergnügen lernte ich hier verschiedene Muster von guten Gattinnen und Müttern kennen. Das Verdienst ist um so größer, da der Umgang ganz frei ist. Übrigens fehlt es an öffentlichen Gemeinplätzen der Wollust nicht.

Georg Friedrich Rebmann
Dresden

Der Anblick Dresdens von der Seite Meißens ist reizender als von allen anderen. Gerade die schönste, obgleich schmalste Seite der Stadt fällt dem Reisenden zwischen ehrwürdigen Alleen in die Augen. Da man hier drei Türme nebeneinander erblickt, so merkt man den Mangel nicht, den Dresden an diesen hat – einen Mangel, welcher der Stadt aus anderen Standpunkten ein etwas zu kahles Ansehen gibt. Man hat hierbei noch den Vorteil, die schöne Elbbrücke, deren vergoldetes Kruzifix gleichsam den Ruhepunkt des Auges ausmacht, und das Gewimmel von Menschen zu erblicken, welches sich hier in tausenderlei verschiedenen Absichten herumtreibt. – Doch von dieser Brücke unten mehr.

Fremden, welche sich länger als einige Tage aufhalten, ist sehr anzuraten, gleich ein Logis in einem Privathause zu mieten. Liegt ihnen nichts daran, gerade in der volkreichsten Straße oder am Marktplatz zu wohnen, so werden sie über den Preis nicht klagen können, so wie man überhaupt in Dresden um ein gutes Dritteil wohlfeiler lebt als in Leipzig.

Meiner gewöhnlichen Sitte nach strich ich gleich im Anfang durch die Straßen, um mich mit dem Lokale bekannt zu machen. Auch hier will ich daher erst die leblosen Gegenstände kürzlich berühren, ehe ich auf die Menschen und ihr Tun und Treiben zurückkomme. ...

Unter die größten öffentlichen Plätze gehört in Altdresden der *Alte* und *Neue Markt* und in Neustadt der mit einer Statue Augusts gezierte Hauptplatz. Diese Statue ist reich vergoldet und steht auf einem großen Piedestal, aber sie macht lange den Eindruck nicht als die Statue des Großen Kurfürsten zu Berlin. Ich dächte, August hätte durch die unerschwinglichen Auflagen, durch die Menge Papiergelds und dergl. sein Andenken ohnedem lebhaft genug in Sachsen erhalten. Diese Statue scheint die gutmütigen Einwohner erinnern zu sollen, auf welchem Wege ihr Geld nach Polen geschafft wurde.

Dennoch spricht alles noch, wenigstens ohne Haß, von einem Monarchen, dessen herkulische Talente beim schönen Geschlecht das einzige waren, was ihn merkwürdig machte. Der einzige sächsische Prinz, *Xavir*, hat es während seiner Administration so arg gemacht, daß sein Gedächtnis eben nicht in Ehren zurückgeblieben ist. ...

Das *alte Opernhaus*, worin ehedem die 80 000 Taleropern gegeben wurden, vergleicht ein gewisser Herr Grüner in seinen «Theatralischen Reisen» mit der Größe der Fürsten. Das Tertium comparationis müßte darinnen liegen, daß es *leer*, *kostbar* und *unnütz* ist. Nahe daran ist der *Zwinger*, ein wirklich prächtiges, aber in einem ganz eignen verschnörkelten Geschmack aufgeführtes Gebäude. Es ist eine Mischung zwischen italienischer und chinesischer Bauart. August hatte es zum Vorhof eines Schlosses bestimmt — ein riesenmäßiger Gedanke. Bei dem Aufenthalte des Prinzen Artois in Dresden diente dies Opernhaus zu einem großen Tanzsaal. Die Ausgewanderten warfen hier die Louisdors hin, die sie sich erst zusammengebettelt hatten.

Alle anderen Palais, woran es nicht fehlt, übergehe ich mit Stillschweigen. Das neugebaute Palais des Grafen Marcolini in Friedrichstadt, vor welchem (als Symbol oder als Dekoration?) zwei verschlingende Löwen liegen, ist aber teils wegen der kurzen Zeit, in welcher es erworben wurde, teils wegen der innern Kostbarkeiten merkwürdig. Einen ganz charakteristischen Zug daraus muß ich mitteilen. In einem Zimmer sind verschiedene Szenen aus dem edlen Leben des Herrn Grafen gemalt. Hierunter prangt auch die Überreitung eines Bauern bei einer angestellten Hirsch- oder Schweinejagd. Wahrscheinlich soll dies Gemälde den Herrn Grafen erinnern, künftig keine Bauern mehr zu Tode zu reiten. Wie lobenswürdig wäre diese Absicht! Der Kastellan, der es

Das Marcolinipalais in der Dresdner Friedrichstraße

zeigt, bemerkt hierbei, daß die Frau des Verunglückten durch ein gnädiges Fürwort des Herrn Grafen monatlich 2 Rtlr. Pension vom Kurfürsten erhalte. Das beträgt also täglich noch nicht 2 Gr., welche der Getötete gewiß als Taglöhner verdiente. Und für diese Überreitung zahlt also der Kurfürst, d. i. der Staat.

Der Prachtliebe Augusts, welche Sachsen auf einer Seite soviel Schaden tat, verdankt doch Dresden auf der andern eine Menge *Merkwürdigkeiten*, welche als Schätze sowohl für Künste als Wissenschaften zu betrachten sind. Hätte August bloß in dieser Hinsicht es den ersten Höfen in Europa gleichgetan, so würde nicht darüber zu klagen sein, denn dergleichen Sammlungen, als z.B. der Antikensaal, die Gemäldegalerie, sind gewiß nichts weniger als unnütz für das Land, welches sie besitzt. Sie veredeln den Geschmack, tragen selbst zur sittlichen Kultur des Volkes mittelbarerweise bei, bilden Künstler und Gelehrte und ziehen Fremde ins Land.

Christian Kosegarten
Die Stadt

Möchte doch jedweder Bewohner Deutschlands, der es irgend möglich machen kann, mindestens einmal nach Dresden reisen! Diese Gefühle, den Sinn, der die Natur und das Ganze umher ihm mitteilt, kann er nicht wieder zerstören, wenn er auch wollte. Hegt er überdem Sinn für die Gaben der Götter, so fesselt die Schönheit ihn ewig. Ich wagte es nicht bis jetzt, meine Träume zu nähren. Ach! sie sind in Leben aufgegangen. Da ist die Pracht – Anmut lächelt umher, und ich schwelge im Genusse der mannichfaltigen Gaben. Was ist das in mir, daß ich mich höher dünke, als die Menschheit verheißt? Ist hier der Olymp, sind hier die Gruppen der Genien und die Schulen aller Weisen? – Keiner Orakel bedarf es mehr; die Sonne des Lebens ist aufgegangen. ...

Vorzüglich beschäftiget mich hier die Kunst und mit ihr die Natur. Schon zu allen Zeiten des Tages und des Abends spaziere ich in der Stadt und über die bekannte Brücke. Wenn die Sonne ihre Strahlen über die schwatzende Elbe und an die Berge hinauf wirft oder der ungestüme Himmel mit seinen Wolken durch die spielenden Wellen wandelt oder wenn der Vollmond sich lüstern in der Tiefe des Flusses badet und eine funkelnde Säule des gediegenen Lichtes bildet, ging ich auf und ab und freuete mich des schönen Schauspiels in der Natur. Die schön gebauete Brücke, mit ihren Bögen wie die Tore des Meeres, breitet sichere Wege über die Königin der Flüsse Deutschlands. Schon die Verbindung durch sie mit der Neustadt dient Tausenden zur Veranlassung, sie zu besuchen. Und doch gibt es sicher nur wenige, die nicht fast jedesmal, wenn anders die alles zerstörende Gewohnheit oder Geschäftigkeit, die Unterdrückerin der Gefühle, den Erdensohn nicht hindert, zu höheren Gedanken geführt werden. ...

Sie haben gewiß recht viel von der Dresdner Brücke gehört. Es ist ein Werk des Meisters. Die Bogen scheinen der Zeit zu trotzen, und dennoch beschädigte der Eissturz im Frühjahr dieses Gestein, was felsenartig ineinander gefugt zu sein scheint, und zerstörte 3 Gewölbe, die, wie man sagt, 20 000 Rtlr. gekostet haben. Dem Rat liegt der Bau ob, und er nimmt dafür einen jährlichen Brückenzoll ein von jedem, der ein oder 2 Pferde hält. Die Gegend ist allerdings im höchsten Grade einnehmend; doch sind die schönen Gegenstände etwas ferne. Nur durch die Phantasie, indem das Auge durch den schönen Strom fortgeleitet wird, malt man sich die letzten Abrisse, welche die Natur dem Auge darstellt. Aber das ewige Quillen und Ziehen und Kreisen der

Dresden, vom Narrenhäuschen an der Elbbrücke aus gesehen

Fluten, welches der schöne Fluß erzeugt, die Schattierungen, das Malerische, behält eine allmächtige Kraft über den Menschen. ...

Diesseits der Brücke steht die katholische Kirche. Sie ist in gutem Stil gebauet, doch zu sehr mit Bildern geschmückt, mit zu vielen Schnörkeln verziert und stellt sich dem Auge dadurch weniger schön dar, daß die Hauptfassade nicht nach der Brücke hinsteht. Der Kurfürst kann unmittelbar von der Kirche in das Schloß gehen. Neben der Kirche führt ein Tor in die Altstadt. Alle Tore Dresdens sind altfränkisch, düster und im Vergleich der schönen Stadt so gar häßlich. Übrigens entdeckte ich fast jeden Tag seit meinem vierzehntägigen Aufenthalte neue schöne Gebäude. Der Sitz des guten Geschmacks unterscheidet sich so sehr von allem Bombast und Gesuchten. In anderen und zum Teil größeren Städten findet man eine Überladung von Säulen; hier ist man so sparsam damit umgegangen, als fürchtete man, diesen erhabenen Stil zu entweihen.

Friedrich Wilhelm Joseph Schelling
Über einen Monat in Dresden

An Joseph Friedrich Schelling

Dresden, den 20. Sept. 98 Ja, zürnen Sie nur! – es ist unverantwortlich – über einen Monat in Dresden und nicht eine Silbe nach Haus geschrieben! Zwar könnt ich Ihnen sagen, daß ich mehr als einmal Briefe angefangen und – weil ich sie zu lang machen wollte – nicht vollendet habe. Keine Freude hab ich genießen können, ohne im Geiste sie mit Ihnen zu teilen. Das sollte dann eine recht große Reisebeschreibung werden – und darüber ist die Zeit hingegangen, und am Ende erhalten Sie doch nur diesen kahlen Brief! Aber, warum mußt ich auch gerade nach Dresden reisen – zu einer Zeit, wo ohnehin eine Menge Arbeiten auf meine Zeit Anspruch hatten! Ich habe alles, was in Dresden merkwürdig ist – die Galerie, wo die göttlichen Gemälde de Raphaels und Correggios aufbewahrt sind, die Antikensammlung, wo noch in lebendigen Statuen die alte Welt fortlebt –, ich habe die ganze weite und herrliche Gegend um Dresden, die zahllosen fruchtbaren Täler, die Felsgründe bis an die böhmische Grenze verfolgt – dies alles und noch viel anderes gesehen und dabei doch noch so gearbeitet, daß ich wohlbeschlagen nach Jena kommen werde. Da blieb freilich keine lange Zeit, Reisebeschreibungen zu entwerfen. Ich sage Ihnen nur mit wenigen Worten, daß ich hier glücklicher, als ich es in langer Zeit nicht mehr gewohnt war, gelebt habe. Die hier angehäuften Schätze der Kunst und der Wissenschaft – die Reize einer außerordentlich mannichfaltigen Natur, herrlicher Umgang mit braven und frohen Menschen –, dies alles hat mich keinen Augenblick verdrießlich werden lassen als jetzt, da leider! die Stunde des Abschieds bald schlagen wird.

Georg Friedrich Rebmann
Der Brühlsche Garten

[1793]

Zuerst also besuchen wir den *Gräflich-Brühlischen* Garten, der uns am nächsten liegt, nicht etwa um der französischen Anlage, sondern um der trefflichen Aussicht willen. Graf Brühl tat es bekanntlich manchem Fürsten an Prachtliebe und Verschwendung zuvor und wetteiferte sogar mit August III. Dieser König ließ einen Teil der Elbe mit ungeheuren Kosten ausfüllen und legte darauf das italienische Dorf an. Brühl tat das nämliche und setzte auf den durch Kunst entstandenen festen Boden diesen Garten. August ließ die Brücke mit eisernen Geländern umgeben. Brühl tat dasselbe mit seinem Garten. Inzwischen wußte der Mann seinen Platz nicht übel zu wählen, wenigstens wird niemand zürnen, der von hier aus die Brücke mit ihrem Menschengewimmel, die beiden von der Elbe geteilten Reihen von Häusern, die gleichsam einen Kai bilden, die malerischen Bergrücken, mit Landhäusern besetzt, die sich links gegen Meißen zu in eine sanfte Landschaft verlieren und rechts an schwarze Gebirge anschließen, mit lüsternem Auge betrachtet. Am Ende dieses Gartens liegen die Trümmer eines ehedem prächtigen Pavillons. An diese Säulen gelehnt, um die sich jetzt Nesseln und Efeu schlingen und von deren künstlichen Pilastern kaum noch einige Spuren übrig sind, unter sich den Strom, neben sich ein verschüttetes Gewölbe, lassen sich, wenn es abends stille ringsherum wird, manche Betrachtungen anstellen. Hierher müßte man manchen Minister führen und ihn fragen, was ist von der asiatischen Pracht dieses Satrapen geblieben? Was wird ihm in dem Gedächtnis der Menschen bleiben als dann und wann noch eine Verwünschung des ganzen Landes, welches im Siebenjährigen Kriege durch ihn litt! Und dieser Pavillon war so herrlich, diese Trümmer glänzten von Gold und Marmor!

Ein leises, schauerliches Abendlüftchen weht jetzt durch die öden Hallen, spielt mit dem Gras, das in ihren Ritzen wuchs, und flüstert wie ein Seufzer über die Vergänglichkeit aller Erdenpracht durch das Laub der Bäume, indes eine Welle nach der andern tief im vorbeiströmenden Flusse entsteht und zerfließt. Friedliche Landhäuser am andern Ufer der Elbe geben gleichsam das Bild des bleibenden stillen Verdienstes als ein Gegenstück der Zerstörung des Glanzes. Wenn der Zahn der Zeit noch ein halbes Jahrhundert an diesen Ruinen ehemaliger Pracht genagt hat, wer erzählt dann noch von ihnen? Indes die unansehnlichen Zimmer des guten Rousseau noch von jedem besucht werden, der in die Gegend des Genfer Sees kommt, und ein segnendes Andenken an den großen Mann den armseligen schmutzigen Tisch auf der Petersinsel mit Vergoldung überzieht.

Von diesem Garten aus würde ich Sie, zumal wenn es eben Sonnabend wäre, wo die gesamte Judenschaft spazierenzugehen pflegt, auf die nicht weit davon gelegene Brücke führen. Hier genössen wir aus einem etwas veränderten Gesichtspunkte wieder die nämliche Aussicht, und da durch schöne Ruhebänke an jedem Pfeiler für unsre Bequemlichkeit gesorgt ist, so können wir dem Gewühle der Menschen um uns her sehr bequem zusehen. Überdies gehn wir auf den mit Quadersteinen ausgelegten Fußsteigen zu beiden Seiten sehr ruhig, da die gute Einrichtung getroffen ist, daß alle Fußgänger, die aus Dresden nach Neustadt wollen, auf der rechten Seite und alle, die aus Neustadt kommen, auf der linken gehen müssen.

Friedrich Laun
Die Brühlsche Terrasse

Die Brühlsche Terrasse ging gerade damals ihrer seitdem erfolgten völligen Regeneration entgegen. In der letzten Zeit nur noch zur höchsten Notdurft unter der Schere des Gärtners gehalten, standen die altertümlichen hohen Buchenwände höchstens an manchen Stellen noch in ihrem vormaligen Zusammenhange, dabei allmählich immer kleiner geworden, da allenthalben Lücken; Nachhülfe durch neue Anpflanzung schien nicht gebräuchlich zu sein. Große Taxuspyramiden, von denen fünf oder sechs noch vor einiger Zeit in der Nähe eines eingegangenen Springbrunnens eine sehr kümmerliche Existenz fortführten, waren allmählich eingegangen, und während der letzten unglücklichen Periode eignete sich allerdings die Zeit nicht, um an diesen Garten zu denken, der schon lange zuvor mit keiner großen Liebe betrachtet und gepflegt worden war.

Vielleicht gab der Umstand, daß das auf der Terrasse befindliche, wegen der früher aufgehangenen Sammlung von Prospekten des Canaletto und andern Gemälden unter dem Namen des Doublettensaales bekannte lange Haus zum Aufenthalte für militärische Gefangene oder anderes Militär benutzt wurde, die erste Veranlassung zu ihrer nachherigen völligen Umschaffung. Der einzige Eingang zu dieser Terrasse war (wenn das Brühlsche Palais mit der Passage dahin verschont bleiben sollte) durch den Zeughof, dieser aber ungemein entlegen.

Das damals in Dresden seinen Sitz habende russische Gouvernement ließ daher zur Erleichterung der Kommunikation mit dem vormaligen Doublettensaale in der Nähe der Elbbrücke eine kleine, hölzerne Treppe zur Terrasse hinaufführen. Da jedermann die Benutzung dieser Treppe freistand, so bedienten sich deren auch jedermann. Der verfallene, immer mehr in Vergessenheit geratene Garten kam dadurch auf einmal wieder in Aufnahme. Die köstliche Aussicht von seiner Höhe auf den Elbstrom und den Dresden umgebenden Kranz von Gebirgen, mit Reben und Waldung bepflanzt, war sogar sehr vielen Einheimischen eine ganz neue Erscheinung.

Die durch jene Treppe gewonnene Passage über den Garten von der Elbbrücke bis in den Zeughof mußte Geschäftsleuten wie Spaziergängern höchst willkommen sein. Immer mehr Wünsche verlauteten dafür, daß diese so nützliche als angenehme Verbindung hauptsächlich zwischen der Neustadt und einem ziemlich entlegenen Teile der Pirnaschen Vorstadt durch Verwandlung der nur ganz leicht zusammengeworfenen hölzernen in eine dauerhafte Treppe von Stein für immer erhalten werden möchte. Der Nutzen der Sache leuchtete ein, und es wurde Anstalt getroffen, die so einfache als angemessene große Treppe anbauen zu lassen, welche hauptsächlich an heitern Sommersonntagen durch die bunte Fülle der Auf- und Absteigenden ein recht anmutiges, lebenvolles Bild darbietet.

Das Etablissement eines Restaurants auf einem so trefflichen Punkte, wofür die Terrasse nunmehr schon allgemein anerkannt wurde, war ein Einfall, der schon der kleinen hölzernen Treppe folgte und erst in einem sehr beschränkten bretternen Interimslokale, dann an dem erhöhten Platze eines vormaligen Pavillons in dem noch jetzt dazu benutzten anständigern, geschmackvollen Gebäude von Stein zur Verwirklichung kam. Und hieran schloß sich gleichsam von selbst die Umwandlung des zuletzt zur Wildnis gewordenen altertümlichen Gartens in eine mit Schattenplätzen, sonnigen Wiesen und vielgestaltigen bunten Blumen gar freundlich ausgeschmückte Naturanlage.

Heinrich von Kleist
Erste Eindrücke

An Wilhelmine von Zenge

Dresden, d. 3. Septmbr. 1800, früh 5 Uhr [und abends um 8 Uhr und d. 4. Septmbr., morgens 5 Uhr] Gestern, d. 2. Septembr. spät um 10 Uhr abends traf ich nach einer 34stündigen Reise in diese Stadt ein.

Noch habe ich nichts von ihr gesehen, nicht sie selbst, nicht ihre Lage, nicht den Strom, der sie durchschneidet, nicht die Höhen, die sie umkränzen; und wenn ich schreibe, daß ich in Dresden bin, so *glaube* ich das bloß, noch *weiß* ich es nicht.

Und freilich – es wäre wohl der Mühe wert, sich davon zu überzeugen.

Der Morgen ist schön. Lange wird mein Aufenthalt hier nicht währen. Vielleicht muß ich es morgen schon wieder verlassen. Morgen? das schöne Dresden? Ohne es gesehen zu haben? Rasch ein Spaziergang – ...

Aber überhaupt steht der Sachse auf einem höhern Grad der Kultur als unsre Landsleute. Du solltest einmal hören, mit welcher Gewandtheit ein solches sächsisches Mädchen auf Fragen antwortet. Unsre (maulfaulen) Brandenburgerinnen würden Stunden brauchen, um abzutun, was hier in Minuten abgetan wird. Auch findet man häufig selbst in den Dörfern Lauben, Gärten, Kegelbahnen etc., so daß hier nicht bloß, wie bei uns, für das Bedürfnis gesorgt ist, sondern daß man schon einen Schritt weiter gerückt ist und auch an das Vergnügen denkt. ...

Es war schon ganz finster, als wir von den Elbhöhen herabfuhren und im Mondschein die Türme von *Dresden* erblickten. Grade jener vorteilhafte Schleier lag über die Stadt, der uns, wie Wieland sagt, mehr erwarten läßt, als versteckt ist. Man führte uns durch enge Gassen, zwischen hohen meistens 5- bis 6stöckigen Häusern entlang bis in die Mitte der Stadt und sagte uns vor der Post, daß wir am Ziele unsrer Reise wären. Es war ½ 11 Uhr. Aber da die Elbbrücke nicht weit war, so eilten wir schnell dahin, sahen rechts die Altstadt, im Dunkel, links die Neustadt, im Dunkel, im Hintergrunde die hohen Elbufer, im Dunkel, kurz alles in Dunkel gehüllt, und gingen zurück, mit dem Entschluß, wiederzukehren, sobald nur die große Lampe im Osten angesteckt sei.

Friedrich Schlegel
Erinnerungen

Der Augenblick stand mir noch lebhaft vor Augen, in welchem wir von dem Dome zu Meißen auf die Elbe und das romantische Tal heruntersahen, das mir so teuer ist, weil ich hier zuerst die Natur in schöner Gestalt sahe und mehr als einmal nach einem Zwischenraum von mehreren Jahren dieselbe geliebte Gegend voll von Erinnerung und doch mit dem frischen Reiz eines neuen Eindrucks wieder sahe. In dem schönen Dresden erwachte zuerst mein jugendliches Gefühl, da sah ich die ersten Kunstwerke, da war ich mehrere Jahre ununterbrochen vertieft in das Studium des Altertums, und da lebte ich oft und noch zuletzt die glücklichsten Tage unter Menschen, bei denen ich mich einheimischer fühlte, als bei allen andern.

Karl Friedrich Schinkel
Tagebuch (Mai 1803)

Stadt. Große Elbbrücke von schöner Konstruktion in einer vortrefflichen Gegend, sie ist die einzige Kommunikation der Alt- und Neustadt, daher voller Leben. Man überschaut hier die beiden Teile der Stadt, den Dom mit seiner schönen Kuppel, die mit erstaunlicher Pracht in einem schlecht französischen Geschmack aufgeführte Katholische Kirche, den ganzen Lauf des Stroms zu beiden Seiten bis zu den Gebirgen, die rundumher die Aussicht beschließen.

Katholische Kirche. Das Innere hat viel Großes. Das ganze Werk von geschnittenen Sandsteinen, der Fußboden von Marmor. Schöne Altarblätter von Mengs. Vortreffliche Musik, sonntags, wenn die Messe gelesen wird, führt die kurfürstliche Kapelle große Sachen auf.

Zwinger. Weites Gebäude an Quadern, umschließt einen großen, viereckten öffentlichen Platz. Voll erstaunlicher Muschel- und Blumenpracht im schlechtesten Stil.

Kleines Portal an der ersten lutherischen Kirche, aus Sandstein, korinthischer Ordnung von großem Reichtum, herrlicher Arbeit und vorzüglich mannigfaltiger, schön erfundener Arabesken. Kapitäle und Corniche sind sehr reich und schön komponiert und profiliert.

Altes Tor mit langen, hohen unterirdischen Gewölben, aus denen man auf die Wälle kommt, wo sonst vielleicht die Zitadelle stand, ein weites halbzerfallenes Gemäuer mit katakombenähnlichen Gewölben, ein schauerlicher Aufenthalt.

Plauer Grund. Tharandt.

Durch den sogenannten Großen Garten, eine weite, im großen französischen Stil gepflanzte Anlage, in dessen Mitte ein originelles Schloß aus Quadersteinen auf einem Platze steht, an dem 9 kleine Pavillons aus großen Laubwänden blicken, führt der Weg 5 Meilen bergan. Zur Seite hat man die Aussicht aufs Elbtal, in dem die ragenden Massen des Königsteins und Liliensteins dominieren.

David August Taggesell
Offene Stadt

Mai 1810 Vom 1. Mai an wurden die Arbeiten mit der Demolierung der Festungswerke, welche wegen der Winterzeit eingestellt worden waren, wieder begonnen, es waren täglich 600 bis 800 Mann dabei beschäftigt. Der König hatte eine bedeutende Summe dazu aus eigenen Mitteln bewilligt.

April 1811 Vom 17. April an wurde mit Demolierung der Festungswerke wieder lebhaft fortgefahren. In Neustadt wurde mit der Abtragung des erst im Jahre 1802 neu erbauten Schwarzen Tores begonnen. In Altstadt wurde die Marcolinische oder Brühlsche Reitbahn auf dem Wilsdruffer Walle demoliert, ebenso wurde der der Sängerin Albuzzi gehörige Pavillon rechts sowie das Flechtersche Haus links vom Tore niedergerissen. Der ganze Wall verschwand mit seiner schönen Kastanien- und Lindenallee.

Juni 1811 Im Monate Juni wurde mit der Demolierung des uralten Wilsdruffer Torturmes begonnen, wo dessen 8 Ellen dicken Mauern den daran Arbeitenden viel Schweiß und Mühe kosteten. ...

In einigen Gewölben dieses Turmes fand man eiserne Haken, Ringe und andere Werkzeuge, welche wahrscheinlich bei Torturen angewendet worden sein mochten.

Ernst Friedrich August Rietschel
Die im Dufte schimmernde Stadt

Als ich das erstemal Dresden sah, war ich vielleicht zehn Jahre alt. Es war das Ziel aller meiner Sehnsucht und das Schönste, was ich mir denken konnte. Ich hatte nur von der Lichtenberger Höhe die fernen Dresdener Berge gesehen und in ihre Bläue alle Zauber gebannt, die meine Phantasie sich vorstellen mochte, genährt durch Erzählung alles dessen, was jeder dort geschaut und erlebt hatte.

Einer der schönsten Festtage war es, als mein Vater mir einst ankündigte, er wolle mich mit nach Dresden nehmen. Es war Mai oder Juni, und ich mußte, da es noch vor Sonnenaufgang fortgehen sollte und um den weiten Weg aushalten zu können, den Abend zuvor, noch ehe die Sonne untergegan-

Das Seetor zu Dresden vor der Demolierung (1812)

gen war, zu Bett. Wie konnte ich schlafen, da ich natürlich im höchsten Grade aufgeregt war vor Erwartung! Endlich siegte doch die Natur, und als ich gegen 3 Uhr geweckt wurde, war ich frisch wie ein Fisch, wanderte rüstig an der Seite meines Vaters noch im Dunkeln fort und den Eierberg bei Pulsnitz hinan. Eine heilige, ahnungsvolle Morgenstille umgab mich, ich hatte das Gefühl noch nicht gekannt, weil ich noch nie vor Sonnenaufgang im Freien war, und ward ganz wunderbar davon ergriffen. Es wurde erst wenig gesprochen.

Als wir auf die Höhe des Eierberges gekommen, brach die Sonne hervor, und mein Vater begann das Lied zu singen: «Mein erst Gefühl sei Preis und Dank», in das ich mit lauter Stimme einstimmte. Von nun an war der Unterhaltung kein Ende; der Vater erzählte und suchte mich zu belehren über gar vieles, was er wußte. Ein kleines Frühstück in Radeberg, der nicht enden wollende Wald, die Dresdener Heide, die begegnenden Mitgehenden, alles war interessant, zur Freude anregend, spannend.

Endlich öffnete sich die Dresdener Gegend, in dem reichen Lande der im Morgenlichte glänzende Strom, daran die im Dufte schimmernde Stadt mit ihren Türmen, mit der sich über den Fluß spannenden imposanten Brücke. Mich überkam das vollkommene Fühlen der Schönheit, des Zaubers der Stadt und der Herrlichkeiten, welche die grauen Häusermassen und Türme bargen. Nun betraten wir Dresden selbst mit seinen hohen Häusern, manche mit Balkonen, seinen großen Plätzen. Der für meine Gewöhnung ungeheuere Lärm, das Gewühl, die vielen Kutschen, Reiter und Soldaten, die geputzten Herren und Damen, all das Neue, Große und Wunderbare, vor allem die Brücke, von der ich tagelang in den Strom hätte sehen mögen, machte einen ungeheuern Eindruck. Noch erinnere ich mich, als einer besonders mir auffallenden Erscheinung, des häufigen Schlagens der Nachtigallen in Käfigen vor den Fenstern sowie des Geschreis der Rettichjungen, eins zum andern in lächerlichem Kontrast, doch beides und vieles andere, was ich sah und hörte, neu, ungewöhnlich, großstädtisch, mir imponierend.

Gustav Parthey
Festung und Königsstadt

Dresden war im Jahre 1812 noch eine Festung mit gewaltig hohen Backsteinwällen und finstern Toren. Dies gab für den Verkehr manche Unbequemlichkeit. Die Tante Keiner wohnte vor dem Pirnaischen Tore und vor dem Falkenschlage auf dem Poppitz. Die Stadt ward für Fuhrwerke aller Art mit Sonnenuntergang geschlossen, für Fußgänger eine Stunde später; wer noch später kam, der kroch gegen Erlegung des Torgroschens durch ein enges Pförtchen, das nur einer Person den Durchgang gestattete. Das an 100 Fuß lange Tor ging nicht gerade durch den Wall, damit nicht der Feind es mit Kanonen bestreichen könne, sondern es machte einen starken Winkel. An der äußern Seite starrte ein mächtiges Fallgatter aus schweren eisengespitzten Balken von oben herunter. In der Mitte des Tores hing an der bombenfest gewölbten Decke eine Lampe, die den ganzen Tag brannte und die düstre Höhle nur notdürftig erhellte. Die Durchfahrt war so schmal, daß nur ein Wagen Raum fand. Die außen und innen stehenden Schildwachen, welche einander nicht sehn konnten, korrespondierten durch Rufe. Wollte ein Wagen hinausfahren, so rief die innere Schildwache der äußeren zu: «Laß halten!», d.h. er solle die von außen kommenden Wagen so lange halten lassen, bis der von innen kommende passiert sei. War dies geschehn und war kein Wagen weiter in Sicht, so rief die innere Schildwache: «Laß fahren!», worauf die von außen kommenden Wagen passierten. Ebenso ging es umgekehrt. Das dumpf hallende Rufen: «Laß halten! – Laß fahren!» dauerte in der finstern Wölbung den ganzen Tag; es läßt sich denken, welche Stockungen alle Morgen bei der Einfahrt der Marktbauern mit ihren Gemüsewagen entstanden.

Jene mittelalterlichen Verteidigungsanstalten, die schon damals durch die moderne Kriegführung fast allen Wert verloren hatten, gefielen den Kindern, die aus dem offnen nüchternen Berlin kamen, außerordentlich; unvergeßlich blieb es mir, als einmal der sächsische Postwagen mit dem blasenden Postillon durch die enge Wölbung rasselte; seitdem mußte ich immer an das Pirnaische Tor denken, wenn ich in Goethes «Schwager Kronos» den Schluß las:

Töne, Schwager, ins Horn,
Rassle den schallenden Trab,
Daß der Orkus vernehme: wir kommen,
Daß gleich an der Türe
Der Wirt uns freundlich empfange.

Schon in Berlin hatte mein Vater uns oft von den Schönheiten der Brühlschen Terrasse erzählt, aber in Dresden fanden wir, daß es nicht so leicht sei, dahin zu gelangen. Die breite Freitreppe existierte noch nicht; sie wurde erst während der russischen Besetzung der Stadt in den Freiheitskriegen erbaut. Das Brühlsche Palais war Eigentum des Königs von Sachsen und wie alle königlichen Gebäude fast hermetisch verschlossen. Allein Vetter Christian hatte Bekannte unter der Hofdienerschaft; er führte uns eines Tages durch viele dunkle Straßen an die Hintertreppe des Palais, wo auf wiederholtes Klingeln und gegen ein gutes Trinkgeld die Tür sich öffnete. Wir konnten uns nun an der freundlichen Aussicht erlaben, die stromaufwärts nur die bewaldeten Elbufer zeigte; von den zahlreichen jetzigen Landhäusern war außer Findlaters noch nichts zu sehn.

Auch die Bildergalerie ward als Privateigentum des Königs betrachtet; sie befand sich in einem Seitenflügel des Schlosses; man mußte einen öden Hof voller Pferdeställe durchschreiten und eine ausgetretene steinerne Treppe hinanklettern, dann gelangte man an eine hohe verschlossene Tür, die nur gegen ein Eintrittsgeld von einem Dukaten sich öffnete. Dieser wurde ein für allemal für jede fremde Gesellschaft entrichtet und kam bei dem Gehalte des Galeriedirektors mit in Anrechnung. Da die Einheimischen diese Ausgabe scheuten, so waren die Schätze der Galerie bei dem Dresdner Publikum fast ganz unbekannt. Mein Vater entrichtete jedoch den Dukaten, um uns diesen seltenen Genuß zu verschaffen, allein wir waren nicht reif dafür und wurden von der Masse der Bilder förmlich erdrückt. Vetter Christian machte zwar mit der größten Freundlichkeit den Cicerone; er führte uns zu der Madonna von Raffael und zu andern Hauptwerken, aber im ganzen muß ich bekennen, daß dieser erste Besuch gar keinen nachhaltigen Eindruck zurückließ. Erst in den folgenden Jahren nach öfterem Wiedersehn der Galerie konnte sich ein Urteil

Das Bergpalais von Lord Findlater
von der Seite der Bautzner Straße

über die hier versammelten staunenswerten Meisterwerke ausbilden; nach und nach wurde ich so einheimisch in den hohen Sälen, daß ich oft und gern den Cicerone machte. Nachdem ich die meisten europäischen Galerien (außer Madrid und Petersburg) kennengelernt, befestigte sich bei mir immer mehr die Überzeugung, daß die Dresdner Sammlung in ihrer Totalität an die Spitze aller übrigen zu stellen sei.

Ein Gang über die schöne massive Elbbrücke, rechts hin und rechts zurück, erschien uns von einer unendlichen Länge. Der Verkehr wurde hier durch Schildwachen geregelt, welche nicht erlaubten, daß jemand auf der linken Seite hinübergehe.

Weiter stromauf- und abwärts fanden sich, wie noch jetzt, kleine Barken zum Übersetzen, deren Benutzung uns das größte Vergnügen gewährte. Die träge schwarze Spree konnte mit der breiten rasch flutenden Elbe gar keinen Vergleich aushalten. Mit Verwunderung betrachteten wir in der Nähe die aus der Tiefe aufsteigenden Strudel, die, bald größere, bald kleinere Kreise und Ovale auf der Oberfläche bildend, in unaufhörlicher Wandlung dahinglitten. Als wir einst mit meinem Vater übersetzten, knüpfte dieser nach seiner freundlichen Art mit dem Schiffer ein Gespräch an und fragte unter anderm, ob denn das geringe Fährgeld ihn ernähre? Er erwiderte, seine Frau sei

Scheuerweib im königlichen Schlosse; durch sie habe er Anwartschaft auf eine gute Stelle; er sei jetzt Vice-Portechaisenträger-Substitut und hoffe nach und nach bis zum Portechaisenträger hinaufzurücken!

Georg Wilhelm Friedrich Hegel
Ort des Rendezvous für gute und gelehrte Freunde

An Friedrich Creutzer

[Ende Mai 1821] Aber nun noch eins, und zwar die Hauptsache. Vorigen Herbst war ich 14 Tage in Dresden, und da ich es gesehen, hat es mir leid getan, daß ich nicht schon seit 30 Jahren dagewesen – vornehmlich habe ich ihm die eigentümliche Gelegenheit abgesehen – zu einem Ort des Rendezvous für gute und gelehrte Freunde. Es ist mir, als ob Sie, auch Daub nicht dagewesen wären. Ich wünschte nichts Schöneres, nichts Passenderes, als daß wir uns in den Herbstferien zuweilen zusammenfänden. – Seien Sie nur einmal dagewesen, so haben Sie gewiß Lust, öfter wiederzukommen. Ich rede Ihnen zu, weil ich gewiß weiß, daß es Ihnen da gefallen wird. Sie werden sagen, ich habe einen Gewinn dabei, daß ich nach Dresden näher habe als Sie. – Allein es gibt keinen Ort zwischen uns und rechts und links der Route, der für sich selbst so einladend, so reich an Unterhaltung – und gerade an ferienartiger Unterhaltung – zu einem Otium des Zusammenlebens für Freunde. …

Wilhelm Chézy
Ich sehe den Lärm, ohne ihn zu hören

Im Frühjahr 1821 verließ Helmina die gar zu enge Wohnung, um sie mit einer gar zu großen zu tauschen. Statt des kleinen Zimmers mit der winzigen Kammer und der lichtlosen Küche bekam sie eine wahrhaft herrschaftliche Wohnung. …

Die Aussicht war zweifelsohne die reizendste, welche sich in Dresden finden ließ. Man überblickte die Elbe, die Neustadt, die Gegend ringsumher. Die große Brücke mit ihrem lebhaften Verkehr hatte man vor Augen. Jean Paul, der eines Tags zum Besuche da war, sagte, auf die Brücke deutend: «So habe ich's gern; ich sehe den Lärm, ohne ihn zu hören.» — Das Haus steht unterhalb des Italienischen Dörfchens und ist der linke Flügel eines großen Bauwerkes, das heutigen Tags noch zu den bezeichnenden Punkten des malerischen Anblicks der Stadt vom rechten Ufer aus gehört. Der Ursprung dieses Bauwerks fällt in die Zeit, von welcher diese Blätter eben reden, und der Bauherr war ein «public character» von Dresden. Er hieß Calberla und war als armer Handwerksbursche, seines Zeichens ein Drechsler, eingewandert. Fleiß, Verstand und gutes Glück hatten ihm ein Los gegründet, zum Wohlstand und endlich zu größerem Vermögen verholfen, das sich später zu wirklichem Reichtum gehoben zu haben scheint, nachdem er es an ein Unternehmen gewagt, welches die Spießbürger für ein verzweifeltes hielten. Calberla nahm nämlich der zuständigen Behörde ein Stück der alten Befestigungen beim Italienischen Dörfchen zwischen der Elbe und dem Zwingerwall ab. Er erbot sich, dieselbe abzutragen und die Verbindung mit der Vorstadt herzustellen, wofür er nichts verlangte als die gewonnenen Steine und einen gewissen Teil des Grundes zu Baustellen. Die Behörde fand den Vorschlag sehr annehmbar; sie ersparte dadurch das viele Geld für die unabweislich notwendige Schleifung der Bollwerke, deren Kosten durch den Verkauf der Steine und der Baugründe — dem damaligen Schätzungswerte nach — sich nicht zur Hälfte gedeckt hätten. Von Calberla aber hieß es, er sei ein Narr, dem seine paar Groschen in der Tasche weh täten. Der «Narr» machte seine Gelder flüssig, vielleicht auch Schulden dazu und ging frisch ans Werk. Er trug den Wall bis ungefähr zur Stelle ab, wo heutigen Tages die Anlagen beim Zwinger grünen, welche ich nur vom Hörensagen kenne. Um einen geräumigen Hof führte er drei Häuser auf, durch halbrunde Galerien miteinander verbunden. Im Mittelbau, der zuerst fertig wurde, legte er eine Zuckerraffinerie an, wozu er den Rohzucker aus Hamburg auf der Elbe kommen ließ. Die Raffinerie erwies sich schleunigst als ein gutes Geschäft. Der Flügel zur Rechten wurde zu irgendeinem öffentlichen Zwecke, ich glaube, zu einer Börse bestimmt. Den linken Flügel hatten die Freimaurer gemietet, bevor nur der Grundstein gelegt worden. Die Einrichtung eines Saales mit erhöhter Decke, welcher die ganze Flanke gegen die Elbe einnahm, war zur Bedingung gemacht worden. In den Zimmern über dem Saal wohnte der Aufseher der Loge; nur eines davon gehörte zu der Wohnung, welche der Hausherr zum Vermieten sich vorbehalten und war der oben erwähnte Lerchenkäfig, welchen Helmina zu ihrem Schreibzimmer erkor. An Mietzins bezahlte sie jährlich die fabelhafte Summe von hundert Talern. Ihr versteht wohl, daß ich nicht fabelhaft groß sagen will, doch muß ich hinzufügen, daß damals die Wohnung zwar nicht für teuer, doch keineswegs für geschenkt galt. Die Calberlaschen Häuser standen in entlegener Wildnis. Aber heutzutage klingt es gar zu märchenhaft, daß man aus neun Fenstern in einer Reihe und noch etlichen an beiden Flanken für hundert Taler ein ganzes Jahr lang hinausschauen durfte, und zwar auf die reizendste aller Aussichten und auf den «stummen Lärm» einer weltberühmten Brücke. Der Mietvertrag war in Versen abgefaßt, und zwar in achtzeiligen Stanzen. Calberla hatte der Dichterin gesagt, es bedürfe keiner Urkunde, und als er den gereimten Vertrag unterzeichnete, war er gewiß überzeugt, daß derselbe keine Urkunde sei. Es ist in der Tat schade, daß es nicht zu Streitigkeiten wegen der Miete gekommen, wodurch die königlich sächsischen Gerichte den Anlaß erhalten hätten, sich darüber auszusprechen, ob ein in Reimen abgefaßtes Schriftstück einen rechtsgültig abgefaßten Vertrag vorstellen könne?

Caroline Philippine de la Motte Fouqué
Strom und Brücke

Der Sonntagnachmittag ist, wie überall in den Städten, hier auch zu Fahrten und Wanderungen über Land bestimmt. Die reich bebauete Gegend bietet alle zehn Schritt neue Vergnügungsorte dar. Am genußreichsten ist daher eine Spazierfahrt an diesen Versammlungsplätzen vorüber, diesseit oder jenseit der Elbe, nach dem Plauener Grunde zu, oder bei dem Linckschen Bade hin zu Findlater nach Loschwitz und zurück über die Ostrawiese. Den Abend dann still auf der Terrasse einen festen Punkt gesucht und die rückkehrende Menge über Strom und Brücke den Häusern zueilen sehen – ich weiß mir nicht leicht eine schuld- und mühelosere Lust zu erdenken!

Es gibt einen Platz auf dem Altane des Pavillons, seitwärts, an dem Gebäude hin, der Rücken durch diese gedeckt, links die hübsche Gartenanlage, innerhalb derselben die schönste Baumgruppe, deren dunkles Laub die dahinterliegende Frauenkirche insoweit deckt, daß der herrliche Turm wie aus der Nacht des schattigen Grüns hervortritt. Gradeaus zieht sich, zunächst unterhalb, der Spaziergang am Wasser hin. Drüber hinaus schwebt die Brücke auf ihren lichtgeschweiften Bogen, deren Widerschein im Wasser bei klarer Flut dem duftigen Bau kristallenen Ursprung, aus Elfenhand geformt, zu geben scheint. Wie sich die Sonne senkt, der Himmel rötet, ein dämmernd Grau die Gegenstände nebelartig umhaucht, gewinnt der Kruzifix drüben auf der Brücke mehr und mehr das Ansehen, sich zu heben. Oft leuchtet es noch blendend im Purpurstrahl verschwimmender Sonne, wenn lange Schatten die Terrasse decken und das ernste Ave vom Schloßturme läutet, der grau und einsam über die verhüllte Stadt hervorragt. Rechts kreisen indes die Wellchen des Stromes und schaukeln unzählige Gondeln, die, von Musik und Gesang begleitet, heranschwimmen, die Gäste des Linckschen Bades oder die Freunde des dortigen Theaters zurückzutragen. Indes ist auch die Brücke von Reitern und Fahrenden wie von hin und her Gehenden nicht einen Augenblick leer; immer mehr und mehr füllt sich die Terrasse; Kunstreiter und andre Virtuosen, welche die Schaulust in großen Städten fesselt, haben ihr Spiel beendet, ganze Schwärme Herzukommender winden sich aneinander hin. Bald ist es nun dunkel. Der Tee in meinem Winkelchen längst mit lieben Freunden verzehrt, im Pavillon und unter den Arkaden sind Lampen und Kerzen bereits angezündet, viele verweilen hier, ihr Abendessen einzunehmen, meist doch nur Männer. Wir können uns von da oben noch nicht losreißen. Die Luft ist so still, die Elbe schimmert so wunderbar zwischen den Lichtern der Neustadt und den Feuern auf den Schiffen hindurch. Jetzt ein Gang über die Brücke! Das ist nun wieder etwas ganz anders. So mitten auf dem Wasser nimmt sich der Fluß bei weitem majestätischer aus, beide getrennten Städte tauchen aus seinem Schoße auf. Der Raum, der sie trennt, ist so groß, die Brücke verschwimmt in den Dunst der Atmosphäre, so wie der Uferrand auch völlig verschwindet, man sieht nichts als erleuchtete Fenster, die Umrisse der Dächer und Zinnen der Türme; die auf und ab wallende Menge scheint zu schwimmen, man wogt mitten durch sie hin und vergißt, daß der Fuß nicht mühelos über die Spiegelfläche gleitet.

Ernst Scherzlieb
Vorurteil und Mißbrauch

Wir durchschritten die Schloßgasse. «Dies», sagte unser Führer, «ist die beste und glänzendste unter den Straßen Altdresdens, unsre Rue Vivienne, unser Toledo, unser Strand. Hierher gießt die Stadt aus, was sie an glänzenden Equipagen, modischen Herren und schönen Damen hat; freundliche Läden, aufgeputzte Modegewölbe, glänzende Silber- und Juwelenhandlungen, Kunstkabinette und Gemäldeläden finden sich nur hier. Diese Bürgersteige sind die Lieblingspromenade der Müßiggänger, der Fremden, eroberungssüchtigen Schönen und Abenteurer aller Art, und ich kann nicht leugnen, daß zu gewis-

Das königliche Schloß, von der Schloßgasse aus gesehen

sen Tagesstunden, z. B. sonntags nach dem Kirchenschlusse, auch mich der Reiz dieses Spazierganges anzieht. Es fehlt in diesem unsern Corso so wenig an Schönheiten wie auf dem römischen, und vermißt man auch italienische Reize, an deutschen ist Überfluß. Der Glanz ist verhältnismäßig, an komischen Figuren gebricht es auch nicht, und kurz, dieser Gasse fehlt nichts als eine doppelte Breite und eine dreifache Länge.»

Wir erreichten den Altmarkt. «Wie schade», sprach Friedrich, «daß Vorurteil und Mißbrauch diesen schönen Platz noch immer von häßlichen Marktbuden verstellen läßt; und welche Plage für die Anwohner desselben, allabendlich und allnächtlich dem wilden Getöse zuhören zu müssen, das das Abreißen und Aufbauen dieser schmachvollen Bretterstadt erregt. Am Schluß der Woche vollends betäubt sie ein Lärmen, der den Untergang der Welt zu verkünden das Ansehn hat, und ich begreife nur nicht, wie so viele den Musen verlobte Männer, die an diesem Platze wohnen, dies Getümmel überstehen. Dort an der Ecke unser Heros, unser Aristarch, hier der Corneille und Racine unsres Vaudevilles, weiter her der junge und so verdiente Linäus Sachsens, und wer weiß noch wer sonst.»

Einen bessern Eindruck machte der Neumarkt auf uns. «Dies ist unser bester Platz», sagte Friedrich, «luftig, hell und freundlich. Unstreitig würden die

Musen hierher flüchten, wären sie nicht meistens arm und die Mietspreise hier unmäßig.»

«Der Tummelplatz unsrer Architekten», fuhr Friedrich fort, «ist der Raum vor der Wilsdruffer Gasse; doch ihr Ehrenfeld ist es nicht. Man hat die Idee gehabt, den schönen, weiten Raum mit Kaufgewölben zu umgeben und die Bretterstadt des Altmarkts hier zu versteinen. Der Entwurf war gut — aber die Ausführung?» ...

Auch die Frauenkirche besuchten wir. «Ich weiß nicht mehr, von welcher italienischen Kirche dies Bauwerk eine Nachahmung sein soll. Nachahmungen sind nicht meine Vorliebe, und ich lobe mir für unsern Himmel und unsern Glauben die gotischen Kirchen. Man macht viel Rühmens von diesem Bau, Georg Bähr soll 300 000 Taler darin verbaut haben — ich finde sie weder antik noch modern, und im Mailändischen sieht man solche Kirchen in vielen Dörfern. Besser gefällt mir noch die Kreuzkirche, die wenigstens einen sichern Stil verrät und deren Turm musterhaft ist. Unser schönstes Bauwerk ist und bleibt unsre alte, unvergleichliche Brücke — ihre sechzehn schlanken und doch mächtigen Gewölbbogen, ihre großartige Breite, die sie in drei Straßen zerteilt, ihre 552 Fuß messende Länge, ihre Fußwege, ihre Rundbänke, ihre Balustrade, alles ist groß, imposant und würdig an ihr, und ich wandle mit immer erneuter Lust auf ihrer Ebne. Nur eine Schutzwehr gegen den Luftzug möchte man im Winter ihr anwünschen; denn wahrlich, jede Nachthaube voll Wind wird auf ihr zum Sturm, der nicht selten Menschen und Wägen umstürzt.»

«Die Neustadt, eigentlich Altdresden», fuhr Friedrich fort, «ist seit August II. zweckmäßiger gebaut. Hier findet Ihr Straßen nach Berliner Zuschnitt und in der Promenade eine leidliche Nachahmung der Linden. Das Japanische Palais mit seinem reizenden Garten bildet den Hauptreiz dieses Stadtteils. Die würdige Hauptfront fällt angenehm und eindringlich aus, die innere Halle und die hohen Propyläen stimmen zu dem Gebäude und seiner jetzigen Bestimmung. Hier wird eine der ersten Bibliotheken Deutschlands und das Augusteum, die Porzellansammlung und vieles andre bewahrt. — Ihr dürft diesem Prachthause Euren Besuch nicht vorenthalten.» ...

«Das schönste Haus in Dresden», fuhr Friedrich fort, «ist unser Landhaus, ein wahrhaft fürstliches Gebäude, dem Japanischen Palast im Stil ähnlich, hoch, hell, würdig mit einem trefflichen Vestibül und einer der schönsten Treppen in Deutschland geziert. Mit diesem aber schließt sich die Reihe unsrer sehenswerten Bauwerke, denn unser königliches Schloß ist, wie der James-Palast, ein Gewirr von verschiedenartigen und unschönen Gebäuden, ohne Würde, Einheit oder Gesamtwirkung.»

Die Dresdner

ÖFFENTLICHKEIT

Karl Wilhelm Daßdorf
Gastfrei, dienstfertig und höflich

Was übrigens den Charakter der hiesigen Einwohner betrifft, so darf ich mich getrost auf das Zeugnis aller fremden Schriftsteller berufen, die nicht bloß die Merkwürdigkeiten dieser Stadt, sondern auch die Gemütsart ihrer Bewohner aufmerksam studiert haben und die mit vielem Lobe davon geschrieben. Um aber weder mir noch meinen Mitbürgern den Vorwurf der Eitelkeit zuzuziehen, so übergeh ich hier eine Menge rühmlicher Zeugnisse, die ich teils aus ältern und neuern Reisebeschreibungen, teils aus dem öfter freundschaftlichen Umgange mit denkenden und freimütig gegen mich urteilenden Fremden hierüber gesammlet, und führe nur dasjenige allgemeine Resultat ihrer Bemerkungen an, worinnen sie fast alle zusammenzutreffen scheinen. Man rühmt sie als gastfrei, dienstfertig und höflich gegen Fremde, als fleißige und betriebsame Arbeiter in ihren Geschäften und als treue, gehorsam und ihrem Landesherrn gänzlich ergebene Untertanen. Sie lieben alles, was man Vergnügen nennt, und sind Freunde der Pracht und des Aufwandes, obwohl durch die Kraft eines erhabenen und allen so nachahmenswerten und weitwirkenden Beispiels seit mehrern glücklichen Jahren Freunde eines weit gemäßigteren Aufwands, der den innern vollen Genuß einer reinen unverdorbnen Freude mehr und sichrer zu befördern scheint als jener oft zu übertriebene prachtvolle Aufwand, der mehr durch einen berauschenden Taumel betäubt als durch ein stilles, mäßig genossenes Vergnügen aufheitert und der den Wohlstand sinnlicher einmal hingerissener Einwohner mehr untergräbt als befördert. — Daß die hiesigen Einwohner sehr leicht Bekanntschaft machen und Freundschaften errichten, ist ein Vorzug, den sie mit den geselligen Franzosen gemein; ein zweiter aber, den sie vor diesen voraus haben, ist wohl der, daß sie diese Freundschaften nicht so geschwind wie jene trennen, sondern auch noch abwesend zu unterhalten und zu schätzen wissen.

Das schöne Geschlecht ist hier in der eigentlichen Bedeutung des Worts *schön*, und es fehlt nicht an reizenden und einnehmenden Gegenständen. Sehr viel Frauenzimmer haben einen gefälligen edlen Wuchs, den sie durch eine geschmackvolle Kleidung, die sie zu sehr und, wie einige glauben wollen, etwas zu leidenschaftlich lieben, noch mehr zu erheben und ins Auge fallend zu machen wissen. Sie haben in ihrem ganzen Betragen etwas Sanftes, Gefallendes und Angenehmes, daß man oftmals darüber vergißt, daß sie schön sind oder daß sie es nicht sind. Ein neuer Reisender nennt unser Frauenzimmer *sanft*, *lebhaft* und *witzig*. Sie lieben ein aufheiterndes Vergnügen und munter ergötzende Zerstreuungen. Doch muß man auch zu ihrem Lobe sagen, daß das Vergnügen nicht ihre einzige Beschäftigung ist, sondern daß sie überhaupt arbeitsam und geschickt sind und sich auf eine angenehme und nützliche Art bald durch weibliche Verrichtungen, bald durch eine gut gewählte Lektüre zu unterhalten wissen.

Die Dresdner Einwohner bestehen aus

1. Hof-Leuten, welche ihrer Bedienungen wegen vom Hofe abhängen und von welchen wir unter dem Artikel Hofstaat bald ein mehreres sagen wollen.

2. Militär-Personen, welche bis auf die eximierten Korps von dem hiesigen kurfürstlichen Gouvernement abhangen.

3. Und Bürgern, welche Handel und Gewerbe oder sonst eine Kunst oder Handwerk treiben, als Kaufleuten, Künstlern und Handwerkern. Die Bürgerschaft steht allein unter dem Stadtmagistrat.

Daniel Chodowiecki
Gasthöfe

27. Oktober [1773] Abends halb 7 Uhr kam ich in Dresden an, in der sehr schön gebauten Neustadt; dort ist eine außerordentlich breite Straße, in deren Mitte sich mit kleinen Bäumen gezierte Rasenplätze befinden und in der man spazierengeht. Nach dem ritt ich über die große Brücke, die fünfmal so lang wie unsere und sehr gut gebaut ist. Dann ritt ich durch das Schloßtor in die Schloßstraße hinein und suchte das Hotel de Pologne, das dort sein sollte. Man wies mich aber in einen andern Gasthof, der gegenüber lag; dort waren zwei Fräulein, von denen das ältere sehr reichlich mit Schönheitspflästerchen

Dresdner Trachtenbild: Köchin

Das Gasthaus zum «Goldenen Engel» auf der Wilsdruffer Gasse

geziert war. Sie forderten mich auf abzusteigen, und das eine Fräulein machte jemandem ein Zeichen, mein Pferd zu nehmen. Da kam mir plötzlich das Pferd von Blaise Gaulard in den Sinn, und ich fragte, wohin mein Pferd gebracht werden sollte. Man antwortete mir, gar nicht weit von hier. Ich sagte, da müsse man mich auch hinführen, denn da, wo ich bin, muß auch mein Pferd sein. Mit diesen Worten stieg ich wieder aufs Pferd. Sie sagten, daß es ihnen leid täte, mich nicht zufriedenstellen zu können. Ich bat, man möchte mir einen anderen Gasthof zeigen; eine Magd sagte mir, daß sie mich an einen Ort führen würde, wo ich zusammen mit meinem Pferd unterkommen könne. Ein großer Mann in einem mit Tressen besetzten Rocke fragte mich, ob mein Pferd nicht ein polnisches wäre; als ich dies bejahte, fragte er weiter, wie alt es wäre. Ich sagte ihm, das wüßte ich nicht, es wäre aber jünger als ich. Ich wurde nun in ein anderes Gasthaus geführt, wo ich mein Pferd in den Stall bringen ließ. Ich ließ es mit Bierhefe und Butter abwaschen, was ebensogut sein soll wie Tresterbranntwein. Ich ließ mir Abendbrot geben.

Rebmanns Freunde
Kaffeehäuser

sind hier fast gar nicht zu finden, ausgenommen Schwarzens Kaffeehaus. Sonst hatte ein Italiener, Pertini, eins dergleichen am Alten Markte, welches mit Recht so genannt werden konnte und wo man Menschen aus allen Ständen traf. Schade, daß ihm dieses Recht durch eingeführte verbotene Spiele benommen wurde; denn es wird sich wohl schwerlich eine solche Einrichtung wieder aufstellen. Denn dieses Kaffeehaus war die wahre Dresdner Börse.

Hermann Meynert (Janus)
Konditoreien und Kaffeehäuser

Ich habe mich schon oft gewundert und kann es noch in diesem Augenblicke nicht begreifen, wie in Dresden sich eine solche Unzahl von Konditoreien zu erhalten vermag. Diese bestehen hier wirklich in einem fabelhaften Überflusse, und selbst in den ersten Lebe- und Luxusstädten habe ich, im Verhältnisse, kaum die Hälfte derselben vorgefunden. In Dresden – einer Stadt, welche wegen ihrer notorischen Hungerleiderei oft genug ein Gegenstand fremder Spottsucht geworden ist – muß man sich um so mehr wundern, wie dergleichen zuckergebackene Institute, welche in der Regel doch nur auf Kosten eines schon raffinierenden Luxus zu bestehen vermögen und mit prosaischer Philisterei, woran es doch in Dresden nicht fehlt, im entschiedensten Streite leben, hier ihre Rechnung finden, ja auch nur dürftig ihr Dasein hinfristen können. Nach meinen Begriffen läßt sich dies nicht anders erklären, als daß jenes Konditoreiwesen doch nur eine, freilich verfeinerte, vergeistigte Ausgeburt der Dresden tyrannisierenden Kneipensucht ist, über welche ich schon weiter oben mich genügend aussprach. Dieses Übel ist epidemisch, allein nach Verschiedenheit der Stände und der geistigen Beschaffenheit macht es sich auch auf verschiedene Weise bemerkbar, verlangt es eine mannigfache Art der Befriedigung. Die niedern Stände verdunsten diese krankhafte Begierde auf den Schenken und in den Bierkneipen; die Honoratioren verspülen den Drang in Limonade und Rossoli, in den Konditoreien und bei den Schweizerbäckern. An den ersterwähnten Orten macht sich die Dresdner Weisheit in politischen Kannegießereien und sonstigem erbaulichen Unsinne

Dresdner Originale: die Eierhanne

Luft, in jenen ästhetischen Zuckerläden vertieft sie sich in Zeitungen und Tagesblätter, deren Geist, neben der Quintessenz der Spritzkuchen und Windbeutel, just noch nebenbei mit hinabzuschlüpfen Platz gewinnt. Im ganzen ist in diesen Konditoreien ziemlich viel Unterhaltung; man trifft daselbst zu allen Stunden des Tages eine kleine, meist gewählte Gesellschaft, größtenteils aus Offizieren und jungen Gelehrten bestehend.

Die berühmteste und eleganteste Konditorei in Dresden ist die von dem Italiener Baldini am Altmarkt errichtete, «Café d'Europe» genannt. Sie ist so ziemlich nach der Weise der Pariser und Wiener Institute dieser Art eingerichtet; Zimmer, Mobilien, Geschirr und alles übrige zeugen von Eleganz und Geschmack, und eine Sammlung der besten englischen, französischen, deutschen und italienischen Journale, welche dort stets in den neuesten Nummern zu finden sind, macht den Aufenthalte daselbst um so unterhaltender. Wie jedoch in Dresden nur das Mittelmäßige gedeiht und man – es möge dies nun Personen oder Sachen betreffen – alles verschmäht oder gewissermaßen mit Scheu und Mißtrauen betrachtet, was den Stempel des Außergewöhnlichen trägt, so genießt auch diese Konditorei, welche doch die einladenste und geschmackvollste ist und dabei im Preise völlig gleichen Schritt mit den übrigen hält, just einen kärglichen Zuspruch, und die ja noch dort Stammgäste ausmachen, tun dies nur um der Journale willen, die sie dort treffen, und füllen die ganze Zeit, die sie dabei zubringen, mit einer Schale Kaffee oder einem Glase Zuckerwasser aus. Der unternehmende Geist des Gründers, dessen Plan freilich zu großstädtisch für unser winkelsüchtiges Dresden angelegt war, hätte bessere Unterstützung verdient; ich kann kaum glauben, daß die kostspielige Einrichtung und der beträchtliche Mietzins sich wieder herausbringen lassen. Während der Sommermonate hat derselbe Baldini auch auf der Brühlschen Terrasse einen kleinen Salon zu einer Konditorei-Niederlage eingerichtet, und man hat nunmehr das Vergnügen, dort im Freien, im Angesichte der reichsten Naturschönheiten, seinen Kaffe oder, bei schwüler Witterung, Gefrornes (von seltener Güte) oder Limonade und sonstige Erfrischungen einzunehmen. Ein ähnliches Institut ist die sogenannte «Grüne Bude» in der Neustädter Allee, vom Konditor Wazau arrangiert. Sie wird in Sommerszeiten besonders von denen, welche das Linckesche Bad oder das Badetheater besuchen, entweder auf dem Hin- oder auf dem Herwege benutzt, um daselbst eine beiläufige Erholung sich zu gönnen und sich zu dem bevorstehenden oder nach dem bestandenen weitläufigen Wege Kräfte zu sammeln. Zu den übrigen besuchtesten Konditoreien gehören die am Eingange der Seegasse gelegene von Valentin und Comp., desgleichen die von Jouvenal und «Au bon gout» in der Schloßgasse, die von D'hame in der Frauengasse, die von Engelhard in der

Pirnaischen Gasse und die Orlandische am Jüdenhofe. Nebenher aber existieren noch eine Unzahl von Kuchenbäckern (in neuerer Zeit ist hier in jedem ordinären Bäckerladen auch Kuchen zu kaufen), die zum großen Teile einen sehr bedeutenden Absatz haben und unter denen besonders Schmidt in der Frauengasse und Kaiser an der Frauenkirche sich des meisten Absatzes zu erfreuen haben dürften.

Christian Kosegarten
Die sächsischen Frauenzimmer

Man spricht in Sachsen, wo es nicht gar viele schöne Frauenzimmer gibt, außerordentlich viel von der Flur junger, reizender Mädchen in Dresden. Es leidet keinen Zweifel, daß hier schöne Mädchen und Frauen sind, aber welch ein Verhältnis in Rücksicht anderer Städte, die nicht mehr Einwohner haben! Ich kam an viele öffentliche Örter, ich entdeckte manches hübsche, ja manches schöne Frauenzimmer, teils waren es Fremde, wenn ich mich erkundigte, teils Dresdnerinnen, doch wie wenige durften zu Paris Urteil gelassen werden! Wie gesagt, man findet hier nicht viele auffallende Schönheiten; dafür besitzen aber fast alle eine Anmut, einen Liebreiz und ein zartes Wesen, was sie anziehend macht. Ihre Sprache ist rein; ihre Empfindung innig; ihre Liebe für das Schöne und Wahre unverkennbar, und sie unterscheiden sich durch ihre Sprache, ihren Akzent, ihr Betragen von den meisten Mädchen Ober- und Niedersachsens. Das Weib weiß es hier, daß sie nur weiblich sein soll, und sucht ihre Größe nicht in männlichen Vorzügen, in Witzeleien oder Streben nach gelehrten Krämereien – die Fallbrücke so mancher niedersächsischen Schönen. Selbst die Frauen geringerer Klassen zeigen eine äußere Sittsamkeit. Die Züchtigkeit, welche, wiewohl auf eine edlere Art, aus der Haltung und den Augen gebildeter Mädchen und Ehefrauen hervorgeht, blickt auch aus dem Betragen dieser heraus. Fragt man sie um Zurechtweisung, so geschieht dies auf eine freundliche, höfliche Weise, die einen überrascht. In Niedersachsen geschieht dies oft mit Plumpheit oder gar mürrischem und verdrießlichem Wesen, daß der Fragende es bereuet, gefragt zu haben. Man urteilt vielleicht: ich sei bezaubert und sehe allenthalben den Reiz, die Musen, die Göttinnen, die Heiligen, welche die Galerie, Antiken und Mengs' Abgüsse darstellen. Mag es sein, daß diese Bilder meine Phantasie beflügeln, daß ich hier über die gewöhnliche Welt mich erhebe und in dieser Frenesie meiner Ideen den wirklichen Gestalten Züge meiner erhöheten Einbildungskraft leihe, aber es muß

Dresdner Trachtenbild: Dame im Morgenkleid

doch etwas Wahres daran sein — das Wirkliche stößt den Glücklichen so leicht aus seinen Träumereien zurück, und er tastet wieder die harten Umrisse der Wirklichkeit an. Sein Elysium schwindet; das Harte und Rauhe der Oberflächen drückt die gewöhnten zarten Fingerspitzen, daß man selbst diesen anmerkt: sie bilden keine Götter mehr, sondern kneten den Teig zu friesischen Götzen.

Georg Friedrich Rebmann
Chapeau bas — Akzessisten — Bürokratie

So wie beinahe in jedem Lande und in jeder beträchtlichen Stadt irgendein charakteristisches Merkmal anzutreffen ist, wodurch die Einwohner sich auszeichnen, so möchte man als Wahrzeichen von Dresden die unermeßliche Menge Haarbeutel und Chapeau-bas-Hüte annehmen, die man hier sieht. Ich möchte beinahe darauf wetten, daß zwei Drittel aller Haarbeutel in Deutschland hier getragen werden. Wer nur irgendeine Bedienung bekleidet, muß sich in diesem Ornat zeigen, und sollte der Rock geflickt und der Magen an Fasten gewohnt sein. Ja, ich habe Leute dieser Art auf Dörfern und in Gärten, mit dem Chapeau-bas-Hut unter dem Arm und dem Degen an der Seite, kegelschieben sehen.

Bei den hiesigen Büros gibt es eine Menge Menschen, welche ohne Gehalt oder bei jährlichen 50—60 Reichstalern lange Jahre dienen müssen, bis endlich einmal eine Stelle über ihnen leer wird und sich gerade kein Bedienter oder keine Kreatur findet, welche dies Amt annehmen will. Außerdem laufen einige hundert Magister hier durch die Straßen, die man als eine Art armer, zahmer Haustiere betrachtet, welchen man dann und wann einen Bissen zuwirft, um sie nicht zugrunde gehn zu lassen. Unter Magister müssen Sie sich aber nicht etwa eine graduierte Person denken, sondern jeder, der sich mit Informationen abgibt, und überhaupt jeder Kandidat wird hier mit diesem Titel beehrt.

Alle diese Figuren tragen Haarbeutel und sind von dem ewigen Bücken des Schmiegens so gewöhnt worden, daß sie sanftmütig und von Herzen demütig aussehen. Jahrelanges Harren wird auch erfordert, ehe sie endlich an dem Weinberge des Herrn arbeiten dürfen.

Doch es ist Sünde, hier zu scherzen. Wenn man bedenkt, daß die Garde des Dames, der Ofenheizer etc. Besoldungen von 6—800 Talern ziehen, daß die unnütze und bloß zum Staat gefütterte dreifache Leibgarde große Summen kostet, so möchte man doch auf der andern Seite wünschen, daß auch die Leute, welche sich in den Büros nach und nach zu Bedienungen bilden und die meisten Geschäfte auf dem Halse liegen haben, wenigstens vom Staate so viel erhielten, um sich satt essen zu können. Ich habe oben von Akzessisten mit jährlichen 50 Talern Gehalt gesprochen und finde, daß ich viel zuviel Zutrauen auf die Dankbarkeit des Staates gegen seine Diener gesetzt habe. – Der als Schriftsteller rühmlich bekannte Finanzsekretär *Friedrich Christian Schlenkert* war erst im achten Jahre seiner Dienstleistung so glücklich, ein jährliches Gehalt von 50 Talern zu ersupplizieren. – Diese Tatsache, welche manchen eine Torheit und Greuel scheinen möchte, ist richtig. ...

Der in allen großen Städten und hier nicht weniger als in Berlin herrschende Luxus zwingt diese guten Leute, ehelos zu bleiben, alles aufs Äußere zu wenden und dabei zu fasten. Man schreit auf der einen Seite, daß man die Bevölkerung befördern müsse, setzt Preise darauf und rühmt sich höchlich, daß durch Findel- und Waisenhäuser Menschen erhalten werden. Auf der andern aber zwingt man Menschen zur Ehelosigkeit und erzeugt pauvres honteux, die bedauernswürdigste Klasse aller Armen. Im August- oder Septemberstück des T. Merkurs von 1794 steht zur Verhütung der Brotlosigkeit ein Vorschlag zur Entvölkerung der niedern Stände. Also die Majorität soll untergehn, damit die Minorität sich ja nicht im mindesten einschränken dürfe! Es sind überdies gegenwärtig nicht sowohl die niedern als vielmehr die mittlern Stände diejenigen, in welchen am meisten brotlose Unglückliche anzutreffen sind. Jedem Übel ist abzuhelfen, also auch diesem, sobald man ernstlich will.

Hermann Meynert (Janus)
Religiöse Verhältnisse: Protestanten, Katholiken und Juden

Es gibt noch ein Kapitel, welches in den Verhandlungen unserer Bierdeputierten überoft angezogen wird, ein sehr betrübliches, man spricht nicht gern davon. – Es ist das Wechselverhältnis der Protestanten und Katholiken. Jeder Fremde muß billig darüber erstaunen, wenn er in einer Stadt wie Dresden – die, trotz vieler Bizarrerien und übel antiker Formen, sich doch nicht ohne allen Beruf eines gewissen Grades von Bildung rühmt – einen Fanatismus vorfindet, der gar nicht in unsere Gegenwart hineinzupassen scheint. Wenn sonst in der Regel die Bemerkung gilt, daß der überwiegende Haß insgemein bei der kleineren, somit auch schwächern und unterdrücktern Partei anzutreffen ist, so liefert Dresden eine Widerlegung dieser Wahrheit; denn keinem ruhig Prüfenden wird entgehen, daß der bitterste Fanatismus, der größere Ingrimm gegen die andere Glaubenspartei auf der Seite der Protestanten – als der überwiegenden Zahl – zu finden ist. Weder im Worte noch in der Schrift, noch im gesellschaftlichen Verhältnisse versteht man diesen Widerwillen oder förmlichen Haß zu bemänteln. Unter allen Umständen hat er zu bittern Bemerkungen, zu giftigen Ausfällen, ja zu feindseligen Begegnungen wiederholte Veranlassung gegeben, und leicht dürften sogar die tumultuarischen Auftritte, welche in den letztvergangenen Jahren in Dresden stattfanden, eines ihrer Motive in jenem unseligen Zwiespalte suchen, welcher durch verschiedene Organe fortwährende Nahrung findet.

Gleich einem Stiefkinde glaubt sich die protestantische Partei von seiten der obern Staatsleitung auf alle Weise verabsäumt oder zurückgesetzt, zu welcher Meinung der freilich unglückselige Umstand – daß der Hof ein katholischer inmitten eines protestantischen Landes ist – unaufhörlich beiträgt. Im ganzen entspringt diese Meinung wohl einem bloßen Vorurteile; denn bei Besetzung von Stellen wird – wofür vielfache Beweise anzuführen wären – auf die Art der Konfession keine Rücksicht genommen. ...

Die Juden haben mehr durch ihre Schicksale als durch sich selbst einen gewissen Nimbus erlangt, der ihnen in den Romanen und Trauerspielen gewöhnlich besser zustatten gekommen ist als in der bürgerlichen Verfassung. Die Stellung ihrer Nation verdient mehr Mitleiden als die des einzelnen. Die Juden sind untergegangen in der Masse, aber sie leben und vegetieren fort in ihrer Zersplitterung, hüpfend und schmerzreich, gleich den getrennten Teilen eines zertretenen Regenwurms. Sie bilden eine verschüttete Quelle, die, einst stolz, rein und selbständig, jetzt nur noch hin und wieder als dünnes, schmutziges Gewässer sich unter Sand und Moor fortwindet. Das Los des jüdischen Volkes ist ungeheuer und tragisch, das des Individuums zum großen Teile läppisch und höchstens erbarmenswürdig. Die Geschicklichkeit der Juden, ihr eignes Unglück zur melkenden Kuh umzubilden, aus ihrem Elende, ja aus ihrer Verächtlichkeit – ich spreche hier natürlich bloß von den Hefen des Volkes – Nutzen und Rabatt zu ziehen, macht sie gleich geeignet, unser Mitleid wie unsern Ekel zu erregen. Im ganzen, glaube ich, befinden sich die Juden bei ihrem Elende ziemlich wohl; aber es ist ein krankhaftes Wohlsein, und die Staatsärzte sollten darauf sehen, daß dem abgeholfen würde. Ihr Verhältnis ist in Sachsen ein sehr gedrücktes; man wehrt ihnen Erlernung bürgerlicher Handwerke und Gewerbe und verweist sie so ziemlich ausschließlich auf den Handel mit alten Kleidern und auf Wechselgeschäfte. Dergleichen

Zweige lassen keine große Konkurrenz zu; und dennoch gibt es in Dresden eine heillose Anzahl jüdischer Familien, von denen man schwer begreift, wie es ihnen möglich wird, sich zu ernähren.

Wer seine Wohnung räumt, sorgt klüglicherweise schon vorher dafür, daß ihm auch gleich eine neue offensteht, die ihn aufnehmen kann. Wer dem Juden die Hauptzweige der Nahrung abzuschneiden sich vermißt, der sollte demselben auch billig ein anderes Fach anweisen, welches ihn zu ernähren vermag. Die willenlose Natur ist in dieser Hinsicht erbarmender als der grausame Mensch; wen jene seine Augen verlieren läßt, dem legt sie dafür das Gesicht in die Hände. Sie ersetzt ihm jedes getötete Organ durch die Schärfung des übriggebliebenen. Wir binden dem Juden die Hände, aber wir nehmen es ihm auch übel, wenn er sich dann auf andere Weise fortzuhelfen sucht, wir wehren ihm nicht nur die Beschäftigung, nein, wir wehren ihm auch den Erwerb. Doch es ist hier weder der Ort noch der Raum, darüber zu sprechen, wie es sein sollte, ich habe hier nur zu erzählen, wie es ist, und das will ich, obschon der Gegenstand dieses Kapitels von der Art ist, daß man mir eine geflügelte Kürze zum namhaften Verdienste anrechnen wird. …

Unter den sogenannten Neumarktsjuden – meist aus jungen Leuten bestehend –, welche am Ausgange der mittleren Frauengasse und am Neumarkte ihre fliegenden Warenlager von alten Kleidungsstücken etc. aufgeschlagen haben, findet sich wenig Erhebliches. Meist sind es wohlgebildete, anständig gekleidete junge Männer, die ziemlich still und bescheiden ihres Mannes harren und nur gegen vorüberziehende Bauern sich einer merkantilischen Aufdringlichkeit befleißen. Wenn ein stupider Bauer diesen Wegelagerern in die Hände fällt, so gerät er in einen förmlichen Sturzbach von Stimmen, die ihm eine Menge Plunder anpreisen, er wird von dieser auf jene Seite gezerrt, und es sieht sich nicht viel anders an, als ob eine arme Seele in die Krallen triumphierender Dämonen gegeben worden sei. Röcke, die ihm um Ellendifferenz zu groß oder zu klein, zu weit oder zu enge sind, werden demselben als genau ihm passend eingeredet; kaum hat sich der Gemarterte dem einen Peiniger mit Not und Mühe entwunden, so packt ihn schon ein anderer, kurz, es gilt hier sterben oder zugreifen, kaufen oder in Stücken gerissen werden.

Christian Gottfried Körner
Meine Dresdner Existenz

An Friedrich Schiller

Dresden, 31. Okt. 88 Was Du über meine Dresdner Existenz schreibst, ist an sich selbst sehr richtig. Nur gibt es andere Gründe, warum ich meinen Aufenthalt nicht so leicht ändern kann. Der erste ist Erbschleicherei. Ayrer würde diesen Schritt sehr übel empfinden, würde glauben, daß ich nicht arbeiten wollte und mich ganz auf seine Erbschaft verlasse. Überdies ist eine Auswanderung einer ganzen Familie mit mehr Schwierigkeiten verbunden als bei einer einzelnen Person. Wäre ich heute im Besitz eines Vermögens, das mich vollkommen unabhängig machte, so würde ich doch erst eine Reise vornehmen, um andere Orte auszukosten, ehe ich Dresden verließe. Und bei diesen Kosten muß nicht bloß auf mich, sondern auch auf den übrigen Teil meiner Familie Rücksicht genommen werden. Für jetzt weiß ich keinen Ort, den ich um seiner selbst willen Dresden vorziehen möchte, wenn ich Gutes und Böses gegeneinander abwiege. Die hiesigen Unannehmlichkeiten kennt man und ist darauf eingerichtet. Man entbehrt einen geistvollen Umgang, hat aber dafür nicht unbeträchtliche Genüsse von Natur und Kunst. Meine Frau hat Bekanntschaften gemacht, die nicht viel bedeuten, aber doch für gewisse gesellschaftliche Bedürfnisse hinreichend sind, ohne unangenehme Empfindungen zu verursachen. Kann ich gewiß sein, ihr an einem anderen Orte, wo ich mich vielleicht besser befinden würde, dafür einen Ersatz zu verschaffen? Für mich ist der Hauptpunkt das Beisammensein mit Dir und Huber. Von anderen Menschen erwarte ich immer weniger. Es war eine Zeit, wo ich mir es angenehm dachte, in Weimar zu leben; aber Deine Beschreibungen haben mir größtenteils die Lust benommen.

Friedrich Schiller
In einer Wüste der Geister

An Charlotte von Lengefeld
und Caroline von Beulwitz

Weimar, 4. Dezember 1788 Es ist mir gar lieb zu hören, daß mein guter Körner Ihre Eroberung gemacht hat. Ich wollte, wir hätten ihn hier. Mein Herz und Geist würden sich an ihm wärmen, und er scheint jetzt auch einer wohltätigen Geistesfriktion nötig zu haben. Sie haben sehr recht, wenn Sie sagen, daß nichts über das Vergnügen gehe, jemand in der Welt zu wissen, auf den man sich verlassen kann. Und das ist Körner für mich. Es ist selten, daß sich eine gewisse Freiheit in der Moralität und in Beurteilung fremder Handlungen oder Menschen mit dem zärtesten moralischen Gefühl und mit einer instinktartigen Herzensgüte verbindet wie bei ihm. Er hat ein freies, kühnes und philosophisch aufgeklärtes Gewissen für die Tugenden und Fehler anderer und ein ängstliches für sich selbst. Gerade das Gegenteil dessen, was man alle Tage sieht, wo sich die Menschen alles und ihren Nebenmenschen nichts vergeben.

Freier als er von Anmaßung ist niemand; aber er braucht einen Freund, der ihn seinen eignen Wert kennen lehrt, um ihm die so nötige Zuversicht zu sich selbst, das, was die Freude am Leben und die Kraft zum Handeln ausmacht, zu geben. Er ist dort in einer Wüste der Geister. Die Kursachsen sind nicht die liebenswürdigsten von unsern Landsleuten, aber die Dresdner sind vollends ein seichtes, zusammengeschrumpftes, unleidliches Volk, bei dem es einem nie wohl wird. Sie schleppen sich in eigennützigen Verhältnissen herum, und der freie, edle Mensch geht unter dem hungrigen Staatsbürger ganz verloren, wenn er anders je dagewesen ist. Zuweilen begegnet man einem verstümmelten Abdruck oder vielmehr einer Ruine, die ehemals Geist oder Herz beseelte. Aber die fatalen Verhältnisse haben beides zertreten und verheert; so daß man, um das Gleichnis fortzuführen, nur noch aus einer stehengebliebenen Säule den Geist des Meisters und die Ordnung erkennt, in der das Gebäude aufgeführt worden. Ich habe schon etlichemal versucht, Körnern zu einem heroischen Schritt zu vermögen und ihn diese heillosen Fesseln wegwerfen zu lassen, aber er hat mir Gründe entgegengesetzt, worauf ich ihm nichts antworten kann, welche sich aber in der Folge der Zeit aufheben werden. Ich schreibe Ihnen da sehr viel über meinen Freund und vielleicht zu viel – aber würde ich das tun, wenn ich nicht die Geliebten meines Herzens gerne miteinander verwechselte und sie in meinem Kopfe und in meiner Feder, weil es doch leider in der Wirklichkeit nicht angeht, gern zusammenbringen möchte? ...

Jean Paul
Paläste wie Städte und das Schranzenvolk

An Christian Otto

17. Mai [1798] Von Dresden will ich noch nichts ausheben als den Abgußsaal, der sich gestern wie eine neue Welt in mich drängte und die alte halb erdrückte ... Du trittst in einen langen, lichten, hohen, gewölbten Saal, durch den zwei Alleen von Säulen laufen. Zwischen den Säulen ruhen die alten Götter, die ihre Grabeserde oder ihre Himmelswolken abgeworfen haben und die uns eine heilige, selige, stille Welt in ihrer Gestalt und in unserer Brust aufdecken. Du findest da den Unterschied zwischen der Schönheit eines Menschen und der Schönheit eines Gottes; jene bewegt, obwohl sanft, noch den Wunsch und die Scheu; aber diese ruhet fest und einfach wie der blaue Äther vor der Welt und der Zeit und der Ruhe der Vollendung, nicht der Ermüdung, blickt im Auge und öffnet die Lippen. Sooft ich künftig über große oder schöne Gegenstände schreibe, werden diese Götter vor mich treten und mir die Gesetze der Schönheit geben. Leider hat sogar der gemilderte Faun Ähnlichkeit mit der Wirklichkeit, gegen die einen die affektlosen schönen Formen einnehmen. Jetzt kenn ich die Griechen und vergesse sie nie wieder. –
Über die neuen Weltkugeln und Weltsonnen in der Bildergalerie sollst Du noch astronomische Ephemeriden haben. – Die Straße von Meißen läuft zwischen einem langen gebogenen Hügelrücken und der breiten gebogenen Elbe herrlich hin. Betrittst Du die Dresdner Brücke, so liegen Paläste wie Städte vor Dir und neben Dir eine Elbe, die aus einem weiten Reiche in das andere fließet; ferne Berge, Ebenen, verlorne Schiffchen, die wandelnde Prozession der einen Brückenseite, die entgegengehende der andern, eine lange Allee und das Getümmel des Lebens ergreifen Dich. –

Den Montag (21. Mai) Ich habe den Königstein und seine notanda und videnda gesehen und war vergnügt, aber nicht außer mir. – Ich habe die Antiken gesehen, gleichsam die andere Hemisphäre der Abgüsse, die wir gestern

Erdgeschoßhalle im Osttrakt des Stallgebäudes mit der Mengsischen Abgußsammlung

wieder sahen, verklärt bei Fackeln nachts 10 Uhr – ferner das Naturalienkabinett – die fürstliche heilige Familie nebst dem plattgedrückten Hoftroß in der katholischen Kirche an der Himmelfahrtsfeier, wo zugleich das Kind einer Prinzessin hineingetragen wurde, das die Trompeter taub bliesen gegen künftige Bitten. – Ich habe dabei meine demokratischen Zähne geknirscht, am meisten über das gekrümmte Schranzenvolk von Dresdnern, die nicht schön, nicht edel, nicht lesbegierig, nicht kunstbegierig sind, sondern nur höflich. – Ich reiße mich sonnabends ab (vielleicht ist's nicht einmal nötig) und gehe nach Leipzig, nicht nach Dessau, weil ich so viele Freuden satt habe. – Ach, ich habe keine Freiheit, das ist's; Otto und Freiheit, wo bist du, sag ich tief in mir jede Stunde. Ich habe viele Bekanntschaften gemacht, aber keine von Bedeutung. Ach, mein Guter, mein Teuerer, wenn ich doch Deine Gestalt bald wieder an meiner Brust hätte. Grüße meine Geliebten! Ich schrieb das heutige Pensum umringt von 4 Personen, Berlepsch, Üchtritz etc.

Johann Gottfried Seume
Trübselige Gesichter

Die Elbe rollte majestätisch zwischen den Bergen von Dresden hinab. Die Höhen glänzten, als ob eben die Knospen wieder hervorbrechen wollten, und der Rauch stieg von dem Flusse an den alten Scharfenberg romantisch hinauf. Das Wetter war den achten Dezember so schwül, daß es unserm Gefühl sehr wohltätig war, als wir aus der Sonne in den Schatten des Waldes kamen. …

Es wehte mich oft eine kalte, dicke, sehr unfreundliche Luft an, wenn ich einer Residenz nahe kam; und ich kann nicht sagen, daß Dresden diesmal eine Ausnahme gemacht hätte, so freundlich auch das Wetter bei Meißen gewesen war. Man trifft so viele trübseligen, unglücklichen, entmenschten Gesichter, daß man alle fünf Minuten auf eines stößt, das öffentliche Züchtigung verdient zu haben oder sie eben zu geben bereit scheint: Du kannst denken, daß weder dieser noch jener Anblick wohltut. Viele scheinen auf irgendeine Weise zum Hofe zu gehören oder die kleinen Offizianten der Kollegien zu

Der ehemalige Packhof an der Elbe

sein, die an dem Stricke der Armseligkeit fortziehen und mit Grobheit grollend das Endchen Tau nach dem hauen, der ihrer Jämmerlichkeit zu nahetritt. Ungezogenheit und Impertinenz ist bekanntlich am meisten unter dem Hofgesinde der Großen zu Hause, das sich oft dadurch für die Mißhandlungen schadlos zu halten sucht, die es von der eben nicht feinen Willkür der Herren erfahren muß. Höflichkeit sollte vom Hofe kommen; aber das Wort scheint, wie viele andere im Leben, die Antiphrase des Sinnes zu sein, und Hof heißt oft nur der Ort, wo man keine Höflichkeit mehr findet; so wie Gesetz oft der Gegensatz von Gerechtigkeit ist. Wehe dem Menschen, der zur Antichambre verdammt ist; es ist ein großes Glück, wenn sein Geist nicht knechtisch oder despotisch wird; und es gehört mehr als gewöhnliche Männerkraft dazu, sich auf dem gehörigen Standpunkte der Menschenwürde zu erhalten. …

Heute früh wurde ich durch den Donner der Kanonen geweckt und erfuhr beim Aufstehen, daß dem Hause ein Prinz geboren war. Vielleicht macht der Herr in seinem Leben nicht wieder so viel Lärm als bei seiner Ankunft auf unserm Planeten. Die Fürsten dieses Hauses sind zum Glück ihrer Länder seit mehr als einem Jahrhundert meistens Kinder des Friedens. Dadurch werden die Verdienste gewiß erhöht, und ihr Mut wird doch nicht mehr problematisch, als ob sie Schlachten gewännen.

Budin Du weißt, daß Schreibseligkeit eben nicht meine Erbsünde ist, und wirst mir auch Deiner selbst wegen sehr gern verzeihen, wenn ich Dir eher zu wenig als zu viel erzähle. Wenn ich recht viel hätte schreiben wollen, hätte ich ebensogut zu Hause in meinem Polstersessel bleiben können. Nimm also mit Fragmenten vorlieb, aus denen am Ende doch unser ganzes Leben besteht. In Dresden mißfiel mir noch zuletzt gar sehr, daß man zur Bequemlichkeit der Ankömmlinge und Fremden noch nicht die Straßen und Gassen an den Ecken bezeichnet hat: ein Polizeiartikel, an den man schon vor zehn Jahren in kleinen Provinzialstädten, sogar in Polen, gedacht hat und der die Topographie außerordentlich erleichtert; und Topographie erleichtert wieder die Geschäfte.

Den letzten Nachmittag sah ich dort noch die Mengsische Sammlung der Gipsabgüsse. Schnorr wird Dir besser erzählen, von welchem Werte sie ist, und Küttner hat es, meines Wissens, schon sehr gut getan. Du weißt, daß ich hier ziemlich Idiot bin und mich nicht in das Heiligtum der Göttin wage; ob ich gleich über manche Kunstwerke, zum Beispiel über die Mediceerin, meine ganz eignen Gedanken habe, die mir wohl schwerlich ein Antiquar mit seiner Ästhetik austreiben wird.

Johanna Schopenhauer
Ein Paradies nur für Fremde

An Arthur Schopenhauer

[Dresden, den 4. Juni 1806] Meine Wahl, in Weimar zu bleiben, reut mich auch hier nicht, Dresden ist für Fremde eine Art Paradies, aber die Einheimischen sehnen sich alle heraus, mündlich sage ich Dir mehr davon, auch über die Etage, die ich gemietet habe, und über die Möblen. Ich werde allerdings viele alten Bekannten mitnehmen, obgleich der Transport sehr teuer ist, aber Stühle und Sofas sind zu zerbrechlich und zu schwer zu packen, denn alles muß in Kisten gepackt werden. Nun zu meiner Lebensgeschichte, ich konnte nicht eher von Weimar fort, als den 28ten Nachmittag, wir fuhren nur 2 Meilen bis Jena, und blieben auch den andern Tag dort, bloß der über alles schönen Gegend wegen, die wir auch eigentlich genossen, denn der Doktor kennt dort noch jeden Fußsteig. Den folgenden Tag schliefen wir in Weißenfels, die Nacht drauf fuhren wir durch und kamen Sonntag frühe hier an, um die Messe zu hören. Neumanns traf ich in der Kirche, sie sind die alten, Kora hat gestern zu meinem Leidwesen die Masern bekommen. Hier lebe ich in der Galerie. Das Wetter, das, ein paar regnigte Tage in Weimar abgerechnet, sehr schön war, ist jetzt sehr kalt, morgen ist hier die Fronleichnamsprozession, der Kurfürst und Madame werden das halbe Grüne Gewölbe anhaben, nach der Messe fahren wir nach Tharandt, Freitag frühe geht es fort und Tag und Nacht durch bis Halle.

Karl von Nostitz
Die fleißigen Biber in Deutschland

Prinz Louis begab sich in das Hauptquartier des Fürsten von Hohenlohe nach Dresden, und ich folgte ihm dorthin. Bei meinem Auftreten setzte ich die elegante Offizierswelt in Erstaunen durch die Schönheit meiner Pferde und sonstige Pracht. Ich tummelte meinen Engländer damals wohl am besten, wenn wir den Regimentern entgegenritten, die über die Dresdener Brücke aus Schlesien nach dem Erzgebirge marschierten. Prinz Louis tat es mir jedoch weit vor an Natürlichkeit und Gewandtheit zu Pferde.

Nichts von der künstlichen Haltung und der erzwungenen Zusammenstellung dieser Truppen! Ein stolzes Vertrauen ging ihnen nicht ab, die Kavallerie hatte ein tüchtiges Aussehen, und die preußische Jugend war voll frohen Muts. Das sächsische Heer schloß sich den Preußen mit äußerer Ähnlichkeit an.

Die Ereignisse hatten viel Fremde nach Dresden gezogen. Diese Stadt war für politische Märtyrer aus den Ländern, die der Franzos bedrängte, ein Zufluchtsort; für andere ein Beobachtungspunkt, wo sie den Begebenheiten zuzuschauen gedachten, welche die nächste Zeit im Norden Deutschlands entwickeln würde, nachdem ihre Erwartungen für das südliche Deutschland den traurigsten Ausgang genommen hatten. So fanden wir unseren alten Freund Gentz gemächlich in Dresden eingerichtet, und der Prinz brachte viele Stunden mit ihm zu. Zu den Reisenden, die sich in Dresden aufhielten, gehörte auch die Fürstin Bagration, eine Polin, die, gleich vielen ihrer Landsleute, ihre Heimat im Reisewagen hatte. Diese Dame und der Prinz hatten schnell sich gegenseitig angezogen, und noch pflegt und hegt die Fürstin die Erinnerung an ihn mit einem romantischen Schwunge, wie an einen schönen, jugendlichen, im Kampfe gefallenen Paladin. Wäre dagegen der Prinz am Leben geblieben, so hätten wahrscheinlich die nächsten Monate die Flamme gelöscht.

Außer der Fürstin Bagration hatten die Ereignisse auch andere vornehme Damen nach Dresden geführt, unter ihnen die Prinzessin Solms, Schwester der Königin von Preußen, die den Prinzen aus früheren Zeiten kannte. …

Wer in Dresden ist, muß Tharandt sehen, und so benutzte der Prinz einen freien Tag, um die Prinzessin Solms und Fürstin Bagration sowie Gentz, Bose und einige andere Freunde bei einer wohlbestellten Tafel im dortigen Badesalon zu vereinigen. Doch alle Freude war verbannt bei dem abgemessenen Benehmen der beiden Damen gegeneinander. Wir zogen neben- und hintereinander durch die schmalen Irrgänge, welche um das Tharandter Bad angebracht sind, damit sich die Leutchen dort hübsch auf trockenem Sand ergehen können, welchen die schöne Natur ringsum zu groß ist. Das ist aber so eine Eigentümlichkeit der Sachsen, daß sie sich (außer in der vornehmen Zeit der polnischen Könige) immer kleine Anlagen machen, wodurch sie den großartigen Charakter der Natur ihres Landes nach den kleinlichen Beziehungen ihres Lebens umgestalten. Es ist ein frommes Völkchen, zierlich und manierlich, das den Hausbedarf vortrefflich zu ordnen versteht, sich aber aus dem Doppeltgefühl von Kraft und Schwäche nicht herauszufinden weiß. Mir sind die Sachsen immer vorgekommen wie die fleißigen Biber in Deutschland, zu ihrem Unglück von Raubtieren umlagert, die jedes halbe Jahrhundert die zierlichen Baue zerstören, damit die nächsten Jahre wieder Arbeit geben, denn im Ordnen und Ersparen ist das Sachsenvölkchen Meister. Möcht alles sein, sag

König Friedrich August I.

ich dazu, wenn mein eigener Bau bei der Gelegenheit nicht auch mitzerstört worden wäre!

Die Rückfahrt nach Dresden machte ich mit Gentz, dem ich in aller Unschuld seine Wissenschaft von den Begebenheiten und deren wahrscheinliche Entwicklung abfragen wollte. Solches begegnet denen, welche, wie ich damals, nicht wissen, wie die Weltverhältnisse sich ineinanderschieben, wie die Dinge an kleinen Häkchen hängen und an lockeren Fädchen zusammenschließen, aus denen die Politik des Tags ihr Gewebe wirkt und klug oder finster dareinschaut. Gentz war schon Diplomat genug, und als ich am Schluß des Gesprächs und der Fahrt bei mir überrechnete, was ich erfahren, fand ich als Fazit, daß ich weniger wußte als vor dem Gespräch, da meine Gedanken noch ihre bestimmte Richtung hatten.

Die Umgebung des Prinzen erhielt in Dresden einen kernhaften Zusatz an Bose, Rittmeister der sächsischen Gardes du Corps, der Thielmanns Stelle als Generaladjutant vertreten sollte. Bose war ein tüchtiger Geselle nach jeder Seite hin und ward mir bald ein lehrreicher und lieber Gefährte.

Ein munterer Zecher, stark an Willen, wenn auch schwach im Tun, ehrlich und derb, handhabte er die Geißel des Witzes gegen die Narren und den ernsten Widerspruch gegen mächtige Taugenichtse. Sein langerprobtes Schlachtfeld war die Dresdner Ressource, der einzige Versammlungsort der vornehmen Eingebornen und Reisenden sowie aller Gesandten. Hier von der Tafel aus, bei Speis und Trank und nächtlicher Weile, schlang Bose sein Band um die Welt.

Karl Freiherr vom Stein
Weiche Wortkrämer

An Graf von Nesselrode

[Dresden, 11. April 1813] Ich befinde mich hier seit dem 9. d. M., und ich halte mich verpflichtet, Ihnen, Herr Graf, meine Bemerkungen über den Geist der Einwohner dieses Landes und der Angestellten und über die Maßregeln, die ich vorläufig nehmen zu müssen glaubte, mitzuteilen.

Die große Volksmasse ist dem König von Sachsen ergeben und verlangt seine Rückkehr, jedoch hat man nicht zu erwarten, *daß diese ihrem Eigentum anhängenden weichen Wortkrämer zu einem Aufstande oder zum Widerstande fähig sein werden* – es ist widerwärtig zu sehen, daß dieser Zustand der *Herabwürdigung*, worin sich ihr Vaterland befindet, die Unglücksfälle, die es überwältigen, sie weniger berühren als die Unbequemlichkeiten des Krieges, die Entfernung des Königs und die Zerstörung der Dresdner Brücke. Nach der Meinung der geringen Zahl wohldenkender Menschen, mit denen ich habe sprechen können, ist es selbst sehr wahrscheinlich, daß, falls der König auf seiner Hingebung gegen *Napoleon* besteht, man den ständischen Ausschuß an die Spitze der Geschäfte bringen und die Kräfte des Landes für die gute Sache nützlich machen kann. Eine solche Anordnung wäre sicherlich *der Rückkehr eines stolzen, schwachen, eigensinnigen Königs vorzuziehen*, die Rücksichten und Schonungen fordert, worauf die Geschäftsträger und seine Minister keinen Anspruch machen können und welcher den Geschäftsgang in jeder Hinsicht hemmt.

Der König und seine Umgebung fühlen, daß ihre Lage so gefährlich als herabwürdigend ist, daß das ganze Land erwartet, daß sie Schritte tuen, um sich Rußland und Preußen zu nähern; aber sie fürchten, durch solche Schritte sich gegen Napoleon bloßzustellen und dann gänzlich von dem Willen der verbündeten Mächte abzuhängen. Sie erwarten daher, daß des *Kaisers von Rußland* Majestät ihnen die ersten Eröffnungen machen lasse. Aber die Hartnäckigkeit, womit sie diesen Gang verfolgen, wird von dem größten Teile des Publikums getadelt, und Sie wissen ohne Zweifel, Herr Graf, daß der General *Thielmann* sein Ehrenwort gegeben hat, mit Graf *Wintzingerode* einen Vertrag zu unterzeichnen, im Fall sein König dem Bündnis mit Rußland beizutreten verweigert oder darum nachzusuchen zögert.

Freiherr von Miltitz, ein wohlgesinnter Gutsbesitzer, der eine große Hingebung an die gute Sache zeigt und *eine Festigkeit, die man in diesem Lande nicht häufig findet*, wendet alle Mittel an, um die Unterhandlung gelingen zu machen, und glaubt, daß *Thielmann* aus Anhänglichkeit an sein Land, aus Haß gegen die Franzosen in jedem Falle einen militärischen Vertrag schließen wird, der die Übergabe der Festung und die Vereinigung der von ihm befehligten Truppen unter die Fahnen der Ehre zur Folge habe.

Im allgemeinen scheint mir, daß die Zulassung des Königs von Sachsen zu der großen Sache nicht von überwiegender Wichtigkeit ist, daß, wenn er seinen wahren Vorteil hören will, der Brief, welchen Se. Majestät der König an ihn gerichtet, ihm eine Unterhandlung erleichtert, obwohl es seiner und seines Ministers Eigenliebe etwas kosten wird, die Eröffnung dazu der Großmut eines Fürsten zu verdanken, den er so feige verraten hat.

GERECHTIGKEIT

Karl Wilhelm Daßdorf
Das Waisen- und Zuchthaus

ist im Jahre 1685 gestiftet worden. Diese milde Stiftung ist ein Werk des Stadtrats, in welcher eine große Anzahl armer und verwaiseter Kinder erzogen und unterrichtet werden. Das Gebäude ist ziemlich groß und hat eine feine Kirche. Die Waisenknaben haben einen Lehrmeister und die Mägdchen eine Lehrmeisterin, auch Personen, welche sie im Stricken und andern Arbeiten unterrichten. Die Kinder werden des Sommers um 5 Uhr und im Winter um 6 Uhr mit einer Glocke aufgeweckt. Man läßt ihnen eine halbe Stunde zum Anzuge, nachhero tun sie ihr Morgengebet in den Schulstuben und gehen nach diesem an ihre Arbeit, welche in Stricken und Wollkämmen besteht. Um acht Uhr kommt die Hälfte der Knaben in die Schule, wo sie Buchstabieren, Lesen, Schreiben und den Katechismus lernen. Dieser Unterricht dauert bis um 10 Uhr. Die übrigen Kinder arbeiten indessen und lösen nachhero die vorigen in der Schule ab, wo sie bis Mittag bleiben und das nämliche wie die vorigen erlernen. Mittags speisen sie zusammen; ihre Mahlzeit ist sonntags und mittwochs Rindfleisch mit einem Zugemüse und ein Becher Bier vor einen jeden. Die übrigen Tage haben sie nur ein Zugemüse und Kofent. Um 1 Uhr halten sie Betstunde. Um 2 Uhr kommen die Mägde in die Schule, wo sie auf die nämliche Art als die Knaben bis um 4 Uhr unterrichtet werden. Nach diesem gehen sie an ihre Arbeit bis um 7 Uhr. Um 7 Uhr essen sie insgesamt zu Abend, und nach dem Abendessen haben sie die Erlaubnis, sich bis um 9 Uhr im Hofe zu belustigen. Um 9 Uhr versammeln sie sich zum Gebet und gehen nachhero zu Bette.

Die Züchtlinge tragen einen Klotz, welcher mit einer Kette am Fuße festgemacht ist, und arbeiten in großen Sälen unter der Aufsicht des Zuchtmeisters.

Die bei diesem Hause angestellten Personen sind: ein Prediger, ein Lehrer, ein Arbeitsmeister, ein Zuchtmeister, eine Lehrerin und eine Köchin.

Georg Friedrich Rebmann
Polizei – Öffentliche Anstalten

Einen großen Vorzug vor Berlin hat Dresden in Ansehung der *Reinlichkeit* voraus. Durch alle Straßen ist der Kaitzbach geleitet und nimmt allen Morast mit sich, der sich in einer so menschenvollen Stadt doch immer anhäuft. Daher muß es hier schon recht sehr regnen, wenn man sich über den Kot zu beklagen Ursache haben soll.

Die hiesigen Baugefangenen werden fleißig angehalten, die Gräben um die Stadt zu schlämmen, die Wege auszubessern u. dgl. Bei jedem dieser armen Menschen steht und geht immer eine Schildwacht, welche ihn begleiten und dafür stehen muß, daß er nicht etwa entweicht. Ich gestehe, daß manchmal diese Gefangenen, welche mit ihren Ketten durch die Straßen rasseln, einen unangenehmen Eindruck auf mich gemacht haben. Man behauptet, daß unter diesen Leuten welche seien, deren ganzes Verbrechen darin besteht, daß sie einen Fasan erschlagen haben, der auf ihrem mit schweren Abgaben beladenen Acker, eben nicht zum Frommen des Besitzers, einen kleinen Spaziergang vorgenommen hatte. Entspringt nun ein solcher Gefangener, so verdoppelt sich die Zeit seiner Strafe; und so trug es sich zu, daß ein Leipziger Bedienter, ursprünglich wegen einiger seinem Herrn gestohlner Weinbouteillen und dann wegen wiederholter Versuche zur Flucht seine Lebenszeit auf dem Festungsbau hätte zubringen müssen, wenn er nicht endlich doch noch sich selbst zu befreien glücklich genug gewesen wäre.

Ja, das Straßburger politische Journal erwähnt gar eines kursächsischen Reskripts, worin auch demjenigen die Strafe des Festungsbaues angedroht wird, der sich's beifallen ließe, von der französischen Konstitution in einem billigenden Tone zu reden. Existiert ein solches Verbot wirklich (was ich doch zur Ehre der gesunden Vernunft nicht glauben will), so wäre es gar leicht, auf den Bau zu kommen. Doch vermutlich hat der Straßburger Korrespondent eine andere Verordnung im Sinne gehabt, welche allen Reisenden beim Eintritt in die Stadt eingehändigt wird und ihnen, ganz im Geschmack

Wilhelms des Eroberers, verbietet, über politische Angelegenheiten zu sprechen. ...

Ein jeder muß arbeiten, soviel er kann. Die Gattung der Arbeit bleibt eines jeden Willkür überlassen, nur darf er nicht Betteln für Arbeit halten. Zur Fortstellung eines nützlichen Gewerbes wird daher einem Verarmten gern Unterstützung gereicht, um ihn und seine Familie aufrechtzuerhalten. Sobald aber jemand Arbeit bei der Armenkommission sucht, so kann ihm zur Zeit keine andere als Spinnen und Stricken verschafft und solches, da nötig, gelehrt werden.

Was jeder zu seinem notdürftigen Auskommen nicht durch Arbeit verdienen kann, wird ihm als Almosen gereicht, aber nur, was er nicht verdienen *kann*, nicht, was er nicht verdienen *will*. Kann einer aus Alter oder körperlicher Schwachheit gar nichts mehr arbeiten und erwerben, hat aber noch Kinder oder andere Verwandte, welche ein zulängliches Auskommen haben, von welchem sie ihre Eltern oder Verwandten einigermaßen noch unterstützen können, demselben kann zu seiner bessern Erhaltung nur ein Zuschuß gereicht werden.

Das Almosen muß nie so reichlich sein, daß der Arme sich besser beim Müßiggange steht als bei der Arbeit.

Das Almosen für ganz Unvermögende und Verlassene muß in jedem Falle *gleich* sein. Solchem nach ist das höchste Almosen, was ein einzelner Mensch erlangen kann, 1 Gr. 6 Pf. täglich oder 10 Gr. 6 Pf. wöchentlich.

Was der Arme aus Testamenten oder sonstigen Stiftungen erhält, wird von dieser Unterstützung abgezogen, Privatalmosen aber nicht in Rechnung gebracht. Hat er eine Frau oder Kinder oder Geschwister zu ernähren, so wird, wenn auch diese nicht arbeiten können, in eben dem Verhältnis zugelegt. Die Unterstützung wird vermehrt, sobald Krankheit oder Mangel an Arbeit den Erwerb des Armen unterbrechen oder er seinen Versorger verliert; sie wird vermindert, sobald sein Erwerb wieder anfängt oder sich vermehrt.

Rebmanns Freunde
Bürgergehorsam

nennt man hier dasjenige Gefängnis, wo Bürger wegen kleiner Vergehungen entweder ihre Strafe absitzen oder Wechselschuldner so lange eingeschlossen werden, bis sie sich mit ihren Gläubigern gesetzt haben.

Ludwig Richter
Die Baugefangenen

In diesem Winter kam auch ein Neffe der Großmutter, ein Kandidat der Theologie namens Jung oft zu uns; denn er wohnte in unserer Nähe, im sogenannten Salomonistor. Dies Tor führte nur in einen Hof, der vor den Kasematten lag, in welchen die Baugefangenen lagen. Es hatte eine ziemlich reiche Architektur, und über dem Eingange prangte in plastischer Arbeit das Urteil Salomonis.

Mein Herr Vetter wohnte in diesem Gehöfte bei einem Beamten, und die armen Gefangenen erregten meine Aufmerksamkeit, wenn ich ihn besuchte. Sie hatten Jacken und Hosen, halb hell, halb dunkel gefärbt, wie die Galeerensträflinge, sehr schwere Fußeisen mit einer Kette, einige der schwereren Verbrecher auch eiserne Hörner an einem Halseisen, welche hoch über den Kopf hinausragten und das Schlafen sehr erschweren mochten. Der berüchtigte böhmische Räuberhauptmann Karasek war erst vor wenig Jahren gestorben und hatte in diesen finstern Kasematten sein elendes Leben beschlossen. Er wurde des Nachts – so ging wenigstens die Sage – alle halben Stunden geweckt, zur Verschärfung der Strafe. Hinter diesen Gefängnissen war eine der Bastionen an der Stadtmauer, und auf ihr stand eine große eiserne Lärmkanone, die faule Grete genannt, wahrscheinlich, weil sie selten ihren eisernen Mund auftat.

Diese ganze Region hatte etwas die Phantasie Erregendes, à la Callot-Hoffmann, und mein hagerer, bleicher, hypochondrischer Vetter mit seinem trokken sarkastischen Wesen gehörte samt seiner mächtigen Bücherkiste in dem dürftig möblierten Stübchen recht eigentlich in diese Umgebung; denn er war eine echt Hoffmann-Callotsche Figur.

David August Taggesell
Begnadigung

[Juli 1808] Am 29. Juli sollten 3 sächsische Soldaten, welche wegen Widersetzlichkeit gegen ihre Oberen in Polen vom Kriegsgerichte zum Tode verurteilt waren, am Blasewitzer Tännicht erschossen werden. Nach der Begnadigung des Königs mußten sie dort würfeln. Den Infanterist Hentschel traf das

Lusthaus auf der Jungfernbastei (Venusbastei)

Dresden, vom rechten Elbufer unterhalb der Augustusbrücke aus gesehen (Ausschnitt)

Ansicht der Dresdner Neustadt (Ausschnitt)

Der Altmarkt in Dresden während der Beschießung durch Friedrich II. am 19. Juli 1760

Die Trümmer der ehemaligen Kreuzkirche

Die Ruine des ehemaligen Belvedere in Dresden

Die Pirnaische Vorstadt in Dresden mit dem Palais Fürstenhof (abgebrannt 1758)

Titelblatt eines Kupferstichwerks über das Brühlsche Belvedere mit der Darstellung des zerstörten Belvederes

Los, und wurde derselbe unter Trommelwirbel erschossen. Die anderen wurden zu schwerer Festungsstrafe eingeschmiedet. Der Bauprediger M. Hasche begleitete dieselben auf ihrem Todeswege.

Wilhelm Chézy
Mord und Hochgericht

Die Loschwitzer Besitzung sollte schweres Unglück über die Familie Kügelgen bringen. Im Februar oder März 1820 verfügte sich der Hausvater am späten Nachmittag manchmal hinaus, um nach den Arbeitsleuten zu schauen oder sie auszuzahlen. Er ließ damals im Hause mancherlei Veränderungen vornehmen, wobei Maurer und Zimmerleute zu schaffen hatten. Eines Abends blieb er ungewöhnlich lange aus. Die Frau schickte jemand nach Loschwitz, um zu fragen, ob ihrem Gatten etwas zugestoßen sei? Der Bote fand den Gesuchten nicht; er war zu gewohnter Zeit fortgegangen und hätte demnach auch zu gewohnter Zeit zu Hause eintreffen können. «Vielleicht hat er sich unterwegs aufgehalten», sagten die Leute, «und ist dann auf dem unteren Fußwege an der Elbe heimgekehrt.» — Der Fußweg, den man allerdings im Sommer vorzog, war im gegebenen Falle ein noch dazu unbequemer Umweg, von dem nicht recht begreiflich schien, weshalb ihn Kügelgen bei Nacht und Nebel der Fahrstraße sollte vorgezogen haben. Die Familie geriet um so mehr in Angst, als das gewohnte Gefühl der Sicherheit ein paar Monate zuvor in unliebsamer Weise gestört worden. Auf der belebten Fahrstraße (von Berlin her) und in der Nähe eines vielbesuchten Vergnügungsortes war an einem Sonntagnachmittag, noch ehe es ganz Abend geworden, ein junger Tischler namens Winter erschlagen und geplündert worden und der verwegene Raubmörder bisher unentdeckt geblieben. Frau von Kügelgen sandte Leute mit Laternen aus. Ihre schlimmsten Ahnungen fanden sich bestätigt. Der Vermißte ward als Leiche unfern der Fahrstraße gefunden, und zwar ganz genau in derselben Weise wie der Tischlergesell Winter ermordet, nämlich durch Verletzungen des Hinterhauptes, die von einem Handbeil herzurühren schienen.

Die schauerliche Trauerkunde brachte alle Gemüter in furchtbare Aufregung. Abgesehen von der gesellschaftlichen Stellung des allgemein verehrten Opfers, welche ein Mitgefühl rege machte, wie es in solchem Umfange dem unbedeutenden Burschen von der Hobelbank nicht hatte zuteil werden können, begannen die Dresdner für die eigene Haut zu bangen, welche bekanntlich den meisten Menschen die liebste ist. Man träumte von einer Räuberbande, welche die nächste Umgebung der Stadt unsicher mache. Der König ließ den Stadthauptmann oder Polizeimeister oder Stadtdirektor Pechmann vor sein Antlitz bescheiden und geruhte allergnädigst denselben mit der allerhöchsten Ungnade zu bedrohen, wenn nicht schleunigst die öffentliche Sicherheit hergestellt werde. Der Stadthauptmann machte es wie alle hohen Bürokraten; er verteilte die erhaltene Nase unter seine Untergebenen. Unter Schelten und Toben vermaß er sich, er werde die ganze Wirtschaft dem Satan zujagen, wenn man ihm die Mörder nicht handfest mache.

Die gesamte Polizei geriet in Gärung wie neuer Wein. Man erließ schon in wenigen Tagen die betreffenden Verkündigungen, worin unter andern auch eine Beschreibung von Kügelgens Uhr vorkam. Sie war, wenn ich nicht irre, von Tombak; jedenfalls hatte sie nur geringen Wert. Besagte Uhr wurde von einem Trödeljuden zur Polizei gebracht. Ein Artillerist hatte sie frühmorgens am Tage nach dem Mord verhandelt, bevor man in der Stadt noch etwas von der Begebenheit erfahren. Hätte schon etwas von einem Raubmord verlautet gehabt oder wäre die Uhr von Gold gewesen, so würde der Trödler sich den Mann genauer angeschaut haben; so aber war ihm bei dem scheinbar ganz gewöhnlichen Hergang nichts aufgefallen. Der Jude erhielt den Auftrag, in aller Stille sich die Gesichter der sämtlichen Artilleristen zu betrachten, um womöglich die nur flüchtig gesehenen Züge wiederzuerkennen. Bei nächster Gelegenheit, wo die Mannschaft ausrückte, sah er den Waffenübungen zu. Die Bemühung blieb ohne Erfolg. Später einmal jedoch glaubte er in einem Soldaten, dem er auf der Gasse begegnete, seinen Gesuchten zu erkennen. Er ließ den Mann verhaften. Die Untersuchung wurde mit Feuereifer betrieben. Pechmann hatte die Ungnade auszuwetzen, in die er gefallen war, und seine Untergebenen wünschten das Damoklesschwert über ihren Häuptern beseitigt zu sehen. Der verhaftete Artillerist namens Fischer beteuerte seine Unschuld. Das tun alle Angeklagten. Endlich gestand er die beiden Mordtaten ein, welche man ihm Schuld gab, denn es schien zum voraus ausgemacht, daß Kügelgen und Winter die Opfer eines und desselben Raubmörders geworden. Im Publikum wollte man wissen, der Kerkermeister habe teils durch gütliches Zureden, teils durch die «Bratwurstfolter» den Angeklagten zum Geständnis bewogen. Wer gerne wissen möchte, wie besagte Folter tut, der esse einmal nichts zu Mittag und rieche von weitem Bratwürste in der Pfanne. Hunger tut weh, und wenn Esau schon für ein Linsengericht seine Ansprüche auf ein Majorat verkaufte, er, der nur eine halbe Stunde sich zu gedulden brauchte, um eine andere Schüssel voll Linsen zu bekommen, so wird es einem armen

Schelm nicht zu verargen sein, wenn er, ohne Aussicht auf etwas zu essen als auf ein Stückchen Kommißbrot am späten Abend, für ein paar Bratwürste seine Missetaten bekannte. Seltsamerweise jedoch wollten alle seine Aussagen nicht recht klappen, und noch seltsamerweise hatte er keine von den zwei Mordtaten verübt, zu denen er sich bekannte. Das kam dadurch zutage, daß der Jude plötzlich vor dem Richter erschien, um zu erklären, er habe sich mit dem Fischer geirrt, aber endlich sei es ihm beim Anblick eines andern Artilleristen wie Schuppen von den Augen gefallen. Er sei demselben nachgegangen und habe den Namen und die Verhältnisse erfahren. Er fühle sich tief beschämt, doch dürfe die Scham ihn nicht abhalten, als gewissenhafter Mann zu handeln.

Bei Fischer hatte der Jude sich entschieden geweigert, seine Aussage zu beschwören; jetzt erbot er sich freiwillig zum Eide. Zudem besaß er, was bei einem Manne seines Gewerbes nicht immer der Fall, den besten Leumund. Eine eigennützige Absicht war ihm in der ganzen Angelegenheit nicht Schuld zu geben. Als dem Angeber, sobald Fischer sein Geständnis abgelegt, der ausgesetzte Preis bezahlt werden sollte, hatte er, trotz seiner Armut den mosaischen Satzungen getreu, das «Blutgeld» nicht genommen.

Der neue Angeklagte hieß Kaltofen. Man fand in seinem Besitz verschiedene Gegenstände, die für seine Schuld zeugten. Er wurde überführt und leugnete auch nicht lange. Er hatte die beiden Mordtaten verübt, behauptete jedoch, Fischer habe ihm dabei geholfen. Die böse Welt behauptete ihrerseits, er sei zu dieser (offenbar falschen) Anklage durch Eingebungen verleitet worden, indem es nicht jedermanns Sache sei, gleich jenem armen Juden die falsche Scham dem Gewissen zum Opfer zu bringen. Durch die Verwicklung mit Fischer hat der Prozeß eine gewisse Berühmtheit erlangt. Fischers Verteidiger, Dr. Eisenstuck, sagte bei der Gelegenheit den Behörden harte Dinge; wenn ich mich nicht irre, war er derselbe, welcher sich später als öffentlicher Redner bekannt gemacht, und der Oheim des Frankfurter Linken Eisenstuck, der sich nachmals in Belgien angesiedelt hat. – Kaltofen wurde im Jahr 1821 hingerichtet. Man verfuhr dabei noch ganz nach den Vorschriften der Carolina. Vor dem Rathause ward das hochnotpeinliche Halsgericht gehegt und dem armen Sünder der Stab gebrochen. Kaltofen trug ein weißes Gewand mit schwarzen Maschen, die er eigenhändig vor dem Spiegel regelrecht zugebunden hatte. Er war ein hübscher Bursche von etwa fünfundzwanzig Jahren, der stets auf sein Äußeres gehalten. Seine Hinrichtung hat Helmina in Begleitung ihrer Knaben mit angesehen. Sie glaubte es dem Andenken Kügelgens schuldig zu sein. Der Wagen, in dem sie gekommen, fand seine Stelle dem Blutgerüst so nahe, daß man alle Gesichter ganz deutlich sah, das Weiße im Auge unterschied und jedes Wort vernahm. Kaltofen stieg festen Schritts und auffallend rasch die Stufen hinauf, über die er nicht mehr zurückgehen sollte. Er kniete nieder, sprach ein Gebet und sagte zu der Umgebung mit fester Stimme: «Fischer hat dieselbe Strafe verdient, die ich erleide.» Nach diesen Worten setzte er sich auf den Stuhl, wo die Henkersknechte ihm die Augen verbanden und ihn festmachten. Während sie noch an ihm herumnestelten, trat der Freimann ganz leise zu des armen Sünders linker Seite hinter den Stuhl; ein Freiknecht streckte ihm das unter dem Mantel verborgen gehaltene Schwert waagerecht entgegen. Meister Hämmerling, ein Mann von untersetzter Gestalt, in der Kraft der Jahre und vom Aussehen eines gewöhnlichen Philisters, packte den Griff mit beiden Händen. Der andere trat zurück und zog die Scheide von der Klinge. Unmittelbar darauf führte der Scharfrichter seinen Streich, der nicht ein Hieb, sondern ein Schnitt war. Der Kopf fiel und wurde, noch ehe er die Diele erreicht hatte, vom Spitzwürfel aufgefangen. Aus dem Rumpfe spritzte es wie ein roter Springbrunnen empor. Unmittelbar nach dem Streiche hatte sich der Meister abgewendet. Zwei Freunde ergriffen seine Arme und führten ihn weg.

Neben dem Blutgerüst ragte ein Rad waagerecht auf hoher Stange, woran zwei oder drei Leitern lehnten. Dort stiegen die Henkersknechte hinauf, um den Kopf auf die Nabe zu nageln und den Leib auf die Speichen zu flechten. Das Krachen des Schädels, durch den der Nagel getrieben wurde, kam dem fünfzehnjährigen Wilhelm überaus schauerlich vor; alles andere hatte ihn nicht stark berührt. Der Rumpf ward abends weggenommen und verscharrt, aus Rücksicht für die Häuser in der Nachbarschaft, an denen ein lebhaft begangener und befahrener Weg vorüberführte. Die Rücksicht ging aber nicht so weit, daß man das Rad mit dem Kopf weggenommen hätte. Das Haupt blieb sechs Monate und darüber auf der Radnabe. Wilhelm, der zu jener Zeit häufig des Weges kam, betrachtete mit erstaunten Blicken die Veränderungen, welche damit vorgingen, bis das Haupt allmählich zum entfleischten Schädel ward. Vor allem fiel ihm auf, daß dem am Morgen der Hinrichtung glatt geschorenen Antlitz der Bart zusehends wuchs. Der Knabe, dessen Oberlefze zu seinem Verdrusse immer noch mädchenhaft glatt war, ärgerte sich darüber, daß an dem Totenschädel so unnütz vergeudet ward, was ihm selber sich versagte.

Otto Karl Bucher
Buttersemmeln und Knackwürste

Den 8. März 1847 ermordete der 24jährige Buchbindergeselle Strehle, welcher ganz in unserer Nähe an der Frauenkirche wohnte und zu meinem größten Ärger mit mir gleiche Vornamen hatte, seine Mutter und Schwester, und bei seiner Exekution war ich persönlich gegenwärtig. Mein Vater meinte mit Recht, daß mit fünfzehn Jahren ein zukünftiger Soldat dergleichen Dinge ansehen müsse, um in späteren Lebensjahren über gewisse erste Eindrücke hinweg zu sein. Hatte er doch in seiner mehr als vierzigjährigen Dienstzeit vielen Exekutionen beiwohnen müssen und Erfahrungen über beschämende Anwandlungen weichherziger und nervöser Naturen machen können, vor denen er mich bewahren wollte.

Am 28. Juli erfolgte die Hinrichtung, und ich war bei guter Zeit auf dem sogenannten Alaunplatze, wo man das Schafott aufgeschlagen hatte. Viele Tausende von Zuschauern waren von nah und fern herbeigeströmt.

Wie gewöhnlich war eine starke Militärmacht zur Wahrung von Ruhe und Ordnung aufgeboten. Dicht hinter den geschlossenen Gliedern eines Bataillons hatte ich einen sehr guten Standpunkt gefunden, von welchem aus ich den ganzen Hergang der Exekution genau beobachten konnte. …

Mich empörte außerdem nicht nur das Bravorufen und in die Händeklatschen der Menge beim sichern Streich des Meisters Fritzsche, während aus dem Rumpfe das rote Blut springbrunnartig hoch emporspritzte, sondern auch die tierische Gefräßigkeit und seelische Gleichgültigkeit, mit welcher viele Zuschauer ihre Buttersemmeln und Knackwürste dabei verzehrten.

SPRACHE

Johann Christoph Adelung
Meine Muttersprache ... durchzudenken

An Christoph Martin Wieland

Leipzig, den 8ten Dez. 1782 Wohlgeborener Herr, Hochgeehrtester Herr Hofrat, Ew. Wohlgeb. Schreiben, voll gütiger Gesinnungen gegen mich, hat mich desto mehr beschämt, je mehr ich mir bewußt bin, daß ich die gute Meinung, welche dieselben von meinen geringen Bemühungen äußern, nicht verdiene. Da mir indessen das Urteil eines Mannes von so entschiedenen Verdiensten, als Ew. Wohlgeb. besitzen, auch alsdann überaus schätzbar sein muß, wenngleich Edelmut und Güte des Herzens einen beträchtlichen Anteil daran haben, so wird es eine meiner ersten Pflichten sein, mich dieser Gesinnung in Zukunft wenigstens nicht unwürdiger zu machen.

Daß meine wenigen Bemühungen um die Sprache auf unser schreibendes Publikum einigen Einfluß haben möge, ist zwar einer meiner liebsten Wünsche, an dessen Erfüllung ich aber noch immer sehr zu zweifeln Ursache habe, weil über die deutsche Sprache so wie über jede anderen bisher in der Tat noch so wenig gedacht worden. Es sind nunmehr sechzehn Jahre, daß es mein vornehmstes Geschäft ist, meine Muttersprache bald in ihren einzelnen Teilen, bald im Ganzen durchzudenken, und da war es denn wohl ganz natürlich, daß ich manche Gegenstände anders sehen mußte, als man sie gemeiniglich siehet, aber bloß darum, weil man sie bisher nicht mit ebendem Fleiße durchgedacht hat. Dies nun habe ich sowohl in meinen Sprachlehren als auch in meinem Magazine ohne alle weiteren Ansprüche aufzustellen gesucht und überlasse die Wirkung davon der Zeit und dem Genius der Sprache. ...

Johann Christoph Adelung

Daß auch einige Sätze aus meiner Kulturgeschichte im «Deutschen Merkur» geprüfet werden sollen, wird mir gleichfalls nicht anders als angenehm sein können, weil ich dieses Feld gern noch einmal, und zwar ein wenig vollständiger, bearbeiten möchte, daher mir daran gelegen sein muß, von der Wichtigkeit oder Unwichtigkeit der Hauptsätze überzeugt zu werden.

Für das von Ew. Wohlgeb. in dem «Deutschen Merkur» mir zugedachte Geschenk statte zum voraus den verbindlichsten Dank und verharre mit der wärmsten Verehrung und Ergebenheit

Ew. Wohlgeboren ganz gehorsamster
J. Chr. Adelung

Richard Roos
Einige Lotosblüten auf Adelungs Grab

Gleich dem klugen Haushalter teilte Adelung jede Woche in den geld- und in den ruhmbringenden Teil. Vom Sonntage bis zur Mittwoche arbeitete er in der Regel an Schriften, die er bei seinen Kenntnissen, bei seiner Gewandtheit im Stil gleichsam nur aus dem Ärmel schüttelte, womit er aber doch den Unterhalt für die ganze Woche erwarb. Von der Mittwoche aber, oft auch, wenn die Brotarbeit nicht recht vonstatten ging, erst vom Donnerstage und Freitage an, brütete er dann mit rastlosem Eifer über seinem Wörterbuche, für welches er übrigens die ganze Woche in den Abendstunden, wenn andere ausruhten oder sich erholten, Beiträge durch Lektüre sammelte.

Da nämlich las er meist Schriften, die zu jenem Zwecke förderlich und dienstlich sein konnten, zur Hand habend eine Menge Zettel, auf welchen die nötigen Extrakte oder auch nur Zitate bemerkt wurden.

Diese Zettel, wozu er jedes Kuvert, jedes nur auf einer Seite beschriebene Blättchen Papier benutzte, warf er sämtlich in einen Kasten, zu dessen Sichtung der Sonnabendabend bestimmt war, wo er dann die zahllosen Notizen für den künftigen Gebrauch ordnete. ...

Man muß diese Sammlungen gesehen haben, wenn man nicht nur den stupenden Fleiß, der ihnen zum Grunde liegt, sondern auch die nachahmungswürdige Ordnung und Nettigkeit bewundern will, womit der große Mann zu Werke ging. Fast gibt es in der Regel keinen verworrenern, unangenehmeren Anblick als die Kollektanten der Gelehrten. Die genannten Adelungschen aber hatten etwas Freundliches, gleichsam zur Arbeit Einladendes, waren auf lauter Foliolagen von 6 bis 8 Bogen guten Papiers geschrieben und steckten in eleganten Kapseln.

Schade, daß Adelung den Plan zu einer sächsischen Geschichte aus Quellen und Urkunden, und also auch seine Sammlungen nur bis auf die Zeiten der Reformation angelegt hatte, denn später, meinte er, fehle es jener Ge-

Grammatisch-kritisches

Wörterbuch

der

Hochdeutschen Mundart,

mit beständiger Vergleichung der übrigen Mundarten, besonders aber der Oberdeutschen,

von

Johann Christoph Adelung,

Churfürstl. Sächs. Hofrathe und Ober-Bibliothekar.

Erster Theil, von A — E.

Mit Röm. Kais., auch K. K. u. Erzh. Oesterr. gnädigsten Privilegio über gesammte Erblande.

Zweyte vermehrte und verbesserte Ausgabe.

Leipzig,

bey Johann Gottlob Immanuel Breitkopf und Compagnie.

1793.

Titelblatt des Grammatisch-kritischen Wörterbuchs der Hochdeutschen Mundart von Johann Christoph Adelung

schichte nicht an Vorarbeiten, die ein Mann von Kenntnis nur benutzen dürfe; noch weit mehr schade aber, daß aus dem fleißigen Sammler nicht ein förmlicher Historiograph geworden ist. Denn mit soviel Kritik und Hilfsmittel von der einen und Fleiß und Eifer von der andern Seite ausgerüstet, wird wohl schwerlich je wieder ein vaterländischer Gelehrter an das große Werk einer möglichst vollständigen und kritischen sächsischen Geschichte gehen. ...

Von Adelungs enormen Fleiße zeigen sattsam seine gedruckten Werke wie seine Handschriften. Es kann aber auch nicht leicht ein Gelehrter mehr glebae litterariae adscriptus sein, als Adelung es war, der, wie er oft versicherte, nicht besser sich befand, als wenn er vom Sonntage früh bis zum Sonnabendabend auf einer Stelle am Studiertische saß.

In der Tat traf man ihn auch so zu jeder Tageszeit, ein Schlummerstündchen nach Tische abgerechnet. Spaziergänge waren ihm fast ganz fremd, und nie verließ er das Zimmer, wenn nicht Geschäfte oder Freundschaft ihn von der Arbeit riefen. Bis in seine spätern Jahre ohne öffentliches Amt, immer nur teils aus Eifer, teils aus Notwendigkeit der Literatur lebend, endlich aber im 54sten Jahre erst in Geschäften angestellt, die ihn nicht auf die Stunde beschränkten, hatte er sich so ans Zimmer gewöhnt, daß er dieses wie seine Welt betrachtete, wo nichts ihn genierte, nichts in seinen Ideen und Arbeiten ihn störte und nur ein Paar Vögel, die er selbst fütterte, seine einzigen Gesellschafter waren. Letztere betrachtete er, wie er einst sagte, gleichsam als Surrogate der freien Natur, welcher auch Adelung mit ganzer Seele anhing, nur daß er sich immer Zeit und Mühe nehmen wollte, sie zu genießen.

Rebmanns Freunde
Sprache

Wir haben uns zwar hier an die hochdeutsche Mundart gewöhnt und sollten sie mit Recht auch so in allen Gesellschaften und im gemeinen Leben sprechen; aber beim letztern Fall darf man nicht einmal die reine deutsche Sprache sprechen, wenn man nicht ausgelacht werden oder für einen Sonderling gehalten sein will. Man wird angegafft, wenn man statt *ne* – *nein* sagt. Es ist eigentlich eine jämmerliche Sprache, welche die Dresdner im gemeinen Leben führen, und man verwechselt hier das Reine mit der schlechtern Mundart, selbst in den angesehensten Familien und Gesellschaften. Selbst der Adel und Leute von Erziehung sprechen so; z. B.: «Ich war gestern recht in

Verlegenhöt, daß Sie nicht kamen, zumal da mir's ooch Ihre Schwester absagen ließ.» — «Ich habe könen Vortöl davon gehabt.» So wird allgemein statt *nein – ne*, statt *auch – ooch*, statt *nicht – nich* gesprochen. Auch das *doch* und *noch* wird verhunzt. Man spricht nämlich: «Du wirst *dach* heute *nach* zu mir kommen?» statt: «Du wirst doch heute noch zu mir kommen?» Überhaupt wird das *ei* allemal in *eh* verwandelt. «Ich habe *keine* Zeit» heißt hier: «Ich habe *kehne* Zeit»; das *au* wird in *o* verwandelt: «Ich habe mir heute Tuch zu einem Klehde gekoft.» — *«Lof dach nich so»* statt: «Lauf doch nicht so.» Wollte ich ein Wörterbuch der Art schreiben, würde ich mehrere Bogen ausfüllen können; kurz, es ist eine verdorbene Sprache, die jedem Fremden besonders und am allermeisten am schönen Geschlechte auffällt. Auch das B und P, D und T, G und K wird hier gar nicht unterschieden und ganz einerlei ausgesprochen, daher denn auch oft bei einigen Leuten, von denen man es nicht erwarten sollte, die ungeheure Menge Schreibfehler. Man hält es nicht der Mühe wert, seine Muttersprache zu kultivieren.

Friedrich Schiller
Zeichen des Wassermanns

Übrigens haltet euch ja von dem Dr...r Wassermann ferne,
Daß er nicht über euch her gieße den Elbestrom aus.

Elbe

All ihr andern, ihr sprecht nur Kauderwelsch — unter den Flüssen
Deutschlands rede nur ich, und auch in Meißen nur, deutsch.

Franz Grillparzer
Diese quäkenden Frösche

Mittags in Gießhübel. Da hörte ich zuerst dieses Volk seine blökende E-Sprache ausbreiten. Ein ältlicher Mann von Stande quäkte und näselte so, daß mir bald wirklich schlimm geworden wäre. Endlich aufgebrochen und fort durch das schöne, ich möchte sagen gebildete Land. Der Abstich zwischen Böhmen und Sachsen ist wirklich ungeheuer.

Angehalten. In der Wirtsstube ein Mädchen, das einen durch die Unverschämtheit, mit der sie sich alles bieten ließ, wirklich empörte, und dazu die reine, gebildete Sprache. Ein sonderbarer Eindruck.

27. Drääsden. Gestern abends hier angekommen. Die Nacht hier geschlafen. Nichts kann dem unangenehmen Gefühle verglichen werden, mit dem ich mich hier empfinde. Diese quäkenden Frösche mit ihrer äußern Höflichkeit und innern Grobheit, mit ihrer Bereitwilligkeit und Tatlosigkeit, ihrer schwächlichen Großtuerei, all das ekelt mich an. Wir mußten erst vor zwei Gasthöfen anfahren, bis ich hier, im «Engel», endlich Platz fand. Mein Hut war aus Versehen im Gasthause Zur Stadt Wien zurückgeblieben. Ich gab gestern zweien von den Hausburschen den Auftrag, ihn zu holen; jeder von beiden war so bereitwillig, daß ich fast fürchtete, die Leute könnten sich durch zu große Eile Schaden tun, aber am Ende war keiner gegangen. Zu Abend bei Tische waren mehrere junge Offiziere, die von nichts anderm sprachen, als wieviel Flaschen Champagner sie nun getrunken hätten, dabei sprachen sie einige Gott verdamm mich und andere derlei Phrasen, und am Ende hatten sie zu vieren drei Flaschen getrunken. Die Sprache dieser Leute beleidigt mein Ohr. Ein Östreicher kann mit seinem Jargon einem Fremden bäurisch vorkommen, die Sprache dieser Leute aber ist unleidlich. Sie ist unmännlich, geckenhaft, wie von und für Kopflose. Alle scharf denkenden und lebhaft fühlenden Nationen sprechen nicht sowohl schnell (das tun die Sachsen im Übermaß) als abbreviert. Sie ziehen zusammen, verschlucken einen Teil der Buchstaben, z. B. Franzosen, Engländer; aber die Leute hier dehnen jede Silbe, verlängern jedes Wort, hängen überall ein Lieblings-E an, so daß ihre Sprache endlich ein förmliches Mäh, Mäh von Schafen wird.

Indem ich schreibe, werde ich ruhiger. Ich hatte gestern abend mich geärgert, die Nacht schlecht geschlafen und mich mit den unleidlichsten Gedanken im Bette herumgewälzt. Mir war, als müßte ich auf der Stelle wieder umkehren und wieder nach Hause reisen. Was will ich denn eigentlich hier? Was will ich im übrigen Deutschland? – Mich zerstreuen? Ich bin zerstreut genug. Wissenschaftliche und Kunstanstalten kennenlernen? – Dazu wird mein Aufenthalt in jedem Orte zu kurz sein. Die Gelehrten, die Künstler kennenlernen? – Gehöre ich denn noch unter sie?

Franz Timmler, genannt «Mei Sechser»

Männerstolz und Königsthrone

«AN DIE FREUDE»

Anna Maria Körner
Der erste Morgen

Loschwitz, 13. September 1785 Als Schiller mit uns am ersten Morgen hier in Loschwitz unter dem Nußbaum an unserem Frühstückstische saß, brachte er eine Gesundheit auf ein frohes Zusammenleben aus; die Gläser klangen hell, aber Schiller stieß in seiner enthusiastischen Stimmung so heftig mit mir an, daß mein Glas in Stücke sprang. Der Rotwein floß über das zum ersten Male aufgelegte Damasttuch zu meinem Schreck. Schiller rief: «Eine Libation für die Götter! Gießen wir unsere Gläser aus.» Körner und Doris folgten Schillers Beispiel; darauf nahm dieser die geleerten Gläser und warf sie, daß sie sämtlich in Stücke sprangen, über die Gartenmauer auf das Steinpflaster mit dem leidenschaftlichen Ausrufe: «Keine Trennung! Keiner allein! Sei uns ein gemeinsamer Untergang beschieden!» Er hielt meinen Schreckensruf über die unvertilgbaren Rotweinflecke im Tischtuche für einen Angstschrei wegen böser Vorbedeutung des zerbrochnen Glases. – «Auch mir, ich will es nicht leugnen», sagte Fräulein Doris, «mag er es wohl angesehen haben, daß mich das Zerspringen Deines Glases mit banger Ahnung erfüllte. Dies war auch ganz natürlich, denn Du hattest als jung verheiratete Frau wohl Ursache, der nächsten Zukunft nicht ohne Besorgnis entgegenzusehen.»

Nach dem Frühstück, erzählte Frau Körner weiter, fuhr ich mit Körner nach der Stadt; während er sich in eine Sitzung begab, ging ich in einen Goldschmiedsladen und kaufte vier kleine silberne Becher und ließ sie durch die Buchstaben S. K. M. D. für uns viere: Schiller, Körner, Minna, Doris bezeichnen. Am nächsten Morgen standen an Stelle der vier Gläser die vier Becher, und so war dafür gesorgt, daß bei dem Gesundheitstrinken kein Unglück mehr geschah. Schiller hat seinen Becher damals zurückgelassen, damit er bei seiner Wiederkehr mit uns anstoßen könne, ohne Schaden anzurichten.

Friedrich Schiller
Bettler werden Fürstenbrüder

An Christian Gottfried Körner

Dresden, 5. Januar 1787 Vor einigen Tagen waren wir beim Fizrath zu Abend gebeten, wo ein Herr Charpentier aus Freiberg mir nicht uninteressant war. Eine anziehende sanfte Physiognomie, viel Gutherzigkeit, welche, glaube ich, durch eine Politur der großen Welt noch gewonnen hat. Stille im Charakter, oder besser Sanftmut, wird durch die Mäßigung, welche die große Welt gibt, ungemein imponierend.

Die Wagner hat mir Neumanns Musik zu «der Freude» gespielt, wo die vorletzten Verse der Strophe mir sehr gefielen:

«Bettler werden Fürstenbrüder
Durch den Riß gesprengter Särge
Laßt den Schaum zum Himmel spritzen.»

Überhaupt, glaub ich, hast Du oder wer mir die Komposition tadelte, ihm zu viel getan. Dein Chor gefällt mir ungleich besser als seiner – aber im ganzen Lied ist ein herzliches strömendes Freudengefühl und eine volle Harmonie nicht zu verkennen. Sonst dünkt es mich ein wenig zu leicht und zu hüpfend.

Über Tisch wurde eine Blumauersche Ode an den Nachtstuhl gelesen, welches ganz charmant war. Es ärgert mich, daß ich's nicht abschrieb, um es Euch zu dem nämlichen Gebrauche zu schicken.

Es wird mir ganz ungewohnt sein, wieder aus Eurem Haus zu ziehen. Ich bin so nach und nach ganz damit verwandt worden, und auf Deinem Zimmer, welches zu Deiner Schande gesagt sei, läßt sich's trefflich arbeiten. Aber der Minna sage doch, daß ich sie herzlich bedaure wegen ihrem Schlafen; denn wenn Du es in der Nacht machst wie Huber, so liegt Dein Kopf immer in ihrem Bette, und das ist ein verfluchtes Schlafen, wie ich von mir weiß. Überhaupt bin ich für das Bette zu groß oder es ist für mich zu klein, denn eines meiner Gliedmaßen kampiert immer die Nacht über in der Luft.

Lebe nun wohl mit unsern lieben beiden. Bald, bald haben wir uns wieder – daß in den ersten Stunden unsers Wiedersehens auch fremde Menschen von Euch schwelgen sollen, könnte mich fast verdrießen, wenn ich nicht einsähe, daß es so kommen mußte. Von Charlotten habe ich noch nicht Antwort, und das kömmt wahrscheinlich daher, weil meine Briefe an sie 14 Tage und drüber unterwegs bleiben. Beck hat mir geschrieben, daß er in

Mannheim seinen Abschied gefordert, aber noch keine Resolution erhalten hat.

Adieu, Lieber. Tausend Grüße überall – Wiedersehen!

Schiller

Wolfgang Amadeus Mozart
Das neue Konzert

An Konstanze Mozart

Dresden, den 16ten April 1789, nachts um ½ 12 Uhr Liebstes bestes Weibchen! Wie? – noch in Dresden? – Ja, meine Liebe; ich will Dir alles haarklein erzählen; – montags den 13ten, nachdem wir bei Neumanns Frühstück genommen hatten, gingen wir alle nach Hof in die Kapelle, die Messe war von Naumann (welcher sie selbst dirigierte) – sehr mittelmäßig; wir waren in einem oratoire der Musik gegenüber; auf einmal stupfte mich Neumann und führte mich dem Herrn von König auf, welcher Directeur des plaisirs (der traurigen kurfürstl. Plaisirs) ist; er war außerordentlich artig, und auf die Frage, ob ich mich nicht wollte bei Seiner Durchl. hören lassen, antwortete ich, daß es mir zwar eine Gnade seie, ich mich aber, da ich nicht von mir allein abhänge, nicht aufhalten kann – so blieb es; – mein fürstlicher Reisegefährte lud die Neumannschen samt Duschek zu Mittage: – unter dem Essen kam die Nachricht, daß ich den folgenden Tag, als Dienstag den 14ten, abends um halb 6 Uhr bei Hofe spielen sollte. – Das ist ganz was Außerordentliches für hier; denn hier kommt man sonst sehr schwer zu Gehör; und Du weißt, daß ich gar keinen Gedanken auf hier hatte. – Wir hatten bei uns à l'hôtel de Pologne ein Quartett arrangiert. Wir machten es in der Kapelle mit Antoine Teyber (welcher, wie Du weißt, hier Organist ist) und mit Herrn Kraft (Violoncellist beim Fürst Esterházy), welcher mit seinem Sohne hier ist, aus; ich gab bei dieser kleinen Musik das Trio, welches ich Herrn v. Puchberg schrieb, – es wurde so ganz hörbar exekutiert. – Duschek sang eine Menge von «Figaro» und «Don Juan»; – des andern Tages spielte ich bei Hofe das neue Konzert in D; folgenden Tags, mittwochs den 15. vormittags, erhielt ich eine recht schene Dose; – wir speisten dann beim russischen Gesandten, allwo ich viel spielte. Nach Tisch wurde ausgemacht, auf eine Orgel zu gehen. Um 4 Uhr fuhren wir hin – Naumann war auch da. – Nun mußt Du wissen, daß hier ein gewisser Häßler (Organist von Erfurt) ist; dieser war auch da; –

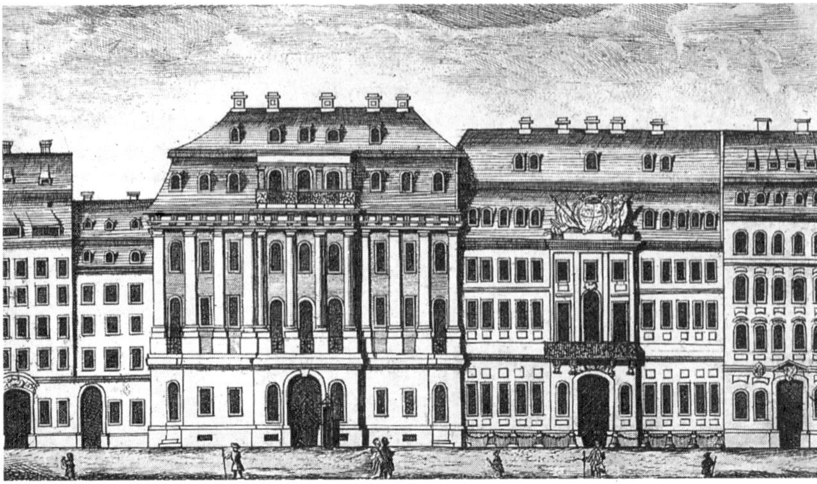

Das Finanzhaus mit dem Palais Hoym in der Landhausstraße

er ist ein Schüler von einem Schüler von Bach; seine Force ist die Orgel und das Klavier (Klavichord). – Nun glauben die Leute hier, weil ich von Wien komme, daß ich diesen Geschmack und diese Art zu spielen gar nicht kenne. – Ich setzte mich also zur Orgel und spielte. – Der Fürst Lichnowski (weil er Häßler gut kennt) beredete ihn mit vieler Mühe, auch zu spielen; – die Force von diesem Häßler besteht auf der Orgel in Füßen, welches, weil hier die Pedale stufenweise gehen, aber keine so große Kunst ist; übrigens hat er nur Harmonie und Modulationen vom alten Sebastian Bach auswendig gelernt und ist nicht imstande, eine Fuge ordentlich auszuführen – und hat kein solides Spiel – ist folglich noch lange kein Albrechtsberger. – Nach diesem wurde beschlossen, noch einmal zum russischen Gesandten zu gehen, damit mich Häßler auf dem Fortepiano hört. – Häßler spielte auch. – Auf dem Fortepiano finde ich nun die Auernhammer ebenso stark; Du kannst Dir nun vorstellen, daß seine Schale ziemlich sank. – Nach diesem gingen wir in die Oper, welche wahrhaft elend ist; – weißt Du, wer auch unter den Sängerinnen ist? – Die Rosa Panservisi, – ihre Freude kannst Du Dir vorstellen. – Übrigens ist aber die erste Sängerin, die Allegrandi, viel besser als die Ferarese; – das will zwar nicht viel gesagt haben. – Nach der Oper gingen wir nach Hause. Nun kömmt der glücklichste Augenblick für mich; ich finde einen so lange mit heißer Sehnsucht gewunschenen Brief von Dir, Liebste! Beste! –

Gustav Parthey
Erinnerungen an das Haus Körner

Nachdem Maria Stock den Kollegienrat Körner in Dresden geheiratet, zog ihre Schwester Doris mit ihr. Das Körnersche Haus wurde nun durch den Geist und die Anmut der Frauen sowie durch das musikalische Talent des Mannes ein anziehender Mittelpunkt für Einheimische und Fremde. Mein Vater, welcher vier Jahre in Dresden privatisierte, gehörte zu den treusten Hausfreunden. Er hat mir oft erzählt, daß er die Mozartschen Lieder, so wie sie eben erschienen, zu Körners kräftiger Baßstimme am Klavier begleitet habe.

Mozart selbst, bei seinem kurzen Aufenthalte in Dresden, verkehrte fast täglich im Körnerschen Hause. Für die reizende und geistvolle Doris stand er in hellen Flammen und sagte ihr mit süddeutscher Lebhaftigkeit die naivsten Schmeicheleien. Gewöhnlich kam er kurz vor Tische und setzte sich, nachdem er sich in galanten Redensarten ergossen, an das Klavier, um zu phantasieren. Im Nebenzimmer wurde inzwischen der Tisch gedeckt, die Suppe aufgetragen, und der Bediente meldete, daß angerichtet sei. Aber wer mochte sich entfernen, wenn Mozart phantasierte! Man ließ die Suppe kalt werden und den Braten verbrennen, um nur immerfort den Zauberklängen zuzuhören, die der Meister, völlig in sich versunken und unempfindlich für die Außenwelt, dem Instrumente entlockte. Doch wird man auch des höchsten musikalischen Genusses am Ende überdrüssig, wenn der Magen seine Forderungen geltend macht. Nachdem einige Male die Suppe über Mozarts Spiel kalt geworden war, machte man kurzen Prozeß mit ihm. «Mozart», sagte Doris, indem sie ihren schneeweißen Arm sanft auf seine Schulter legte, «Mozart, wir gehen zu Tische, wollen Sie mit uns essen?» — «Kuß die Hand, meine Gnädige, werde gleich kommen!» Aber wer nicht kam, war Mozart; er spielte ungestört fort. «So hatten wir denn oft», schloß Doris ihre Erzählung, «bei unserm Essen die ausgesuchteste Mozartsche Tafelmusik und fanden ihn nach Tische noch am Instrument sitzen.» ...

In den Sommermonaten wohnte Schiller bei der Körnerschen Familie auf dem Weinberge zu Loschwitz in einem mehr als bescheidenen Dachkämmerchen. Unablässig mit seinen geistigen Arbeiten beschäftigt, überließ er gern den Frauen des Hauses die Sorgen für alles andere. Marie Körner erzählte mir, daß er schon damals die üble Gewohnheit gehabt, nach Tische und manchmal sogar abends auf dem Sofa einzuschlafen, ohne die Kniegürtel aufzulösen; dadurch sei das Blut ins Stocken geraten, und es sei gar keinem Zweifel unterworfen, daß dies mit zu seinem frühzeitigen Tode beigetragen.

Eines Sommers kam auch Goethe zum Besuche nach Dresden. Ob er mit auf dem Körnerschen Weinberge gewohnt oder von der Stadt aus seinen Freund Schiller öfter besucht habe, wüßte ich nicht mehr zu sagen. Marie Körner erinnerte sich sehr genau, daß eine ganze Menge Xenien in dieser ländlichen Einsamkeit entstanden seien. Die beiden Schwestern saßen zusammen unten in der Wohnstube und hörten über sich in der Dachkammer die Stimmen der dichtenden Freunde. In kürzeren oder längeren Pausen ertönte ein schallendes Gelächter, zuweilen von sehr vernehmlichem Fußstampfen begleitet. Wenn die Herren um 12 Uhr zum Mittagessen herunterkamen, waren sie äußerst aufgeräumt und sagten mehr als einmal: heute sind die Philister wieder tüchtig geärgert worden! ...

Elisa von der Recke
Empfindsame Tage
[1790]

D. 19. Mai nach Mitternacht Nie fühlte ich mich so sonderbar bewegt als diesen Abend auf Körners Weinberg; er liegt an der Elbe, Blasewitz gegenüber. Doch sah ich G. im verflossnen Jahre am 17. Juni zum ersten Male in Naumanns Weinberg; der 17. Juni war der Geburtstag meiner seligen Tochter. Meine Seele war durch das Andenken dieses holden Kindes und meines ganzen Schicksals feierlich gestimmt. Naumann stellte mir damals G. als einen seiner verehrtesten Freunde vor. G. wußte sich gleich durch geistreiche Unterhaltung interessant zu machen. Und ist er mir jetzt nur interessant? Noch kenn ich G. kein volles Jahr, und immer schwebt nun sein Bild mir vor! Am heutigen Abend hat er sich mir noch werter gemacht, und doch sah ich eigentlich keine Handlung von ihm, die mein Herz so erwärmen könnte. Das Interesse, welches er an mir zu nehmen scheint, verdient freundschaftliche Erwiderung: aber was soll diese Unruhe in mir? – Kurz vor Untergang der Sonne bat G. mich und Körners Familie, wir möchten an diesem schönen Abende die Stube mit dem Garten verwechseln; und so bot er mir den Arm. G. führte mich zu der Gartenmauer auf eine Erhöhung, so daß ich die Aussicht auf die Elbe und ihre reich mit Weingärten besetzten Ufer hatte. «Hier», sagte G., «wollen wir den Untergang der Sonne erwarten»; sie spiegelte sich mit ihren blendenden Strahlen in der blauen Elbe und versprach ein schönes Abendrot. Die Luft war so rein, daß man auch die Formen der entfernten Bergketten,

Elisabeth von der Recke (rechts), D. von der Recke, Schwester Elisabeths, Herzogin von Kurland und Sagan (links)

die hinter den Weinbergen liegen, am Horizonte scharf gezeichnet erblicken konnte. Kaum hatte ich mich einige Augenblicke dieses Schauspiels erfreut, so erscholl eine sanfte Musik von Blasinstrumenten; ich wollte mich dieser nahen, aber G. bat mich, ihm diese Stunde zu schenken, denn die andre Gesellschaft spazierte im Garten umher. G. lenkte das Gespräch auf den ersten Tag unsrer Bekanntschaft und sprach von dem Einflusse, den diese auf seine Geistesstimmung habe. Er sagte mit tiefer Rührung, sein ganzes Leben würde Zeuge der Wahrheit sein, daß ich keinen treueren Freund als ihn hätte. Wunderbar fühlte sich mein Herz bewegt, und mit Innigkeit erwiderte ich, daß auch er auf meine Freundschaft rechnen könne. G. ergriff meine beiden Hände, sah mich zärtlich an und rief bewegt aus: «Soll das Leben Interesse für mich gewinnen, so müssen Sie meine innigste Freundin werden.» Die Sonne neigte sich in diesem Augenblicke zum Untergange: die Musik der Blasinstrumente wurde immer sanfter und ging zum heitern Allegro über, als die Sonne niedersank. Mit ihrem letzten Freudenstrahle wünschte G. mir zu meinem Jahresschlusse mit diesen Worten Glück: «Möchten für Sie, edle Frau, mit diesem Sonnenuntergange alle Lebenssorgen schwinden oder nur so viele Ihr Los sein, als zur Lebenswürze nötig sind. Sie, teure Elisa, verloren in diesem Jahre viel – sehr viel! – und ich gewann noch in keinem so edle Lebensfreuden; *denn Sie lernte ich kennen!* Möge der Abend Ihres Lebens so schön als diese Abendröte sein, die es uns verspricht, daß die Natur den 20. Mai durch einen herrlichen Sonnenaufgang feiern wird.» – Nun trat die übrige Gesellschaft zu mir und wünschte mit zum letzten Abend meines bald verflossenen Jahres Glück. Die Musik wurde immer fröhlicher, und ich fühlte mich tief bewegt. Scherzend fragte die Körner mich, ob ich ein Kind des Tages oder der Nacht sei; ich erwiderte: «Mit der vierten Morgenstunde begrüßte mein erstes Weinen diese schöne Gotteswelt.» Graf G. rief mit Entzücken aus: «Unsre Elisa ist ein Kind des Lichtes!» Halblaut sagte er, sich zu mir neigend: «Mit heiligen Gefühlen feire ich in meiner Einsamkeit morgen die vierte Tagesstunde.» Nun wurde das Gespräch allgemeiner. Wir speisten unter einer Linde; der hellbesternte Himmel glänzte über uns, heitere Geselligkeit würzte das Mahl, und unerwartet wurde mir zu Ehren von der ganzen Gesellschaft ein an mich gerichtetes Lied bald im Chor, bald nur von einer einzelnen Stimme gesungen. Bis 11 Uhr blieben wir beieinander; Graf G. und Körner begleiteten mich über die Elbe: auf dieser blauen Flut spiegelte sich der Sternenhimmel prachtvoll ab, und G. suchte beim Glanze der Sterne die Empfindungen der entflohenen Stunden in meinen Augen zu lesen. Als er mich aus dem Fahrzeuge hob und zu meinem Wagen führte, bat er mich, morgen mit Körner und Naumann bei ihm zu speisen.

Woldemar Hottenroth
Als Gustel von Blasewitz

Franz Aloys wurde am 2. Februar 1763 in Zwenkau bei Leipzig geboren. Der Knabe kam in das Jesuiten-Gymnasium nach Erfurt zur Erziehung. Später bezog er die Universität Leipzig, um Jura zu studieren, wurde Notarius, ging nach Prag, studierte auf der dortigen Universität Kameral- oder politische Wissenschaften und wurde nach bestandenen Examina Aktuarius im Zisterzienserkloster Neuzelle im Kreise Guben.

Diesen Posten verließ er nach einigen Jahren und übersiedelte nach Dresden. Einen Teil seines ererbten Vermögens verwendete er zum Ankauf des Stadtgutes in Blasewitz. Es lag zwischen dem «Schillergarten» und dem Gasthof, und noch heute steht das Wohnhaus und ein niedriges Wirtschaftsgebäude. Hinter diesem war der Garten, und daran grenzte ein Teil der Felder. ...

Die Vermählung der Josepha Bussetti mit Franz Aloys Hottenroth fand am 13. August 1798 statt.

«Sie war die sorgsamste, aufopferndste Mutter und beste Hausfrau bis zu ihrem Ende, und die vielen Sorgen und Mühen späterer Zeit konnten ihren starken Körper und Geist auch im hohen Alter nicht schwächen.

Das junge Paar fühlte sich zunächst im Blasewitzer Stadtgut sehr wohl, und der Himmel hing voller Geigen. Die junge Frau leitete mit ihren Kenntnissen, die sie im Hammergut Haselberg erworben, die Landwirtschaft mit großer Energie. Auch tolle Späße hat sie dort getrieben: als Mann verkleidet, sprengte sie mit ihrem Gatten auf den Kutschgäulen zu Bekannten in der Nachbarschaft, Besuche machend, oder sie verkleidete sich als Gustel von Blasewitz, um in Dresden, im Italienischen Dörfchen Nr. 22, der Mutter Früchte zum Kauf anzubieten.

Der Kindersegen mehrte sich mit jedem Jahr, und alles Seufzen nach der Entdeckung half nichts, die Zahl stieg bis auf sieben Stück! ...

Zwölf Jahre hatten die Eltern das Blasewitzer Stadtgut besessen, als der Kriegstrubel mit seiner fortgesetzten Einquartierung, Mißwachs auf den ohnehin nicht sehr fruchtbaren, sandigen Feldern, Verlust an außenstehenden Kapitalien und vieles mehr den Krebsgang an Einkünften entstehen ließ. Dazu kam der Kindersegen, die Mutter konnte die Landwirtschaft nicht mehr wie früher leiten. So sah sich denn mein Vater genötigt zu verkaufen, mit großem Verlust!»

Auch noch andere Verluste trafen Franz Aloys.

Er besaß vor dem Tore in Dresden ein Haus. Er mußte seinen Mietsleuten kündigen, denn es wurde darin ein Lazarett eingerichtet. «Das Haus ist total ruiniert» — schreibt er in einem Bittgesuch an das Kriegskommissariat —, «nicht allein nur die Fußböden, so durch Holzhacken zerschlagen, sämtliche Dielen, so durch die vergossenen Medikamente und andere beizenden Sachen gänzlich ruiniert, auch vier sehr gute moderne Öfen sind zersprengt worden, die schönen modernen Tapeten sind verdorben, sämtliche Türen, Fensterrahmen, -bretter und -scheiben sind durch Schmeißen und Beunsaubern, auch durch das Baden und Ausdünsten der Kranken, ferner durch Sprengen und Waschen unbrauchbar gemacht worden. Die ganze äußere Hinterfront, ingleichen der Dachstuhl, so durch Heruntergießen des Unrats, auch Herunterwerfen anderer Sachen verunreinigt und bespritzt, ist verdorben. Der Benennung anderer Schäden enthalte ich mich anständigkeitshalber.»

So übersiedelten wir denn nach Dresden. Die Großmutter Bussetti war lange schon Witwe. Sie galt noch immer als wohlhabende Frau, besaß aber in Wirklichkeit kaum viel mehr als das Haus mit kleinem Garten im Italienischen Dörfchen. Dort fanden wir zunächst ein Unterkommen. Der Vater bemühte sich um eine Anstellung und erhielt eine solche schließlich mit einem Gehalt von jährlich 200 Talern.

Christian Gottfried Körner
Auf dem Weinberge

An Friedrich Schiller

[Dresden, 28. Mai 1790] Wir leben jetzt auf dem Weinberge und werden Dorchen etliche Wochen entbehren: sie geht nach Karlsbad, weil es ihr das letztemal so wohl bekommen ist, und hat eine sehr gute Gelegenheit gefunden. Frau v. Recke, die jetzt hier ist und bei genauerer Bekanntschaft sehr bei uns gewonnen hat, nimmt sie mit sich. Die Recke verliert, wenn man sie als Genie und als Schriftstellerin, besonders als Dichterin denkt; aber dies war nicht ihre Bestimmung. Sie hat wirklich viel Feinheit der Seele, Talent zur höheren Freundschaft und eine seltene Zartheit der Empfindung. Unter uns war sie äußerst natürlich, und wir freuten uns über die schöne Weiblichkeit, die wir gerade nicht in ihr gesucht hätten. ...

Loschwitz, den 13. Aug. 90 Mit Verlangen sehe ich dem Zeitpunkte entgegen, wo Du wieder im 18ten Jahrhundert und nicht mehr im 30jährigen Kriege leben wirst. Ich hätte Dir längst geschrieben, aber Wichtiges war nicht vorgefallen, und um bloß mit Dir zu plaudern, hielt ich Dich für zerstreut. Dein Weibchen schreibt mir, daß Du krank bist, also jetzt nicht arbeiten kannst. So magst Du denn unterdessen hören, wie es uns gegangen ist.

Dorchen hatte der Herzogin von Kurland sehr gefallen und war täglich mit ihr in Karlsbad zusammen gewesen. Sie wollte uns kennenlernen; wir reisten ihr bis Freiberg entgegen, fanden sie sehr liebenswürdig und schienen auch ihr zu behagen: so daß wir in den 8 und mehr Tagen ihres hiesigen Aufenthalts fast unzertrennlich von ihr gewesen sind. Sie hat alle die Weiblichkeit, welche Elise fehlt. Nichts an ihr ist abgezirkelt und studiert. Ihre Lebhaftigkeit geht oft bis zur Unbehutsamkeit; aber in ihrem ganzen Betragen herrscht angeborne Grazie. Sie hat ein ungemeines Talent, Personen, für die sie sich interessiert, durch tausend feine Aufmerksamkeiten angenehme Empfindungen zu machen. Aber dies geschieht mit Leichtigkeit, mit dem Mutwillen eines

Weinlese in Körners Weinberg mit Schillerhaus

Wesens, das bloß auf sein Vergnügen denkt. Nichts Drückendes, keine Spur von Pflichtmäßigkeit oder Resignation. Ihr Äußeres ist sehr einnehmend, und sie kleidet sich mit Geschmack. In Jena hat sie bloß Pferde gewechselt, und sie und Elisa haben Dich grüßen lassen, wie sie schreiben. Ich wußte nicht einmal, daß sie durch Jena gehen würden; auch war es für Dich keine Sache, Dich von ihr bloß besehen zu lassen; denn zu etwas mehr war keine Zeit. Bei ihrer Zurückkunft von Pyrmont bleibt sie eine Woche in Sagan. Sie hat uns eingeladen, zu ihr zu kommen, und wahrscheinlicherweise werden wir's tun.

Goethe war auch vor kurzem ein paar Tage hier. Graf Geßler suchte ihn auf und brachte ihn einen Abend auf unseren Weinberg. Er taute auf und war zuletzt sehr mitteilend. Aber seine Art, sich anzukündigen, hat immer etwas Kaltes und Zurückscheuchendes. Ich habe wieder eine halbe Stunde lang ein interessantes Gespräch über Kunst mit ihm gehabt. Auf dem Rückwege denkt er hier wieder durchzukommen und länger zu bleiben.

Bald werde ich Dir entscheidende Nachricht geben können, ob ich Appellationsrat werde oder nicht. Zur Zeit ist schon viel gewonnen, aber nicht ohne Schwierigkeit. Teils zweifelte man an meinem juristischen Fleiße, teils hatte ich gefährliche Kompetenten. Das Appellationsgericht ist auf meiner Seite, und ich bin der zweite unter denen, die zu den 4 neuen Stellen donominiert sind. Im Geheimen Konsilium habe ich auch durchgedrungen, wie mir

Wurmb selbst gesagt hat, der mir am meisten zuwider zu sein schien. Jetzt beruht es noch auf dem Kabinette, und es ist kaum zu vermuten, daß dieses sich dem Geh. Kons. und dem Appell-Gerichte entgegenstellen sollte. In etlichen Wochen kann es entschieden sein. Das beste ist, daß ich nun keinen Schritt mehr in der Sache zu tun habe und alle Bitterkeiten des Klientenzustandes hoffentlich für mein ganzes Leben vorüber sind. Ein paar Umstände waren mir angenehm, daß der Konsistorialpräsident mit Wärme für mich gesprochen und seine Zufriedenheit mit meinen Arbeiten auf eine Art, die mir wirklich schmeichelt, geäußert hat und daß ich durch meine Probearbeit beim Appellationsgerichte einigen Widersachern habe das Maul stopfen können. Ich kenne etliche, unter welchen auch Minister Wurmb ist, denen irgendeine Gelegenheit zum Tadel sehr willkommen gewesen wäre, und andere, die mir nicht sonderlich viel im juristischen Fache zugetraut haben, wenn sie auch sonst nichts wider mich hatten.

Von schriftstellerischen Arbeiten ist nichts fertig worden. Nur meine Materialien haben sich vermehrt. Noch immer sinne ich auf eine bessere Einkleidung als die Form einer trockenen Abhandlung. Das beste wäre freilich Julius und Raphael, wenn mit Dir Erzhistoriker jetzt in philosophicis etwas anzufangen wäre.

Herrn v. Funck habe ich gesagt, was mir Dein Weibchen aufgetragen hat. Er ist jetzt unbeschäftigt gewesen und wäre schon weit, wenn er eher Nachricht von Dir erhalten hätte.

Deinem Lottchen sage viel Herzliches von mir und den beiden andern, die Dich auch schönstens grüßen. Kunze ist jetzt bei uns mit seinen Kindern. Huber klagt, daß er gar nichts von Dir hört und wartet nur auf Nachricht wegen der Manuskripte, die er Dir geschickt hat. Lebe wohl.

K.

Friedrich Schlegel
Körners und das «Kind der Glut und Nacht»

An August Wilhelm Schlegel

[Dresden, den 10. Februar 1794] Ob Charlotte weiß, daß Du in Leipzig gewesen bist, habe ich nicht von ihr herausbringen können; und es liegt auch wohl eigentlich nicht viel daran. Körners haben sich auf eine sehr unbescheidne Art neugierig bewiesen (es versteht sich, daß er nicht mit gemeint

ist), und ich tat sehr unbefangen und erzählte ihnen, daß sie dem Gerüchte nach nach Rußland gereist sei. Aus ihren Reden schloß ich, daß man hier von Cranz nichts weiß (und dazu gehört Gotha usw. wohl auch) und an der Verbindung mit Forster nicht zweifelt. …

[Dresden, den 9. Mai 1794] Es fehlt nichts als eine Heimat, die muß sich ja wohl finden. Caroline schreibt mir, ich soll hier rekognoszieren; hättet Ihr nur auch bestimmt, wie viel ich Lottchen sagen darf. – Wenn ich ihr nicht darf vermuten lassen, daß Ihr an einem Orte leben wollt, nach Deiner Zurückkunft, so kann ich sie kaum sondieren. – Es ist schwer, da im voraus Vermutungen anzustellen – über Ernsts Betragen, weil sich auf keinen von beiden mit Gewißheit rechnen läßt, weder im Guten noch im Bösen. Ernst handelt ganz nach Launen, hat selbst kein festes Vorurteil, das des Christentums etwan ausgenommen. – Doch so viel glaube ich einzusehen. Charlotte liebt den Anstand, und ist die Sache also einmal nicht zu ändern, so wird sie sich äußerlich gut betragen, mag sie auch für sich denken, was sie will. Ferner hat sie von alters her Vorliebe und ziemlich hohe Meinung von Dir. – Das Politische ist Ernsts ganz gleichgültig, und sie brauchen auch in der Wahl ihres Umgangs nicht sehr Rücksicht darauf zu nehmen. – Charlotte hat gegen Caroline die Meinung einer völligen weiblichen Immoralität, hält Dich für bezaubert und betrogen und ist fast überzeugt von der Verbindung mit Forster. – Eine Person in Gesellschaft aufzuführen, noch dazu in einem so delikaten Falle, dazu besitzt Charlotte die Geschicklichkeit nicht, auch würde ihr Zirkel, glaube ich, für Caroline nicht passen und Dir vielleicht auch nicht sehr behagen. Mit Caroline müßte es also und würde es auch bei einem anständigen, etwas entfernten Umgange bleiben. – Caroline wäre hier also vielleicht ganz isoliert. – Für Dich wäre Becker vielleicht eine nützliche Verbindung, aber doch wohl ein ziemlich leerer Umgang. Körner würde Dir interessant sein; er kann gewiß jedes Talent anerkennen, im vollsten Sinne des Wortes anerkennen. Einem Künstler, den er schätzt, zu nützen, ihm seine Lage angenehm zu machen, tut er bis auf gewisse Grenzen, was er vermag, mit Eifer, selbst nicht ohne Feinheit. Und auf diesen läßt sich sicher rechnen, unter allen Umständen. Seine Frauen aber hassen Caroline wegen der Verbindung mit der Forster und mit Huber. – Also Caroline würde wenigstens zu Anfang isoliert sein, und wenn sie das nicht ganz sein will, so müßtet Ihr Euch selbst Euern Zirkel bilden. – Das Politische hat, glaube ich, gar keine Schwierigkeit; doch möchtet Ihr desfalls lieber Göschen um Rat fragen. Ich kann es wohl erfahren, aber nicht gut, ohne Caroline zu nennen. – Die Logis sind sehr wohlfeil, besonders in Neustadt; in der Kleidung hat jeder volle Freiheit, man geht im gan-

zen schlecht, und was dazu gehört, ist wenigstens viel wohlfeiler als zu Hannover oder zu Göttingen. – Der Tisch ist wohlfeil, aber Aufwartung und Domestiken sind etwas teurer. – Im Sommer könntet Ihr auf dem Lande wohnen, und das ist auch sehr wohlfeil. – Aber auf eins muß ich Dich aufmerksam machen; nämlich Caroline hat hier gar keine Bekannten: wo sie also hier auftreten wird unter Leuten, die Charlotten oder Dich kennen, kann es unter keinem andern Titel sein, als daß sie um Deinetwillen hier ist. Doch entspringt daraus vielleicht kein wesentlicher Nachteil. …

Ich bin hier am meisten verbunden mit Körner; mit dem ich schon seit Ostern 93 in Korrespondenz stand; er erzeugt mir Gefälligkeiten und Dienste, so viel er kann. Auch geht nichts von dem, was ich ihm etwa mitteile, verloren; er ist auch gar nicht zurückhaltend, mir mitzuteilen, und so weit geht auch unsre Freundschaft, nämlich so weit die Kunst geht. Daß er sicher ist, schrieb ich schon vorhin. Er steht in Korrespondenz mit Humboldt (dem älteren nämlich). …

Ein einzelner Mann kann hier (in Neustadt nämlich) für 30 Tl. jährlich reinlich, für 40 Tl. gewiß elegant wohnen. Genauer kann ich es nicht angeben. Ich weiß jemand, der für 30 Tl. 3 sehr große Zimmer nebst Kammer im zweiten Stockwerk hat. – Was den Tisch betrifft, so hat man Suppe und ein sehr gut zubereitet Essen für 3 bis 4 Gr., abends 2 Gr. Man hat die Wahl unter mehreren; im ganzen ist es vermutlich um etwas wohlfeiler. Ich rechne also mit 80 Tl. jährlich sehr reichlich. Wäsche ist sehr wohlfeil, wie ich sie habe (2 Tl. quartal.), aber freilich auch sehr schlecht; vielleicht aber kannst Du für 4 Tl. sehr gut gewaschen bekommen. Kleidung läßt sich so genau nicht bestimmen. Du kannst rechnen $\frac{2}{3}$ von dem, was es in Niedersachsen kostet; und dann braucht man viel weniger. Zur Aufwartung für einzelne Mannsperson ohne Bedienten ist man hier nicht eingerichtet. Die gewöhnliche Aufwartung, die man bei dem Logis hat und die nicht hinreicht, diese ist sehr wohlfeil. Das einzige, was sehr teuer ist, ist der Friseur, 1 $\frac{1}{2}$ bis 2 Tl. monatlich. – Carolinens Bedürfnisse kann ich weniger genau bestimmen. – Weniger als 250 Tl. rechne aber doch nicht für Dich. …

Die übrigen Annehmlichkeiten von Dresden für Dich sind sehr groß; die Schönheit der Gegend, die Kunstsammlungen, die Bibliothek. – Ich sehe die Sache als so tunlich an, daß ich möchte, Du sagtest nur Muilman lieber gleich auf. Wenn Du Nachricht wegen des Politischen hast, so rate ich, an Charlotte zu schreiben – nicht zu fragen, ob Caroline kommen soll – sondern zu melden, sie kommt, und dann ihre Freundschaft zu verlangen. Du kannst aber das, was Du eigentlich verlangst, nicht bestimmt genug angeben und nicht leicht genug machen. – Über die Ursache, weshalb Dresden der beste, ja einzige Zufluchtsort, müßte ein Schleier gedeckt werden, und es ließe sich leicht so etwas zimmern. ...

Den 27ten Oktober 1794 Liebster Wilhelm, unsre Hoffnungen sind fehlgeschlagen, ich überlasse es Carolinen und meiner Schwester, Dir umständlicher darüber zu schreiben, weil ich an Caroline doch diesen Tagen den fernern Erfolg umständlich schreiben werde. Es ist auch nicht bloß jetzt unmöglich, sondern für immer. Caroline macht sich Hoffnung, es würde zu Ostern auf dem Lande, unter einem andern Namen, vielleicht noch möglich sein. Allein dies kann durchaus nicht verborgen bleiben und würde dann schlimme Folgen haben. Die Minister haben sich so bestimmt erklärt, daß sie sich selbst widersprechen würden, wenn sie Caroline nicht mit dem größten Eifer verfolgten. ...

Friedrich Schlegel
Der hartleibige Mensch

An August Wilhelm Schlegel

[Dresden, zwischen Oktober und Dezember 1795] Von Körner ist ein Aufsatz im 5. Stück der «Horen». Körner gehört zu den hartleibigen Schriftstellern. Er druckt vierteljahrlang, ehe ein ganz kleines Produkt zum Vorschein kömmt. Man könnt ihm mit Catull sagen:

nec toto decies cacas in anno;
atque id durius est faba et lapillis, etc.

[Dresden, 27. Februar 1796] Körner hat noch immer Verstopfung. Der hartleibige Mensch würgt schon seit neun Monden an einem Aufsatz über den Tanz. Ohne Zwang würde ihm auch ein Sokrates maientichos nichts entreißen. Sobald er Öffnung gehabt haben wird, melde ich Euch davon.

Novalis
Körner

An Friedrich Schlegel

Siebeneichen bei Meißen, den 26ten Dezember 1797 Körner hab ich jetzt kennengelernt. Es ist mir unbegreiflich, daß *Du* noch so lange mit ihnen hast leben können. Für *mich* schon ist es schwer, nicht bei ihm anzustoßen. *Sie* hat mir, unter den Dreien, noch am besten gefallen – vielleicht nur *den* Abend. Wie ich sie erwartete, fand ich sie – freilich für Dresden mehr als zu gut. In Dresden würd ich noch oft da sein, besonders da ich mir Mühe gebe – mich zu genieren – nach jedermanns Weise. Von Goethe und Schiller hab ich mit ihnen geredet und dann allgemeines. Für ordinären Witz und einzelne Bemerkungen sind sie empfänglich – das Höchste sehn sie nicht. Man befindet sich bei ihnen, wie man sich in jeder Gesellschaft befinden sollte. Ihre Bildung ist die notdürftige – die jeder Mensch haben muß.

Nach den Feiertagen treff ich vielleicht Geßler einmal dort.

Elisa von der Recke
Freundschaften und Spannungen

Dresden, d. 12. April 1795 Diesen Mittag hatte ich bei Mestmacher ein Staatsdiner, welches wie gewöhnlich mit Langerweile abgetan wurde. Parthey und Naumann hatten mir die Morgenstunden durch ihren Umgang geheiligt, und der biedere Matthisson, der sich heute in der Frühstunde mit der Versicherung von mir trennte, daß er mich ewig mit Ehrfurcht zu lieben hofft, machte mir diesen Tag lieb, obzwar Minchen mir sagte, daß eine Demoiselle Schumann, ein gutes liebes Mädchen aus ihrer Bekanntschaft, ihr gesagt hat: sie wundere sich, daß ich Körners besuche, weil diese so unwürdige Urteile über mich fällen, mich als unzuverlässig, intrigant, falsch und hämisch in allen Gesellschaften darstellen und jeden für den Zauber meines Umganges warnen sollen. Auf Geßler sollen sie sich berufen und sagen, dieser habe meinen schlechten Charakter ganz entziffert; auch er soll einst von mir bezaubert gewesen sein, mich aber, seit ihm die Augen aufgegangen sind, bitter verachten und wie Körners Familie über mich urteilen. – Um die Freude zu genießen,

Geßler noch höher achten zu können, wünschte ich, daß er sich keine solchen Urteile über mein Wesen erlaubte, dem er einst zugetan war.

Dresden, d. 1. Feb. 1825 Daß ich mich Theodor Körners, als er 1813 schwer verwundet, von den Franzosen verfolgt, in Karlsbad mütterlich annehmen, den Verwundeten in meinem Hause verpflegen konnte, ist eine Wohltat, die ich Gott danke; denn noch zu der Zeit soll die Körner mich verleumdet haben. Mit aller Zartheit schrieb ich dem Vater, daß mein Pate Theodor in meinem Hause sicher und seine tiefe Kopfwunde nicht gefährlich sei und daß ich ihn nur als ein ganz Genesenen unter dem Schutze eines preußischen Offiziers, der mein Freund sei, aus meinem Haus lassen würde. Körner antwortete mir mit dankbarer Rührung und wurde seitdem wieder mein Freund; auch die Stock wurde nun liebvoll gegen mich, nur sie, die Mutter des gutes Theodor, blieb lange sehr zurückhaltend gegen mich. Nur wenn wir die letzten Jahre in Löbichau bei meiner unvergeßlichen Schwester Wochen hindurch zusammen waren, nahte auch die Körner sich mir. Meine von mir so unwandelbar geliebte Schwester war schon seit 1803 liebend zu mir zurückgekehrt und mit liebevoller Verehrung liebte sie mich nun. Nur Dorotheens Heirat, der ich entgegen war, und ihre Vergötterung Napoleons brachte wieder eine kleine Entfernung unter uns seit 1809 hervor. Aber seit 1812 stieg die Liebe zu mir in der teuren seligen Seele mit jedem Jahre bis zum letzten Hauche ihres Lebens. – Was Geßler von Körners getrennt hat, weiß ich nicht.

Anna Maria Körner
Das Mädchen von Orleans

An Charlotte von Schiller

Dresden, den 16. November 1801 Unser geliebter Schiller hat mir große Freude durch die Johanna gemacht. Das Äußere ist so schön, daß es gar zierlich den Bücherschrank putzt; aber welchen Schatz enthält das Innere! Wie hat mich die neue Szene überrascht, die weder im Manuskript noch bei der Aufführung war, wie mich dünkt; sie ist so schön, sie mußte da sein, um das ganze Meisterstück zu vollenden.

Dorchen liest unter uns am besten die Johanna. Körner läßt sie ihr groß schreiben, damit sie sie studieren kann, woran sie der kleine Druck hindert.

Ochsenheimer kommt morgen zu uns, und da soll er uns durch seinen Talbot ergötzen.

Die Johanna wird nach Neujahr hier gegeben. — Das Publikum ist hier in großer Spannung und Erwartung darüber; man spricht hier nur von dem Wunsch, sie zu sehen. Racknitz hat schon eine geistreiche Abänderung im Titel gemacht, um sie hier aufführbar zu machen, worauf er sich viel zugute tut. Das «Mädchen von Orleans» wird's also hier heißen («denn Jungfrau, liebe Freundin, sagte er, kann man aus Achtung für den Kurfürsten sie nicht heißen»). Ich billigte mit großer Bewunderung diese Schonung.

Dorchen hat die Herzogin diesmal so wie in der alten Zeit gefunden; gut, liebenswürdig, wie vormals, ehe die Leidenschaft ihre schöne Eigenschaften verdunkelte, die noch oft ihr bittere Stunden geben wird, da die Binde gefallen ist. Der Freund hat in Paris geheiratet; sie ist zu klug, um zu gestehen, daß sie fühlt, daß sie zehn Jahr betrogen ist worden; aber sie gesteht doch, daß sie ihren glücklichen freien Zustand jetzt fühlt.

Den 10. November waren unsre Seelen euch nah; wir feierten unsres Schiller Tag!

Anna Maria Körner
Gedenken an Schiller

An Friedrich Weber

Dresden, den 4. Oktober 1805 Wir erwarten jetzt alle Tage die Schiller und die Wolzogen. Wenn nur schon für den geliebten Körner die ersten Momente vorbei wären. Ich fürchte auch für beide Frauens, wenn sie uns zuerst sehen werden. Körner fand gestern noch einige ungedruckte Gedichte von dem Unvergeßlichen. Sie bringt Körners Briefe mit, die er geordnet hatte; dieser 18jährige Briefwechsel wird uns manchen schönen Genuß geben, dieses Berühren der Geister hatte so schön auf beide gewirkt. Meisterstücke von Briefen sind die zwei, die er uns schrieb, eh er uns kannte im Herbst 84 und 85. Wo er alles aufbot, unsre eingenommenen Herzen noch mehr zu fesseln. Wenn ich nachdenke, wie wohltätig unsre Schwärmerei auf sein Leben gewirkt hat, so preis ich uns glücklich und selig! Und mit süßer Wehmut denk ich des unendlichen Geistes — der nun den ewigen Schlaf schläft.

Dora Stock
Geselligkeiten und Vorurteile

An Friedrich Weber

Dresden, den 11. April [1808?] Es überrascht mich, daß der Herzog von Holstein meiner noch gedenkt und daß er sogar sich erinnert, daß ich ihm eine Antwort schuldig bin. Aufrichtig zu sagen, ich glaubte nicht, mir schmeicheln zu dürfen, daß er einiges Interesse an meinen Briefen nähme: sondern ich fürchtete, daß er mir nur aus Höflichkeit schriebe und glaubte, ihn durch Stillschweigen von dieser Pflicht erlösen zu müssen. Grüßen Sie ihn recht herzlich von mir und sagen Sie ihm, daß sein Andenken immer gleich lebhaft mit mir fortleben würde. Ach, es ist so angenehm, bei der allgemeinen Zerstörung und Vernichtung auf die dauernde Anhänglichkeit seiner Freunde rechnen zu können. Dieses Glück habe ich jetzt recht lebhaft genossen, wie ich die Herzogin von Kurland jetzt wiedersah, treu und unverändert, wie in den ersten Tagen unserer Freundschaft! Ich rechne die Tage, die ich mit ihr verlebte, zu den schönsten, die das Schicksal mir diesen Winter gab. Ich werde auch diesen Sommer viel mit ihr sein, denn ich gehe zu ihr nach Löbichau und von da mit ihr nach Karlsbad. Überhaupt habe ich sehr Ursache, dankbar gegen das Schicksal zu sein; wie wichtig und groß auch die Ereignisse der mich umgebenden Welt sein mögen, der kleine Kreis meiner Lieben ist nicht gestört. So lebhaft ich mich auch der Unfälle annehme, die die Menschheit trifft, so sehr mein Herz dabei blutet, so tröstet mich doch immer wieder der Gedanke, daß mir Gott die Meinen gelassen und daß ich daher alles Trübsal geduldiger ertragen kann.

Sie kennen unsere Lebensweise; und Dank sei es dem Schicksal, wir haben sie ungestört fortführen können! Wir haben außer den wöchentlichen Musikern noch zwei Opern aufgeführt, die «Griselda» und bei der Anwesenheit der Herzogin «Cosi fan tutte». Juliens Stimme wird täglich schöner, und also wird dieser Genuß immer noch für uns erhöht. Es sind viele Privatkomödien gespielt worden, wo ich auch mitgespielt habe. Bälle waren ohne Zahl, und also haben wir einen sehr angenehmen Winter gehabt.

Zu Pfingsten trennt sich Karl von uns, und das wird eine trübe, bittre Zeit werden! –

Herrn von Kleist sehen wir oft in unserm Hause, und wir schätzen ihn als Mensch, wie er verdient. Mit dem Schriftsteller haben wir manchen Streit. Sein Talent ist unverkennbar, aber er läßt sich von den Heroen der neuern

Emma Körner

Schule auf einen falschen Weg leiten, und ich fürchte, daß Müller einen schädlichen Einfluß auf ihn hat. Seine Penthesilea ist ein Ungeheuer, welches ich nicht ohne Schaudern habe anhören können. Sein «Zerbrochner Krug» ist eine Schenkenszene, die zu lang dauert und die ewig an der Grenze der Dezenz hinschießt. Seine Geschichte der Marquisin von O. kann kein Frauenzimmer ohne Erröten lesen. Wozu soll dieser Ton führen? Überhaupt fürchte ich, daß der «Phöbus» nicht länger wie ein Jahr leben wird. Jetzt schon wird er weder mit Vergnügen erwartet noch mit Interesse gelesen. Und doch wollen diese Herren an der Spitze der Literatur stehen und alles um sich und neben sich vernichten.

Louise Seidler
Das Haus Körner

So floß in Scherz und Ernst meine Lehrzeit dahin. Eines Tages, als ich in der Bildergalerie einer dort arbeitenden Dame zuschaute, überraschte es mich angenehm, zu hören, daß ich Fräulein Doris Stock vor mir habe, die damals berühmteste Pastellmalerin Dresdens und Schwägerin des Oberappellationsrats Körner, des Vaters des Dichters, bekannt als Freund Friedrich Schillers. Die Künstlerin führte mich bald in das Körnersche Haus ein, welches behaglich und interessant war. Die schlanke Tochter, mit schönen braunen Rehaugen, sittig und anmutig, zog mich vor allen an. Die biedere Herzlichkeit des Vaters tat wohl; die Hausfrau, fein und angenehm, rundete das schöne Ganze harmonisch ab. Hier verlebte ich zuweilen herrliche Abende, besonders wenn der Hausvater irgendein neu erschienenes Werk seines Sohnes, wie z. B. den «Zriny», vorlas; eine Kunst, in der er exzellierte. Bald sollte ich auch das Glück haben, diesen edlen Sohn kennenzulernen, der mit seinem ritterlichen Anstande, dem in sich gekehrten Wesen und den dunkel glühenden Augen eine höchst anziehende Erscheinung war. Die schwärmerische Liebe der Geschwister zueinander war ungemein rührend; die Schwester hat denn das jähe Hinscheiden des Bruders nicht lange überlebt, sie folgte ihm bald im Tode nach.

Der Wiener Musicus

Hofjournal 1796, 29. April   Abends ließ sich in Ihr. Durchl. der Kurfürstin Zimmer, ohne Akkompagnement, der Wiener Musicus, Hr. van Beethoven, auf dem Flügel hören.

Ludwig van Beethoven
An die Hoffnung

Für Elise von der Recke

Wien, am II. Weinmonat 1811 So fromm ich auch bin, so kam doch Ihre fromme Einladung zu den Naumannischen Kirchenmusiken zu spät, und ich mußte – ein Sündiger bleiben, der Sie so lange versäumte, so spät einholte und dann wieder doch nur versäumen mußte. – Der Himmel waltet über das Geschick des Mensch- und Unmenschen, und so wird auch er mich dem Bessern entgegenführen, wenn auch jetzt nicht, doch einmal wieder, wozu ich Sie, geehrte, edle Freundin zähle. –

Ihre Gedichte las ich und fand darin den Abdruck Ihres Gefühles und Ihres geistigen Wesens; nächstens erhalten Sie eins davon mit meinen ohnmächtigen Tönen – Leben Sie wohl, halten Sie etwas auf mich, ich wünsche es sehr, edle Freundin

Ihr Freund Beethoven

(Für Tiedge)

Du kamst mir mit dem Bundeswort Du, mein Tiedge, entgegen; so sei's; so kurz unsre Zusammenkunft war, so fanden wir uns bald aus, und nichts war ja mehr fremd unter uns – wie wehe empfand ich's, Dich und auch andere nicht sehn zu können, Euern Brief erhielt ich sonnabends abends, montags mußte ein Paket Musik befördert werden, ich war außer mir vor Schmerz, daß ich mit Alcibiades sagen mußte: so hat denn der Mensch keinen Willen, und nun, nachdem ich mir das Beste, die Zusammenkunft mit Euch, versäumt hatte, der Schnurrbärte der Ungarn wegen, dauert nun doch die ganze Geschichte noch einen Monat, ehe dieses Kotzebuische-Beethovische Produkt aufgeführt wird. Wie ärgerlich bin ich, dabei will der Erzherzog auf einmal nicht Pfaffe werden, alles sieht daher anders aus bei meinem jetzigen Hiersein als zuvor, sollte man sich wohl durch etwas anderes Menschliches bestimmen lassen?

Christian Gottfried Körner
Entsagung

An Friedrich Weber

Berlin, am 2. Mai 1815 Mit vielen Dank habe ich Ihre neuste Schrift erhalten und werde die Beilage an Herrn Staatsrat Thaer bestens besorgen. Von Ihrer Teilnahme waren wir ganz überzeugt. Mir gereicht meine hiesige Anstellung zur großen Erleichterung, da ich mir sehr erwünschte Dienstverhältnisse zu versprechen habe. In voriger Woche habe ich mein Amt angetreten, schätzbare Männer zu Kollegen und bei diesen eine freundliche Aufnahme gefunden. Ich bin sowohl bei dem Kultus als bei dem öffentlichen Unterricht beschäftigt.

In Dresden wurde die Luft sehr drückend, und ich sehnte mich hinaus. Mehrere sächsische Geschäftsmänner werden jetzt preußische Dienste suchen. Über Sachsens künftiges Schicksal herrscht noch ein Dunkel, da die verbündeten Mächte durch die letzte Erklärung des Königs von Sachsen nicht befriedigt worden sind.

Erfreulich ist hier der Eifer, mit dem die preußische Jugend zum neuen Kampfe sich rüstet. Für den Erfolg ist mir nicht bange, aber manches Gute, was jetzt vielleicht ausgeführt worden wäre, kann wohl durch die jetzige Störung verzögert werden. Indessen wird doch hoffentlich nunmehr das Übel aus dem Grunde geheilt. – Die Meinigen erholen sich allmählich und lassen Ihnen viel Herzliches sagen. Leben Sie recht wohl.

GEHORSAM UND UNGEHORSAM

Gustav Nieritz
Unruhen

Die erste Französische Revolution hatte auch in einigen Gegenden Sachsens, namentlich unter dem mit Frondiensten heimgesuchten Landvolke, Nachahmer gefunden, die jedoch ihren Revolutionsversuch mit dem Zuchthause büßen mußten. Ein zweiter Fall war der sogenannte Flegelkrieg, in dem die löbliche Kleidermacherzunft die Hauptrolle spielte. Ein Schneidergeselle war in einer unwichtigen Angelegenheit auf dem Dresdener Rathause von dem damaligen Bürgermeister Clausnitzer vernommen und von demselben ein Flegel geschimpft worden. Dieser unverdiente Flegel wurmte nicht bloß den also genannten, sondern dessen ganze, auf point d'honneur viel haltende Zunft. Die Schneider Dresdens murreten laut und lauter über die vom Bürgermeister sich erlaubte Ungebührnis, und als ihnen keine Genugtuung gegeben wurde, so verließen sämtliche Gesellen ihren Arbeitstisch und versammelten sich in ihrer Herberge und in andern öffentlichen Sälen, wo bei Bier und Branntwein die erregten Gemüter sich noch mehr erhitzten, was sich durch lautes Singen und Schreien kundgab. In diesem Flegelkrawall erblickten die Organe der Regierung den ersten, versteckt gehaltenen Anfang einer allgemeinen Staatsumwälzung und trafen darnach schleunig die umfassendsten Maßregeln zu deren Dämpfung. Scharf geladene Kanonen wurden an den Straßenecken aufgefahren und von Kanonieren mit brennender Lunte bewacht. Friedrich August, damals noch Kurfürst, wurde bei seiner Fahrt von Pillnitz nach Dresden von einer mächtigen Schar schwerer Reiterei begleitet und beschützt, welche seinem fest verschlossenen Wagen vor- und nachritt. Die Gesellenversammlungen wurden vom Militär erstürmt und die Gefangenen auf dem Altstädter Gewandhause zusammengesperrt. Da aber die sonst als mutlos verschrienen

Schneidergesellen ihren Kopf fortwährend behaupteten und den Flegel auf ihrem Kameraden nicht sitzen lassen wollten, so mußte sich endlich der Herr Bürgermeister zu einem ihm gewiß sehr sauern Schritt bequemen. Nicht in eigener Person zwar, sondern durch einen seine Stelle vertretenden Aktuar, welcher auf der Schwelle des Gewandhaussaals erschien, gab er die Erklärung ab: Wie er sich zwar nicht entsinnen könne, das Wort «Flegel» gegen den betreffenden Gesellen ausgesprochen zu haben, daß er aber, dafern es doch geschehen sei, dafür hiermit Abbitte leisten wolle. Dieser Erklärung folgte von seiten der festgehaltenen Schneidergesellen der hundertfältige, donnernde Gegenruf: «Er hat Flegel gesagt! Flegel gesagt! Flegel gesagt!» So hallte es den langen Saal entlang. Damit endete der Flegelkrieg. Wer von den Gesellen nicht an die Arbeit und zu seinem Meister zurückkehren wollte, wurde der Stadt und des Landes verwiesen. Wie viele Beförderungen der glücklich beendigte Flegelkrieg bei dem Militär zur Folge hatte, kann ich nicht angeben.

Georg Friedrich Rebmann
Adel und Bauern 1790

Ich lebte damals in Sachsen, einem Lande, das unter unglücklichem Druck seufzte. Der Kurfürst ist, wie man behauptet, ein guter und würklich das Glück seines Volkes eifrig wünschender Fürst. Eine übertriebene Ängstlichkeit, die in seiner Erziehung ihren Grund hat und von welcher die Unterdrükker der Nation gar großen Vorteil zu Verbergung ihrer Schliche und Ränke zu ziehen wissen, hindert ihn, selbst zu sehen, und er läßt sein Volk aus Schwachheit in der Hand aristokratischer Blutegel. Hauptsächlich war einige Jahre lang der Unfug der Jägerei auf einen Grad gestiegen, der ganz unglaublich ist. Man betrachtete, wie es schien, ganz eigentlich die Bauern als Nebensache, an deren Erhaltung nichts gelegen sei, und die Hasen, Hirsche und Rehe als das Hauptwerk. Einer Erzählung nach, die ich jedoch nicht verbürgen will, wurde ein Bauer ins Zuchthaus gebracht, weil er auf seinem Acker eine blind geladene Flinte losgeschossen hatte. Ist aber etwa auch diese Geschichte übertrieben, so bleibt doch so viel wahr, daß dem Landmann die Abhaltung des noch itzt herdenweise herumlaufenden Wildes unmöglich gemacht wurde und daß derjenige, welcher einen Hasen umbrachte, ins Zuchthaus kam. Der sächsische Adel (Ausnahmen verstehen sich von selbst), größtenteils bettelarm und bettelstolz, zum Teil vollgesaugt vom Schweiße der

Einwohner, erlaubte sich die himmelschreiendsten Bedrückungen. Der Graf Marcoloni, ein aus dem Staube emporgekrochener Italiener, schickte das ausgepreßte Geld des Landes nach Italien und kaufte sich dort, um in jedem Falle gedeckt zu sein, ein Gut nach dem andern. Der Graf Wallwitz, ein fühlloser Finanzier, dessen ganze Kunst in Plusmachen und in Ersinnung neuer Kanäle besteht, den sauern Erwerb des Landes in die Schatulle des Hofs zu leiten, saugte wie ein Blutegel, wo er saugen konnte. Die Hofdienste wurden von den Beichtvätern mit hergelaufenen Katholiken, die Landesdienste mit Bedienten, Schuhputzern, Marqueraus, und Paromus durch Schürzen besetzt. Justizgreuel, Despotien der Bürgermeister zu Leipzig, Kanaillerien des Katholizism, Armut und Elend der eigentlichen Staatsdiener, lutherischer Bonzendruck, keine Erleichterung des Landes, das durch die unglaubliche Industrie seiner Bewohner Summen aufbrachte und die Schulden der verschwenderischen Auguste bezahlte — das ist das wahre Gemälde einer Regierung und eines Landes, dessen wahren Zustand ich in den «Wanderungen und Kreuzzügen von Anselmus Rabiosus dem Jüngern» nur mit zu schwachen Farben geschildert habe. Ich berufe mich auf das Urteil aller Einwohner Sachsens und auf den Beifall, den diese Schrift dort gefunden hat, wo man wahrlich! sonst die Aufdecker der Mängel und Gebrechen des Landes nicht liebt.

Der Kurfürst will und weiß das alles nicht. Er ist ein Mann von entschiedener Redlichkeit, aber, was hilft das dem Lande? Daher gab endlich der Druck zu seiner Art von Aufstand Anlaß, der sich so endigte, wie sich itzt noch alle Aufstände der rohen, sinnlichen, knechtischen, durch tausend Bande und Vorurteile gefesselten, für Ehre und Recht wenig Sinn habenden Deutschen endigen müssen. Die Bauern mißhandelten ein paar Edelleute und Beamte, setzten sich in die Schenken und soffen, in der festen Meinung, daß sie nun die Herren wären und nichts mehr zu tun, nicht mehr zu arbeiten brauchten. Statt, wie sie gesollt hätten, irgendeinen vernünftigen Mann zu ihrem Sprecher zu wählen, den Kurfürsten selbst zur Anhörung ihrer Beschwerden auf irgendeine Art zu nötigen und ruhig zu ihrem Feldbau zurückzukehren, inzwischen aber sich auf jeden Fall mit Standhaftigkeit zu wappnen, überließen sie sich zwecklosen Ausschweifungen.

Man schickte also das sächsische Militär gegen sie, wobei man die Vorsicht brauchte, gerade in die revoltierenden Gegenden wendische, durch Sprache und Sitte fremde Regimenter zu senden, die man erst durch Zugestehung einer mehr versagten Brotportionvermehrung gewonnen hatte. Einzelne, aus den unruhigen Dörfern gebürtige Soldaten hatte man dahin vermocht, laut zu erklären, daß sie im Notfall auf ihre Väter und Brüder schießen würden. Diese ganz des deutschen Schießmaschinengeistes würdige Erklärung schreckte die

Zusammenkunft der Monarchen von Sachsen, Preußen und Österreich in Pillnitz am 25. August 1791

Bauern zum Teil zurück. In einigen Orten kam es aber wirklich zum Handgemenge, und ein großer Teil der Offizierchen und Soldaten freute sich, einmal seine Despotie ausüben zu können. Man erzählt, daß ein Sohn seinen Vater gefangennahm und dafür eine Ehrenmedaille erhielt. Die Bauern wurden zerstreut und ihre Anführer zur Karre verurteilt. Dies sind die Heldentaten, die der Verfasser des Revolutionsalmanachs durch Kupferstiche verewigt, dies ist der sächsische Bauernaufstand, wobei der Jakobinism sein Spiel gehabt haben soll.

Das alles war soweit in seinem Gleise, und es ist nichts zurückgeblieben als ein Geist der Unzufriedenheit, der unter andern daraus ersichtlich war, daß die Bauern noch lange nachher kein Ehrenmahl anstellten, wobei nicht einer, der die Eisen trug, den Ehrenplatz gehabt hätte. Um der Form willen wurde in einer Art von Edikt Hülfe gegen das Wild und Abstellung der gegründeten Beschwerden versprochen, und ich glaube auch gerne, daß der Kurfürst für seine Person dazu willig war; wer aber durch Sachsen reiset, kann sich mit eigenen Augen überzeugen, ob etwas geschehen ist, das der Mühe des Anführens lohnte.

Inzwischen schrie man denn doch über fränkische Agenten und Verbreiter der Erklärung der Menschenrechte, welche diesen Aufstand oder vielmehr diese Äußerungen der Unzufriedenheit veranlaßt haben sollten. Man verbot alle möglichen Bücher, zog den Käficht der Etikette noch enger zusammen und roch mit der größten Ängstlichkeit überall Jakobiner. Als ein lächerliches Beispiel führe ich an, daß in den Schauspielen nicht mehr Paris genannt, sondern immer mit Petersburg vertauscht, daß jeder Adelige, der einen schlechten Charakter hatte, zum Bürgerlichen gemacht wurde, daß Fürsten nicht mehr aufs Theater gebracht werden durften, weil, wie der Maitre des Plaisirs einst in einer sehr weisen Note bemerkte, kein Schauspieler die Erhabenheit und Größe einer fürstlichen Person genugsam darstellen könne, daß alle Mesalliance gestrichen, alle schlimmen Präsidenten, Ministers, ansehnliche Beamte verbannet wurden und dergleichen Kuriosa mehr, die allerdings tiefe Weisheit verraten, da die Bauern wahrhaftig! nicht das Schauspiel in der Residenz besuchen und die Bürger sich durch die zahlreichen Lesebibliotheken unterrichten können, wo der Hof sich getroffen geglaubt haben möge.

Friedrich Ernst von Liebenroth
Zirkel von neugierigen Landleuten

§ 5 Nach genauer Prüfung alles desjenigen, was zur Hervorbringung dieser Bauernunruhe hauptsächlich beigetragen hat, habe ich mich völlig überzeugt, daß teils die bösen Beispiele einiger benachbarten Völker, teils gewisse irrige Meinungen und Vorurteile, welche diese Leute hegten, teils aber auch die von hartherzigen Gerichtsherrschaften, Pächtern und Gerichtsdirektoren bezeigte Strenge die Hauptveranlassungen davon gewesen sind. Was das erste anbetrifft, so muß man wissen, daß der sächsische Bauer von Natur gerne lieset und zur politischen Kannengießerei ganz vorzüglich aufgelegt ist. Sehr drolligt ist es, wenn man zuweilen einen Zirkel von neugierigen Landleuten um den Schulmeister herumsitzen siehet, welcher ihnen gemeiniglich die Zeitungen oder den Boten vorliest und seine weisen Anmerkungen den aufmerksamen Zuhörern darüber mitteilet. Alles sitzt unbeweglich, alles ist Ohr, nur eine dicke Dampfwolke von schwarzem Tabak überzeugt den Beobachter, daß diese zum Teil grotesken Figuren keine leblosen Bildsäulen sind. Mit Ehrfurcht schweigt ein jeder und erwartet den Augenblick, wo der Vorleser seine Brille abgenommen und das Blatt aus der Hand geleget hat. Und nun gehen die politischen Zänkereien an, die nicht selten mit großer Hitze geführet werden. Die mehresten ihrer Urteile sind freilich ganz verkehrt, weil ihnen zu viele Umstände unbekannt sind. Aber es gibt auch zuweilen gescheute Leute darunter, über deren treffendes Urteil man sich oft verwundern muß. Man findet auch zuweilen Journale und andere Schriften bei ihnen, und ich kenne sogar einige, welche von der in der nächsten Stadt befindlichen Lesebibliothek Gebrauch machen. Daß nun vieles, was sie lesen, falsch verstanden und beurteilet wird, läßt sich leicht denken.

Unbekannt mit den traurigen Folgen einer jeden bürgerlichen Uneinigkeit mochten manche eine zügellose Freiheit und eine völlige Gleichheit aller Stände für den höchsten Grad menschlicher Glückseligkeit gehalten haben, und die Tat, daß das Volk in Frankreich einen übernatürlich geizigen Kornjuden an einen Laternenpfahl aufgehangen, weil er in der größten Not seine vollgefüllten Kornböden verschlossen hatte und der um Brot flehenden halb verhungerten Menschen noch spotten konnte, mochte gewiß ihren völligen Beifall haben, und es mochten ihnen vielleicht bei dieser Gelegenheit einige ebenso harte und unmenschlich gesinnte Pächter oder Gutsbesitzer einfallen, welche eine ähnliche Behandlung ihren Gedanken nach verdient hätten. Auf diese Art wurden wahrscheinlich ihre Herzen nach und nach verdorben und zu Gewalttätigkeiten und Selbsthülfe immer geneigter.

§ 6 Wegen dieses nachteiligen Eindrucks gewisser Schriften auf das Herz des gemeinen Mannes halten sehr viele sonst vernünftige Männer dafür, daß man das Lesen der Zeitungen und anderer Schriften dem gemeinen Manne ganz und gar untersagen sollte. Sie pflegen zugleich sehr wider die Aufklärung des gemeinen Mannes zu deklamieren und ihr alles Unglück, Volksempörung und Bürgerkrieg der neueren Zeiten auf dem Kopf schuld zu geben. Sie gehen so weit, daß, wo sie einige Gewalt hätten, es um die wohltätige Preßfreiheit und Publizität gänzlich geschehen wäre. Dieses ist doch aber wirklich zu arg. Ich lobe mir immer die vernünftige Mittelstraße; dabei fähret man jederzeit am besten.

Hier liest man nicht von Sklaverei

Ihr Bauern hier im Sachsenland
erlegt das Wild mit eigner Hand,
ihr tötet Hirsche, Reh und Schweine,
ein jeder spricht: Die Jagd ist meine,
ihr wagtet Leben, Gut und Blut.
Woher nehmt ihr doch solchen Mut?

Ihr sagt, man hört nicht unsre Klagen,
wenn wir es gleich den Fürsten sagen,
das Wild verwüstet Feld und Saat,
wenn wir gleich wachen früh und spat.
Viel Steuern haben wir zu geben,
Kind und Gesinde wollen leben,
Drum machen wir uns selber Jagd,
es wird niemand darum gefragt.
Gott, der des Menschen Würde kennt,
bei Adam dort uns alle nennt:
Herrscht über Vieh in Feld und Wald!
Ich schuf's zu eurem Unterhalt,
ihr mögt die Tiere schlachten und essen,
nur sollt ihr meiner nicht vergessen!
Hier liest man nicht von Sklaverei,
Gott schuf den Menschen völlig frei.
Freiheit ist ihm von Gott gegeben,
darüber läßt er Leib und Leben.
Wir schreiben uns von Adam her,
Wer ist, der nicht von Adam wär?
Kommt her, ihr stolzen Edelleute!
Wir haben Gottes Wort zur Seite.

Ferdinand von Funck
Dem einfachen Sachsen eigene Ironie

Die Berichte der erschrockenen Beamten, noch mehr aber das alles vergrößernde Gerücht stellten in Dresden die Sache als äußerst gefährlich, als die Revolution im vollen Ausbruch vor. Beamte und Gutsherren, die sich nicht sicher glaubten, flüchteten in die Stadt, wußten aber doch keinen Grund anzugeben als ihre Furcht und auf keine Tatsachen gestützte Sagen. – Ein Offizier von der Artillerie, der mit dreizehn Mann in ein Dorf, welches die Fronen verweigert hatte, auf Exekution gelegt war, machte die Sache ein wenig ernsthafter durch sein unbesonnenes Betragen. Er berief die Gemeinde, um ihr mit fürchterlichen Drohungen seinen Auftrag anzukündigen, und war so dumm, seine Mannschaft einzeln in die besten Höfe zu verlegen und die beste Verpflegung für sie zu requirieren. Die Bauern hörten ruhig zu und bewirteten ihre Gäste aufs beste, da aber der Offizier sowohl als einige der Gemeinen ihre Wirte und die Weiber mißhandelten, wurden sie schnell entwaffnet, bekamen nach Maßgabe ihres Betragens Schläge und wurden in dem Hinterhause eingesperrt und bewacht. Man ließ sie zwar am folgenden Tage frei, aber unbewaffnet, und der Offizier vergrößerte nun zu seiner Rechtfertigung die Sache nicht wenig; die Bauern aber, voll Furcht für die Folgen eines so dreisten Schrittes, fingen nun an, sich zu versammeln und versprachen der Gemeinde, wo der Exzeß vorgegangen war, sie kräftig zu unterstützen.

In Dresden verbreitete sich plötzlich die Nachricht, Tausende von Bauern hätten Meißen besetzt und geplündert und wären jetzt auf dem Marsche nach Dresden. In der Stadt, auf der Brücke, auf den Wällen lief alles zusammen, überall herrschte die größte Bestürzung, und der Rauch einer Ziegelscheune sollte durchaus das brennende Meißen sein. Der General Bellegarde schickte einen Offizier aus, um Nachricht einzuziehen; in jedem Dorfe hörte er, daß die Rebellen schon in dem nächsten wären, so kam er bis Meißen, ohne anderen als friedlichen Arbeitern begegnet zu sein, aber dort wußte man bestimmt, daß die Bauern Dresden überrumpelt hätten und daß der Hof nach Böhmen entflohen sei.

Noch wäre das ganze Unheil sehr leicht zu vermeiden gewesen, und der General Bellegarde gab dazu einen Plan ein, der sehr einfach war. Aus den den Schauplatz der Unruhen umgebenden Garnisonen sollten Eskadrons Kavallerie ausrücken, durch eine Art von Kordon die Gegend, wo die Gärung ausgebrochen war, einschließen, niemand hinauslassen, ohne jedoch anders als im Fall eines Angriffs Gewalt brauchen, und immer näher zusammenrükkend, die Unruhigen in einem engen Raum einschließen, indem man die still in ihren Häusern Bleibenden ungestört ließe. Es war vorauszusehen, daß bei dem geringen Zusammenhang des Aufstandes die meisten sich davon losgesagt haben würden; die aber, die ihre Häuser verlassen hatten, hätte man in die Enge getrieben und zuletzt gefangengenommen. — Marcolinis Todesfurcht, der sich schon als einen zweiten de Launay oder Foulon betrachtete, und die Eifersucht der anderen Generale gegen Bellegarde, der der Kavallerie allein das Verdienst des beendigten Aufstandes erwerben wollte, widersetzten sich diesem Plan, und man gab nun erst der Sache Wichtigkeit, indem man unter den Befehlen des Generals von Boblick ein Korps von 6 000 Mann Infanterie und Kavallerie mit 9 Kanonen zusammenzog. Dieses konnte jedoch so geschwind nicht geschehen, daß die Bauern nicht davon Nachricht bekommen hätten, denn man mußte erst die Beurlaubten einziehen, und in den 8 Tagen, die darüber hingingen, fielen erst die eigentlichen Akte des Aufstandes vor, daß nämlich die Bauern nun zur Selbstverteidigung sich in der Tat versammelten, auch einige harte Gutsherren und Beamte mißhandelten. Doch auch dabei zeigte sich noch kein rechter Ernst, das Ganze hatte durchaus keinen grausamen, sondern eher einen komischen Charakter. ...

Ein anderer Zug ist durch die Art, wie sich eine dem einfachen Sachsen eigene Ironie darin ausdrückt, charakteristisch. Eine Jagdpartie, bei der sich verschiedene Dresdner Herren und unter diesen ein Freiherr von Berlepsch, Kommandeur vom Deutschen Orden, befanden, wurde in der Nähe der Hauptstadt von einem Trupp Bauern umringt, die sich aber begnügten, sie zu beobachten. Den Jägern war jedoch nicht ganz wohl dabei zumute, weil die Bauern teils mit Gewehr, teils mit Prügeln und Heugabeln bewaffnet waren. Einige aus der Gesellschaft wagten es, den Haufen anzureden und ihnen vorzustellen, daß sie unrecht täten, so bewaffnet umherzuziehen. Die Bauern antworteten bloß, sie hätten ebenso das Recht, Gewehre zu tragen und auf die Jagd zu gehen wie die Herren. Weil die Diskussion mit vieler Mäßigung von beiden Seiten fortgeführt wurde, bekam auch Herr von Berlepsch, der sich für den Vornehmsten der Gesellschaft hielt, Mut, sich dareinzumischen. Er trat vor und hielt eine lange Rede, in der er aber, da er sowenig durch Herzhaftigkeit wie durch Rednertalente sich auszeichnete, in ewigen Wiederholungen nichts als Plattheiten auskramte. Die Bauern hörten ihm mit komischer Aufmerksamkeit zu, da er es aber gar zu lange machte, trat plötzlich einer vor, griff mit der Hand in einen Haufen, den eine Kuh ganz frisch hatte fallen lassen und drückte nun einem anderen Bauern die beschmutzten ausgebreiteten Finger auf die Brust mit den Worten: «Da hast du auch einen Stern!» — Ein wieherndes Gelächter erhob sich, dem Kommandeur starb das Wort auf der Zunge, und beide Parteien gingen friedlich auseinander.

Um einen Aufstand, bei dem aller davon unzertrennlicher Unfug mit so vieler Mäßigung gepaart war, zu dämpfen, bedurfte es keiner Armee. Merkwürdig aber und gleichfalls für die Pflichttreue der Sachsen charakteristisch ist es, daß von allen Bauernsöhnen, die unter den aufgebotenen Regimentern dienten, auf den Ruf, vom Urlaub zurückzukehren, auch nicht einer ausblieb, wenngleich ihre Väter oder Brüder unter den Rebellen waren, und daß diese auch keinen Versuch machten, sich zurückzuhalten.

Das Außentor des Wilsdruffer Tores

Die ehemalige Schiffsmühle an der Elbe

Sächsisches Fuhrwerk

Prospekt der Loschwitzer Weinbergsfluren

Ehemalige Spiegelschleife in Löbtau vor dem Brande 1813

Die Pulvermühle im Plauenschen Grund

Siebeneichen

Das Pirnaische Tor in Dresden

Beleidigt den Dresdner Marat nicht

Bis in die 1790er Jahre war das Zensoramt in Dresden so eine Art Ruhekissen, auf welches die Buchdruckereien fast nach Belieben – denn oft beliebte es ihnen auch nicht – resp. 2 und 4 Groschenstücke pro Bogen oder pro Gelegenheitsgedicht legten, die der Zensor ohne sonderliche Mühe und Sorge nur wegnehmen durfte; denn das literarische Meer, für welches er den Hafenkapitän abgab, war fast immer ruhig und spiegelhell. Von Pressefreiheit, Konstitution u. dergl. hatte man kaum Begriffe. Über öffentliche Behörden und Anstalten, über Staats- oder Stadtverfassung und Verwaltung schriftstellerisch nur zu murren, galt fast für Hochverrat. «Anzeiger» mit Örtlichem, «Bienen» mit Instanz- und Personenstacheln, «Konstitutionelle Bürgerzeitungen» und «Insel Rügen» mit Freihäfen für derbe Wahrheiten (oft auch gehässige Lügen) u. dgl. gab es noch nicht. Ehrenmänner öffentlich abzuschachteln, Ehrwürdiges durchzuhecheln, Geheimes zu veröffentlichen, gehörte noch nicht zur Würze der Journale, deren es ohnedem noch wenige und nur ganz unschuldige gab – und so konnte der Zensor sein Amt fast schlummernd verrichten, über sein Imprimatur einnicken und, ohne Furcht vor Verantwortung, mit leicht verdienten 2- und 4-Groschenstücken auf Rosen schlafen, während ein jetziger Zensor, obschon neben jenen kleinen Silberlingen auch noch mit einem nicht unbedeutenden Gehalte gesegnet, doch auf Dornen dejeuniert, diniert und soupiert, auf Dornen konversiert und promeniert, auf Dornen ins Theater oder in die Soiree und endlich zu Bette geht, um – auf Dornen zu schlafen.

Die Zensur der Bücher trug freilich in jener seligen Zeit, wo die meisten Werke Dresdner Gelehrten aus Mangel tüchtiger Verlagshandlungen und eleganter Buchdruckereien nach Leipzig oder Berlin wanderten, so blutwenig ein, daß der Zensor oft versicherte: er verdiene damit nicht Salz in die Suppe. Dafür entschädigte ihn aber hinlänglich die Zensur der Gelegenheitsgedichte, denn fast in alle Verhältnisse der Häuslichkeit wie des geselligen und öffentlichen Lebens mengte sich die Muse. Kein Wiegen-, kein Hochzeits- oder Jubelfest, kein Genesungs- oder Todesfall in anständigen Familien, kein Amtsantritt von Bedeutung, kein Thron- oder Hofereignis ohne – und zwar meist ganz unschuldige – Verse. Jedes solcher Gedichte aber, auch das kleinste, durfte nicht ins offene Meer des Lebens ohne 4 Groschen für den Hafenkapitän. Was Wunder, wenn man diese enormen Gebühren auf alle Art zu umgehen suchte, so daß der Zensor oft seufzte: er erhalte von zehn Gedichten kaum zwei zur Zensur, und deshalb mehrmals klagbar auftrat gegen die Buchdruckereien, die sich damit entschuldigten: daß sie die hohen Zensurgebühren meist nicht mit in Rechnung bringen könnten und also einbüßen müßten, weil ihre Kunden schlechterdings nicht glauben wollten, daß eine so unbedeutende Arbeit, als das Lesen eines Gedichts, so hoch im Preise stehe.

Letzterer, bis jetzt noch dauernd, ist aber auch in der Tat unbegreiflich, besonders im Vergleich zu dem der Bücherzensur, wo der arme Zensor 16 oft sehr enge, auf großes Format gedruckte Seiten oder höchst unleserliche Manuskripte mit größter Aufmerksamkeit, steter Furcht vor Verantwortung und oft nicht ohne Ausrüstung mit vielseitigen Kenntnissen lesen muß, um – 2 Groschen zu verdienen; denn sein fixer Gehalt ist doch wohl nur geringe Entschädigung für die namenlosen Bürden und Unannehmlichkeiten, die mit seinem Amte verbunden sind, für seine allgemein verrufene Stellung im Staate, für die ewigen und zarten Rücksichten, die er bald auf Behörden, bald auf Schriftsteller, bald aufs Publikum zu nehmen hat.

Der Zensor der historischen, geographischen, politischen und ästhetischen Literatur war in den 1780er und 90er Jahren der Rektor der Kreuzschule, M. Olpe, ein tüchtiger Philolog, ein nicht unglücklicher, besonders lateinischer Dichter und ein seelenguter Mann, der niemandes Ruhe störte, aber auch in der seinigen nicht gestört sein wollte. Und doch ward er es auf die lebendigste Art bald nach dem Ausbruche der Französischen Revolution, wo das Fieber des Freiheitschwindels, auch Dresden bedrohend, die höchsten Behörden zu so strenger Handhabung der Zensur veranlaßte, daß der arme Olpe, bisher in seliger Ruhe, nun auf einmal in steter Angst vor Verantwortung lebte und einst den Oberkonsistorialpräsidenten von Berlepsch dringend bat, der Bücherzensur ihn zu entbinden und ihm nur die Zensur der Gedichte zu lassen, indem, wie er humoristisch-massiv sich ausdrückte, letztere zu ersterer sich verhalte wie Taubenwürgen und Rinderschlag, oder wie einen Scheffel säen und 50 Scheffel dreschen.

Und doch brachte ihm grade solch zensorisches Taubenwürgen einst schwere Verantwortung, ja sogar die Androhung einer Strafe von 50 Talern. Der unter den privatisierenden Gelehrten erwähnte heillose Rebmann, der seiner satirischen, französische Freiheit predigenden Feder wegen mit Olpe in ewiger Fehde lebte, hatte einst auf den frühen Tod einer allberüchtigten Antivestalin Verse gemacht, die ganz unschuldig mit: «Weinet, Grazien! Weinet, Amoretten!» begannen. Der gute alte Rektor, in seiner gelehrten Welt ganz unbekannt mit der sündigen, nicht ahnend, daß das an sich treffliche Gedicht einer sehr Untrefflichen gelte, gab unbedenklich sein Imprimatur, und die Hetärenelegie, für die Richter'sche Buchhandlung sauber gedruckt, ging so reißend ab, daß binnen wenig Tagen eine neue Auflage notwendig ward. Die Sache machte Aufsehen, und nicht eine Woche ging ins Land, da ward der arme Zensor auf eines hochedeln und hochweisen Rats Kommissionsstube zitiert, wegen des dem skandalösen Gedichte erteilten Imprimatur höchster Anordnung gemäß sich zu verantworten. Olpe, jetzt erst von dem puncto controversiae gehörig in Kenntnis gesetzt, war wie vom Donner gerührt, sammelte sich aber bald und berief sich auf Horaz, Ovid, Catull und Konsorten, deren weit unzüchtigere Verse auf Gymnasien der lieben Jugend sogar in die Hände gegeben würden. Allein es blieb bei Verweis und 50 Talern Strafe, von welchen letztern er nur durch eine de- und wehmütige Bittschrift sich befreite. Sein Haß gegen Rebmann, den er seitdem nur den privatisierenden Bösewicht nannte, kannte keine Grenzen, und gut war es für letztern, daß er bald nachher Dresden verließ, denn Olpe würde ihm die für Richter schriftstellernde Feder gewiß auf alle Art erschwert haben.

Überhaupt ward Olpe, durch diesen Fall mehr noch als durch Reskripte eingeschüchtert, nun so streng als Zensor, daß die Fehden zwischen ihm und den Schriftstellern, Buchhändlern und Buchdruckern Dresdens kein Ende nahmen. ...

Wie ängstlich man noch späterhin, als nach Olpes Tode der Rektor Paufler Zensor ward, selbst das Schriftstellern über ganz unschuldige vaterländische Angelegenheiten bewachte, ergibt sich unter anderm aus folgendem: Der jetzige Kriegsarchivar Engelhardt hatte aus den besten, zum Teil handschriftlichen Quellen eine Geschichte der sächsischen Staatsgefangenen geschrieben, welche, weil sich nicht gleich ein Verleger fand, nach und nach in den «Gelehrten Beilagen zum Dresdner Anzeiger» abgedruckt werden sollte. Bei Nennung der Gefangenen des 15. bis 17. Jahrhunderts fand die Zensur kein Bedenken. Als aber die aus der Augusteischen Luxusperiode und spätern an die Reihe kamen, ward die Fortsetzung des Drucks nur unter der Bedingung gestattet, die Namen der Gefangenen wegzulassen. Eine Geschichte namenloser Staatsgefangenen – wie lächerlich! Was würde das Publikum dazu gesagt haben! Es unterblieb also natürlich der Druck.

Ebenso ängstlich verfuhr auch Paufler gegen eine Stelle im fünften Bande von Engelhardts «Erdbeschreibung Sachsens», wo es heißt: daß die dort über den Porzellanerfinder Böttger gegebnen Nachrichten meist aus handschriftlichen Quellen geschöpft seien. «Kann nur passieren, wenn der Verfasser das Erlangen der handschriftlichen Quellen vertreten will», schrieb der Zensor, und Engelhardt übernahm natürlich die Vertretung.

Einige Jahre später gab es Landtag. Der Verf. der «Staatsgefangenen» erhielt von der Arnoldschen Buchhandlung den Auftrag, für die «Gelehrten Dresdner Anzeigen» eine kritische Relation von allen über den Landtag vorher erschienenen und etwa während desselben erscheinenden Schriften zu bearbeiten. Bei dem ersten Manuskripte fand der Zensor, damals Syndikus Dr. Herrmann, nicht das mindeste Bedenken, desto mehr aber, als das damit gefüllte Stück des Anzeigers ausgegeben ward, ein längst verstorbener Konferenzminister B., welcher den Verf. sofort zitieren ließ, ihn förmlich zur Rede setzte, daß er Druckschriften über den Landtag, die ohnedem höchsten Ortes nie gern gesehen würden, durch Auszüge und Kritik noch mehr verbreiten wolle, und ihn endlich ganz trocken verabschiedete mit der Bemerkung: Herrenstände wüßten selbst am besten, was sie Sr. kurfürstlichen Durchlaucht zu proponieren hätten, dazu bedürfe es nicht unberufener Skribenten, die um die paar Taler willen das Publikum aufregten. Der Titel kam Rebmann zu Ohren. Was tat er? Er ließ dem Halsbande seines Hundes Marat ein Glastäfelchen ein- und darunter den Vers setzen:

Mein Nam ist in Dresden allbekannt,
Rebmanns Marat bin ich genannt.
Beleidigt den Dresdner Marat nicht!
Denn er dient dem privatisierenden Bösewicht.

Diese vier Verse mußte die Hofdruckerei unter Angabe ihrer Bestimmung Olpe zur Zensur schicken, erhielt sie aber sofort zurück mit der Randglosse: «Da Unterzeichneter zur Zensur von Hundehalsbändern nicht angewiesen ist, hat sich der Dresdner Marat an eine andere Behörde zu wenden. M. Olpe.» Rebmann wollte sich totlachen, daß der Zensor so gut sich aus der Affäre gezogen.

Ein gewisser George Friedrich Rebmann

Durchlauchtigster Kurfürst, Gnädigster Herr.

Nachdem in dem für den abgewichenen Monat Februar in der Richterschen Buchhandlung allhier herausgekommenen Blatte des allgemeinen Sächsischen Annalisten der Verfasser sich beigehen lassen, über die letztere Revolution in Frankreich, besonders in den fol. 33 et 34 befindlichen Stellen, gewagte Nachrichten und unüberlegte Bemerkungen bekanntzumachen, und daher Ew. Kurfürstl. Durchlaucht

daß wir den Verleger zur Angabe des Concipientens sotanen Blatts und insbesonderheit dieser einzelnen Abhandlung behörig anhalten und letztern über das hierunter begangene Ungebührnis gebührend vernehmen, auch wo

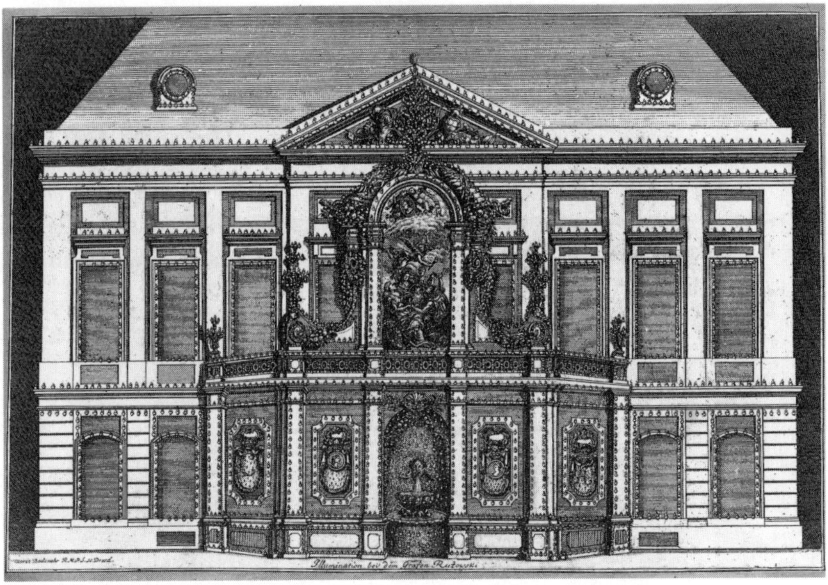

Palais des Grafen Rutowski (Kurländer Palais) bei einer Illumination

und von wem vormeldetes Blatt zensiert worden, Erkundigungen einziehen und den Erfolg, unter Beifügung der Akten, schleunig, mittels gehorsamsten Berichts, anzeigen sollten unterm 21. Mart. cui curr. gemessenst rescribieret;

so haben wir, in Abwesenheit des Buchhändlers D. Richter von desselben dermaligen Buchhalter, Herrmann Heinrich Holl, fol. 2 zu vernehmen gehabt, daß der Concipient des allgemeinen Sächsisch. Annalisten ein gewisser George Friedrich Rebmann sei, welcher als Gelehrter und Redakteur sotaner Schrift bei D. Richter gegen ein bestimmtes Honorarium sich aushalte, der, besonders wegen gedachter Schrift verrichtete Expedition dirigiere, die dafür eingehende Gelder einnehme, mit D. Richter Ab- und Zurechnung halte und überhaupt alles und in das, was durch Schrift concerniere, besorge und daß der Rektor an der Kreuzschule M. Olpe diese Schrift zensiere. ...

Welches alles Ew. Kurfürstl. Durchlaucht wir unter Beifügung der Akten gehorsamst anzeigen und mit größter Devotion verharren sollen.

Ew. Kurfürstl. Durchlaucht
untertänigst treugehorsamst
und pflichtschuldigst
Der Rat zu Dresden
Johann Wilhelm Ayst

Dresden, am 25. Mart. 1793

Wider Tumult und Aufruhr und Feldmäuse

Nachzutragen wäre noch auf den Monat Jänner, daß Se. Kurfürstl. Durchl. am 18ten ein neues Mandat wider Tumult und Aufruhr ergehen lassen, welches von Kanzeln verlesen worden und in allen öffentlichen Blättern steht. – Ferner die Ratsverordnung, die Feldmäuse nicht auf Feldern und Wiesen durch gestreuten Arsenik zu töten, wegen gefährlicher Folgen für das zahme Vieh, das seine Nahrung auf Feldern und Wiesen sucht.

Friedrich August von Sachsen Wider Verbreitung aller zu Empörung und Aufruhr anstehender Schriften

Wir halten es für dringend nötig, daß wider Verbreitung aller zu Empörung und Aufruhr anstehender Schriften alle mögliche Vorsicht angewendet werde, haben auch zu solchem Ende, unter andern am 23sten vorigen Monats, durchaus die Ausgabe der zu Mainz herauskommenden politischen Zeitungen verbieten lassen. Wie nun die zu Frankfurt erscheinenden beiden Zeitungen, allen Ursachen nach, dermalen unter französischer Direktion geschrieben wurden und auch derenthalben eine vorzügliche Aufmerksamkeit allerdings nötig ist. Also tragen Wir zwar zur Zeit Bedenken, selbige allgemein zu verbieten, jedoch mögen diejenigen einzelnen Stücke derselben, durch deren Ausgabe der öffentlichen Ruhe und Ordnung gefährliche Grundsätze verbreitet werden könnten, sofort zurückbehalten oder zurückgesendet werden.

Wir geben auch dahero hierdurch anheim, deshalb das Nötigste an den Ober-Post-Commissarium und Zeitungs-Pachter, Boxberg, gelangen zu lassen, damit sowohl in Leipzig als auch den Grenz- und andern Post-Ämtern, wo, mit dessen Vergünstigung, die Frankfurter Zeitungen zuerst und ehe sie noch nach Leipzig kommen, debieret werden, dergleichen einzelne Stücke gänzlich zurückbehalten oder zurückgesendet, demnächst, nach Befinden, die auswärtigen Korrespondenten von der hiesigerseits also getroffenen Veranstaltung benachrichtiget werden. Ihr habt, wie Wir hierdurch gnädigst begehren, deshalb sorgfältige Obsicht zu führen, und, wenn auch so zu Erreichung Unserer oberwähnten Absicht noch zweckmäßige Vorschläge beigehen, solche, mittelst gehorsamsten Berichts, ungesäumt zu verrichten.

Daran, Datum, Dresden, am 3. Dec. 1792

An das Ober-Post-Amt zu Leipzig

Spitzelbericht nach der Hauptstadt

[26. Januar 1793] Hochwohlgeborener Herr, Gnädiger und Hochgebietender Herr Kanzler, Ew. Exzellenz mir unterm 18ten dieses Monats erteilte gnädige Befehle werde ich mit der strengsten Verschwiegenheit und aller nur möglichen Vorsicht zu befolgen suchen. Schon von der Zeit an, da ein übel verstandener Freiheitssinn auch in Sachsen aufzukeimen begann, habe ich es mir zur größten Pflicht gemacht, dem weiteren Einreißen gefährlicher Grundsätze, so viel solches mein geringer Würkungskreis zuließ, entgegenzuarbeiten. …

Untertänigstes Inserat

Auch

Gnädiger und Hochgebietender Herr Kanzler, scheinen die verbotenen Schriften meistenteils von Gotha aus, und zwar von der Ettingerischen Buchhandlung zu uns herüberzukommen. Indessen bitte ich devotest, mich von allem diesen nicht etwa als Anzeiger zu nennen, indem ich sonst – vielleicht als ein Feind der Aufklärung – äußerst verfolget und zu künftiger Aufsichtsführung unfähig gemachet werden würde. Denn ich habe hierbei weiter keine Absicht, als meinem Herrn und Vaterlande getreu zu dienen, verharrend ut in litteris

Ew. Exzellenz ganz untertäniger Diener

Christian Friedrich Göschel

Caroline Böhmer
Wie streng man in Sachsen ist

An Friedrich Ludwig Wilhelm Meyer

Gotha, d. 7ten Jun. 1794 Ach wir haben so viel Projekte! Alles dies wird nämlich gut angebracht und bezahlt, und im Herbst begleiten mich Gotters nach – Dresden: in Weimar, in Leipzig, in Dresden werden die neue Oper und Schauspiele gegeben, und Gotter und ich, wir können uns, jeder in seiner Art, vor Berühmtheit nicht retten. Luise will deswegen auch lieber nicht mit, aber wir haben ihr versprochen, daß sie Dich in Dresden finden soll. – Im Ernst, lieber Freund, Du nennst Dresden, und seit mehr als 6 Wochen steh ich in Traktaten darüber. Deine Einwendung ist ungültig, denn ich weiß genau, wie teuer es in Dresden ist; dies braucht mich nicht abzuschrecken. Ich fürchte nur noch, zu sehr dort bekannt zu sein, und ich fürchte vorzüglich ein Haus – das von Körner. Kennst Du den? Diese beurteilen und hassen mich wie Theresen, diese wissen von Leipzig aus mehr mit Sicherheit, als gut ist, da sich die Damen vielleicht ein verdienstliches Geschäft daraus machen werden, jedermann diese Sicherheit mitzuteilen, wenn ich erst dort bin. Ich will sie nicht gewinnen, aber es kann ihnen nicht unbekannt bleiben, wenn ich auch nur in die Gegend komme. (Denn eigentlich ist meine Absicht, ganz in der Nähe aufs Land zu gehn.) Ich hätte eine weibliche Bekannte dort, eine Schwester von Schlegel, die es ihnen nimmer verschwiege. Du gehst jetzt nach Dresden – Du kannst mir sehr reell dienen, wenn Du den Boden an meiner Statt erkennen willst. Du schriebst mir von Bekannten, die Du dort hast – Körners gehören darunter, wie ich mir eben erinnre – nenne mir die übrigen. Sprich bei diesen K., wo Du die Rede so leicht auf mich bringen kannst, von mir, wie Du denkst – sag, daß Du wünschtest, ich möchte in Dresden wohnen, weil in Gotha keine Ressourcen wären für den, der sich nicht in die ganze Geselligkeit des Orts stürzen könne – und sag mir, wie man's aufnahm – ob so, daß ich ein Aufsehn befürchten müßte, welches in politische Verdrießlichkeit ausarten könnte, denn wie streng man in Sachsen ist, scheinst Du nicht zu wissen. Es wäre sehr reizend für mich – diese Gegend – nach jenen Rheinufern die schönste von Deutschland, in der Stadt Künste, Galerien, Bibliotheken, Theater! Außer Körners weiß niemand von mir ... Wenn dies nicht gelingt, so ist mein Entschluß gefaßt, Deutschland zu verlassen.

Hans Georg von Carlowitz
Das Rätsel der sächsischen Verfassung

An Novalis

Dresden, 20. Januar 1799 (Sonnabend) Es sind viele Gründe, warum ich nicht geschrieben, darunter Familienangelegenheiten, die leider jetzt schlecht genug stehen, zu besorgen oder das Rätsel der sächsischen Verfassung zu ergründen, die, wie der Mantel der christlichen Liebe, alle Dummheiten in sich faßt und jetzt das mächtige Banner der Ignoranz, der Brutalität und des Egoismus geworden ist. Ich schicke Dir den Totenkopf, er gehörte einem cidevant Bedienten meines Bruders, der mitten in Dresden beim Spiel ermordet wurde und den seine Mörder, zur Vermeidung juristischer Weitläufigkeiten, aufhingen. Ich kannte den armen Kerl und glaube, daß seine traurigen Reste dem Vizekanzler lehrreicher als Dir sein würden.

Du glaubst nicht, wie groß die Torheit und der Unverstand der sächsischen Stände ist. Graf Tottleben hatte eine Schrift in der Tasche, in der er auf Abschaffung der Taufe, des Abendmahles, der Trauung usw. antrug. Er wurde mit Beziehung auf die symbolischen Bücher und die sich darauf gründenden Pacta religionis höflichst ersucht, sie in der Tasche zu behalten. Der Domherr Holleufer, Scholastikus von Merseburg, wünschte die Aufhebung aller Anstalten, wo Schulmänner gebildet werden, weil dergleichen Kerls doch nichts lernten und auch nichts zu wissen brauchten. Herr v. Wietersheim bittet um Schiffbarmachung aller Flüsse in Sachsen, damit die Beschwerden über die Magazinfuhren erledigt werden möchten. Graf Ronnov will die Witwen und Waisen der Steueroffizianten verhungern lassen, weil sie sonst dem Staate zur Last fallen könnten! Komm nur auf einen Tag zu mir, ich will Dich in den Rittersaal führen, und Du wirst dort mehr lernen, als Du wissen willst. Neugierig bin ich, welchen Eindruck es auf Dich machen wird, wenn Du die vornehmsten Glieder unsres Landes, mit der Chokoladentasse in der Hand, wie aristokratische Sansculotten sprechen hörst. Wäre Rousseau auf den sächsischen Landtagen erschienen, er hätte gewiß nicht gesagt, daß die Majorität die Minorität nicht bloß an der Zahl, sondern auch an Verstande übertrifft.

Novalis
Unterdrückungsplan der öffentlichen Meinung

An Dietrich von Miltitz

Freiberg, den 6ten Febr. 1799 Ich freue mich sehr, Dich zu sehen und manches mit Dir zu besprechen. Auf den Freitag über 8 Tage denk ich bei Euch zu sein. Empfiehl mich Deiner Frau und *Carlowitz* vorzüglich. Allen übrigen Gruß. Die Instrumente bring ich mit.

Dein Freund und Vetter
Hardenberg

Fichtes Appellation ans Publikum bitt ich Dich aufmerksam zu lesen. Es ist ein vortreffliches Schriftchen und macht Dich mit einem so sonderbaren *Geist* und *Plane* unsrer *Regierungen* und Pfaffen bekannt, mit einem zum Teil in der Ausführung begriffenen Unterdrückungsplane der öffentlichen Meinung – daß es die Achtsamkeit jedes vernünftigen Menschen erfodert, diese Schritte zu verfolgen und einen bedeutenden Schluß aus diesen Prämissen zu ziehn.

Hans Georg von Carlowitz
Die verhaßte Stimme des Egoismus, der Dummheit und der Brutalität

An Novalis

[10. Februar 1799] Dein Bild von den Ständen ist leider sehr wahr, aber der Entschluß, nie auf dem Landtage zu erscheinen, ist nicht patriotisch. Jeder tut für die gute Sache, was er kann, und gerade Du würdest viel können. *Du bist der einzige mir bekannte Mensch, dem ich zutraue, daß er eine ganze Generation erheben und die verhaßte Stimme des Egoismus, der Dummheit und der Brutalität unterdrücken könnte; Du allein würdest uns von der Verachtung retten, die wir verdienen.* Glaube nicht, daß meine Neigung zu Dir, die weder Dankbarkeit allein veranlaßt noch das Wort Freundschaft in ihrem Umfang ausdrückt, mich zum Übertriebenen fortreißt. Ich habe mehr Selbständigkeit als viele von den anderen, und doch fühle ich meine unbedingte

Abhängigkeit von Dir. Ich weiß gewiß, daß auch dem Schwarm geborener Sklaven Deine Überlegenheit fühlbar sein müßte, die sich jetzt von einem Münchhausen, Planitz, Werthern am Narrenseil führen lassen. Sie machen die Mehrheit unter uns aus und würden sich gewiß unter einem würdigeren Chef mit ebender Bereitwilligkeit zum Guten lenken lassen, mit der sie sich jetzt zu kleinlichen, entehrenden Zwecken hingeben. Nur Du könntest die Scheidewand zwischen den Guten und Bösen bei uns vernichten und das Band wieder knüpfen, das man mutwillig zerrissen hat, um uns alle der allgemeinen Verachtung und vielleicht künftig der Verantwortung bloßzustellen.

Wilhelm von Kügelgen
Fürst Putjatin

Unter allen aber der merkwürdigste war ohne Zweifel jener russische Fürst Putjatin, den ich zwar täglich auf der Straße sah, der mir aber im Schönbergschen Hause im Verkehr mit andern Menschen doppelt interessant war. Der Fürst gehörte der vornehmsten Gesellschaft an, er war ein gebildeter, geistvoller und sehr kenntnisreicher Herr, doch aber etwas ganz Apartes und seine Erscheinung so auffällig, daß ich nicht weiß, wem es mehr zur Ehre gereichte, ihm oder der Straßenjugend, wenn diese ihn nicht nur ungehudelt ließ, sondern ihm sogar mit Achtung auswich.

Meine Dresdner Zeitgenossen werden sich erinnern, daß ihnen jezuweilen bei Regenwetter ein wandelndes Schilderhaus oder ein Pavillon von schwarzem Taft begegnet ist. Das war der Fürst. Sich bei Exponierung des ganzen übrigen Körpers nur allein den Kopf zu schützen, hielt er nicht für zuträglich und erfand daher diese Veranstaltung, welche, mit kleinen Glasfenstern versehen, die ganze Gestalt bis an die Knöchel bedeckte.

Bei schönem Wetter war etwas mehr zu sehen. Der Fürst trug alsdann eine zweckmäßige, sehr großschirmige Mütze, blaue Brillen, das breite schwarze Halstuch übers Kinn gezogen, und einen langen, bis an die Füße reichenden, fest zugeknöpften Überrock. Rechts von der Brust herab hing an einem silbernen Haken das ansehnliche Paket jenes kompendiösen Schirmes, links aber eine elegante Hundepeitsche und eine große Flöte oder Schalmei. Vor ihm her bewegten sich ein paar Möpse, welche taub zu sein schienen, denn sie kehrten sich ebensowenig an die starken Signale, die der Fürst ihnen von Zeit zu Zeit auf seiner Schalmei gab, als er sich an ihren Ungehorsam. Er begnügte

Das Landhaus des Fürsten Putjatin

sich, ihnen seinen Willen kundzutun, es ihnen überlassend, ob sie sich fügen wollten oder nicht. Ohne seine Hunde aber sah man ihn nie. Er liebte und bewunderte sie wie ihr ganzes Geschlecht und pflegte zu behaupten, die Hunde seien die eigentlichen Menschen, die Menschen eigentlich Hunde. Übrigens war es nur wenigen bekannt, daß man unter dem langen Überrock des Fürsten vergebens nach Beinkleidern gesucht haben würde. Putjatin nannte besagtes Kleidungsstück die unlautere Ursache vielfacher Unlust. Es wäre ihm nicht unwahrscheinlich, sagte er, daß sowohl Römer als auch Bergschotten ihre bekannte Mannhaftigkeit nur der Sansculotterie zu danken hätten, und Rücksichten, die man sich selber schulde, seien Grund, sie abzulegen. Auch ging Seine Durchlaucht hierin allen mit gutem Beispiel voran, indem er sich begnügte, beide Beine von oben bis unten gleich Wickelkindern mit Leinwandstreifen zu umwinden. Diese Art von Toilette, die er sich herbeiließ, eines Abends bei Schönbergs vorzuweisen, glich einem geschienten Knochenbruche und flößte uns Kindern Entsetzen ein.

Überhaupt hatte der Fürst so seine eignen Sanitätsmaximen. Zum Beispiel genoß er niemals Brot im primären Zustande, wie es der Bäcker liefert, sondern nur geröstet, in welcher Form er es auch in fremde Häuser mit sich führte, sogar an den Hof. Er hatte nämlich ermittelt, daß im rohen Brote, wie er es nannte, wenn auch nicht chemisch nachzuweisen, doch ein verzweifelt scharfer Giftstoff stecke, welcher die Not der Skrofeln erzeuge und nur durch Rösten zu paralysieren sei. Auch hörte man ihn dartun, der offenbare Grund sehr vieler Übel sei der, daß man die Haut unausgesetzt durch Kleidung oder Betten den Einwirkungen der Luft entzöge. Nun sei es leider nicht tunlich, durchgehends nackt zu gehen wie die Kaffern, doch wolle er Herrn Schönberg hiermit allen Ernstes tägliche Luftbäder angeraten haben. Daß Seine Durchlaucht diese selbst brauche, war sehr bekannt. In seinem Empfangszimmer hatte er sich ein Entresol oder Zwischendeck erbaut, auf welchem er, unsichtbar für den Besucher, die er im untern Raume annahm, sich mit ihnen bestens unterhaltend, in puris naturalibus umherzuwandeln pflegte. Auf diese Weise glaubte er, die verlorene Zeite der Visiten am zweckmäßigsten auszunutzen.

Man mag aus alldem entnehmen, daß es dem Fürsten nicht an Ideen fehlte; er triefte vielmehr von Erfindung. Wenn er zur Winterszeit nach Hofe fuhr, so sah man Dampf aus seinem Wagen gehn, weil er ihn heizbar gemacht hatte. Bei schönem Sommerwetter dagegen zeigte er sich in zurückgeschlagener Kalesche – wie weiland König Richard III. zwischen den beiden Bischöfen – zwischen zwei ansehnlichen Blasbälgen, welche, durch die Bewegung der Wagenräder in Tätigkeit gesetzt, ihm Kühlung spendeten, und zwar so energisch, daß er sich genötigt sah, den Hut zu halten.

Für seine zweckmäßigste Erfindung aber hielt der geistreiche Herr eine gewisse Zuckersägemaschine, welche er eines Abends im Schönbergschen Hause arbeiten ließ. Wir Kinder wurden gerufen und staunten die neue Maschine bescheiden an. Auf dem Tische stand ein kleiner Sägebock von poliertem Buchsbaum, zusammengesetzt aus einer niedrigen und einer höheren Gabel, auf denen der Zuckerhut waagerecht zu liegen kam, den zwei Livreebediente mittels einer gewöhnlichen Säge in zollstarke Scheiben zerteilten. Es war ihnen jedoch keineswegs gestattet, schlechtweg zu sägen, wie man Holz sägt, sondern es mußte dies in einem vorgeschriebenen Takt geschehen, den ich nicht anders zu bezeichnen wüßte als mit drei Viertelnoten und einer Viertelpause. Davon hing alles ab, sagte der Fürst. Endlich wurden die abgeteilten Scheiben nach demselben Takte mit Messer und Hammer in gleichmäßige Würfel zerschlagen.

Worin der Vorteil dieser Maschine läge? flüsterte mir August zu. Ich wußte es aber nicht.

Andreas August Hering
Darstellung der Königlich Sächsischen Regierung
[1814]

Sachsen war nach dem Siebenjährigen Kriege beinahe ganz verwüstet, mit Schulden belastet, zum Teil von Einwohnern entblößt, doch waren viele Einzelne durch den Krieg reich geworden: Sachsens Regent, von dessen andern Eigenschaften weiterhin die Rede sein wird, verschaffte durch seine Gewissenhaftigkeit und Beharrlichkeit in Bezahlung der Landesschulden, auch durch Erwählung vieler, diesem Zweck ganz entsprechender Mittel, dem Lande in sich selbst und gegen das Ausland einen solchen Kredit, als wenig Länder in ihren blühendsten Epochen genossen haben, und hierin liegt das größte Verdienst, welches Sachsens Untertanen ihrem Regenten verdanken müssen. Denn ohne diese von ihm ausgehenden weisen Maßregeln würde Sachsen sich schwerlich, am wenigsten aber in so kurzer Zeit haben erholen können. Allein alle diese Verfügungen hätte kein so wohltätiger Erfolg gekrönt, wenn nicht eine große Anzahl von zufälligen glücklichen äußeren Umständen den unermüdeten Fleiß der Bewohner belohnt, wenn nicht die größte Industrie geherrscht, der Handel viele Jahre freien Spielraum gehabt und besonders die dem Sachsen ganz eigne Frugalität sehr viel dazu beigetragen hätte, das Land wieder blühend und wohlhabend zu machen, wozu auch die nach und nach an der Spitze der Regierung stehenden Männer, ein Wurmb, Gutschmidt, und in einiger Hinsicht Ferber, das Ihrige beigetragen haben. ...

Allein der Geist der Zeit, der seit der Französischen Revolution sich fast in ganz Europa zu regen anfing, der mit jedem Tage wirksamer und umgreifender wurde, dem mehrere Staaten zu huldigen anfingen, der alles nach und nach umfaßte, alte morsche Verfassungen ganzer Staaten zertrümmerte, neue Ansichten der Menschen, in Verhältnissen gegeneinander, erzeugte, alles dasjenige, was man für die Ewigkeit geschaffen, durch Jahrhunderte geheiligt glaubte, als nachteilig für das Ganze, als schädlich für einzelne verwarf, verjährten Vorurteilen bald freiwillig, bald gezwungen entsagend, den Kastengeist mit allem Recht verdammte, wo der Verstand über alles siegte: dieser Geist nagte an Sachsens innerem Mark und Bein wie ein giftiger Wurm. Sachsens Regent, dessen standhafter Charakter im Anfange seiner Regierung des Landes Glück geschaffen, dessen wenige Menschenkenntnis ihm aber nicht erlaubte, mit dem Geist der Zeit für sich und seine Regierung fortzugehen, machte Sachsens Lage, innere und äußere Wohlfahrt mit jedem Jahr prekärer, unsicherer und vom Zufall abhängiger. In der festen Überzeugung, daß das Land sein Wohl der seit seinem Regierungsantritt in dem alten Gang fortgehenden Verwaltung zu verdanken habe, schien es ihm nicht nur für das Ganze, sondern für ihn selbst nachteilig, in der Verfassung der bestehenden veralteten Regierungsform das geringste zu ändern, so dringend es auch der Geist der Zeit und die gänzliche Veränderung der Ansichten über Vorurteile und verkannte Menschenrechte forderten. Im Gegenteil schien es Maxime des Regenten und der Regierung zu sein, die Staatsmaschinerie durch alle mögliche Mittel in ihrer fehlerhaften, ganz unzweckmäßigen Modalität zu erhalten, den Geist der Zeit zu beschwören, sich ihm zu widersetzen und, wo dieser Widerstand zu große Hindernisse fand, durch interimistische Behörden und niedergesetzte Kommissionen, nach alter Form und Schlendrian, diesen scheinbar abzuhelfen. Hierdurch wurde aber der Gang der wichtigsten Geschäfte aufgehalten, es vermehrten sich immer mehr die Behörden und das Unzusammenhängende des Ganzen. Die Denkungsart der Gebildetsten, folglich der wahren Edlen des Landes, welche z. B. im nachbarlichen Preußen die besten Reformen zum größten Nutzen des Landes entstehen sahen, wurde um so mehr gereizt und erhoben. Hierin ist auch der Grund zu suchen, daß nach und nach der Enthusiasmus der Untertanen für ihre Regierungsverfassung sich verminderte und daß man so viele Klagen hörte. ...

Aus diesem großen Übel entstand auch das unglückselige Schreibsystem in Sachsen, das in keinem Lande zu der Höhe gestiegen ist, indem fast jede Sache öfters, ja manche vier- und fünfmal durch Berichte, Anzeigen und Vorträge abgeschrieben wurde, woraus sich der schneckenmäßige Gang oft der wichtigsten Sachen erklären läßt, wo Jahre vergingen, ehe Resolutionen und Entschlüsse gefaßt werden konnten, während der Gegenstand oder die Lage der Sache sich so verändert hatte, daß öfters die endlich erlangten günstigen Resolutionen ganz den entgegengesetzten Erfolg hervorbrachten.

Eines der ersten und vorzüglichsten Gebrechen in der sächsischen Verfassung, zum größten Nachteil des Staates, dürfte wohl unleugbar in den dem Adel persönlich zustehenden Prärogativen und Vorzügen zu suchen und darin auch der Grund zu finden sein, warum von seinen Regenten so wenig für sein Land hat geschehen können, ohne den Adel dabei in seinen usurpierten Vorrechten zu beschränken.

Georg Friedrich Rebmann
Der Kurfürst – Hof – Adel – Militär

Welcher Sachse kann je sagen, daß er seinen Landesherrn im Kreise der Bürger ohne alle die Embleme gesehen habe, welche dazu dienen sollen, den Fürsten als eine Gottheit, als ein Wesen anderer Art als gewöhnliche Menschen darzustellen? Ist es nicht, als wenn der Fürst bloß eine Puppe wäre, die nicht einmal gehen kann, sondern die vom Hof zu gewissen Zeiten da- oder dorthin spazierengefahren und an der Schnur bewegt wird.

Wollen Sie ein trauriges Schauspiel sehen, so gehen Sie einmal, fahren diese Leute fort, sonntags in den Gang, der von der katholischen Kirche ins Schloß führt, wo der Kurfürst Bittschriften annimmt, wenn dieser Ausdruck hier anders paßt. Zuerst kommt der Hoftroß, der mit empörender Brutalität, mit einem Stolz, der beinahe an Wahnsinn grenzt, die Untertanen wegscheucht, die ihrem so heißgeliebten Fürsten sich nahen wollen. Schon hier ist es für den, den der Troß nicht durchlassen will, eine wahre Unmöglichkeit, sich zu nähern. Der niedrige Faulenzer, vom Schweiß des Landmanns fett, weidet sich zum voraus an der zitternden Gebärde des gedrückten Armen, der einer Ohnmacht nahe ist; endlich kommt der Landsherr. Bebend, kaum seiner bewußt, reicht der Leidende die Schrift hin, von deren Wirkung vielleicht sein Glück oder Elend abhängt. Ach! Kein gütiger Blick seines Fürsten fällt auf ihn, der mit unsäglichen Mühen bis hierher gedrungen ist; ein besternter, hartherziger Günstling reißt ihm gleichgültig, mit der Miene der Verachtung, das Papier aus der Hand und steckt es in die Tasche, wo es vielleicht nie herauskommt, wenn der Inhalt verborgen bleiben soll.

Dieser übermütige Schwarm von Höflingen, diese dreifachen Wachen, diese steife Etikette sind so viele Haufen Verschworner gegen den Fürsten, welche sich untereinander mit Hohn in den Blicken zuzuwinken scheinen: trotz deines guten Herzens, trotz deines Wunsches, deine Untertanen glücklich zu machen, armer Fürst, sind wir es, die dich beherrschen. Was wir dich erfahren lassen wollen, erfährst du; wen wir verderben oder begnadigen wollen, den verderben oder begnadigen wir; wir sind die Schwelle, über die man schreiten muß. Gehe Fürst und Land eher zugrunde, als daß wir stürzen sollten. …

An außerordentlichen Tagen, wo der Bürger Wochen hindurch seinen Verdienst zusammengespart hat, um einige Stunden lang seine Leiden zu vergessen, zeigt man dem Landesherrn die frohen Bürger in ihren festlichen Kleidern, und der gute Mann freut sich über den Wohlstand.

Die Ängstlichkeit des Kurfürsten verrät das Verbrechen der Höflinge, ihre Verleumdung des Volkes, das sie als unruhig, aufgewiegelt, gefährlich darzustellen suchen.

Als der Kurfürst, bei Gelegenheit der bekannten Bauernunruhen, einst von einem Landmann so manches erfuhr, was ihm verborgen geblieben war, wurden die Höflinge unruhig. Bald darauf hörte man von einem Selbstschuß, der zu Pillnitz auf dem gewöhnlichen Spaziergang des Kurfürsten gelegt worden sein sollte. Ein Bürger war wahrlich der Täter nicht. Auch war der Schuß so gelegt, daß er nicht schaden, nur *schrecken* konnte. Und das sollte er! Man braucht wenig Verstand dazu, um den Zusammenhang der Sache einzusehen. Die Laune des Kurfürsten, mit einem seiner Untertanen unmittelbar zu sprechen, war es, was man ihm abgewöhnen wollte.

Ein andermal war ein unbedeutender Handwerksauflauf, wie wohl überall vorzufallen pflegen. Auch nicht *ein* Bürger hatte daran teilgenommen, obgleich die Dragoner, welche Ruhe erhalten sollten, durch unvorsichtiges und beinahe absichtliches Sprengen unter die Bürger wohl Gelegenheit dazu hätten geben können. Eines einzigen Wortes des Kurfürsten, nur eines freundlichen Grußes hätte es bedurft, und alles wäre ruhig gewesen und würde ihm ein Vivat zugerufen haben. Statt dessen holte man ihn mit einem Geschwader Reiter, die mit gezücktem Säbel seinen Wagen umgaben, von Pillnitz, führte ihn wie in Prozession über den Platz, wo Kanonen aufgepflanzt waren, kurz, man wollte ihm gerne einen Aufruhr zeigen, wo keiner war. Die Absicht ist leicht zu erraten....

Die Erziehung des Kurfürsten hat ihn in gewisser Hinsicht zum Manne nach der Uhr gebildet. Er verzeiht sich selbst keine Abweichung von der einmal festgesetzten Regel und duldet sie auch von andern nicht. Die Etikette ist daher an diesem Hofe strenger als an irgendeinem andern. Das Hofreglement bestimmt dem Kurfürsten, wann er speisen, wann er Ball schlagen, wann er L'hombre spielen und wann er auf die Jagd gehen muß. Dies wird so genau beobachtet, daß es (außerordentliche Besuche fremder Großer abgerechnet) eben nicht schwer sein müßte, auf ein ganzes Jahr vorauszubestimmen, was im nächsten Jahr zu jeder Stunde bei Hofe vorgehen werde oder nicht. So ist zum Beispiel der Tag festgesetzt, an welchem der Hof den Sommeraufenthalt in Pillnitz besucht. Sei es nun an diesem Tage vollkommener Winter oder fange die Frühlingswitterung im Monat vorher an, so wird dennoch die Abreise weder beschleunigt noch verzögert. Die schönsten Frühlingstage bringt der Hof in der Stadt zu, und ein andermal mußte wieder die kranke Prinzessin unter dem heftigsten Schneegestöber die Wanderung mitmachen.

Rang und alle das Hofzeremoniell beobachtet man aufs genaueste: Verbeugungen, Entgegenkommen und Begleiten — dies alles ist selbst unter der kurfürstlichen Familie, wie es scheint, nach Graden des Winkels und nach Schritten abgemessen. ...

Die Dresdner sind an diese strenge Etikette so gewöhnt, daß sie ihnen nicht im geringsten mehr auffällt. Sie betrachten ihren Regenten als ein Wesen von ganz anderer Art, als sie sind, und bezeigen gegen alles, was nur von ferne zum Hofe gehört (und sollte es der geringste Schuhputzer sein), eine wirklich knechtische Unterwürfigkeit. Sie sollten einmal auf der Elbbrücke sein, wenn der Kurfürst auf die Jagd fährt, und den Haufen Menschen sehen, die mit abgezogenem Hut in der größten Kälte oder Hitze harren, um den Mann zu sehen, den sie hundertmal gesehen haben und der sie, der Regel des Hofes nach, gar nicht bemerken darf. ...

Die Sachsen scheinen bis auf den heutigen Tag noch nicht überzeugt zu sein, daß ihre Regenten zu Fuße gehen können oder auch nur, daß sie essen und verdauen wie andere Menschenkinder. ...

Es ist traurig, wenn man bedenkt, wie durch den elenden Appendix des Wörtchens *Hof* der Grad der konventionellen Achtung bestimmt zu werden scheint, den man einem Manne zollt, und welch eine Menge Müßiggänger der Staat wegen des ärmlichen und in den Augen des vernünftigen Teils der Menschen lächerlichen Glanzes besoldet, welchen man um die Person des Landesherrn her verbreitet. Ob der Ofenheizer des Fürsten wohl ein wichtigerer Mann sein sollte als der Kanzlist, der in einem Kollegium arbeitet? Und doch hat er zehnmal soviel Besoldung und eingebildete Wichtigkeit. Zu der Livree des Kurfürsten gehört auch noch die Schweizergarde, die Garde à Cheval und die Leibgrenadiergarde. Die ersten bewachen das Schloß und ziehen an Galatagen in einem lächerlichen Ornate auf, der eine Schweizer Nationaltracht vorstellen soll. Die andern beiden bestehen aus den ausgesuchtesten Leuten und sind Soldaten — in Friedenszeiten, denn sie haben das Recht, nie zu Felde zu ziehen, als wenn (was nimmermehr geschieht) der Kurfürst selbst mitgehen sollte. Je unnützer diese fressenden Parademenschen dem Staate sind, desto sonderbarer ist es, daß beide Korps eine Art von Vorzug vor andern Soldaten fordern, welche ihre Bestimmung als Verteidiger des Vaterlandes wirklich erfüllen. Die Offiziere der Leibgarde, alle von Adel, zeichnen sich durch Sittenlosigkeit, Grobheit und unartiges kindisches Betragen größtenteils (denn Ausnahmen verstehen sich von selbst) vor allen andern jungen Leuten aus. Sie sind teils ungezogene Knaben, teils verworfene Wichte, ohne Kenntnisse und Lebensart. Bald bellen sie in Komödien wie Hunde, bald greifen sie Frauenzimmer auf offner Straße an, bald prügeln sie einen ehrlichen Bürger, der ihnen nicht mehr Kredit geben will, bald machen sie Spione an öffentlichen Orten. Mancher brave Mann, den sein Schicksal unter sie führte, mag sich seiner Genossen herzlich schämen. Hingegen wird man nicht leicht artigere und geschicktere Offiziere finden als die von dem Sächsischen Artillerie- und von dem Ingenieurkorps. Die Artillerieschule zu Dresden ist in ihrer Art eines der vorzüglichsten Institute. Das Ingenieurkorps besteht aus Leuten, die sich durch theoretische Arbeiten in der Ingenieurakademie und durch praktische beim Feldmessen und bei Bauten und Schanzarbeiten gebildet haben.

Dresden selbst ist, wie Sie wissen, unglücklicherweise eine Festung. Es ist wirklich dem Laien unbegreiflich, wie man noch neuerdings immer mehr an den Werken bessern mag, statt sie zu demolieren. Zur Sicherheit des Archivs und des Grünen Gewölbes wäre doch wohl der *Königstein* hinlänglich. Was man also mit den Festungswerken um Dresden machen will, ist ein wahres Rätsel. Zur Verteidigung der Stadt würde eine Armee von 60 000 Mann erforderlich sein, und dann – die schönen Vorstädte, die prächtigen Gebäude in der Stadt verdienten doch wohl nicht, abermals den feindlichen Bomben zum Ziel zu dienen. Wie leicht kann Dresden nicht abermals zu diesem Unglücke kommen! Diese Aussicht hat mich so mißmutig gemacht, daß ich diesen Brief schließen muß. Nächstens mehr.

Ferdinand von Funck
Das Los der Königin

Nichts machte einen so widrigen Eindruck auf sie wie die Vergnügungen des Hofes. Sie war wohl auf steifen Pomp bei ihrer Ankunft gefaßt gewesen, nicht aber auf diese, alle Freude tötende Eintönigkeit des Zeitvertreibs, in der man jede Erheiterung zum Dienst und zur Pflicht machte, wo man um jeden Preis sich angenehm unterhalten *mußte*.

Wahrscheinlich machte sie gleich anfangs ihr Los noch härter durch ihre Lebhaftigkeit, durch Spott über die drückende Reihe von Vergnügungen, über die gegen den freien militärischen Ton des Zweibrücker Hofes so grell abstechende Schwerfälligkeit des sächsischen, über manche Karikaturen ihrer Umgebung, über die nach Stunden abgemessenen Gebete. Versuche, ihre Fesseln lockerer zu machen, waren vergeblich. Ohne Hoffnung, jemals das Sklavenjoch, in das sie sich in der ersten Blüte einer bis dahin frohen Jugend geschmiedet sah, abwerfen oder ertragen zu können, fühlte sie sich grenzenlos

Kurfürst Friedrich August III. und seine Gemahlin Amalia Augusta

unglücklich, und da sie ihre Tränen verbergen mußte, keiner Seele ihren Kummer mitteilen konnte, nagte die innere Verzweiflung an ihrem Leben. Die ersten Jahre verbrachte sie die größere Hälfte ihrer Tage in körperlichen Leiden. Die Härte des Kurfürsten, der gegen sich ebenso streng und an einen ungewöhnlichen Grad von Selbstbeherrschung gewöhnt war, nahm keine Rücksicht auf körperliche Schwächen und forderte, daß sie, so krank sie sich auch fühlte, ihn im Wagen auf die Jagd und zu Spazierfahrten, zu Fuß bei seinen Promenaden begleitete, nie beim Ballspiel und den anderen Belustigungen der Tagesordnung fehlte und vor allem kein Gebet und keine Repräsentation versäumte. Bei öffentlichen Gelegenheiten oder bei Tafel eine Miene zu ziehen, würde ihr Vorwürfe der Obristhofmeisterin eingebracht haben.

Am übelsten ging es ihr, wenn sie in Augenblicken, da sie sich frei von körperlichen Schmerzen fühlte, nun ihres ganzen Kummers vergessend, sich zu jugendlicher Lustigkeit hinreißen ließ. Dann nahmen die Verweise kein Ende! Freilich mag ihre Lustigkeit zuweilen ausgelassen gewesen sein. Ich will nur ein Beispiel anführen; bei dem Ballonspiel in Pillnitz, wo außer den Spielenden stets der ganze Hofstaat anwesend sein mußte, flog einmal ein Ballon dem danebenstehenden Offizier der Grenadiergarde an den Kopf und warf ihm die Bärenmütze herunter. Ehe er danach greifen konnte, sprang die Kurfürstin zu, hob sie auf und setzte sie dem alten Geheimrat von Zehmen, einem gleichfalls dienstlich anwesenden Zuschauer, auf den Kopf. Der alte würdige Mann mußte eine seltsame Figur darunter machen mit seiner hageren, klapprigen Gestalt, er hatte einen so spitzen Kopf, daß ihm die Mütze bis über die Augen fiel und nicht ohne merkliches Verschieben seiner Perücke wieder abgenommen werden konnte. Kein Mensch wagte zu lachen, obgleich alle beinahe erstickten. Der Kurfürst allein blieb unbeweglich bei dem Skandal und setzte das Spiel fort, als ob nichts geschehen wäre, aber es läßt sich denken, wie sie für ihre Unbesonnenheit büßen mußte.

Galeriegespräche

Karl Gottfried Lessing
Die Stelle des seligen Hagedorn

Den 10. Januar 1776 war er in Dresden und wurde dem Kurfürsten vorgestellt, der ihn sehr gnädig empfing. Nachdem er eins und das andere über seine italienische Reise gesprochen, fragte er ihn, was für ein Landsmann er wäre; und als Lessing antwortete, daß er die Ehre habe, sein geborner Untertan zu sein, erwiderte er: das habe er wohl gewußt, auch daß er sein Glück außer seinem Vaterlande gefunden. Wollte er aber einmal wieder zurückkommen, so sollte ihn dieser Schritt nicht gereuen, wenn er bei einem solchen Falle sich des Kurfürsten erinnerte. In dieser Rücksicht wurde ihm die Stelle des seligen Hagedorn angetragen, der dazumal schon sehr alt und schwach war.

August Wilhelm Schlegel und Caroline Schlegel
Gespräch

Louise. Daß ich Ihnen auch ein Urteil abfordre: was halten Sie von Forsters Kunstbeschreibungen in seinen «Ansichten»?

Waller. Es sind eigentlich Ansichten, interessante, aber sehr persönliche. Wäre der Kunstsinn des edlen Mannes ebenso scharf gewesen, als sein sittliches Gefühl regsam und zart, so hätte er alle Forderungen befriedigt. So aber verwechselt er oft dieses mit jenem, ja es scheint bei ihm nie zu einer rechten Absonderung gekommen zu sein. Er sucht die Würde des Gegenstandes und vergißt darüber das Verdienst der Behandlung. Deswegen wird er zuweilen unbillig gegen niederländische Meister, wo das letzte vorwaltet. Manchmal hat er indessen einen liebevollen Enthusiasmus mit viel Seele ausgesprochen.

Louise. Ich will mich nicht rühmen, daß ich schon zu der Abstraktion gediehen wäre, keine Vorliebe für den edleren Gegenstand zu hegen und die Poesie der Darstellung am Gemeinen mit ebender Lust aufzufinden. Ich hatte ja die Wahl. Sie werden nicht böse sein, wenn ich Sie am meisten in den Italienischen Saal führe.

Reinhold. Hier, dächte ich, ließen wir uns nieder: wir können keinen bequemeren und anmutigeren Sitz finden. Vor uns der ruhige Fluß; jenseits erhebt sich hinter dem grünen Ufer die Ebne in leisen Wellen, dort unten spiegelt sich die Stadt mit der Kuppel der Frauenkirche im Wasser, oberhalb ziehn sich Rebenhügel dicht an der Krümmung hin, mit Landhäusern besäet und oben mit Nadelholz bedeckt.

Louise. Ich bin es gern zufrieden. Setzen wir uns, wir werden hier ungestört sein. Im Angesicht dieser lachenden Gegend hören Sie vielleicht um so lieber ein paar Beschreibungen von Landschaften, die ich Ihnen gleich zu Anfange geben will.

Waller. Wenn die Malerei nur nicht grade in diesem Fache gegen die Größe der Natur am meisten verlöre! Alle Landschaftmalerei ist doch nur eine Art von Miniatur.

Reinhold. Weswegen sollte sie? Miniatur besteht darin, wenn ein Gegenstand klein und dabei mit einer Deutlichkeit in seinen Teilen abgebildet wird, die sie nicht haben könnten, wenn die Verkleinerung von der Entfernung herrührte. Dies braucht der Landschaftmaler so wenig zu tun, daß es vielmehr allen Zauber zerstört, wenn er es sich zuschulden kommen läßt.

Dora Stock
Mit meiner Arbeit zufrieden

An Charlotte von Schiller

[Loschwitz, den 24. August 1795] Was sagst Du, liebe Lola, dazu, daß ich jetzt auf der Galerie male? Der Entschluß hat mich viel gekostet, aber ich ahnte viel Erfreuliches davon und arbeite sehr viel an mir, daß ich fest dabei bleibe. Es ist ein ganz eignes Gefühl, um sich und neben sich vollendete Meisterwerke der Alten zu haben, zu sehen, in welchem begeisterten Fluge sie's

Das Innere der alten Gemäldegalerie im Johanneum um 1830

auf die Leinwand hinzauberten — und mit aller Mühe doch nur nachzukriechen. Dies Gefühl soll mich aber doch nicht mutlos machen; ich will meinen Weg fortgehen. Den ersten Morgen, wie ich da malte, war mir sonderbar zumute; ich war ganz allein im Italienischen Saal, und die Stille war so groß, daß ich meinen Atemzug hören konnte.

Ich schauerte einigemal unwillkürlich zusammen, und mir war, als müßten mir die Geister der großen Männer erscheinen. Diese fremde und heilige Stimmung, in der ich war, wurde mir nicht lange gelassen, denn ich wurde, sowie Menschen kamen, ein Gegenstand der Neugierde, und wenn ich etwas Gutes male, wird's ein Wunder sein! Denn ohne Aufhören drängen sich Menschen um meinen Stuhl herum und sehen, nicht das Bild, welches ich male, noch das Original, nein, mich, mich sehen sie an! O es ist kaum auszuhalten! Welchen albernen Fragen bin ich ausgesetzt! Welche dummen Gespräche muß ich hören! Nimm noch dazu, daß ich äußerst furchtsam bin und gar nichts Gutes machen kann, wenn man nur zusieht, so wirst Du's begreifen können, wenn ich Dir sage, daß ich die ersten Tage Fieber hatte, wie ich nach Hause kam. Doch bleibe ich standhaft, doch will ich mich nicht abwendig machen lassen, will diese harten Proben aushalten, um was zu lernen. Jetzt wächst auch mein Mut, da ich auf gutem Wege bin und mir ein paar große Künstler gesagt haben, daß sie mit meiner Arbeit zufrieden sind. Ich kopiere die beiden Engel aus dem großen Raffaelschen Bilde, die in göttlicher Eingebung gemalt zu sein scheinen, und ich bin entzückt, wenn mir ein Zug gelingt. Der eine ist beinahe schon fertig und läßt mich froh auf den andern hinblikken, den ich nun mit weniger Angst und mehr Freude kopieren werde.

Auf der Galerie habe ich die Bekanntschaft von drei Künstlern gemacht, die alle drei in ihrer Art vortrefflich sind. Der eine, Grassi, den Du vielleicht dem Namen nach kennst, malt in Öl und en miniature, beides unnachahmlich schön. Aber man wird seine Kunst nicht so allgemein kennenlernen, da er für einen Kopf in Öl 100 und klein 50 Dukaten nimmt. Das müssen schon reiche Leute sein, die so viel an ihr Gesicht wenden können. Der zweite, ein Portugiese, ist Historienmaler und ist ebenso groß. Auf der Galerie zeichnet er bloß die vorzüglichsten Bilder mit einem Geist, Schönheit, Richtigkeit und Schnelligkeit, die unbegreiflich ist, und zwar nur auf Papier mit schwarzer Kreide. Der dritte heißt Schönberger, ist Landschaftmaler und steht hinter den beiden andern nicht zurück. Es macht mir große Freude, ihm zuweilen zuzusehen, mit welcher Schönheit und Schnelligkeit er seine Landschaften entstehen läßt. Dieser Genuß muß mich für die mancherlei Leiden, die mir das Malen auf der Galerie gibt, schadlos halten.

Noch ist eine Dame hier, die sehr unzufrieden mit uns sein wird, Emilie Berlepsch. Herder hatte ihr einen Brief an uns gegeben; wir baten sie zu Tische, aber sie hat uns allen wenig gefallen. Sie hat etwas Hartes und Rauhes in ihren Urteilen und scheint sich zu wundern, wie man andrer Meinung sein könnte wie sie. Übrigens ist ihre Unterhaltung natürlich und ungesucht; aber mein Herz könnte mich nie zu dieser Frau hinziehen; es fehlt ihr die zarte Weiblichkeit, die nur allein liebenswürdig macht.

Nun erwarten wir Humboldts täglich; ich freue mich recht ernstlich, sie wiederzusehen. Mich dünkt, sie unternehmen aber etwas sehr Großes, mit drei Kindern nach Italien zu gehen. Für sich kann man manche Bequemlichkeiten entbehren, allein für die Kinder ist's schwer; auch kann man ihnen selten begreiflich machen, warum sie dies und jenes entbehren müssen.

Schlegels werden nun zurück und sehr schlecht von uns erbaut sein; denn wir haben die Dame nur ein einziges Mal gesehen. Ich kann nicht leugnen, daß ich mich vor den unangenehmen Erinnerungen fürchtete, die mir ihr Anblick geben würde. Denn sie war Vertraute zwischen der Forstern und Huber. Hier hat man nicht vergessen, daß sie die Böhmer ist, die auf dem Königstein gesessen, und wir erhielten aus einem großen Hause eine Warnung, nicht mit ihr umzugehen. Du kannst Dir also leicht denken, daß wir ihre Visite eben nicht gern erwarteten. Sie kam, und ich fand gar nichts Vorzügliches, sondern etwas sehr Gewöhnliches an ihr. Vielleicht wollte sie sich auch nicht in ihrem Geistesputze zeigen, weil unsere Aufnahme so kalt war. Wir machten die Gegenvisite, wie sie nicht zu Hause war, vermieden nachher, sie zu sehen, und so ist's geblieben. Sie werden daher sehr aufgebracht auf uns und überhaupt auf Dresden sein, wo man wenig Notiz von ihr genommen hat.

[Dresden, den 24. Oktober 1798] Schlegels waren hier, wie Du weißt, und haben sich nach unserm Wunsche entfernt von uns gehalten. Sie hatten die Galerie in Besitz genommen und haben mit Schelling und Gries fast jeden Morgen da zugebracht. Sie schrieben auf und dozierten, daß es eine Freude war. Ich kam mir oft recht armselig vor, daß ich so entfernt von aller Weisheit bin, daß mir sogar die ihrige nicht verständlich werden wollte. Sie sprachen zuweilen über Kunst mit mir, fragten mich so manches, welches ich aber gar nicht beantworten konnte. Ich fühle und ich male; aber ich verstehe die Kunstsprache nicht, und so bin ich scheu gegen die, deren höhere Weisheit mich meine Beschränktheit fühlen läßt. Auch Fichten weihten sie in die Geheimnisse der Kunst ein. Du hättest lachen müssen, liebe Lotte, wenn Du die Schlegels mit ihm gesehen hättest, wie sie ihn herumschleppten und ihm ihre Überzeugung einstürmten.

Hast Du, Liebe, viel im «Athenäum» gelesen? Ich gestehe, daß ich nicht dahin gelangen kann, die Fragmente zu verstehen. Wenn nicht tiefer Sinn darin liegt, der mir zu fassen vielleicht ganz unmöglich ist, so kann ich nicht länger leugnen, daß Stellen mir platt und gemein vorkommen. …

Caroline von Humboldt
Umgeben von diesen hohen Gestalten

An Wilhelm von Humboldt

Dresden, 8. Juni 1797 Durch den sonderbarsten Zufall, mein teurer, lieber Bill, ist ein Briefchen, das ich Dir am ersten hiesigen Posttage nach meiner Ankunft am vorigen Dienstag schrieb, liegengeblieben. Ich bitte Dich deshalb sehr um Verzeihung. Ich hoffe nun, Dich in wenigstens acht Tagen hier zu sehen und freue mich unendlich auf Dich mit den Kindern. Unterwegs waren sie gut und froh. Es geht recht gut mit dem Fahren. Alexander saß mit in meinem Wagen, weil Haeftens, die doch ein Kind weniger haben, so gut wie keine Leute, Sachen und dreimal mehr Platz zum bequemen und geräumigen Packen, eine solche Packerei bis in den Wagen hatten, daß schlechterdings kein Platz für Alexander mehr da war. Wie gefällt Dir das? Künftig werden sie doch ein andres Arrangement machen müssen. – Gestern war ich in der Galerie und nachmittags bei den Mengsschen Abgüssen. Ach, wie geht mir die Seele wieder auf, umgeben von diesen Bildern und diesen hohen Gestalten. Ich sehe sie noch mit viel anderm Blick wie sonst, mit weit höherm Genuß, und verstehe sie besser. Täglich von nun an werde ich da sein – die Feiertage über war alles verschlossen, nur an der Musik konnte man sich in der katholischen Kirche ergötzen, sehr schöne Messen und Vespern. Gesehen habe ich von Promenaden noch nichts als den Brühlschen Garten, weil das Wetter so schlecht bis gestern war, von Menschen die Familie des Ministers Burgsdorff, die Körners, einmal auf dem Weinberg, einmal in der Stadt, und Neumanns. Admirez ma vertu! Ich muß mich aber sehr verändert haben, denn alle Leute finden, ich sei nicht mehr wiederzuerkennen, so viel munterer sei ich, und es scheint, als erwerbe es mir ihre Approbation. Adieu, Liebstes.

Arthur Schopenhauer
Auf die Sixtinische Madonna

Sie trägt zur Welt ihn: und er schaut entsetzt
In ihrer Greu'l chaotische Verwirrung,
In ihres Tobens wilde Raserei,
In ihres Treibens nie geheilte Torheit,
In ihrer Qualen nie gestillten Schmerz, –
Entsetzt: doch strahlet Ruh und Zuversicht
Und Siegesglanz sein Aug, verkündigend
Schon der Erlösung ewige Gewißheit.

Wilhelm von Humboldt
Zwischen dem Individuellen und Idealen

An Friedrich Schiller

Dresden, 25. Junius 1797 Ich bin jetzt beinah vierzehn Tage hier, liebster Freund, und wir leben recht fröhlich und vergnügt. Nur Sie und Ihr Umgang fehlt uns; wie oft und wie lebhaft werde ich das noch in den nächsten Jahren empfinden! – Ich habe bis jetzt noch wenig getan, indes bin ich doch nicht müßig gewesen. Ich besuche die Galerie und die Antiken, noch mehr aber die Gipsabgüsse häufig und benutze sie nach der Art, wie ich sie meiner Art, die Dinge anzusehen, näherbringen kann. Das eigentliche Künstlerische muß ich gar sehr zur Seite liegenlassen; wer dazu nicht seinen Sinn von Jugend auf geübt, wer nicht sein besondres Studium daraus gemacht hat, der kann, dünkt mich, sich in dies Feld nicht mit Nutzen einlassen. Dagegen gibt mir das Charakteristische eine reiche Ernte. Ich hab an einigen Bildern einen sehr interessanten Stoff zum Nachdenken gefunden. Vorzüglich gehe ich auf den Unterschied zwischen dem Individuellen und Idealen, dem Antiken und Modernen aus. Das schlimme nur ist, daß, wenn man auch allenfalls ein klares Bild gefaßt hat, man es so schwer in einen bestimmten Begriff verwandelt. Die einzelnen Züge und Nuancen, worauf das Ganze beruht, sind so fein, daß sie verschwinden, wenn man sie gerade am besten zu erhaschen denkt. – Ich kann es Ihnen indes nicht beschreiben, welchen sonderbaren Kontrast der Totaleindruck der Galerie mit dem der antiken Gipsabgüsse macht. Es ist genaugenommen gewissermaßen lächerlich, so heterogene Dinge auch nur vergleichen zu wollen. Aber da ich einmal in Betrachtungen dieser Art lebe und webe, so würde es mir schwer werden, mich dessen zu erwehren. …

Körners sind jetzt seit zwei Tagen auf ihrem Weinberg. Wenn sie in der Stadt sind, sehe ich sie täglich und gewinne ihn mit jedem Tage lieber. Auf dem Weinberg war ich noch nicht. Auch morgen kann ich sie schwerlich dort aufsuchen, weil ich morgen an Hof gehen muß. Alexander konnte es nicht vermeiden, da er mit dem Kurfürst in Verhältnis gewesen ist, und es hätte sonderbar ausgesehen, wenn ich mich hätte ausschließen wollen. – Alexander grüßt Sie herzlich.

Ihr H.

Caroline von Wolzogen
Das Anschauen der Kunstwerke

Loschwitz/Dresden, 9. August – 15. September 1801 Im Herbst reiste ich mit Schillers nach Dresden ... Wir verlebten sehr heitere Wochen auf dem Weinberge Körners, dessen Wohnhaus uns der gütige Freund eingeräumt hatte. In Gesprächen mit seinem Freunde, in der schönen Natur von Jugenderinnerung umweht, war Schiller sehr heiter. Den kleinen Gartensaal, die Wiege des «Carlos», sah er mit Vergnügen wieder, und es schien uns, als be-

Prospekt der Friedrichstädter Allee

schäftigte ihn die «Braut von Messina». Er sprach gern von seinen Dichtungsplanen mit uns, deren Ausführung noch fern lag. Von der «Braut von Messina» hatte er viel gesprochen, und wir fragten oft, ob die Prinzen von Messina bald einreiten würden? Sobald es ihm mit der Ausarbeitung Ernst wurde, schwieg er darüber.

Das Anschauen der Kunstwerke, besonders der plastischen, im Saal der Mengsischen Abgüsse, erregte und erfreute ihn sehr. Der Torso des sogenannten Salbers, im Antikensaale, war die vollkommenste Arbeit in Marmor, die er noch gesehen hatte, er beobachtete sie mit großem Interesse. Die schönen ruhigen Gestalten der sogenannten Vestalinnen beim Fackelschein rührten ihn lebhaft. Durch Goethens und Meyers Kunstansichten neu erweckt, fühlte er sich heimatlicher in dieser Antiken-Welt, und ihre Anschauung belebte ihn mit neuen Ideen und gab dem schon gefaßten, bestimmten Umriß Gefühl und Worte.

Mit einer gewissen wehmütigen Stimmung verließ er Dresden und den Kreis der trefflichen Freunde, als flöge eine Ahnung durch seine Seele, daß er diesen Ort nicht wiedersehen würde. Graf Geßler und Herr von Schönberg, die treuen, liebenswürdigen Hausfreunde, so gehaltvoll in Geist und Herz, waren Schiller sehr wert, und unser Freund Stein und seine Mutter, die eine Zusammenkunft in Dresden hatten, vereinten sich uns im Genuß der Kunst und Natur.

Rudolf Köpke
Galeriegespräche: Schiller und Tieck

Dresden, erste Septemberhälfte 1801 Eine letzte Begegnung hatten sie in Dresden 1801. Auch diesmal kamen sie nicht weiter. Tieck machte aus der Gemäldegalerie ein Studium; auch Schiller hatte sie besucht. Sie kamen im Gespräche auf Malerei. In seinen Kunsturteilen war Schiller durch den Einfluß Goethes und Meyers bestimmt. Von diesen hatte er manches angenommen, so die unbedingte Bewunderung der alten Kunst und Plastik, welche seiner eigenen Natur fernstand. Er sprach sich daher gegen die Malerei aus. Er fand den Eindruck der Farbe unangenehm; er habe keine Dauer, es sei unmöglich, ihn festzuhalten und zu bestimmen. «Sie sehen z. B. dieses Tuch», sagte er, indem er auf ein rotes Umschlagtuch seiner Frau hinwies, das in der Nähe des Fensters lag. «In diesem Augenblick erscheint es rot, lassen Sie das Licht wechseln, und dasselbe Rot wird sich dann lila oder grau zeigen, und damit wird auch der Eindruck ein anderer werden müssen. Dagegen wie viel sicherer und entschiedener ist er nicht in der plastischen Kunst. Am höchsten möchte das Basrelief stehen, das die Festigkeit der Plastik mit der Bewegung der Malerei verbindet.»

Tieck machte die Gegenfrage, ob sich diese Beobachtungen über den Eindruck der Farbe auch vor Correggios Bildern behaupteten. «Gerade hier finde ich sie am meisten bestätigt!» antwortete Schiller. Dagegen führte Tieck aus, wie in der Verteilung von Licht und Schatten, in dem unendlichen Wechsel und Spiel der Farbe, in den Mitteln der Zeichnung der nicht zu erschöpfende Zauber der Malerei liege. Endlich schieden sie voneinander, ohne sich überzeugt zu haben.

Christian Kosegarten
Nelson und Lady Hamilton

Heute, wie in der Regel jeden Tag, war ich des Morgens auf der Galerie. Wie wenig sah ich aber heute von den schönen Madonnen und Göttinnen, denn eine lebende Göttin fesselte alle Blicke, die ich nur aufbringen konnte. Es erschien nämlich die berühmte Lady Hamilton in Gesellschaft des Admirals Nelson und des Lord Hamilton. Sie ist die bekannte Frau, welche die Attitüden der Antiken auf das wahrste nachzuahmen versteht und dies mehrenteils vermittels der Haltung eines Schleiers. Einige Zeichnungen hatte ich längst von diesen Attitüden gesehen. Meines Wissens ist sie bis jetzt die erste, welche die Kunst zu unseren Zeiten verstand, und wozu ihr Natur und Grazie die Hand anbieten. Oft überraschte ihr Gemahl, Lord Hamilton, ein siebzigjähriger Greis, seine Gesellschaft mit den vielen Antiken, welche in seinem Palais sich befanden. Es war immer diese Dame. Schnell schlüpfte sie durch Nebentüren, stellte sich in die Nische des Zimmers und zauberte sich durch ihren Schleier in eine andere Stellung irgendeiner berühmten Antike hin. Die Muse des Tanzes muß eine ihrer Hauptstellungen ausmachen. Da ich sie fast drei Stunden sah und beständig in ihrem Kreise mich aufhielte, hatte ich allerdings Zeit, sie zu betrachten. …

Die Hamilton wunderte sich über die ansehnlichen Soldaten, welche in kurfürstlichen Diensten stehen. Sie zogen gerade zur Wachtparade, welches auf dem Platze geschieht, wo das Gebäude der Bildergalerie steht. Sie guckte aus dem Fenster und rief mit Lebhaftigkeit aus: «What troops, I have never seen such troops, come M. Hamilton, look here.» Er erwiderte: er hätte Truppen genug in seinem Leben gesehen. «But not such troops, I assure you, very fine troops.» Sie war begeistert. In ihren Augen glühte ein Feuer, welches wohl verriet, daß ihm wenig entginge.

Aber ich vergesse ganz, den berühmten, glorreichen Sieger Nelson zu beschreiben. Sonderbar genug — das ist ein verzeihlicher Fehler eines Mannes, im Angesicht der Schönheit mehr der Venus als dem Mars zu dienen. Nelson ist eine der kleinlichsten, winzigsten Figuren, welche ich in meinem Leben sah. Mit siebenzig Pfund ist er gewogen. Ein armseligeres Knochensystem und dürres Gebäude kam mir bis jetzt nicht vor. Seine kühne Nase, das feste Auge und das Gehaltene im ganzen Gesichte verrät einigermaßen den großen Sieger. Er spricht wenig und englisch, lächelt fast nie und schien mir nichts mehr auffallend finden zu können. Ich zweifle nicht an seinem hohen Geiste, aber man kann nicht ohne Verwundern den schmächtigen Körper ansehen, wiewohl dieser ohne unmittelbaren Zusammenhang mit einer großen Seele gar wohl stehen kann und bei manchen schon gestanden hat. Doch fühlt man das Bedürfnis, das Erhabene auch in den äußeren Formen dargestellt zu sehen. Das findet man bei Nelsons Körperbau nicht. Er war fast von Sternen und Orden bedeckt. Da der rechte Arm ihm fehlte, so war der Ärmel des Kleides an der Brust festgesteckt. Gewöhnlich trug Lady Hamilton seinen Hut. Sein Geschmack für die Schönheit bürgt auch für seinen ästhetischen Geist. Es ist gut abgekartet: damit das rauhe Meer, das Verhärtende der blutigen Seeschlachten den Helden nicht gefühllos machen, tauet er sein erkaltendes Herz in der schönen Sonne wieder auf und erhält die Nerven in leichterer Schwingung. Die Hamilton benahm sich wie eine liebende Schwester gegen Nelson; führte ihn, ergriff ihn oft bei der Hand, flüsterte ihm etwas ins Ohr und verzog den Mund in leichten Schein des Lächelns ... es ist alles geteilt in der Welt.

Johann Gottfried Herder
Deutsches Florenz

Dresden indes zierte sein prachtliebender Geist mit Gebäuden; unter ihm war es eine Schule der Artigkeit und ist es geblieben. Vor allem aber sind die Kunst- und Altertumssammlungen, die er mit ansehnlichen Kosten stiftete, Trophäen seiner Regierung. Was ein *Friedrich August* am Anfange des Jahrhunderts anfing, hat ein anderer *Friedrich August* am Ende desselben vollendet. Durch sie ist Dresden in Ansehung der Kunstschätze ein *deutsches Florenz* geworden. ...

Wenn also deutsche Fürsten Gemälde und Altertümer in ihren Ländern sammleten, als es noch Zeit war, und die Galerien zu Wien, München, wo auch Mannheim und Düsseldorf ist; Dresden, Kassel u. f. noch blühen; so sind sie als Kolonien der Kunst, als Vorbereitungen zu betrachten, die den Schüler über die Alpen hin leiten. Sind (um nur die neuesten Zeiten zu nennen) Mengs und Winckelmann nicht Deutsche? Von Dresdens Kunstsammlungen geweckt, wurde Winckelmann Lehrer der Kunst für alle Nationen. Sein erstes Buch «Über die Nachahmung griechischer Kunstwerke» schrieb er in Deutschland. Seitdem sind alle Völker Europas, die an der Kunst teilnehmen, seiner Spur gefolget.

Blühe, *deutsches Florenz*, mit deinen Schätzen der Kunstwelt!
Stille gesichert sei *Dresden Olympia* uns.

Phidias-Winckelmann erwacht an deinen Gebilden,
Und an deinem Altar sprossete *Raphael-Mengs.*

Über alles Kunstlob erhebt sich der kurze Zusatz, daß, wenn ein *Friedrich August* vor Anfang des verflossenen Jahrhunderts die polnische Krone kostbar suchte, ein anderer *Friedrich August* sie vor Ausgange des Jahrhunderts fürs Beste seiner Länder gerecht und würdig ausschlug. Das Jahrhundert, das ein *Alcibiades* begann, beschloß ein *Aristides.*

Christian Gottfried Körner
Leute die Menge aus Weimar

An Friedrich Schiller

Dresden, am 5. Sept. 1803 Du bist wahrscheinlich sehr fleißig, da Du so lange nicht geschrieben hast. Aber es wäre doch hübsch, wenn ich auch wüßte, was Dich jetzt beschäftigt. Es sind Leute die Menge aus Weimar hier gewesen, die mir aber über Dich wenig Auskunft geben konnten. Dahin gehört der Geheime Rat von Schardt – eine ehrliche Haut von Geschäftsmann, aber eben kein Pulvererfinder –, Böttiger, den wir beide kennen, und der sich immer ähnlich bleibt –, Herder, qui primo loco nominandus. – Über meine Erwartung hat Herder hier bei der vornehmen Klasse und selbst bei der herrenhutischen Partei Glück gemacht. Es war natürlich, daß er sich bei Leuten von Einfluß angenehm zu machen suchte, da sein Sohn in kursächsischen Diensten ist; aber er treibt dies auch mit viel Leichtigkeit und Gewandtheit. Bei dem plattesten Gespräch bemerkt man an ihm keine Langeweile. Er sagt etwas dazu, das besser ist, aber doch nicht so sehr sich über das Gemeine erhebt, daß man darüber stutzt. Ich habe ihn oft gesehen, aber noch nie allein; es hat daher unter uns noch nicht zu einem eigentlichen Gespräch kommen können. Er ist noch hier und beschäftigt sich mit spanischer Literatur, wovon er etwas auf der Bibliothek gefunden hat. Mich zu ihm zu drängen, fühle ich keinen sonderlichen Beruf. In seiner Ansicht der Dinge ist etwas Krankes und Mattes, das mich verstimmt.

Über gewisse Dinge werde ich überhaupt das Reden ganz verlernen, wenn Du nicht bald einmal zu uns kommst. Ich kann mit jedem über seine Angelegenheiten sprechen, aber nur nicht mit Profanen über etwas, das mir lieb ist.

Philipp Otto Runge
Romantische Kunst

An Daniel Runge

[Dresden] Den 6. April 1803 Liebster D., wenn ich in den Kalender sehe, wird das Stück Zeit bis *Ostern* so kurz, so kurz, es ist nur noch eben ein Strich dazwischen, aber außer dem Kalender ist es doch erschrecklich lang ... Ich habe noch die weibliche Figur in meiner «Nacht» zu ändern und die beiden Rahmen zum «Tag» und «Abend», da müßte ich mich nun hinsetzen und recht so einen ganzen Tag mir die ganze Idee von Nummer 1 bis 4 in allen Teilen im Zusammenhang überlegen, dazu hab ich aber nicht Zeit und Ruhe mehr; dann müßte ich es auch gleich ausführen, wo doch ein paar Tage daraufgingen; ich habe aber auch den Brief an den alten Bassenge wohl zu überlegen und einzurichten. So quäle ich mich dieser Tage und mache nun aus Desperation verschiedene kleine Vignetten zu den «Minneliedern» von Tieck. – Ich hab es fast noch nie so gefühlt, wie die Zeit erschrecklich stillstehen kann, und wenn es mir bisweilen einfällt, daß sie da ist, so versetzt mir das Blut den Atem, und ich wüßte dann kein Wort zu sprechen. –

Hier ist der junge Friedrich aus Greifswald, ein Landschafter, der hat ein paar Ansichten von Stubbenkammer ausgestellt, in Sepia gezeichnet und in einer ansehnlichen Größe sehr schön beleuchtet, behandelt und ausgeführt; sie finden allgemeinen Beifall und verdienen es. Ich dachte zu einem Versuch damit, sie ihm abzukaufen und Euch zu schicken, nun hat er aber das eine Stück an Herrn v. Racknitz verkauft und das andre auch schon halb und halb; hat aber jetzt wieder eine Aussicht vom Rugard nach Jasmund, der Prora und weit in die See fertig, die weit reicher und schöner ist. Diese und eine andre von da nach Putbus, ganz Mönchgut, im Hintergrunde die Pommersche Küste (auch die Türme von Greifswald und Wolgast), die er noch machen wird, das erste Stück als Morgen, das zweite als Abend behandelt, hab ich ihm für 30 Taler jedes abgekauft. Ich werde sie mit nach Leipzig bringen, sie werden Euch viel Vergnügen machen, und Ihr werdet sie sehr gut verkaufen können. – –

Wie ich neulich die «Jahreszeiten» von Haydn aufführen hörte, ist mir es doch recht deutlich geworden, wie notwendig zur Erhaltung der reinen Natur und zugleich in sich selbst verständlichen und sich selbst still verstehenden und begreifenden Unschuld des Gemütes die Symbolik oder die eigentliche Poesie, d. i. die innere Musik der drei Künste, durch Worte, Linien und Farben sei.

Die Musik ist doch immer das, was wir Harmonie und Ruhe in allen drei andern Künsten nennen. ...

Dies ist mit der Dichtkunst (ich meine, insoferne ich die deutsche Poesie jetzt kenne) ebenso der Fall und vielleicht in noch größerem Maße. Das Heldenbuch und das Nibelungenlied ist gewiß das Reinste und Größte, was geschrieben ist, wo die reine Musik darin zu finden ist. Aus dieser Zeit entstanden die Minnesinger; dann die Meistersänger, die alten Romane und prosaischen Geschichten; dann die neue Dichtkunst, die sich, selbst bei den Besten, immer mehr nur bestrebte, den Körper dieser Kunst mehr herauszuheben und musikalisch zu machen; wie z. B. nur der «Taucher» von Schiller usw. — Das Theater wurde läppisch — Tieck stellt am Ende Theater und Parterre miteinander dar, so wird das Aussprechen immer wieder ausgesprochen. — So verwirrt sich der Mensch immer mehr in den Körper, indem er das Denken des Gedankens wieder denken will.

Johann Gottfried Seume
Doch wohl die erste in Europa

Hat sich Dresden gebessert oder ich mich? Beides wäre gut, und vielleicht ist beides. Mich deucht, daß der Charakter der Leute daselbst um die Nasenläppchen und Mundwinkel sich merklich zum Vorteil geändert hat; und ich sehe jetzt nicht mehr so viele dumm-despotische vornehme Gesichter als ehemals. Die vornehmen Gesichter mit ihren korrespondierenden Nasen findet man glücklicherweise jetzt meistens nur unter den niedern Halbgebildeten: aber eine komplette, völlig konstituierte, ganz ausgearbeitete vornehme Nase in der höheren Sphäre ist auch das Impertinenteste, was einem ehrlichen schlichten Manne in der Natur erscheinen kann.

Diesmal besuchte ich die Galerie und habe sie, ein halbes Dutzend der ersten klassischen Stücke abgerechnet, in den bessern italienischen Schulen bei weitem nicht so reich gefunden, als ich geglaubt hatte; desto reicher an Zahl und Gehalt ist sie aber an Niederländern. Die Pariser Sammlung ausgenommen, ist in Dresden nun doch wohl die erste in Europa. Ich weiß wenigstens in Italien keine, die ihr den Rang streitig machen könnte. Verhältnismäßig noch größer ist der Schatz der Antiken; und hier gilt wieder das Obige; zumal nachdem die Mediceerin und die Familie der Niobe nun auch in Paris sind. Der junge Faun, der Torso, die Venus, die Ariadne, die Matrone und einige andere Stücke gehören unstreitig zu dem Kostbarsten, was der Geist der Kunst erschaffen hat. Es ist mir ziemlich wahrscheinlich, daß Canova die schöne Stellung seiner Hebe von dem jungen Faun zu Dresden genommen hat. Sie ist fast ganz dieselbe; und was meine Vermutung bestärkt, er selbst hat vorher die Statue in Dresden wiederholt lange mit stillem Enthusiasmus beschaut. Die Mumien hat man anderwärts besser. Eine antike Büste, die Caligula vorstellen soll, war mir noch besonders merkwürdig, da ich schon vorher im Abguß eine große Ähnlichkeit mit einem großen Manne unserer Zeit zu finden geglaubt hatte: und dieser Glaube gewann mehr, als er verlor, durch die Beschauung der Antike selbst. Becker, dessen Verdienste und Urteile in der Kunstgeschichte ich so sehr schätze, als irgend jemand nur kann, sagt: «Wenn man in der alten Kunst nur neun klassische Stücke annimmt, so liefert Dresden davon fünfe.» Das heißt doch wohl die Vorliebe für seine Inspektion etwas weit treiben; und er dürfte zufrieden sein, wenn man ihm den vierten Teil des Ganzen zugestände.

Im Grünen Gewölbe sah ich, daß der Kurfürst ein steinreicher Mann ist.

Carl Gustav Carus
Meinen verewigten Freund

Was meinen verewigten Freund Caspar David Friedrich betrifft, so waren wir schon um das Jahr 1818 einander nähergekommen. Er stand damals in den vierziger Jahren, und die Schärfe seiner Individualität war eben um diese Zeit leiblich und geistig am entschiedensten ausgeprägt. Gebürtig vom Strande der Ostsee, eine recht scharfgezeichnete norddeutsche Natur mit blondem Haar und Backenbart, einem bedeutenden Kopfbau und von hagerm, starkknochigem Körper, trug er einen eignen melancholischen Ausdruck in seinem meist bleichen Gesicht, dessen blaues Augenpaar so tief unter dem stark vorspringenden Orbitalrande und buschigen, ebenfalls blonden Augenbrauen verborgen lag, daß darin schon der Blick des die Lichtwirkung im höchsten Grade konzentrierenden Malers sehr charakteristisch sich erklärt fand. Friedrich erfuhr als Jüngling das Schreckliche, daß beim Schlittschuhlaufen ein besonders geliebter Bruder, mit dem er sich bei Greifswald auf dem Eise befand, vor seinen Augen einbrach und von der Tiefe verschlungen wurde. Kam nun hinzu ein sehr hoher Begriff von der Kunst, ein an sich düsteres Naturell und eine aus beiden hervorgehende tiefe Unzufriedenheit mit seinen eignen Leistungen, so begriff man leicht, wie er einst wirklich zu einem Versuche des Selbstmords sich verleitet finden konnte. Er hüllte dies immer in ein tiefes Geheimnis, aber man wird fühlen, wie gerade eine solche schon begonnene, obwohl noch zu rechter Zeit gehinderte Tat notwendig eine dumpfe und dunkle Nachwirkung auf eine Individualität dieser Art ausüben mußte. Seine ersten Studien hatte er auf der Akademie zu Kopenhagen gemacht, und im Jahre 1795 kam er nach Dresden, wo er 1817 zum Mitgliede der Akademie und später zum Professor der Landschaftsmalerei erwählt wurde. In Dresden hatte er sich stets sehr abgesondert gehalten, an keinen der damaligen Professoren sich angeschlossen und so allmählich einen eigenen tiefpoetischen, doch oft auch etwas finstern und schroffen Stil der Landschaft sich ausgebildet. Wie in der Kunst, so war er auch im Leben von strenger Rechtlichkeit, Geradheit und Abgeschlossenheit – deutsch durch und durch –, nie hatte er auch nur versucht, eine der fremden modernen Sprachen zu erlernen, aller Ostentation ebenso fremd wie jeder luxuriösen Geselligkeit. Man sah ihn fast nie unter Menschen, und ich erinnere mich eines einzigen Abends, da es uns gelungen war, ihn in einem kleinen Familienzirkel bei uns festzuhalten. Die Dämmerung war sein Element, früh im ersten Morgenlicht ein einsamer Spaziergang und ebenso ein zweiter abends bei oder nach Sonnenuntergang, wobei er indes die Begleitung eines Freundes gern sah: das waren seine einzigen Zerstreuungen; übrigens brütete er in seinem stark beschatteten Zimmer fast fortwährend über seinen Kunstschöpfungen. Man kann denken, daß diese Natur mich reizte, und ich darf sagen, auch er hatte mich bald liebgewonnen und folgte ebenso meiner Art von Natur- und Kunstanschauung mit aufrichtiger Teilnahme.

Es war mir von großer Wichtigkeit, Friedrichs Verfahren bei Entwerfung seiner Bilder kennenzulernen. Er machte nie Skizzen, Kartons, Farbenentwürfe zu seinen Gemälden, denn er behauptete (und gewiß nicht ganz mit Unrecht), die Phantasie erkalte immer etwas durch diese Hilfsmittel. Er fing das Bild nicht an, bis es lebendig vor seiner Seele stand, dann zeichnete er auf die reinlich aufgespannte Leinwand erst flüchtig mit Kreide und Bleistift, dann sauber und vollständig mit der Rohrfeder und Tusche das Ganze auf und schritt hierauf bald zur Untermalung. Seine Bilder sahen daher in jeder Stufe ihrer Entstehung stets bestimmt und geordnet aus und gaben immer den Abdruck seiner Eigentümlichkeit und der Stimmung, in welcher sie ihm zuerst innerlich erschienen waren. ...

Sehr überrascht waren Friedrichs Freunde, als er um diese Zeit sich verheiratete, denn dem menschenscheuen melancholischen Künstler hatte niemand diesen Entschluß zugetraut. Er wohnte da an der Elbe, man nennt es den Elbberg, und eine Bürgerstochter aus seiner Nähe – er hatte sie wohl beim Stellen lebender Bilder kennenlernen, welches die jüngern Künstler zuweilen veranstalteten – war seine Wahl; eine einfache stille Frau, die ihm nach und nach einige Kinder gebar, übrigens aber sein Leben und sein Wesen in nichts änderte.

Seine Bilder waren damals sehr gesucht, und er erhielt viele Besuche hoher und geringer Kunstfreunde, wobei es denn zuweilen auch an wunderlichen Begegnungen nicht fehlte, indem manche seiner Werke geradezu von kälteren Naturen gar nicht verstanden werden konnten. So führte der weltbekannte gelehrte Hofrat Böttiger, mit dem auch ich damals öfters in Berührung kam und von dessen überall behäbiger Gefälligkeit und (nach Goethes Ausdruck) Ubique-Natur viele Geschichten kursierten, einst einige aristokratische Damen bei ihm ein, als eben ein neues Bild, eine weite neblige Gebirgsferne mit einem einzigen darüber schwebenden Adler, auf der Staffelei stand. Der blinzelnde Archäolog stellte sich alsbald halb mit dem Rücken davor und entwickelte in fließender Rede den etwas erstaunten Beschauerinnen die Schönheit und tiefe Bedeutsamkeit dieses *Seestücks*, bis Friedrich verdrießlich auf die Gebirge zeigte und das Bild wegnahm. Ein anderer Kunstfreund stellte auch wohl einmal eins der von Friedrich allerdings oft etwas barock genommenen Seebilder, in denen aber doch stets irgendein der Ostseenatur charakteristischer Lichteffekt dem Künstler tief empfunden vorgeschwebt hatte, *verkehrt* auf die Staffelei und hielt den dunkeln Wolkenhimmel für die Wellen und den Himmel für das Meer und sonst dergleichen!

Johann Wolfgang Goethe
Die großen Muster

An Caroline Bardua

Weimar, den 13. April 1808 Wir wünschen alle unserer Freundin Glück zu dem Entschlusse, sich nach Dresden zu begeben. Sie wird an den großen Mustern, die sie daselbst findet, sich auf eine ausgezeichnete Weise ausbilden und auch den künftigen Winter desto lieber in Weimar zubringen, weil ihr manches ernste Erfordernis der Kunst wird deutlicher geworden sein. Haben deshalb einige Personen unserer Gesellschaft ihre Reiseplane für diesen Sommer zu verändern, so ist doch dadurch für die Zukunft nichts verloren. Der

Brocken wird noch eine Weile auf seinen Füßen stehen bleiben und die Spur des Roßtritts auch so bald nicht verlöschen.

Leben Sie indessen recht wohl und lassen Sie mich bald von Dresden etwas hören. Zu Ende Mai trifft mich Ihr Brief in Karlsbad. Alle Freunde grüßen, außer August, welcher gegenwärtig in Frankfurt ist. Sein zurückgebliebenes Bild hat nun doppelten Wert.

Goethe

Louise Seidler
Lehrzeit im Stallgebäude

Ich begeisterte mich für den Gedanken, in Dresden zu bleiben und meine Begabung für die Malerei emsig zu pflegen. Ich trug diesen Wunsch dem auf der Galerie arbeitenden Professor Vogel vor; er prüfte mich und willigte dann ein, mir kostenfrei seine Unterweisung, die mir bis in die spätesten Jahre fruchtbar geblieben ist, angedeihen zu lassen. Eine Wohnung war bald gefunden; ich zog in die Ostra-Allee zu einer Doktorswitwe mit drei alten Töchtern, in ein kleines, nicht eben freundliches Stübchen mit der Aussicht auf das Hausgärtchen. Indessen, das galt mir gleichviel; ohnehin arbeitete ich ja fast den ganzen Tag in der Galerie.

Diese war damals noch im alten Lokal, dem Stallgebäude am Jüdenhof. Zwei ineinander gebaute, große, viereckige Räume, sehr hoch und sehr gut gehalten, mit roten Damasttapeten und parkettierten Fußböden, enthielten die weltberühmten Meisterwerke der Malerkunst. In der äußeren Galerie hingen Niederländer, Deutsche und Franzosen; die innere war den Italienern und Spaniern eingeräumt. Der Besuch war nur gegen Eintrittsgeld und nur einer gewissen Anzahl von Personen gestattet; nicht wie jetzt war die Galerie der Rendezvousplatz geselliger Zusammenkünfte. Damals herrschte stets eine heilige Stille in jenen hohen Räumen; die wenigen Kopierenden saßen geräuschlos arbeitend in den Fensternischen, wo man sie kaum bemerkte, während jetzt die Meisterwerke häufig mit Staffeleien und Gerüsten dergestalt verbarrikadiert sind, daß man oft ihren Anblick nicht genießen kann....

Frommanns Schwägerin Betty Wesselhöft arbeitete an landschaftlichen Studien neben mir in der Galerie. Eines Morgens brachte der Buchhändler dieser die erfreuliche Nachricht, daß Goethe mit Riemer nun wirklich komme und in Dresden einige Tage verweilen wolle.

Diese Nachricht traf die versammelten Freunde wie ein Blitzstrahl. Jeder wollte ihn sehen, ihn sprechen, von ihm hören, seiner Gegenwart sich erfreuen. «Er wird kommen!» sagte mit stolzem Selbstgefühle seiner Freundschaft mit dem berühmten Dichter der Buchhändler Frommann zu seiner Schwägerin.» «Ich werde ihn einladen, und gewiß wird er, wie früher in Jena, die Abende bei mir zubringen, und meine Freunde werden das Glück haben, ihn in meinem Hause zu begrüßen, ihn kennenzulernen!»

Eines Morgens, während ich auf der Galerie arbeitete, erscholl die Kunde: «Er ist da! Er ist auf der Galerie!»

«Ich habe ihn gesehen», rief Frommann, «ich habe ihn gesprochen, er ist in bester Laune!» – Die Schwägerin meinte: «Ich weiß nicht, ob es nötig ist, ihm entgegenzugehen; ich denke, wir warten ihn hier ab.»

Diese Meinung drang durch. Aber als die imponierende Gestalt des Dichterfürsten, der trotz seiner einundsechzig Jahre in voller männlicher Schönheit strahlte, am äußersten Ende der Galerie sichtbar wurde, da flog sie ihm doch schnell entgegen.

Ich blieb allein, überrascht, verdutzt zurück. In kindischer Verlegenheit darüber, daß mir der Moment entschlüpft war, ihn auch sogleich zu begrüßen, flüchtete ich mich in eine Fenstervertiefung. Hier hörte ich, wie Goethe näher kam und an meiner Staffelei stehenblieb.

«Das ist ja eine allerliebste Arbeit, diese heilige Cäcilia nach Carlo Dolci!» hörte ich ihn sagen. «Wer hat sie gemacht?»

Man nannte ihm meinen Namen; als er ihn erfahren hatte, schaute er um die Ecke und sah mich in meinem Versteck stehen. Ich fühlte das Blut in meine Wangen steigen, als er mir liebreich die Hand bot. In väterlich-wohlwollendem Tone drückte er seine Freude aus, mir hier zu begegnen und ein Talent, von welchem er früher nie etwas gewußt, an mir zu finden.

«Wo wohnen Sie, mein Kind?» fragte er weiter.

«In der Ostra-Allee, neben dem Botanischen Garten», erwiderte ich.

«Da werde ich Sie besuchen; wir wollen zusammen den Botanischen Garten besehen und diese herrlichen Augustabende recht genießen. Auch kann ich Ihnen noch manches zeigen; es gibt Privatsammlungen hier, die Sie gewiß noch nicht kennen. Nur wünschte ich nicht, daß davon gesprochen wird», fügte er hinzu. Wie beglückt war ich durch diese unerwartete Güte!

Als meine Nachbarin bemerkte, daß Goethe später oft in der Galerie auf und nieder wandelte und mit mir über Gemälde sprach, bat sie mich, ihn gelegentlich über die Bedeutung einer Schnecke zu fragen, welche im Vordergrunde einer uns gegenüberhängenden «Verkündigung» von Mantegna angebracht war. Ich benützte einen günstigen Augenblick dazu, als der Dichter am nächsten Morgen wie gewöhnlich die Galerie besuchte.

«Diese Schnecke ist ein Zierat, meine Freundin, welchen die Laune des Malers hier angebracht hat! — Ich hole Sie heute mit dem Wagen ab, wir fahren zusammen spazieren —», flüsterte er mir dazwischen in aller Schnelligkeit zu; dann fuhr er in seinem vorigen Tone fort: «Die Maler haben oft solche Phantasien und Einfälle, denen nicht immer eine tiefere Beziehung zum Grunde liegt.» Er beendete nun seine Belehrung, als sei jene Einschaltung gar nicht gemacht worden.

Gegen Abend kam wirklich der Wagen. Goethe und Seebeck saßen darin; wir fuhren an dem herrlichen Augustabend durch Dresdens reizende Umgebung. So geschah es mehrmals; ich erlebte köstlichste Stunden. «Wo mag er nur die Abende zubringen?» hörte ich oft die Freunde fragen. «Riemer weiß auch nichts davon!»

Ich hütete mich natürlich, zu plaudern und meinem Versprechen untreu zu werden; als armes, keineswegs immer willkommen geheißenes Anhängsel so mancher gesellschaftlicher Vergnügungen fand ich im Gegenteil eine Art von stolzem Behagen daran, von dem allverehrten Manne im stillen so begünstigt zu sein.

Goethes Abschied von Dresden wurde mir erleichtert durch seine Einladung, ihn ihm Winter in seinem Hause zu besuchen. Er wollte mir erlauben, ihn zu malen, um mich dadurch als Porträtmalerin bekannt zu machen.

Johann Wolfgang Goethe
Der bejahrte Dresdner Hofgärtner

Indessen der Begriff der Metamorphose in Wissenschaft und Literatur sich langsam entwickelte, hatte ich schon im Jahre 1794 das Vergnügen, zufällig einen praktischen Mann völlig eingeweiht in diese offenbaren Naturgeheimnisse zu finden. Der bejahrte Dresdner Hofgärtner J. H. Seidel zeigte mir auf Anfrage und Verlangen verschiedene Pflanzen vor, die mir wegen deutlicher Manifestation der Metamorphose aus Nachbildungen merkwürdig geworden. Ich eröffnete ihm jedoch meinen Zweck nicht, weshalb ich mir von ihm diese Gefälligkeit erbäte.

Kaum hatte er mir einige der gewünschten Pflanzen hingestellt, als er mit Lächeln sagte: «Ich sehe wohl Ihre Absicht ein und kann mehrere dergleichen Beispiele, ja noch auffallendere, vorführen.» Dies geschah und erheiterte uns zu fröhlicher Verwunderung; mich, indem ich gewahrte, daß er durch eine praktisch aufmerkende Lebenserfahrung diese große Maxime in der mannichfaltigen Naturerscheinung überall vor Augen zu schauen sich gewöhnt hatte, ihn, als er einsah, daß ich, als Laie in diesem Felde, eifrig und redlich beobachtend, die gleiche Gabe gewonnen hatte.

Im vertrauten Gespräch entwickelte sich das Weitere, er gestand, daß er durch diese Einsicht fähig geworden, manches Schwierige zu beurteilen, und zugleich für das Praktische glückliche Anwendung gefunden habe.

Louise Seidler
Anton Graff und Gerhard von Kügelgen

Um der Galerie näher zu sein, wohnte ich diesmal in der Rampischen Gasse bei einer Tochter des berühmten Porträtmalers Anton Graff, der Witwe des Landschaftsmalers Kaaz.

Graff war ein biederer Schweizer aus Winterthur, der sich durch seine naturgetreuen, charaktervoll und markig ausgeführten Porträts und guten Kopien ein schönes Vermögen erworben hatte. Vierzehnmal hat er die Magdalene von Battoni kopiert; ich weiß nicht, wie oft diejenige von Correggio. Wöchentlich mußte ein Porträt für fünfzig Taler vom Stapel laufen. Dabei lebte er patriarchalisch einfach mit seiner Familie; er bewohnte auf dem Altmarkte nur ein einziges großes Zimmer mit zwei Fenstern. Dies war seiner ganzen Länge nach durch eine spanische Wand geteilt; in der einen Hälfte war des Künstlers Atelier aufgeschlagen; hier hantierte er, hier empfing er den Besuch der Muse. In der andern Abteilung hielt sich seine Familie auf; dieser Raum war Wohn-, Eß- und Schlafzimmer – alles in einem. Zuweilen verpflanzte sich auch hierher ein Stückchen Kunst; Graff rieb nämlich seine Farben selbst und pflegte dies dort zu besorgen.

Allsonntäglich war ich bei Graffs regelmäßig Tischgast; joviale Herzlichkeit würzte die einfache Mahlzeit. Das Jahr 1811 war das vorletzte seines Lebens; im letzten verlor er seine geliebte Gattin und folgte ihr, selbst hochbetagt, bald nach. Die Erinnerung an den trefflichen Mann, den reinste Herzensgüte auszeichnete, ist mir immer wohltuend geblieben.

Da Professor Vogel nicht mehr auf der Galerie arbeitete, bekam ich einen andern Lehrer. Durch die Empfehlung der Schwägerin Sylvia von Ziegesar, der Oberforstmeisterin von Ziegesar auf Hummelshain, welche – eine Livländerin, geb. von Berg – die Kusine von Gerhard v. Kügelgens Frau war,

Blick in die Rampische Gasse

machte ich die Bekanntschaft dieses berühmten Malers und seiner Gattin. Aus Freundschaft bot er mir seine Hilfe in der Kunst an, obgleich er eigentlich keine Schüler annahm; nur aus Gefälligkeit unterrichtete er – teilweise in seinem Atelier und teilweise in der Galerie – mich und ein anderes junges Mädchen, Caroline Bardua, eine tüchtige Porträtmalerin, deren Verstand und Treuherzigkeit ihre Häßlichkeit ausglich. Sie pflegte ihren Enthusiasmus für Kügelgens Schöpfungen lebhaft auszusprechen, wodurch der für solche Huldigungen sehr empfängliche Künstler bewogen ward, unseren Arbeiten mehr Aufmerksamkeit zu widmen, als es außerdem geschehen sein würde. Er meinte nämlich, uns Frauen wäre es doch kein Ernst mit der Kunst.

Jean Paul
Gestern malte mich Vogel

An Karoline Richter

2ten Jun. [1822] Gestern malte (crayonierte) mich Vogel schon in der 1ten Stunde treffend, wie Minona und die Professor Förster mit mir behaupteten, welche beide da waren, damit ich nicht läse, sondern spräche. Er übertrifft fast das Meiersche Bild. Nach dem Crayonieren werd ich von ihm lithographiert. Ich machte ihm das tragische Gesicht vor, das ich zu Müllners fünften Akten machen würde, und langer Scherz war über den Trauerspielschreiber, bis er wirklich sich unten in seidnen Strümpfen anmelden ließ. Es war vernünftig, daß ich ihn wegen des Abmalens abweisen ließ – wobei er den ersten grimmigen Blick warf – und darauf den zweiten grimmigern, als beide Besitzerinnen den Fensterladen öffneten und er heraufguckte.

Ludwig Richter
Künstler um 1827

Bald nach meiner Ankunft in Dresden hatte ich eine kleine, hübsche Wohnung an der Bürgerwiese bezogen, wo ich auch in der Nähe Augustens war. Daß ich von den Eltern sogleich zu ihr geeilt war, versteht sich von selbst. Ich schweige von der glückseligen Stunde unseres Wiedersehens nach so langer Trennung, von den liebsten Stunden des Tages, die ich bei ihr zubringen durfte in dem Blumengärtchen hinter dem kleinen Hause, oder mit ihr durch die Felder nach den Höhen von Räcknitz gehend, von wo man die Stadt und das ganze freundliche Elbtal übersieht und wo uns gewöhnlich die stattliche Gestalt mit dem milden Gesicht v. Ammons begegnete (des Oberhofpredigers), welcher diese stillen Wege besonders liebte.

Bald konnte ich sie auch mit Oehme und dessen Braut zusammenbringen, deren Bekanntschaft sie erneuerte und mit ihr befreundet wurde. Als drittes Paar in diesem Bunde erschien endlich Peschel, welcher einige Wochen nach mir von Italien zurückkehrte und seine Verlobte uns zuführte. Da dieses Doppelkleeblatt in ähnlichen Verhältnissen, gleichen Interessen und Strebungen sich fand, so war nichts natürlicher, als daß der innigste freundschaftlichste Verkehr daraus entsprang, welcher die heitere Blüte jener Tage war.

In einen anderweitigen Kreis wurde ich durch Peschel eingeführt. Im Gasthof «Zum blauen Stern» auf der Meißner Gasse wohnte ein junger Mann namens Berthold, welcher von Kindheit an hinkend und kränklich, jetzt fast niemals sein kleines Dachstübchen verließ und deshalb von seinen Freunden gewöhnlich in den ersten Abendstunden besucht wurde, teils aus Anteil, um ihm seine Einsamkeit zu erleichtern, teils aber seines anregenden und interessanten Umganges wegen. …

Im Dachstübchen «Zum blauen Stern» fand man also in der fünften Nachmittagsstunde immer einige Freunde und Bekannte. In früheren Jahren bestand diese Gruppe aus Koopmann, Kügelgen, Ad. Zimmermann, Götzloff und Peschel, jetzt hatte diese sich zumeist aus letzterem, Oehme, Hantzsch, Architekt W. Hermann und mir gebildet. Hier wurde nun alles, was auf den Kunstgebieten auftauchte, mit Lebhaftigkeit durchgesprochen; diejenigen, welche Rom gesehen hatten, schwelgten in der Erinnerung jener Tage und berichteten über Erlebtes und Geschautes, und Berthold verstand vortrefflich, aus jedem etwas Gutes hervorzulocken und in verwickelte Streitfragen Ordnung und Klarheit zu bringen. So verdankten wir diesen im Dachstübchen bei Berthold zugebrachten Stunden vielseitige Förderung, sie waren uns allen ein wesentliches Bedürfnis geworden. Auch in religiöser Beziehung fand im allgemeinen Übereinstimmung statt und bildete den Grundton unserer Harmonie. …

Den bedeutendsten Einfluß auf Kunst und Künstler übte zu jener Zeit in Dresden der Baron von Quandt. Seit einigen Jahren hatte er Leipzig mit Dresden vertauscht, und sein angenehm gelegenes Haus mit der vorzüglichen Gemäldesammlung neuerer deutscher und mehrerer alter Meister bildete öfter

Selbstbildnis von Daniel Nikolaus Chodowiecki (sitzend), im Vordergrund links Bildnis des Archäologen Philipp Daniel Lippert, unten Vignette mit Ansicht von Meißen

Anton Graff, Selbstbildnis im hohen Alter

Adrian Zingg

Theodor Körners Eltern Christian
vor c

›rner und Marie Jakobine Stock
ing

Caspar David Friedrich, Selbstbildnis

Philipp Otto Runge, Selbstbildnis

Dorothea Stock, Selbstbildnis

den Sammelplatz von Künstlern und Kunstfreunden. In Rom, wo er mit seiner Gemahlin den Winter 1810 zubrachte, verfolgte er mit Begeisterung den Entwicklungsgang der deutschen Kunst, und er freute sich namentlich des sich glänzend entfaltenden Talentes seines jungen Landsmannes Julius Schnorr, mit welchem eine innige Freundschaft ihn verband.

Zu allen Zeiten haben Männer, welche, durch Vermögen begünstigt, eine unabhängige Stellung einnahmen und mit lebhaftem Geist, Verständnis und warmer Überzeugung eine bestimmte Richtung verfolgten, wohltätig fördernd auf die verwandten Elemente eingewirkt, indem sie für das Zerstreute einen Sammelpunkt bildeten, von welchem aus das Leben sich erhöhte und weitere Kreise angezogen wurden.

So war es hier bei Quandt. Seine reiche Kupferstichsammlung – es war besonders die Schule Marc Antons, Schongauer und Dürer in kostbaren und seltenen Drucken vertreten – gab so manchem schönen Winterabend Genuß und anregende Unterhaltung. Naeke, Oehme, Peschel und ich kamen mit einigen Kunstfreunden fast regelmäßig zusammen. Uns drei Letztgenannten gab es einen gewissen Halt, eine Hoffnung auf die Zukunft, daß wir in Quandt einen Vertreter jener Richtung fanden, welche uns beseelte, aber von den älteren Künstlern in Dresden nicht wohl angesehen, von vielen geradezu als Verirrung bezeichnet wurde, auch im Publikum noch wenig Anklang fand.

Bei Oehme hatte Quandt eine größere Landschaft bestellt, von mir wünschte er zwei italienische Landschaften in mittlerer Größe, und ich wählte Civitella und Ariccia, charakteristische Motive aus dem Sabiner- und Albangebirge.

Karl Förster
Dresdner Kunstverein

Dresden, den 12. Juli 1836 Unser hiesiges Kunstleben erfreut sich neben dem, was von Seite der akademischen Behörde – freilich mit beschränkten Mitteln – dafür geschieht oder mit Umsicht vorbereitet wird, seit kurzem auch von außen mannigfaltiger Anregung. Seitdem der hiesige Kunstverein sich bei seinen Ankäufen nicht mehr bloß auf einheimische Arbeiten beschränkt, ist in den nach und nach aus anderen Gegenden Deutschlands eingehenden Werken vielen zum ersten Male die Gelegenheit zu einer für die fortschreitende Kunstbildung gewiß nicht unersprießlichen Vergleichung des Heimischen und Fremden, dem jüngeren Teile unserer Künstlerwelt aber die

Anregung zu einem Wetteifer gegeben worden, der hoffentlich bald seine Früchte tragen wird. Auch beabsichtiget der Komitee des Kunstvereins, in Übereinkunft mit Direktor Schadow in Düsseldorf, eine besondere Ausstellung von Gemälden der Düsseldorfer Schule. So ist ein Verkehr eröffnet, wie ihn die Zeit zu fordern scheint, dessen vollständige Wirkung aber freilich erst dann zu erwarten steht, wenn er mit vollkommener Gegenseitigkeit seine weiteste Ausdehnung erhalten haben wird. Indessen liegt es in dem Zwecke eines deutschen Kunstvereins, daß er nur, was innerhalb des gemeinsamen Vaterlandes sich hervortut, zur Mitbewerbung einladen kann, und so muß es dem Zufall überlassen bleiben, ob dann und wann ein bedeutendes Werk des eigentlichen Auslandes zur unmittelbaren Kenntnis hiesiger Künstler und Kunstfreunde gelangen soll. Darum kann es nicht genug gepriesen werden, daß in der letzten Zeit einer der ausgezeichnetsten und tätigsten französischen Künstler aus freiem Entschlusse, ohne den entferntesten Gedanken an Geldgewinn, ja mit Nichtachtung eines bedeutenden Kostenaufwandes, ein künstlerisches Band mit unserem Vaterlande anzuknüpfen versucht hat. Den Besuchern unserer letzten Kunstausstellung ist ein treffliches Genrebild Vogels v. Vogelstein noch in frischem Andenken, das vorzugsweise die Beschauer um sich versammelte, die Werkstätte des Malers darstellend, in welcher der Bildhauer David aus Paris eben beschäftiget ist, die kolossale Büste Tiecks in Ton zu modellieren; und auswärtige Leser erinnern sich aus einer früheren Nachricht, wie Herr David, der früher schon durch Goethes Büste seine Hochachtung für die geistigen Größen des Auslandes betätigt hatte, zunächst um jener Tieckschen Büste willen damals eine längere Zeit unter uns verweilte. Die nach diesem Modell zu Paris ausgeführte Kolossalbüste in Marmor ist nun als ein wertvolles, für den Dichter zu dessen Geburtstage bestimmtes Geschenk des Ministers hier angelangt und steht bereits an der Stelle, wo sie während der nächstens beginnenden Kunstausstellung als eine Hauptzierde derselben bleiben wird.

Universalpoesie

BÜCHER

Dresdens teils neuerlich verstorbene, teils jetzt lebende Schriftsteller und Künstler,

wissenschaftlich klassifiziert nebst einem dreifachen Register von *M. Christoph Johann Gottfried Haymann.* Dresden. In der Waltherschen Hofbuchhandlung 1809

Joseph Friedr. Dorn, Hofbedienter bei der königl. Prinzessin Anna, geb. zu Dresden am 23. Jan. 1748, einem Stubenheizer bei der 1780 verst. verw. Kurfürstin von Sachsen. «Anleitung und Aufmunterung zum Ingwerbau für den Bürger und Landmann», Leipz., gedruckt bei Werther, Selbstverlag 1799 ... Er wird auch über die Farben schreiben, da er des Lackierens kundig ist.

Heinrich von Kleist, ehemaliger k. preuß. Leutenant, nachmaliger Assessor der Kammer zu Königsberg, geb. zu Frankfurt a.d.O. am 10. Okt. 1777, privatisiert seit 1807 zu Dresden. «Die Familie Schroffenstein», ein Schauspiel in 5 Aufz., «Amphitryon», nach Molière, herausg. von A. Müller ... «Penthesilea», ein Trauerspiel, Tübingen bei Cotta 1808. Verschiedene Aufsätze in dem von ihm und A. Müller herausg. Kunstjournale «Phöbus». «Jeronimo und Josephe», eine Erzählung im «Morgenblatte», Tübingen bei Cotta.

Dr. Christian Gottfried Körner, 1756 zu Leipzig dem ehemaligen Superint. geb., 1778 Mag. legens daselbst, 1779 Doktor der Rechte und nach anderthalbjähriger Reise durch Holland, England, Frankreich 1783 Oberkonsistorialrat in Dresden und 1784 zugleich Assessor bei der Landes-Ökonomie-Manufaktur- und Kommerz-Deputation. 1790 wurde er Appellationsrat und 1798 geh. Referendarius.

Der jetzt in Trier angestellte *Andr. Ge. Friedrich Rebmann* lebte vom 15. Nov. 1792 bis zum 2. Junius 1794 in Dresden und schrieb einige Teile seiner «Nelkenblätter», seine «empfindsame Reise nach Schilda» und ein paar andere hierher gehörige Schriften allhier, die das «gel. T.» anführt.

Ge. August Scheppach, Hofküchenbeischreiber und seit dem Ende 1802 Hofküchengeschirrschreiber, wurde in hiesiger Neustadt einem Hausbesitzer am 8. Aug. 1765 geb., studierte bloß in dasiger Schule. Seine «Sächs. Geschichte mit synchronistischen und genealogischen Tabellen», in 2 Teilen, wurde beifällig aufgenommen und ist schon dreimal aufgelegt worden.

Carl Wilh. Frdr. Schlegel lebte in Dresden, bis er am 13. Aug. 1800 Mag. und Privatdozent in Jena wurde. Er ist bekannt aus «Hist. Versuchen über das klassische Altertum, oder Griechen und Römer», und aus «Geschichte der Poesie der Griechen und Römer etc.»

Ludwig Tieck, zu Berlin am 31. Mai 1773 geb., lebte daselbst bis 1801 und seitdem einige Jahre zu Dresden, jetzt vermutlich in Weimar.

Ein paar Briefe, die jetzige Modelektüre betreffend

Ich habe Ihnen, mein Lieber, mit gutem Bedacht das Lesen guter und witziger Schriften angeraten, und es freut mich, daß Sie es versucht haben und Geschmack am Lesen finden. Wenn Sie mir aber auch nur, außer den angezeigten «Leiden des jungen Werthers», die übrigen Bücher genannt hätten, die Sie lesen, so würde ich itzt Ihrentwegen vielleicht weniger besorgt sein als so, da ich das nicht weiß.

Sie interessieren sich, wie ich merke, ungemein sehr für den unglücklichen Helden Ihres Romans. Ich habe ihn nun gelesen, und ich bedaure ihn auch, und auch seinen würdigen Vater. — (Denn man sagt, daß der eigentliche Name dieses unglücklichen jungen Menschen J... heiße).

Wenn ich indes annehme, daß in der ganzen Erzählung wirklich historische Wahrheit herrsche, so gefällt mir Werther ganz und gar nicht. Das ist wahr, einige Stellen in der Geschichte sind schön und lassen sich gar angenehm lesen; etliche aber sind schlüpfrich und noch andere gar profan, und für manchen jungen unfürsichtigen Leser vielleicht ansteckend.

Daß Werther sich nicht enthalten konnte, den kleinen Louis, seines kleinen Rotznäschens ungeachtet, herzlich zu küssen, das liest man und lächelt, denn es ist treffende Zeichnung des kindischen Alters. – Ich aber lasse doch im ähnlichen Fall meinen kleinen Carl lieber erst sein Schnupftüchelchen nehmen und sich das Näschen putzen, ehe ich ihn küsse. Was muß das für ein Mensch sein, der vom Selbstmord so denkt und räsonniert wie Werther! – Und wie sehr abgeneigt muß er der Wahrheit sein, da er als Sohn eines so rechtschaffenen und erleuchteten Vaters, der der ganzen Welt göttliche Wahrheiten so schön empfohlen hat, so ungesunde Grundsätze heget und nähret! – …

Schrecklich ist das, was S. 159, 160 stehet, wo Werther eine bekannte Stelle aus Joh. 17 und eine andere aus der Leidensgeschichte des Erlösers recht elend behandelt und ärgerlich angewendet. Hier hat Werther oder sein Biograph (er mag heißen, wie er will) sich von einer sehr leichtsinnigen und profanen Seite kenntlich gemacht. Wie kommt doch der Heiland dazu, daß er sich in Ansehung seiner Leiden mit einem solchen Romanhelden vergleichen lassen muß! So ärgerlich aber diese Stelle ist, so lächerlich ist endlich die Anmerkung des Biographen, ganz am Ende: «Handwerker trugen ihn. Kein Geistlicher hat ihn begleitet.» – Ei, ei! Was da der Geistliche des Ortes doch für einen lieblosen Fehler begangen hat! – Er hat ihn nicht begleitet! – auch nicht Leichenpredigt, nicht Abdankung gehalten! Das ist wohl nicht recht. Wozu soll diese ganze Anmerkung? Sie macht dem Herrn Romanschreiber bei Verständigen gewiß ebensowenig Ehre, als das ganze Schriftgen ihren Beifall haben wird.

Im ganzen bemerke ich bei diesem Roman dieses: Werther beschäftigte sich nicht gern; er flohe eine bestimmte pflichtgemäße Arbeit; hing seinem wollüstigen und zum Teil melancholischen Temperamente bei Müßiggang zu gern und zu sehr nach; er will bisweilen den Philosophen machen, der er doch nicht ist. – Eine wahre Kopie der süßen Herren unsrer Zeiten auf der Akademie und auch außer derselben! …

Gott bewahr Sie, mein Bester, daß Sie nicht zu viel Geschmack an dergleichen Schriften und ihrer Helden finden! Da Sie nun aber die neuern, und unter diesen, wie ich merke, die witzigen Schriftsteller besonders gern lesen, so empfehle ich Ihnen außer Gellerten und Rabenern noch Sturm und Tieden. Von letztern haben wir Predigten und Unterhaltungen, die wohl nach Ihrem Geschmacke sein werden. Eine oder etliche solcher Unterhaltungen, vor Schlafengehn gelesen, werden zugleich ein wirksames Mittel gegen ängstliche und schreckhafte Träume abgeben.

Sie sammeln doch abends noch Ihre Gedanken zu Gott im Gebet? – Tun

Sie das ja! Und dann nur flugs und fröhlich eingeschlafen, Sie werden es erfahren, daß Luthers Rat gar trefflich gut ist. Schreiben Sie mir bald wieder einmal! Ich bin usw.

D. –, den 17. Januar 1776

M. Kirsch, P.

Museum usui publico patens

Die kurfürstliche Bibliothek, obgleich damals schon ihrer Bestimmung nach «Museum usui publico patens», war doch, ihrer Einrichtung und sonstigen Verhältnisse wegen, mehr clausum als patens; denn seit 1728 in drei Säle der Zwingerpavillons geklemmt, gewährte sie den Musen ein so beschränktes Quartier, daß ihre Schätze wenig zu bemerken, oft kaum zu finden waren; die Bücher standen nämlich doppelt und dreifach hintereinander, viele lagen nur so herum, wie man grade noch ein Plätzchen für sie gefunden hatte, und die zusammengedrängte Last derselben bedrohte sogar die Gebäude. Von einer Benutzung derselben wie jetzt hatte man damals keinen Begriff, obschon der Oberbibliothekar Crusius und die Bibliothekare Canzler und Daßdorf den Gebrauch derselben eher beförderten als erschwerten. Außer dem Kurfürsten, den Mitgliedern der höchsten Behörde, einigen Gelehrten und Künstlern oder besondern Günstlingen des Personals benutzte sie niemand, und fast glich sie einer Insel in unbekannten Meeren, wo nur dann und wann ein literarisches Schiff landete. Obschon ein sogenanntes Einschreibebuch seit 1756 existierte, ward es doch wenig benutzt, weil die Besuche von Fremden selten waren, und oft erzählte der Sekretär Naumann dem Bibliothekar Crusius, wenn dieser etwa ein paar Tage gefehlt hatte, mit wichtiger Miene: «Wir haben indes auch einen Fremdenbesuch gehabt. Man wollte unter anderm sogar die konfiszierten Bücher sehen, welches ich aber natürlich verweigerte.» Wie es scheint, gab es also bei der Bibliothek eine besondere Sammlung solcher Schriften, die aber späterhin wohl einrangiert wurden.

Übrigens erschwerte auch das enge Lokal des Expeditions- und Lesezimmers, wo, wenn nur ein halbes Dutzend Leser auf einmal sich einstellten, schon wahre Raumnot entstand, der Mangel an guten Katalogen und die Ungelenkheit und Ungelahrtheit des untern Personals oder der sogenannten Bibliothekschreiber, wozu nicht selten Bediente von Exzellenzen befördert wurden, den Gebrauch nicht wenig. Weiß man nun vollends, daß diese Bibliothek viele Jahre einen Chef (den Graf Marcolini) hatte, dem die Literatur, insbesondere die deutsche, ganz fremd war, so kann man von selbst auf ihre Wirksamkeit schließen.

Schon der Zugang zur Bibliothek, eine alte bemooste Freitreppe, auf welcher man im Winter Arm- oder Beinbruch zu befürchten hatte, war nicht einladend, aber auch so wenig begangen, daß es ordentlich auffiel, jemanden sie besteigen zu sehen. Höchst possierlich klingt es, und doch ist es wahr, daß das untere Personal sich oft sogar nach Besuch sehnte, weil es für selbes auch gar zu wenig zu tun gab, und daß noch weit öfter Bücher nicht ausgeliehen werden konnten, weil man sie nicht zu finden wußte oder des engen Lokals wegen zu viel Mühe hatte, sie zutage zu fördern, oder endlich, weil schlechte Witterung deren Herbeiholen hinderte, denn die obenerwähnten drei Zwingerpavillons standen nur durch offene, ziemlich lange Gänge in Verbindung. Verlangte nun jemand z.B. mehrere Bücher, deren jedes in einem andern Pavillon sich befand, und es schneite oder regnete grade, dann war das literarische Holland, mehr aber noch der es in Anspruch nehmende Literatus in Nöten, wenn ihn nicht vielleicht Rang und Stand vor Knurren und finstern Gesichtern schützten. Dazu kam noch, daß der damals einzige Sekretär, Naumann, ebenso ungeschliffen und ungefällig als das jetzige Personal fein und dienstfreundlich, für Besucher der Bibliothek mehr eine abstoßende als anziehende Kraft hatte. Die Fälle waren nicht selten, wo es hieß: «Kommen Sie morgen wieder! Die Theologen, die alten Klassiker usw. stehen in dem Pavillon da drüben, da mag sie in dem Wetter der Teufel holen.» Wenn dieser aber nicht wollte und der Sekretär gleichwohl so ein außerpavillonisches Werk eines vornehmen Begehrers wegen doch holen mußte, da hieß es gewöhnlich: «Santo (Name des Aufwärters), meinen Paraplui!» oder bei Glätte und Kälte: «Santo, meine Bärlatschen!» oder bei heftigem Winde: «Santo, meinen Roquelaure (Regenmantel)!» Ja, nicht selten mußten Parapluie, Bärlatschen und Roquelaure vereint geschafft werden, eine alte theologische Schwarte oder die Ausgabe eines römischen Klassikers in usum Delphini zu holen. ...

Ganz anders gestaltete sich das Leben auf der Bibliothek, seit sie im April 1788 in den Japanischen Palast verlegt und damit ein echtes «Museum usui publico patens» ward, welches sie auch bis jetzt unter der liberalsten Leitung und Verwaltung geblieben ist. Noch während ihrer Aufstellung starb der Oberbibliothekar Canzler, und an dessen Platz kam, weil Heyne in Göttingen, der ihn wünschte, zu große Ansprüche machte, der zweite Bibliothekar, Daßdorf, aber zum ersten noch zu jung war, der Sprachlehrer der Deutschen, der unvergeßliche Adelung. ...

Adelungs Berühmtheit war eine allgemeine, die Daßdorfs nur eine

Dresdner. Adelung hatte von der Ramifikation des Baums der Wissenschaften und also auch von einer bibliothekarischen Klassifikation seiner Blüten und Früchte meist andere Ansichten, auch tiefere Einsichten als Daßdorf, der, obschon von ganzer Seele der ernsten, besonders klassischen Literatur huldigend, doch immer viel neue belletristische Schriften mit zur Bibliothek bringen wollte, auf die jener fast gar keinen Wert legte. Adelung, der ehrwürdige Verfasser des «Mithridates», mit der Struktur der meisten ältern und neuern Sprachen innig vertraut, hatte insbesondere die der französischen und englischen so ganz sich angeeignet, daß er aus beiden viel Übersetzungen, ja sogar ein «Grammatisch-kritisches Wörterbuch der englischen Sprache nach Johnson» 1783 herausgab, und konnte doch weder französisch noch englisch sprechen, worin ihn Daßdorf, wenn Fremde, nur dieser Sprache mächtig, auf die Bibliothek kamen, stets überflügelte: sehr natürlich, weil Adelung ewig auf dem Studierzimmer, Daßdorf dagegen fast immer mit der Welt lebte; weil jener auf die mechanische Gewandtheit der Zunge und eingeübte Kraft des Gedächtnisses, welche im Augenblick des Bedarfs Worte und Wendungen darbieten, im Verhältnis zu der Kenntnis vom Genius einer Sprache gar keinen, der Weltmann Daßdorf dagegen nicht ohne Grund großen Wert legte, nicht selten aber auch Wertvolles dadurch erhielt, das, amtlicher Stellung zufolge, eigentlich Adelung gebührt hätte.

Dies war z.B. einst der Fall, als eine schwedische Prinzessin, Schwester Gustavs III., die Bibliothek besuchte, um nächst dieser besonders den berühmten Adelung kennenzulernen. «Spricht die Prinzessin deutsch?» fragte Adelung den Lohnlakai, der sie ihm meldete. Auf die Antwort: «Nicht gern und nur wenig, am liebsten französisch», entgegnet Adelung trocken: «Sag Er der Prinzessin, Er hätte mich nicht getroffen, ich habe heute nicht die mindeste Zeit, Besuche anzunehmen, muß sogleich zum Kurfürsten usw.» Damit entfernt sich Adelung durch Säle, wo er der Prinzessin nicht begegnen kann, während diese, ohne des Lohnbedienten Antwort abzuwarten, schon ins Zimmer tritt und auf Daßdorf mit der Frage zugeht: ob sie die Ehre habe, den berühmten Hofrat Adelung vor sich zu sehen? – Daßdorf entschuldigt diesen mit Geschäften bei Sr. kurfürstl. Durchlaucht, geleitet, anmutig konversierend und reich belehrend, die Prinzessin durch die Bibliothek und – empfängt dafür eine goldene, 30 Dukaten schwere Medaille. Adelung nicht zu kränken, verschwieg dies Daßdorf geraume Zeit demselben; aber über so etwas sich zu kränken, das fiel dem ernsten Manne nicht ein, der oft lieber selbst Medaillen darum gegeben hätte, durch nutzlose und neugierige Besuche nicht gestört zu werden.

Auch in körperlicher und geselliger Hinsicht waren Adelung und Daßdorf toto coelo verschieden. Adelung, ein langer, ernster, durch Gestalt und Benehmen imponierender Mann; Daßdorf mehr klein als groß, gewandt, freundlich, ewig heiter und zuvorkommend. Adelung mit wenig Ausnahmen vom Sonntage früh bis zum Sonnabend abend am Studiertische, nie auf Promenaden oder an öffentlichen Orten, in der Regel trocken und wortkarg; Daßdorf dagegen stets mit Welt und Menschen im Verkehr, wortreich und lebendig. Adelung, hagestolz, erst aus Not, dann aus Grundsatz, hatte außer einer Haushälterin kein lebendiges Wesen um sich als ein paar Vögel, die er selbst fütterte; Daßdorf, zweimal verheiratet und gesegnet mit vier guten Kindern, fühlte nach des Tages Schwüle sich am glücklichsten im Schatten der Häuslichkeit.

Adelung war nur in den ersten Jahren seiner Anstellung oft, dann immer seltener und in den letzten Jahren fast gar nicht auf der Bibliothek zu treffen, wenn er nicht etwa kam, Werke zu benutzen, deren Transport nach Hause zu schwierig erschien; Daßdorf dagegen, gleichsam glebae litterariae adscriptus, versäumte, Krankheit und Reisen abgerechnet, nie die Bibliothek. Adelung war dort meist ein Stummer, der nur studierte, von den Besuchen der Bibliothek keine Notiz nahm und mit niemand sprach, der ihn nicht anredete; Daßdorf kam vor lauter Abwarten literarischer Besuche manchen Vormittag gar nicht an sein Büro und ging sehr oft nach Hause, ohne einen Buchstaben geschrieben oder gelesen zu haben. Adelung, hassend die Prärogative der Aristokratie, unglücklich in den Vorzimmern, am unglücklichsten an den Tafeln der Großen, floh den Adel, wie und wo er nur konnte, und bezeigte sich, wenn er mit ihm in Berührung kommen mußte, nie schmieg- oder biegsam, sondern ernst, kalt, im stillen pochend auf Ruhm und Verdienst; Daßdorf, glücklich unter den Formen und bei den Genüssen der vornehmen Welt, schmieg- und biegsam gegen das damals noch allmächtige *von*, erkannte den Adel schon seines Alters wegen für ein ehrwürdiges Institut, sah in jedem Minister oder Hofmarschall einen Erzengel vom Throne der Fürsten, beobachtete aber doch dabei – das ist nicht zu leugnen – stets eine gewisse Würde, verbunden mit dem feinsten Anstand, und erniedrigte sich nie zum Speichellecker. Adelung, der personifizierte Syntax- und Sprachwurzelgräber, nie sonderlicher Freund der schönen Literatur, auf deren Feldern er zu einer gewissen Zeit stehengeblieben war, während alles um ihn her vorwärts ging, zeigte sich insbesondere stets als der erklärteste Feind aller Gelegenheitsgedichte; Daßdorf, der erste Gelegenheitsdichter Dresdens, war überhaupt ein so glühender Freund der schönen Literatur, daß er, wenn Adelung sich nicht dagegen stemmte, jede neue Gedichtsammlung, ja so manchen neuen Roman der Bibliothek aufgebürdet haben würde.

Gotthold Ephraim Lessing
Winckelmanns Werke

An Karl Wilhelm Dassdorf

Wolfenbüttel, den 26. September 1776 Liebster Freund, nach aller der zuvorkommenden Freundschaft, mit der Sie mich in Dresden beehret haben, hätte ich Ihnen wohl eher einmal schreiben und Sie meiner herzlichen Ergebenheit versichern sollen.

Ich hätte dazu auch noch eine andere Ursache gehabt. Ich hätte Ihnen nämlich vorlängst melden können, daß ich endlich Winckelmanns ganze Korrespondenz mit dem H. von Stosch in den Händen habe. Dieser hat mir sie selbst, so wie sie ist, mit dem Bedinge anvertraut, daß man nur das daraus bekanntmache, was die Welt wirklich interessieren könnte, mit Hinweglassung alles Individuellen und aller der kleinen Nachrichten, wovon in seinen Werken das Ausführlichere und Richtigere vorkömmt. Diesen Auszug zu machen habe ich noch nicht Zeit gehabt. Es wird mir aber sicherlich eine zu angenehme Arbeit sein, als daß ich nicht die ersten ruhigen Tage dazu bestimmen sollte. Und daß alles sodann ganz zu Ihren Diensten ist, das versteht sich. Vorläufig kann ich Ihnen schon sagen, daß Verschiedenes darin vorkommen wird, was Riedel gar nicht oder doch sehr unrichtig gewußt hat. Was sagen Sie überhaupt zu dieser Vorrede? Ohne Zweifel werden Sie, nach dem, was Sie in den Händen haben, noch weit mehr darin zu berichtigen haben. Mein Vorsatz, wegen der Ausgabe der sämtlichen Winckelmannschen Werke, ist noch immer fest. Haben Sie die Güte, dem H. Walther das zu versichern. Ich habe alles erhalten, was er mir dazu geschickt hat, und werde ihm nächstens selbst schreiben.

Beiliegenden Brief nach Rom, liebster Freund, haben Sie die Güte, dem Hn. Bach einzuhändigen, der auf dem Wege dahin ist und nächstens durch Dresden kommen wird. Er wünscht nichts eifriger, als einmal bei der Akademie zu Dresden einen Platz zu finden. Wie sehr er ihn schon itzt verdienet und sicherlich bald noch mehr verdienen wird, brauch ich Ihnen nicht zu sagen. Aber es würde ganz gewiß seinen Eifer verdoppeln, wenn man ihm itzt schon im voraus einige Hoffnung dazu machen könnte, wozu Sie, wie er glaubt, vielleicht nicht wenig beizutragen imstande sein dürften. Wenn Sie es sind, weiß ich, werden Sie es gewiß tun und Sachsen einen Mann zu versichern suchen, der gewiß einen ebensogroßen und originellen Maler verspricht, als seine Vorfahren Tonkünstler gewesen sind. –

Hat mein Bruder noch dann und wann die Ehre, Sie in Dresden zu sehen? Ich wünsche es, und um Ihre beider Bekanntschaft, wenn sie schon wieder erloschen sein sollte, einigermaßen zu erneuern, nehme ich mir gleichfalls die Freiheit, einen Brief an ihn beizulegen.

Ich bin mit vollkommner Hochachtung

Dero ganz ergebenster Freund
und Diener
Lessing

Ein Bibliotheksbesucher

In die Amtsstube der Bibliothek tritt ein Mann in einem blauen, ziemlich veralteten Oberrocke, die Stiefel bestaubt, das Haar ungepudert wirr um den Kopf hängend, der Bart kohlschwarz und überreif. Der Mann schaut in einem fort nach dem Fensterplatze des abwesenden Bibliothekars Daßdorf und lehnt sich an den Ofen, hinter dem zwei Aufwärter — echte animali parlandi — sitzen, von denen einer die Frage an den Fremden richtet: «Was will Er denn hier, lieber Mann?» — «Nichts», lautet die Antwort. — «Nun so vertret' Er den Leuten hier den Weg nicht.» Keine Antwort. «Hört Er's?» — «Ja.» — «Zu wem will Er denn eigentlich?» — «Zum Hofrat Daßdorf.» — «Wenn Er beim Hofrat Daßdorf was zu suchen hat, muß Er zu ihm ins Haus gehen. Hier spricht er nur Gelehrte.» — «Nun, so werd' ich ihn wohl auch sprechen können.»

Indessen tritt der Bibliothekssekretär Koch herein, der den Unbekannten barsch anfährt: «Was wollen Sie?» — «Mit dem Hofrat Daßdorf sprechen.» — «Das wird sobald nicht angehen, denn dieser unterhält sich eben mit dem französischen Gesandten Herrn von Bourgoing, und das dauert manchmal lange.» — «Wenn Sie meinen, daß der Hofrat noch lange wegbleibt, so bitte ich indes um eine gute Ausgabe von Aristophanes.» Koch stutzt. «Haben Sie vielleicht die Ausgabe von Küster bei der Hand?» Koch wird freundlich und will das Buch holen. «Sollte die Küstersche Ausgabe nicht da sein, so bitte ich um die von Bergler oder Brunck. Die Beckische ist leider noch nicht vollendet.» Koch wird höflich und will den Fremden eben bitten, mitzugehen und sich selbst eine Ausgabe zu wählen, als Hofrat Daßdorf mit dem französischen Gesandten ins Zimmer tritt und — den fremden Struppkopf mit den Worten umarmt: «Mein teurer Seume! Wie freue ich mich, Sie zu sehen! Eure Exzellenz erlauben, daß ich Ihnen einen unserer besten Dichter vorstelle.» Damit führte er Seume dem Gesandten zu, der ihn freundlich bei der Hand nimmt. Koch staunt, und die Aufwärter sind versteinert.

Friedrich Schlegel
Bibliotheksbenutzer

An August Wilhelm Schlegel

Dresden, den 20. Januar 1795 Wenn Du nicht die Einrichtung der hiesigen Bibliothek kennst, so mußt Du es für eine eigne Unverschämtheit halten, daß ich Deine Aufträge so lange unbesorgt ließ. Die Sache ist so; mit Mühe und Not erhalte ich zwei bis höchstens drei Bücher auf einmal, wenn ich hinschicke, welches man mir bei den Empfehlungen, die ich habe, nicht verweigern kann. Will ich aber etwas nachschlagen und weiß etwa vollends den Titel nicht ganz genau, so muß ich mich mit ein paar alten Gesichtern herumbeißen und bekomme am Ende doch wohl nichts. Das ganze Personale besteht nämlich aus lauter Non-valeurs, bis auf einen, der zwar für mich tut, was er kann, der aber mit Geschäften überhäuft ist, zum Glück für mich in der alten Literatur gut bekannt, in der neuen aber desto schlechter. ...

Buchhandel und Bücherdruck

Der Buchhandel war damals in jämmerlichem Zustande. Die Walthersche Hofbuchhandlung sorgte fast nur für die öffentliche und des Königs Privatbibliothek, ging übrigens ihren Weg ruhig wie die Elbe und machte als Verlegerin nur durch die Werke Winckelmanns und des Prinzen de Ligne einiges Aufsehen. Gerlach verlegte fast nur Predigten und Gebetbücher, Hilscher meist in Zinn gestochene Noten, die infam aussahen, aber ehrlich nährten. Das Sortiment dieser beiden Handlungen hatte fast durchgängig eine vergilbte Physiognomie, denn es lag seit Olims Zeiten — und verlangte man irgendeine neue Schrift, war allemal die Antwort: Wollen sie gleich verschreiben. Die Buchhandlung des Dr. Richter, einige Jahre die lebendigste, sank durch des Prinzipals lockeres Leben und bibliopolische Sorglosigkeit bald so tief, daß der Buchhalter gewöhnlich den ganzen Kassenbestand in der Tasche trug.

Wenn man den Meßberichten zufolge weiß, daß jetzt der Dresdner Buchhändler Arnold zu mancher Ostermesse 20—30 neue und große Verlagsartikel bringt, damals aber Hilscher oft nicht einen neuen Artikel hatte, und Gerlach, wie ich mehrmals mit angehört, das beste Manuskript achselzuckend abwies, weil er zur nächsten Messe schon mit zwei großen, jedes fast ein Alphabet starken Werken tief darin stecke, so kann man sich des Lachens nicht enthalten. Hilschers Buchhalter Kläbe fragte oft einsprechende Gelehrte nach den neuesten Werken, und bei Gerlach vertrat die Buchhalterstelle dessen fast blinder Bruder, der von Büchertiteln nur die großgedruckten Worte lesen konnte, oft gestand, daß er nie ein ganzes Buch gelesen habe, und seinem Bruder prophezeite, daß er bei seinen großen Unternehmungen noch zugrunde gehen werde. Besonders bedauert er ihn der ungeheuern Honorare wegen. Und doch zahlte Gerlach seinem ergiebigsten Schriftsteller, dem Hofprediger Raschig, dessen Predigten abgingen wie warme Semmeln, nur 3 Tlr. 12 Gr., späterhin 4 Tlr. für den in Median gedruckten Bogen. Honorare von 5 Tlr. pro Bogen waren Dresdner Buchhändlern böhmische Dörfer. Über 2—3 Tlr. zahlten sie selten, ja für Übersetzungen, die besonders ein gewisser Sprachmeister Hahnemann lieferte, gar nur 1 Tlr. 8—12 Gr. Nur der Buchhändler Richter fing an, die Honorare etwas zu erhöhen, bezahlte sie aber dafür auch sehr unordentlich, endlich gar nicht. Gedichte wollte niemand verlegen, sobald Honorar gezahlt werden sollte. Ja der Buchhändler Hilscher, dem der Bibliothekar Daßdorf eine Sammlung seiner Poesien anbot, fragte diesen sogar, wieviel er pro Bogen oder überhaupt zu den Druckkosten beizutragen gemeint sei, worüber der gute Dichter sich so entsetzte, daß er stumm zum Laden hinausging und erst in freier Luft durch ein «'s ist himmelschreiend!» — seinem poetisch gepreßten Herzen Luft machte. «Was ist himmelschreiend?» fragte ihn der eben vorbeigehende Oberlandbaumeister Weinlich und tröstete ihn, als er des Seufzers Grund vernommen, damit, daß er mit seinen «Briefen über Rom» (damals ein klassisches Werk) tausendfache Not gehabt, sie für einen Spottpreis loszuwerden.

Nicht viel besser als um den Buchhandel stand es um die Buchdruckereien. Die des Hofbuchhändlers Walther durfte der Privilegien der übrigen Offizinen wegen nur dessen Verlagsartikel drucken. Die Harpetersche pfiff mit wenigen alten Schriftkasten und zwei morschen Pressen ewig auf dem letzten Loche, und nur Arbeiten für den Stadtrat hinderten, daß ihr nicht ganz der Odem ausging. Die Gerlachsche in Friedrichstadt lag zu entfernt, um an den

Der Bautzner und Pirnaische Bote

Stadtarbeiten viel teilnehmen zu können, und hatte bei geringen Fonds gewöhnlich nur zwei, äußerst selten drei Pressen im Gange. Die Meinholdsche Hofbuchdruckerei dagegen beschäftigte immer 12—16 Pressen, aber nicht infolge der Dresdner Schriftstellerei und des Buchhandels, sondern infolge ihres Privilegiums über alle vom Hofe und den Landesbehörden ausgehende Druckartikel, unter welchen die der legislatorischen Branchen die bedeutendsten waren. Denn so lange das Land noch ungeteilt und die Gesetzsammlung noch nicht organisiert war, ward jedes Gesetz, jede allgemeine Bekanntmachung in 14—15 000 Exemplaren auf Schreibpapier, und mochte sie auch noch so kurz sein, ja wohl kaum eine halbe Seite füllen, doch allemal auf einen ganzen Bogen in Folio gedruckt. Die Fälle waren daher gar nicht selten, daß, wenn ein Gesetz viel Bogen stark war, es in ganzen Wagen voll Exemplaren abgeliefert werden mußte. Für Verteilung und Versendung der Gesetze gab es damals einen so breiten Maßstab, daß bei den Behörden jede Kanzleiperson, bis auf den Akzessisten und Aufwärter herab, wenigstens ein Exemplar erhielt und doch immer noch ganze Stöße als Vorrat liegenbleiben konnten. In den Familien der Staatsdiener fehlte es daher nie an Makulatur. Die Frauen machten Hauben- und Kleiderschnitte aus allerhöchsten Mandaten und Reskripten oder buken darauf Kuchen; den Kindern wurde das Schulbutterbrot darein gewickelt. Manche nicht unbedeutende Staatsdiener sammelten das ganze Jahr, was sie an dergleichen Drucksachen erlangen konnten, um zu Weihnachten von dem Erlös des teuren Makulaturs Butterzöpfe bakken zu lassen. In allen Kaufläden verschnitt man Gesetze und Verordnungen zu Tüten und Säcken, und Büdchen- und Hökerweiber freuten sich immer herzlich des festen Schreibpapiers, worauf sie gedruckt waren. Ein Brühlscher Kammerdiener, Fiedler, hinterließ bei seinem Tode ein so reich sortiertes Lager dergleichen gesetzlicher Makulatur, daß die Begräbniskosten von dem Erlös bestritten werden konnten.

Rebmanns Freunde
Buchhändler und Buchhandlungen

Es gibt hier zwar nur vier privilegierte Buchhandlungen, welche das ausschließende Recht haben, allen andern den Handel mit Büchern verbieten zu können. Aber beinahe möchte ich behaupten, daß es hier wohl auf 50 Buchhandlungen gibt. Denn jeder, der nur eine Konzession zur Lesebibliothek hat, handelt teils mit rohen, teils mit gebundenen Büchern. Dies zu verhindern, hat die Regierung und der Rat bisher alles getan, aber dem Unwesen ist immer noch nicht gesteuert. Die beste Methode, diesen Schleichhandel zu steuern, wäre wohl diese: wenn man den Herren ihre Ballen und Pakete untersuchen ließe, ehe sie noch abgeliefert würden; man würde dann gewiß finden, welche Bücher für den Handel und welche für die Lesebibliothek sind. Nicht genug, daß dieser Schleichhandel dem Bürger und dem wirklichen Buchhändler großen Schaden zufügt, indem die wahren Buchhändler dadurch weniger Absatz machen können; sondern jene Herren handeln auch mit Nachdrucken und sogar verbotenen Büchern, welches alles dem wirklichen Buchhändler bei namhafter Strafe untersagt ist. Hier sollte man wirklich von seiten des Oberconsistorii streng untersuchen und gegen diese Menschen nach den Gesetzen verfahren. Denn aus jenen Grundsätzen ist der Buchhandel in Dresden so gesunken, daß kein Buchhändler es wagt, ein vollkommnes Warenlager zu halten, und man könnte ihn jetzt bloß Krämerei nennen, da es ohnehin hier wenig Bibliothekensammler gibt und außer den Schulbüchern fast gar nichts gekauft wird.

KLASSISCHES UND ROMANTISCHES

Wilhelm Heinrich Wackenroder
Herzensergießungen

An Ludwig Tieck

Dresden, Montag abends, nach 10 Uhr [21. August 1792] Mein liebster, mein bester Tieck! O wehe! da bin ich wieder von Dir gerissen und muß mich in Gesellschaften herumtreiben, die gegen die Deine so sehr abstechen wie — die schöne Venus, die ich heute im Antikensaale gesehen habe, gegen den Kerl im Leipziger Garten, der mit dem Schlag 15 sich den Dolch in die Schulter stieß!!

Dresden ist eine köstliche Stadt, aber doch muß ich in dieser Gesellschaft mich hüten, mich nicht zuweilen von unbehaglichen Empfindungen betreffen zu lassen, die das Fremde, Unvertrauliche eines noch ungewohnten Ortes, wo man nicht zu Hause ist, einflößt. Dich am Arm, so wär ich selbst in Kalifornien nicht fremd.

Ich werde nicht die heiligen 7 Tage vergessen, die ich mit Dir verlebt habe! Empfange meinen feurigsten Dank für Deine Freundschaft, mein zärtlich geliebter Tieck!

Sonnabend, als wir Abschied nahmen, war mir natürlich sehr fatal. Wir aßen Mittag in Hubertusburg, wo ein altes und ein neues Schloß sich gut präsentieren; und abends in Meißen (10 Meilen von Leipzig). Gestern früh besahen wir hier auf dem Berge den Dom und bestiegen seinen Turm, der von oben eine göttliche Aussicht hat. Der ganze Berg liegt äußerst malerisch. Der Weg von Meißen bis Dresden (3 Meilen) verdient das Lob, das ihm jeder gibt. Er zieht sich beständig längs den gelben Fluten der Elbe hinunter und wird immer von grünen Weinbergen begleitet, aus denen tausend kleine weiße Häuser, Türmchen usw. hervorglanzen. Ich genoß diese Schönheit in stummer Stille und hegte allerhand poetische Empfindungen dabei.

Die Aussicht von der Dresdner Brücke ist fast dieselbe und daher mitten in der Stadt von unschätzbarem Wert. Gestern abend haben wir die ziemlich schlechte Secondasche Truppe gesehen, wie sie Liebhaber und Nebenbuhler in einer Person aufführte. Herr Kordemann (vermutlich der Berliner) spielte den verkleideten Ritter. Heut früh haben wir die Antikensammlung, die nächst der Kapitolinischen, Vatikanischen und Florentinischen die erste in der Welt ist, und heut nachmittag die Bildergalerie besehen, doch so, daß ich bei den beiden kaum Zeit hatte, einige wenige der vorzüglichsten Stücke nur flüchtig anzusehn. Geht's irgend an, seh ich beides noch einmal.

Sonntag oder Montag früh reisen wir weg. Dienstag oder Mittwoch sind wir in Berlin. O dann komm doch so bald als möglich!! Bin ich in Berlin, so schreib ich Dir gleich. Schreib Du, je eher, je lieber!

Bleib gesund: grüße Burgsdorff, Reichardts und – die Giebichensteiner Felsen. Lebe wohl, Du Teurer: Dein Bild steht mir ewig vor der Seele; und die 7 Tage, besonders den in Wörlitz, vergesse ich nie.

Es wird mir schwer, mich von Dir zu trennen, aber die Zeit will's! Leb wohl.

Ewig
Dein Dich liebender
W. H. Wackenroder

In Berlin erzählen wir uns noch viel. Da hörst Du noch alles von Dresden.

Friedrich Schlegel
Schiller, Körner und Novalis

An August Wilhelm Schlegel

Dresden, den 13ten April 1792 Hier ist itzt meine Hauptbeschäftigung, einen jungen Menschen alle Künste der Geselligkeit zu lehren – zu sprechen, ohne zu denken – Freude zu geben, ohne sie zu haben – alles zu aller Zeit sein können – die Tiefen des Herzens zu ergründen – schnell in einer neuen Lage, was unser Wesen erfordert, zu bestimmen – geduldig zu tragen – Funken aus Wasser zu locken. – Dazu machte ihn die Natur nicht; stumm, gleichgültig, blöde und arrogant fängt er seine unverständlichen Reden ge-

Das Coffe-Haus im Großen Garten

wöhnlich mit Worten an, die die Langweile sich ganz zu eigen gemacht hat. – Er weiß nicht, was ihm auf die Dauer gefällt; launenhaft, heftig und treu. Jetzt, glaube ich, wünschte er, daß ihm eine schöne Frau durch bewundernde Liebe zugesichert würde. – Ich versorge ihn denn reichlich mit Regeln und Idealen, den Resultaten meines allertiefsten Nachdenkens, die ihn wenigstens – beschäftigen. Diesmal, hoffe ich, weißt Du, von wem ich rede, ob Du gleich letzthin fragen konntest, ob Hardenberg Ähnlichkeit mit Woltmann habe? Hardenberg ist rasch bis zur Wildheit, immer voll tätiger unruhiger Freude. Ich habe ihn nicht durchgelesen. Ich lese zwar schnell, aber nicht alle Bücher. – Die Freude über den unerwarteten Fund war wohl das schönste, weil ich ihm nicht viel sein kann; denn er weiß noch nicht, was er an mir haben könnte.

Für diesmal kann ich Dich nicht mit Nachrichten von Büchern speisen. Ich lese seit einigen Monaten nur aus Pflicht – und ich habe einen solchen Bücherekel, daß ich vielleicht den ganzen Sommer nichts lesen werde. – Daß ich Goethens «Cophta» matt gefunden, habe ich Dir, glaube ich, schon geschrieben, sowie über Klingers Faust. Die Meßware kömmt erst in einigen Wochen. – Gestern sah ich Christian Stolberg, da aber alles, was ich von ihm sah, nichts sagte, so brauche ich auch nichts von ihm zu sagen. – Morgen werde ich Schiller sehen. Er wohnt bei Körners, wo ich gut bekannt bin. Davon im nächsten.

Friedrich Schlegel
«Athenäum»

An Friedrich Schleiermacher

[Dresden, Ende Juli 1798] Die Rätin hat mir an den Prediger eine Unzahl der freundschaftlichsten Grobheiten aufgetragen – mit denen sie, da sie von guter Lebensart überfließt, nie gern in Rückstand bleibt. Das war das. – «Ihr ahndendes Gemüt hätte Dich ihr immer als Pastor dargestellt, obgleich sie nie geglaubt hätte, bis zur Rätin bei Dir herabkommen zu müssen.»

Du siehst schon aus diesem Anfang, daß Du heute keinen rechten Brief von mir erhältst.

Hülsen hatte ich eingeladen, am «Athenäum» Anteil zu nehmen, und er hat es, wie es scheint, mit großem Ernst angenommen. Das ist gut.

Ich bitte Dich, ihm gleich – bei Herrn von Briest zu Nennhausen – ein Exemplar des «Athenäum» zu schicken.

Hardenberg ist dran, die Religion und die Physik durcheinander zu kneten. Das wird ein interessantes Rührei werden!

Ganz der Deinige
Friedrich

Charlotte Ernst
Begegnungen in Pillnitz

An Novalis

[Dresden, Anfang Januar 1799] Ich kann es noch gar nicht vergessen, teurer Freund, daß Sie für uns so schnell wieder verschwunden sind, am meisten kränkt es mich, daß ich mich selbst um einige Stunden gebracht, die Sie mir haben schenken wollen, ich war unglückseligerweise beide Abende zu einer Whistpartie mit ein paar alten Geschäftsmännern engagiert, und es ist ein eisernes Gesetz, daß man da die Stunde nicht versäumen darf. Hätten Sie mir nicht gesagt, daß Sie den letzten Nachmittag und Abend bei Manteuffels wären, so hätte ich mich auf jeden Fall frei gehalten. – Ich hatte so manches gesammelt, was ich mit Ihnen sprechen wollte, wenn Sie heraufkämen. Ich hatte mir vorgenommen, Sie zu bitten, mit mir den «Blütenstaub» zu lesen und mir

die Deutung von manchem gelehrten Worte zu geben, und nun ist von allem diesem nichts geschehen, wir haben nur im Fluge über die wichtigsten Begebenheiten unsrer Freunde geredet, und auch da bleibt noch vieles zurück, ich möchte auch noch eine ganze Stunde Ihnen von den Liebenswürdigkeiten meiner Schwägerin vorerzählen, die sie ihrer Gutmütigkeit und Häuslichkeit zu danken hat. Indessen bleibt es mir immer von dem größten Wert, Ihr Urteil über meine Angelegenheit mit Fritzen gehört zu haben. Sie müssen notwendig bald wieder nach Dresden kommen, wenn es Ihnen möglich ist, schreiben Sie es mir vorher. Haben Sie kürzlich den Diderot «Sur la peinture» gelesen, sonst möchte ich es Ihnen schicken, denn in den «Propyläen» wird ein Aufsatz darüber erscheinen, könnten Sie das erste Stück einmal missen, so würde es mir angenehm sein, wenn Sie es mir noch einmal mitteilten, ich habe es nur sehr flüchtig lesen können; über den Laokoon habe ich viel Schönes gefunden, der Aufsatz über die Gemälde des Raffaels scheint mir zu trocken. Über Ihr eignes Tun und Treiben habe ich nun gar nichts erfahren. Kommen Sie bald einmal wieder. Um mich Ihrer Freundschaft ganz völlig zu erfreuen, müßten Sie mich erst noch länger gesehen haben, ich müßte gewiß wissen, daß Ihre Achtung auf Kenntnis meiner selbst und nicht auf günstige Voraussetzungen beruhete, dann würde sie mich sehr glücklich machen. Empfehlen Sie mich der Fräulein Charpentier.

Charlotte Ernst

Henriette Mendelssohn
Das ist ja Hardenberg!

An Dorothea Veit

Dresden d. 18ten April [1799], abends Ich habe Hardenberg (Novalis) gesehen, liebe Veit; damit muß ich nur gleich anfangen; denn etwas Interessanteres gibt es für mich nicht. Er ist diesen Mittag hier angekommen und kam zur Ernst, die mir schon den Morgen mit dem wärmsten Interesse von ihm gesprochen hatte. Unglücklicherweise waren aber Neumanns da, so daß wir ihn gar nicht recht genießen konnten. Charlotte war einen Augenblick hinausgegangen, und auf einmal hören wir sie im Vorzimmer mit einem Menschen, der sehr laut sprach. Denk Dir, wie mir ward, als Ernst sagte: Mein Gott, das ist ja Hardenberg! – Sie blieb lange draußen mit ihm, aber wie er endlich hereintrat, war es auch um mich geschehn. Diese feine Gestalt, diese verklärten

Augen – (sie sind kleiner, aber noch verklärter als Schlegels) – diese reizende Freundlichkeit in allen Zügen sind wirklich bezaubernd. – Wenn Neumanns jemals dahin kommen, wo Charlotte und ich sie hingewünscht haben, so haben sie wenigstens in der Nacht vom ersten Mai ein interessantes Schauspiel zu erwarten! –

Er konnte den Abend nicht bei Charlotten bleiben; er mußte zu einem Hofprediger hier, und morgen reiset er in aller Frühe ab. So muß ich wieder einmal einen abgebrochenen Pfeil im Herzen tragen, denn verliebt bin ich!

Charlotte Ernst
Ende der Dresdner Frühromantik

An August Wilhelm Schlegel

[Dresden, Ende Dezember 1800] Liebster Wilhelm, ich antworte Dir so spät, weil ich Dir so gar keine befriedigende Antwort wegen Deiner Kommission geben konnte. Gareis ist gar nicht mehr hier. Du wirst ihn in Berlin treffen, das Bild von der Albertin ist so vergilbt, daß sie selber glaubt, daß es zu gar nichts nutzen könne. Dann sagt sie, wäre Gareis gar nicht der Mann, der aus der Phantasie Ähnlichkeiten treffen könnte, er könnte nicht einen Strich machen, ohne daß man ihm dazu säße, von dieser Seite würdest du also schwerlich eine Erinnerung an Deine Auguste erhalten können. Das holde Mädchen schwebt mir recht oft vor, welche Zerstörung ist in unserm Gartenzirkel nicht vorgegangen, Caroline, sonst so gesund, jetzt schwächlich. Hardenberg kaum noch ein Schatten, es würde Dich jammern, diesen jungen Mann zu sehn, es ist sehr wenig Hoffnung zu seinem Aufkommen, er ist so ganz erschlafft von Geiste, daß er gar nicht mehr kennbar ist, ich sehe ihn fast täglich mit seiner Braut, es affiziert mich sehr, er mischt sich selten ins Gespräch, hört nur zu, das Sprechen wird ihm sehr sauer, und oft schläft er ein, wo er dann ganz einem Toten ähnlich sieht. Ich wünschte, liebster Wilhelm, daß Du mir etwas Ausführliches über Carolinens Befinden schriebst, worinnen besteht ihre Kränklichkeit, wird sie etwan bei ihrer Mutter besonders gut verpflegt? Schreibe mir doch einmal etwas Spezielles, wir werden uns ja sonst einander ganz fremd für unser Tun und Lassen, ich habe auch gehört, Du würdest nach Berlin gehen, doch hoffe ich, wird Dich dieser Brief noch treffen. Mit uns geht, dem Himmel sei Dank, alles gut, unser Gustchen hat ihr

Vogelschießen vor dem Ziegelschlag

Gedeihen, mein Mann ist auch recht gut. Ich bin den Ärzten am mehrsten in die Hände gefallen, doch werden meine Augen besser, das viele Medizinieren hat aber meinen Magen sehr geschwächt. Ich muß nun sehen, wie ich diesen wieder allmählich stärke. Die Mamsell Weißen heiratet den jungen Schindler, und es ist große Freude darüber. Ich bin äußerst begierig auf Dein großes Gedicht, ich habe so viel von der Vortrefflichkeit dieses Gedichts gehört, zu Ostern wird es doch gewiß erscheinen. Denkst Du denn nicht einmal an eine Reise nach Dresden? Wie kömmt es, liebster Wilhelm, daß Du gar keine Lust mehr zum Kollegia-Lesen hast? Friedrichen scheint es recht gut zu gefallen. Meiner Mutter hast Du große Freude mit Deinem Besuche gemacht. Doch hat sie Dich etwas verändert gefunden, Du mußt dem Kummer nicht zu sehr nachhängen. Ich hoffe, die Berliner Reise wird Dich aufheitern. Ich wünschte auch, Du hörtest das Kriegführen auf, Frieden ist gewiß der Boden, auf den Deine Natur am besten gedeihet, Du hast Dich verkannt, indem Du Dich auf die andre Seite geworfen. Lebe recht wohl und schreib mir bald.

Deine Charlotte Ernst

Friedrich Laun
Das Ernstsche Haus

Unter den vielen bürgerlichen Familien, welche der Geselligkeit und anständigen Freude in Dresden eine recht willkommene Zuflucht darboten, stand das Ernstsche Haus mit obenan. Sein Haupt, der an Wissen und Kunst eifrigst teilnehmende Hofsekretär Ernst, ließ sich die Erheiterung seiner Gäste sehr angelegen sein. Seine geistreiche Gemahlin, die Schwester der Gebrüder Schlegel, auch als Hauswirtin musterhaft, wußte ihn hierin auf das kräftigste zu unterstützen. Diesem Hause verdanke ich manchen köstlichen Abend. Es hatte den großen Vorzug, daß man dort mit den Gebrüdern Schlegel, wenn sie grade in Dresden waren, sowie mit Tieck und mehren ausgezeichneten Gelehrten und Künstlern zusammentraf. Zu den letztern gehörten besonders auch der mit größtem Rechte berühmte Porträtmaler Anton Graff, dessen Sohn, der vorzügliche Landschafter, und der Landschaftsmaler Kaaz sowie die Professoren bei der Kunstakademie Hartmann und Matthäi und der hochbejahrte Kupferstecher Professor Zingg, dessen lakonische Derbheiten nicht selten die ganze Abendtafel unwillkürlich zum Lachen aufreizten. Obschon seine Einfälle keineswegs in das feine Velin des gesellschaftlichen Herkommens, sondern in das rauheste Packpapier gewickelt zu sein pflegten, ließ man sich solche doch gefallen nicht nur, sondern man reizte ihn sogar häufig zu ihrer Mitteilung auf. Einesteils gereichte ihm sein schneeweißes Greisenhaar, andernteils eine langjährige Gewohnheit, verbunden mit der komischen Plumpheit des gemeinen schweizerischen Dialekts, zu Entschuldigung.

Mit größtem Vergnügen erinnere ich mich noch jetzt an manchen in diesem Kreise bisweilen vorkommenden Scherz und besonders an die hinreißende Laune des jugendlichen Tieck. Grade wie er noch immer, als Vorleser dramatischer Ereignisse, die Charaktere im schärfsten Umrisse voneinander zu sondern und hervorzuheben weiß, so verstand er damals auch die ganze Natur und komische Eigentümlichkeit wirklicher Personen durch geistvolle Nachahmung wiederzugeben. Man konnte kaum etwas Ergötzlicheres sehen als seine Gestaltung vieler zum Teil einander völlig entgegengesetzter Charaktere, der Miene, dem Gange, der Rede, der Stimme und der ganzen Art und Weise nach. Höchst drollig war vorzüglich auch seine Darstellung einer äußerst jovial extemporierten Parodie der «Ariadne auf Naxos». Er selbst erschien als die Heldin in der Kleidung einer Dirne gemeinen Schlages. Der Felsen, auf dem sie kauernd ihre bittern Klagen ausstößt und von dem sie in der

Verzweiflung, daß der Liebste sie dort sitzenlassen, herabspringt, wurde durch einen gewöhnlichen Stuhl repräsentiert.

Die Vorsteher des Ernstschen Hauses schlummern schon längst unter der Erde. Ihr einziges Kind aber, eine Frau von Buttlar, hat sich der Malerei mit entschiedenem Erfolge gewidmet. Sie ist die Schülerin des vorerwähnten, verdienstvollen Historienmalers Professor Matthäi. Ihre Leistungen, besonders im Porträt, zeugen vom tiefen Studium dieses Faches und einem besondern Talente für dasselbe. Sie erheben sich weit über die mechanische Fertigkeit, worin das hauptsächlichste Verdienst der gewöhnlich für gut geachteten Porträtmaler zu bestehen pflegt.

Novalis
Krankheit und Tod

An Ludwig Tieck

Dresden, den 1ten Jan. 1801 (Donnerstag) Dein Brief hat mich herzlich gefreut. Wie lange wär ich Dir zuvorgekommen, wenn nicht seit dem August mich eine langwierige Krankheit des Unterleibes und der Brust völlig außer Tätigkeit gesetzt hätte. Noch währt sie und kann noch lange währen. An Arbeit ist jetzt nicht zu denken. Der Winter legt meiner Genesung große Schwierigkeiten in den Weg, und ich kann vor dem Sommer und vielleicht dem Gebrauch des Karlsbades auf keine gründliche Besserung hoffen. Ich schlendre so hin. Karl ist mein beständiger Pfleger – Julien ist auch hier, und ich habe bis auf Kräfte und Gesundheit alles, was mir angenehm sein kann. In die Zeit meiner Krankheit haben sich überdies die traurigsten Ereignisse für meine und Juliens Familie gedrängt, die sich alle auf Krankheit und Tod beziehn – so daß es eine trübe Zeit gewesen ist. Ich bin meist heiter gewesen.

Deine Bitte wegen «Faust» wird Ernst vielleicht erfüllen können. Deine Schwägerin und die Ernsten sehn wir am liebsten und häufigsten. Erstere gefällt uns allen sehr. Beide freun sich unbeschreiblich auf Deine Herkunft. Auch Körner wünscht sehr, Dich kennenzulernen.

Urteile bitt ich Dich, mir jetzt zu erlassen. Gearbeitet hab ich gar nichts – aber mich viel mit Poesie in Gedanken und im Lesen beschäftigt. Mündlich könnt ich Dir viel sagen. Sobald ich wieder etwas machen kann, bin ich zu jeder Teilnahme bereitwillig. Von Schlegels habe ich seit langer Zeit wenig gehört und gesehn.

Beim «Florentin» bin ich ziemlich Deiner Meinung.

Deine Sonette haben mir herrlich gefallen.

Ich bleibe noch längere Zeit hier. Deine Briefe werden mir äußerst lieb sein, aber Du mußt mit magern Antworten vorliebnehmen. Was mich sehr plagt, daß ich nicht viel sprechen darf, und das war mir zum Denken fast unentbehrlich.

Lebe wohl – grüße Deine liebe Frau herzlich. Karl wird selbst an Dich schreiben.

Dein treuer Freund
Hardenberg sen.

Hans Georg von Carlowitz
Mir ist er unersetzlich

An Carl Adolf von Carlowitz

Dresden, 27. März 1801 Teuerster Bruder! Am 25. mittags ist unser Hardenberg heimgeschlummert. Ich melde Dir dies, denn auch Dir wird sein Verlust schmerzhaft sein. Mir ist er unersetzlich, und ich werde nie den Eindruck verlieren, den mein letzter Besuch, drei Tage vor seinem Tode, und unser Abschied auf mich machte. Lebe wohl, teuerster Bruder, mehr schreiben könnte ich Dir jetzt nicht.

Friedrich Schlegel
Seit diesen sechs Jahren

An Ludwig Tieck

Dresden, den 30ten Mai 1808 Geliebter Freund! Seit einiger Zeit schon bin ich hier, wo wir uns vor sechs Jahren so oft sahen und uns wohl nicht auf so lange zu trennen glaubten! Ich erwarte jeden Tag Wilhelmen, der mit der Staël von Wien hier durchkommt. Die Freude des Wiedersehens würde für mich vollkommen sein, wenn ich auch Dich hier gefunden hätte oder noch fände. Ist es Dir möglich, so komme noch hierher. Ich bleibe noch einige Wochen gewiß hier, und wenn Du es mir gleich meldest, so würde ich auch die

Abreise gern noch, so weit es möglich wäre, auf die Hoffnung Deiner Ankunft verschieben. Ich bitte Dich also darum, als den erwünschtesten Beweis der Freundschaft, den Du mir jetzt geben kannst. Denn ich kann für diesmal wenigstens nach Berlin und Deiner Gegend hin meinen Weg nicht nehmen.

Vieles hat sich seit diesen sechs Jahren um uns und in uns verändert. Nur meine Liebe zu Dir ist dieselbe geblieben. So wirst Du es wenigstens finden, wenn Du selbst kommen willst, wovon Du Dich durch nichts solltest abhalten oder stören lassen. Meine Frau hegt die gleiche Gesinnung für Dich, und unsere treuen Wünsche haben Dich stets begleitet. Laß mich bald von Dir hören oder besser noch Dich selbst sehen.

Dein treuer Freund
Friedrich Schlegel

Rudolf Köpke
Universalpoesie und Aberglaube

Im Herbste des folgenden Jahres 1824 kam F. Schlegel nach Dresden. Manches Jahr war verflossen, seit sie sich nicht miteinander ausgesprochen hatten. Auf der Rückkehr von England sah Tieck den Freund nur flüchtig in Frankfurt a. M., Briefe waren nur gelegentlich gewechselt worden. Ein Blick auf ihre gegenwärtige Stellung und ihr Verhältnis zueinander und die Erinnerung an frühere Zeiten erweckte ernste Betrachtungen. Schon äußerlich war Schlegel bedeutend verändert. Er war korpulent geworden, sein Gesicht hatte breite, zerfließende Züge angenommen; man erkannte den Feinschmecker, dem bei aller Prophetik die Freuden der Tafel keineswegs gleichgültig waren. Er war wortkarg und bequem, nicht ohne Vornehmheit; in Gegenwart minder Bekannter schweigsam. Er schien nur Bedeutendes, Tiefsinniges sagen zu wollen.

Gleich in den ersten Gesprächen zeigte sich, daß sie das frühere Wohlwollen, das vollständig kaum je erlöschen konnte, zwar noch bewahrten, aber eine Verständigung schien nicht erreichbar. In den Zeiten des Idealismus hatte Schlegel das Wissen und die Kunst vergöttert, jetzt wollte er sie kaum noch dulden. Die Kirche und ihre Formen sollte eines und alles sein. Doch weder damals noch jetzt konnte Tieck diesen Ansichten beistimmen. Die Philosophie als Wissenschaft verachtete Schlegel, besonders die Dialektik. Zum Teil verwarf er hier, was er nicht kannte, und im stolzen Gefühle, zu besitzen, was not tue, hielt er es für überflüssig, die einzelnen Erscheinungen kennenzulernen. Als Tieck Solger rühmte, sprach er von diesem als einem unfertigen Manne, aus dem vielleicht mit der Zeit hätte etwas werden können. Alles Studium hielt er für umständlich, zu weitläufig und für unnötig, da man dies alles auf kürzerem Wege haben könne. In der Poesie erkannte er nur Calderón an, höher noch standen ihm die Orientalen, sie enthielten alles in allem. Seine Urteile über Tiecks neuere Dichtungen waren daher nichts weniger als schmeichelhaft. Er bestritt die Möglichkeit, das moderne Leben dichterisch zu behandeln; überhaupt jede Gegenwart entziehe sich dem Dichter, nur die Vergangenheit könne er darstellen. Von den Novellen meinte er, sie seien schwacher Wein der Poesie mit vielem Wasser des Verstandes gemischt. Als er hörte, Tieck beschäftige sich mit dem «Aufruhr in den Cevennen» und denke einen religiösen Stoff zu behandeln, riet er besorgt von einem solchen Vorhaben ab; hier dürfe nichts übereilt werden, in so wichtigen Dingen könne Unreife oder Verstimmung leicht zur Sünde werden.

Tieck dachte zu billig, um Schlegel Vorwürfe zu machen, aber es war eine Geduldprobe, wenn dieser stets nur aus dem höchsten Tone sprach, wenn er überall voraussetzte, alles um ihn her liege im Argen oder sei im Traume befangen, er allein kenne die Zeit und wisse, wie ihr zu helfen sei. Besonders gegen Tieck liebte er, im untrüglichen Orakeltone zu reden. Stellte er ihn gleich als Dichter hoch, so sprach er ihm doch jede Einsicht in die Philosophie ab und pflegte ihn mit der zuversichtlichen Überlegenheit anzuhören, mit welcher der Meister die schwachen Versuche eines eben geweihten Schülers oder eines Laien geduldig erträgt. In das eigentümliche Wesen seiner Ansichten und Dichtungen einzugehen hielt er nicht der Mühe wert, er glaubte sie ohne das zu erkennen. Jedes Gespräch ließ bei Tieck das tiefe Bedauern zurück, daß ein so reiches Talent der Verblendung maßloser Selbstüberschätzung gerade in dem Augenblicke verfallen mußte, wo es sich der größten Selbstverleugnung rühmte. ...

Von dem Wunsche getrieben, den wohlbekannten Boden des nördlichen Deutschland auf längere Zeit wiederzusehen, kam Schlegel im Spätherbste 1828 nach Dresden. Er beabsichtigte, in den Wintermonaten eine Reihe von öffentlichen Vorlesungen in alter Weise zu halten. Er wollte darin die Ergebnisse seiner philosophischen und historischen Studien, seine Lebensphilosophie, wie er es nannte, vortragen. Mehr als je erschien er von dunkler Mystik und Prophetik erfüllt. Er sprach mitunter glänzend, es war ein Aufblitzen des alten Talents, öfter sophistisch, unklar und verworren; Paradoxie und Anmaßung waren vorherrschend. Seine neuen Vorlesungen waren bei weitem mehr Gegenstand der Neugier und des Staunens als der wahren Teilnahme. Für Tieck waren sie ungenießbar. Es gab Augenblicke, in denen er nicht ohne

Schrecken die apokalyptischen Verkündigungen seines Freundes anhörte. Fast gespenstisch erschien er ihm. Wie hatte sich dieser reiche Geist aus den weitesten Räumen in die engste Dürftigkeit zusammengezogen! Im Willkürlichen, Abenteuerlichen, Verkehrten fand er Genügen, und gerade jetzt meinte er auf der Höhe der Weisheit angelangt zu sein.

Dem reinsten Aberglauben war er verfallen; jedes Gespräch zeigte nur die immer größer werdende Kluft. Er behauptete, wirklich prophetisch in die Zukunft zu blicken, die er aus einzelnen Bibelsprüchen deuten wollte. Diese nahm er aber nur aus der Vulgata. Wenn Tieck sich erlaubte, bescheidene Zweifel zu äußern, wies er ihn pathetisch mit den Worten ab: «Mein Sohn, auf deinem Standpunkte verstehst du das nicht.» Als ihm Tieck einmal einen phantastischen Traum erzählte, erkannte Schlegel darin einen Wink der heiligen Jungfrau, die es gut mit Tieck meine und ihn in den Schoß der Kirche zurückführen wolle. Ein anderes Mal kündete er die Nähe des Jüngsten Tages an, dann würden die Gestirne des Himmels sich gegeneinander bewegen und die Gestalt eines Kruzifixes bilden. Unwillkürlich brach Tieck bei diesem Orakel in den Ruf aus: «Mensch, sage einmal, glaubst du denn wirklich das alles?» Nach solchen Zweifeln sprach dann Schlegel sein tiefes Bedauern aus, daß der Freund, der doch alle Elemente des Glaubens in sich trage, sich zum Glauben selbst nicht erheben könne.

Schlegel sollte seine Vorlesungen nicht beenden. Es war am 10. Januar, als er noch einmal in heiterer Geselligkeit mit den Freunden vereint war; in der Nacht darauf wurde er vom Schlagfluß getroffen.

Rebmanns Freunde
Aberglaube

Es kann in keiner Stadt noch so viel Aberglaube herrschen als bei uns. Hier glaubt man Hexereien, Teufelserscheinungen, Wunder und alles, was man nur zu dem Worte Aberglauben rechnen kann. Vor dem Wilsdruffer Tore ist eine kluge Frau, die aus der Karte und aus der schwarzen Tasse Kaffee manchem Toren sein Schicksal verkündigt. Eben daselbst wohnt eine Frau, welche Wunderkuren verrichtet, und vor dem Pirnaischen Tore ist ein Mann, welcher aus dem Urin den Kranken Tod oder Leben verkündigt. Und alles dies glaubt man unbedingt und überläßt sich dann seinem Schicksale.

Carl Borromäus und Auguste von Miltitz

Friedrich de la Motte Fouqué
Die väterlichen Ritterhallen

An Carl Borromäus von Miltitz

Am 21. 9br. 1812 Willkommen, mein tapfrer, vielbegabter Waffenbruder und Kampfgenoß, willkommen auf Scharfenberg, wo ich mir Dich schon immer denke und die Zeit nicht erwarten kann, bis ich erfahren werde, daß Du wirklich eingerückt seiest in die väterlichen Ritterhallen! Und dort, in aller Freudigkeit des Frühlings, soll ich nach wenigen Monden nun Dich wiedersehn und Augusten! Ja, das sollen einmal Tage werden, von welchen man sagen darf, man habe sie gelebt, und deren Nachklang noch edles, reines Feuer durch Herz und Glieder strömen wird, jahrelang nachher! Wie wollen wir da miteinander singen und lesen und Speere werfen und was uns die deutsche, freudige Freundschaft nur irgend Erquickliches eingibt, die alten, lieben Possen nicht zu vergessen! Ich bilde mir jetzt ein, ich hätte von Kindheit auf die Ahnung eines solchen Burglebens bei mir gehegt und nun beginne die helle Zeit desselben erst heraufzuschreiten. Ach Gott, mir, dem so vieles höchst schmerzhaft untergegangen ist, mir steigen ja dennoch so herrliche Morgenröten auch noch diesseits herauf. Deine und Augustens Freundschaft – ich kann nicht ablassen, Dir zu sagen, wie unendlich viel Ihr mir seid.

Friedrich de la Motte Fouqué
Dichter und Don Quichote

Die früherhin den Dichter umwebende Ahnung des Ehrentodes stieg jetzt wiederum auf, namentlich im Heranrücken auf Dresden durch Böhmen vor … Sehr nahe kam denn abermals der ernste Bote seinem Sänger in der Schlacht von Dresden und obenein mit so eigentümlich ernster Seelenmahnung wie vielleicht noch nie. Aber das gehört mehr in eine Beichte als in eine Lebensbeschreibung.

Die Schlacht – nachdem Tages vorher schon der Sturm auf die Stadt verunglückt war – ging verloren. Wir zogen nach Böhmen zurück. Ein schwerer Ausspruch, als wir ihn vernahmen! Um so schmerzlicher, als auf unsrer Seite alles weit eher gut gegangen war als übel und wir mit dem nächsten Morgen auf ruhmvolle Erneuerung des Ringens gehofft hatten. Ja, man munkelte gar schon wieder von Frieden! Das Entsetzlichste, was sich denken ließ nach einer wider Napoleon Bonaparte verlorenen Schlacht. –

Als nun der betrübliche Rückmarsch entschieden war, quollen mir folgende Gebetesworte, wie Himmelstau – hat ja der es auch an der Art, in die welkenden Blumen herabzuträufeln, und dann wieder emporzuduften, als ein geheimnisreicher Hauch – in die Seele: ...

Jetzt belebte sich mir die Ahnung aufs neue, als ich am Frühmorgen des 18ten Oktobers 1813 von Altenburg rüstig aufbrach zu der Entscheidungsschlacht auf die Leipziger Ebenen hinaus ... Gegen Abend gelangte ich in den Kreis der von allen Seiten losgebrochnen und noch immerdar brüllenden Donner. Wohl mogte man sich versucht fühlen zu meinen, die Erde bebe unter diesen Wettern. In meiner mannigfachen Schlachtenerfahrung hatte ich dergleichen noch nie vernommen. Erfreut, in dem vielverschlungenen Todesreigen endlich Preußen aufzufinden, hielt ich mich einstweilen zu einer Schwadron brauner Husaren, wo man mich freundlich aufnahm. Schon begann die Abenddämmerung aufzusteigen, als ein Offizier von der Feindesseite her auf edlem Roß langsam gegen uns vorgeritten kam, in welchem wir alsbald einen Sachsen erkannten. Was konnte er wollen, so allein? Etwa Zweikampf mit einem von uns vor der Schwadron haltenden Offizieren? Das wäre just nichts Unerhörtes gewesen in der neufranzösischen Kriegsgeschichte, wo sich diese altritterliche Sitte, wie zu Trotz dem modernen Revoluzgetriebe, noch immerdar erhalten hatte. Um so eher mogte ein braver Sachse auf solche Gedanken kommen. Wir etwa fünf Offiziere ritten ihm denn langsam entgegen, ihm die Wahl lassend, wen von uns er zum Einzelkampf hervorrufen wolle; falls er aber Neckerei treibe und wiederum zurücksprenge, war's beschlossen, ihn zu jagen gemeinschaftlich. Er aber winkte mit dem weißen Tuch und rief uns entgegen, er führe uns einige Bataillone zu, übertretend zur deutschen Sache. Morgen würden noch andre Scharen folgen.

DER DRAMATIKER

Christian Gottfried Körner
Ein merkwürdiges poetisches Produkt

An Georg Joachim Göschen

Dresden, 17. Februar 1807 Vor jetzt bitte ich Sie um baldige Antwort auf eine Anfrage, wozu mich ein merkwürdiges poetisches Produkt veranlaßt, das ich hier im Manuskript gelesen habe. Herr von Kleist, Verfasser der «Familie von Schroffenstein» und ehemals preußischer Offizier, hat einen «Amphitryon» in Jamben gemacht, der sich besonders durch den Schwung und die Hoheit auszeichnet, womit die Liebe Jupiters und der Alkmene dargestellt ist. Auch ist das Stück reich an komischen Zügen, die nicht von Plautus oder Molière entlehnt sind. Der Verfasser ist jetzt als Gefangener in eine französische Provinz gebracht worden, und seine Freunde wünschen das Manuskript an einen gutdenkenden Verleger zu bringen, um ihm eine Unterstützung in seiner bedrängten Lage zu verschaffen.

Adam Müller, der hier über deutsche Literatur Vorlesungen gehalten hat, will die Herausgabe besorgen und noch einige kleine Nachlässigkeiten im Versbau verbessern. Von ihm habe ich das Manuskript erhalten. Der Verfasser dieses Stücks hat noch zwei andere größtenteils geendigt, wovon sich viel erwarten läßt. Wären Sie geneigt, das Manuskript zu nehmen, so schreiben Sie mir bald Ihre Erklärung.

Adam Müller
Ein junger Dichter

An Friedrich Gentz

Dresden, 9. Mai 1807 Ich sende Ihnen, mein Freund, um Ihren Wünschen wenigstens teilweise zu genügen, die von mir herausgegebene dramatische Arbeit eines jungen Dichters, der vielleicht Besseres und Höheres als irgendein anderer verspricht. Die Lektüre des zweiten Akts des Amphitryon wird Sie bewegen, mein Urteil zu unterschreiben. Die äußere Ungeschliffenheit der Verse wegzuschaffen hielt ich nicht für meinen Beruf, um so weniger, als ich den inneren Rhythmus dieses Gedichts zu verletzen für ein Verbrechen gegen die poetische Majestät dieses großen Talents gehalten haben würde. Wäre der Verfasser nicht gegenwärtig im Schlosse Joux als Arrestant der Nachfolger Toussaints, so würde, was Sie Nachlässigkeit in der Sprache und im Versbau nennen mögen, wahrscheinlich daran nichts auszusetzen sein. Ich besitze mehrere Manuskripte dieses Autors, die zu gelegener Zeit erscheinen sollen. Von meinen Vorlesungen, die Ihnen gefallen werden wegen der ohne Unkosten der Idee gelungenen Popularität, ist eine vollständige Abschrift nicht vorhanden; indes hoffe ich sie Ihnen in drei bis vier Wochen gedruckt zu überreichen. Die Vorlesungen haben ihren guten Erfolg gehabt. Man hat sich wechselweise über meine allzu katholische und über meine allzu protestantische, über meine allzu antike und dann wieder allzu germanische Ansichten beklagt und hat mich endlich nicht ohne Befriedigung verlassen. Mir ist der unmittelbare Genuß an solchen öffentlichen Ausstellungen der Ideen das wesentliche, aber unendlich wichtig der Gewinn an Zuversicht des Geistes, an Gewandtheit der Organe, an Umfang und Allseitigkeit der Wirkungskraft. Ich halte diese Versuche, das Wesen eines beliebigen Gegenstandes, wie der deutschen Literatur oder der dramatischen Poesie, mit Bestimmtheit, Klarheit und Tiefe zu ergreifen, für nichts als Vorübung zu einer endlichen Darstellung des Gegensatzes, d. h. zu einem Buche, das auch die Anhänger klassischer Methode und also vornehmlich einen Freund wie Sie, der in der klassischen Form sich die auffallendsten Eigenheiten des Geistes gefallen läßt, zufriedenstellen soll.

Prag, den 16. Mai 1807 Durch Ihren letzten Brief und dessen Beilage haben Sie mir ein köstliches Geschenk gemacht. Im Grunde bedarf ich solcher Äußerungen, wie dieser Brief sie gibt, weit mehr, als Sie der Versicherung meiner unwandelbaren Liebe bedürfen; denn in Ihrem großen und lebendigen Geiste können und müssen sich fast von Zeit zu Zeit noch große Revolutionen zutragen, und da ich Ihnen längst nicht mehr folgen kann, so ist die Besorgnis wenigstens verzeihlich, daß eine derselben mich von meiner Stelle wegspülen könnte; mit mir hingegen, da ich bis auf einzelne Entwicklungen wohl so ziemlich mein Ziel erreicht habe, kann nichts mehr vorgehen, das Sie von den Ihrigen verdrängte. Es ist mir daher nicht nur immer unendlich erwünscht, sondern gewissermaßen auch immer wieder neu, zu vernehmen, daß ich Ihnen unentbehrlich blieb.

Das Kleistsche Lustspiel hat mir die angenehmsten, und ich kann wohl sagen, die einzigen rein angenehmen Stunden geschaffen, die ich seit mehreren Jahren irgendeinem Produkt der deutschen Literatur verdankte.

Heinrich von Kleist «Penthesilea» und «Das Käthchen von Heilbronn»

An Heinrich Joseph von Collin

Ew. Hochwohlgeboren habe ich die Ehre, hiermit die «Penthesilea», als Zeichen meiner innigsten und herzlichsten Verehrung, zu überschicken und damit ein Versprechen zu lösen, das ich Denselben zu Anfange des laufenden Jahres gegeben habe.

Herr Hofrat Müller sowohl als ich wiederholen die Bitte, uns, wenn die öffentlichen Verhältnisse ruhig bleiben sollten, gefälligst mit einem Beitrag für den «Phöbus» zu versehen.

«Das Käthchen von Heilbronn», das ich für die Bühne bearbeitet habe, lege ich Ew. Hochwohlgeb. hiermit ergebenst zur Durchsicht und Prüfung, ob es zu diesem Zweck tauglich sei, bei.

Indem ich noch bitte, mir, wenn es Ihren Beifall haben und die Bühne es an sich zu bringen wünschen sollte, diesen Umstand gefälligst bald anzuzeigen, damit mit dem Druck, in Tübingen bei Cotta, der das Werk in Verlag nimmt, nicht vorgegangen werde, habe ich die Ehre mit der vorzüglichsten Hochachtung zu sein,

Ew. Hochwohlgeboren
ergebenster
Heinrich v. Kleist

Dresden, d. 2. Okt. [180]8
Pirnsche Vorst. Rammsche Gasse, N. 123

Friedrich Christoph Dahlmann
Mit Ferdinand Hartmann und Heinrich von Kleist

Das Jahr 1808 kam, und ich ging mit meinen älteren Geschwistern zu Rate über meine Zukunft: wir wurden einig, ich sollte nach Dresden gehen, von wo aus Adam Müller sich bereit erklärt hatte, ein ansehnliches Bruchstück meiner «Wolken» in seinen «Phöbus» aufzunehmen. Allein als ich zu Ende des Jahres an Ort und Stelle kam, ging diese mit unzeitigem Prunke begonnene Zeitschrift bereits ihrer Auflösung entgegen, Adam Müller und Böttiger versammelten in ihren Vorträgen über Staat und Kunstgeschichte eine vornehme Welt um sich, und mein Traum von eignen Vorträgen über Athens Geschichte mußte vollends schwinden, als mit dem Frühling des nächsten Jahres ein österreichischer Krieg mit Frankreich in Aussicht trat, welcher unvermeidlich Sachsen verwickeln mußte. Nun hatte ich in Dresden den Maler Ferdinand Hartmann kennengelernt, der mit seiner Kunstbegabung eine ausgezeichnete wissenschaftliche Bildung und, was mehr ist, ein dem deutschen Vaterlande bis in den Tod getreues Gemüt besaß. Der gleiche Drang verband mich mit dem weit älteren Manne zum Freunde des täglichen Umganges. In unsern Gesprächen wechselten die Drangsale der Gegenwart mit heitern Bildern der Zukunft und manchem neckischen Scherze ab. Einst mußte ich sehr lachen, wie mir Hartmann in seiner stark württembergischen Mundart von Heinrich von Kleist und seiner Freundschaft mit Adam Müller erzählte, die aber plötzlich ein Ende genommen, dann von seinen edlen vaterländischen Liedern, und wie Kleist ihn eines Tags gezwungen, davon vorzulesen, und zwar mit den Worten: «Sie lesen so entsetzlich schlecht, lieber Hartmann, daß, wenn meine Lieder mir aus Ihrem Munde noch gefallen, sie gewiß gut sein müssen»; dennoch habe er nachgegeben. Wenige Tage darauf traf ich Hartmann mit Kleist auf der Dresdner Brücke, unserm gewöhnlichen Stelldichein. Nicht lange, so trat Böttiger heran und spannte über unsern Häuptern seine antiquarischen Netze aus. «Ich denke, wir lassen Hartmann mit Böttiger im Stiche», sagte ich zu Kleist, und wir schlichen uns fort und blieben den Abend draußen zusammen. Seitdem waren wir eng verbunden, und nicht lange, so wanderten wir zusammen aus Dresden fort, der böhmischen Grenze zu. Wir wollten nicht bei den Sachsen bleiben, die unter Bernadotte gegen Deutschland zogen, Deutschland, das wir um so tiefer im Herzen trugen, je weniger es draußen zu finden war.

Rudolf Köpke
Ludwig Tieck und Heinrich von Kleist

Wenige Wochen in Dresden reichten hin, den Kreis bedeutender Männer, die er kennengelernt hatte, um einen merkwürdigen Charakter zu erweitern. Dieser war Heinrich von Kleist. Noch war der geniale Dichter dem größern Publikum kaum bekannt. Im Jahre 1803 war seine Tragödie, «Die Familie Schroffenstein», erschienen, in der sich echt Tragisches und Großes mit Plattem, ja Rohem mischte, und soeben hatte für ihn sein Freund, Adam Müller, das Lustspiel «Amphitryon» herausgegeben. Aber man wußte, wie anerkennend sich die ersten Dichter über Kleists großes dramatisches Talent ausgesprochen hatten. Auch hatte man allerlei von seinen Reisen und Sonderbarkeiten gehört. Kürzlich erst war er aus französischer Gefangenschaft zurückgekehrt.

Als ihn Tieck kennenlernte, stand er in vertrautem Umgange mit Adam Müller, einem seiner eigenen frühesten Schulgefährten. Diese Entdeckung hätte ihn von der neuen Bekanntschaft fast abgeschreckt. Adam Müller war F. Schlegels mystisch-kritischer Richtung gefolgt und übertrug sie auf das Gebiet der Politik. Auf Tieck machte er stets einen abstoßenden Eindruck. Er war rechthaberisch, hochfahrend und vornehm geheimnisvoll.

Trotz seines sonderbaren Wesens war Kleist liebenswürdig. Wenn auch scheu und schroff, war er doch bieder, wahr und aufrichtig, aber wechselnden und zweifelvollen Stimmungen unterworfen. In guten Stunden nahm er unbefangen und lebhaft an der Unterhaltung teil. Dann fiel ein unbedeutendes Wort, auf welches niemand Wert legte, aber ihn berührte es in unbegreiflicher Weise, und sogleich ward er stumm und finster und zog sich mißtrauisch tagelang in sich selbst zurück. In solchen Augenblicken des Schweigens schien er geistig abwesend. In seiner Bildung hatte er die verschiedenartigsten Gegensätze durchgemacht, ohne sie zu überwinden. Kantische Philosophie und Militärdisziplinen, Poesie und Naturwissenschaften, Skepsis und gläubige Mystik hatten ihn angezogen und erfüllt. Namentlich glaubte er Kants Philosophie trefflich zu kennen. Von allen

Seiten her suchte er die Rätsel des Lebens aufzufassen, und angstvoll arbeitete er sich an ihrer Lösung ab, ohne weiterzukommen. Seine äußere Stellung war eine unsichere; die Hoffnungslosigkeit Deutschlands drückte ihn vollends nieder. Der Sturz Preußens erschütterte ihn heftig. Ein tiefer sittlicher Unwille, ein bitterer Ingrimm erfaßte ihn, der sich sarkastisch und schlagend äußerte. Und oft warf sich dieser Haß auf einzelne Personen.

Bisweilen war er fixen Ideen unterworfen. So glaubte er einmal, Adam Müllers Frau leidenschaftlich zu lieben, und sagte offen, daß er diesem das Leben nehmen müsse. Wirklich machte er einmal den Versuch, seinen Freund von der Elbbrücke in den Fluß zu stürzen. In dieser Zeit war er bereits mit seinem Hauptwerke «Käthchen von Heilbronn» beschäftigt. Er gewann Zutrauen genug, es Tieck mitzuteilen. Auch dieser erkannte das bedeutende dramatische Talent, aber zugleich auch, wie der Dichter im Kampfe mit den Zweifeln und Versuchungen zu unterliegen drohte, deren Gewalt er an sich selbst erfahren hatte.

Karl August Böttiger
Mißgunst

An Johann Friedrich Cotta

Dresden, d. 21. Oktobr. 1808 Ist es gegründet, mein teuerster Freund, daß vom neuen Jahr an der «Phöbus», den Kleist und Müller edierten und der mit dem 5. Stück einen totalen Schiffbruch litt, in Ihrem Verlag erscheinen werde? Dies behaupten diese Herrn wenigstens hier allgemein. Ich habe mich schon gewundert, nun Sie Kleists «Penthesilea» in Verlag nehmen. Aber es ging mich nichts an, und ich schwieg. Ich sollte billig auch hier schweigen, da Sie ja meines Rats nicht bedürfen und ihn auch nicht verlangt haben. Indes Sie bewiesen sich bei so vielen und wichtigen Angelegenheiten als den edelsten Mann und als meinen wahren Freund; Sie sagten mir noch in voriger Messe in Leipzig mit einem herzlichen Händedruck, daß ich Ihnen über alles schreiben sollte, was ich Ihrem Interesse zuträglich fände. Daher kann ich's nicht übers Herz bringen, hier ganz zu schweigen. Ich habe mich für diesen «Phöbus» aus vollem Herzen selbst interessiert und mich seines Gedeihens gefreuet. Denn ich wünsche, daß aus unserm Dresden nichts als Gutes komme. Allein der unsägliche Dünkel, mit dem diese Herrn alles neben sich behandeln und nur in Dunstgewölken, wie die Gespenster Ossians, einherschreiten, mußte, verbunden mit der totalen Unkunde alles dessen, was aufs große, *kaufende* Publikum wirkt, ihnen bald alle Herzen entfremden, und so haben sie schon bei den ersten 5 Stücken an 2 000 Tlr. zugesetzt. Ich zweifle, daß diese Herrn den Geist ihrer Aufsätze ändern und durch Mannigfaltigkeit und Verständlichkeit gefallen wollen. Darum sage ich Ihnen ins Ohr: mit Rat! Vernichten Sie diesen Brief, oder machen Sie wenigstens nur den Gebrauch davon, den der Freund dem Freunde schuldig ist. Ziehn Sie noch nähere Erkundigung ein. Mich treibt hierbei nur reine Freundschaft. Denn ich habe übrigens nicht die geringste Animosität gegen diese meine Mitbürger …

Mit unwandelbarer Liebe und Treue

Ihr B.

VORLESUNGEN UND GELEHRSAMKEIT

Georg Friedrich Rebmann
Gelehrsamkeit – Zensur

Wenn man in Rücksicht auf Gelehrsamkeit und Wissenschaften zwischen *Berlin* und *Dresden* eine Parallele ziehen wollte, so würde die letztere Stadt offenbar verlieren, wenigstens was die *humanere* Gelehrsamkeit, Aufklärung, gereinigte Religion u.dgl. anbetrifft. Freimütigkeit ist hier nichts weniger als zu Hause, und in Rücksicht der politischen und religiösen Denkungsart steht der Sachse hinter seinen Nachbarn wenigstens um ein halbes Jahrhundert zurück. Man begreift in Dresden noch gar nicht, wie man über Mängel und Gebrechen des Staats, der Regierungsform, über Bedrückung der Unterbeamten u. dgl. den Mund öffnen kann. Ein *Schriftsteller* und ein *Jakobiner* sind bei den höheren Ständen fast gleichbedeutend, und wehe dem armen Manne, der eine Beförderung sucht, wenn das ungeheure Verbrechen, ein Buch dem Druck übergeben zu haben, von ihm ruchbar wird.

Die Zensur ist ängstlicher und strenger, als sie zu den Zeiten der Sorbonne in Frankreich gewesen sein mag. Lächerliche Anekdoten von der Wachsamkeit der hiesigen Zionswächter könnte ich Ihnen in Menge auftischen. Doch zur Probe nur ein paar.

Eine Geschichte der Galanterien Karls II. von England durfte hier nicht gedruckt werden, weil man fürchtete, den *englischen Gesandten dadurch zu beleidigen*. Ein Magister, der Christus einen *Jüngling* genannt hatte, kam darüber beinahe in Inquisition. Ein Wochenschriftsteller hatte den Ausdruck *Schranzen* von Hofleuten gebraucht, und siehe da, er verlor fast seine Stelle! Ja sogar die Titel der ausgebooteten Bücher streicht der Zensor nach eignem Gutdünken weg, wenn sie ihm verdächtig erscheinen, und nimmt sich nicht die Mühe, die Bücher selbst zu durchlesen.

Der Rektor der Kreuzschule und eine Person vom Stadtrat sind die Leute, welche in den Nebenstunden das Zensorenhandwerk treiben, denn natürlich gibt es kein unbedeutenderes Geschäft unter der Sonne, als über Werke, woran vielleicht ein ehrlicher Mann jahrelang gearbeitet hat, den Stab zu brechen. Diesen bestellten Wächtern kann man aber ihre Ängstlichkeit nicht übelnehmen, denn wehe ihnen, wenn ein Wort stehenbleibt, das an keinem andern Orte in der Welt vielleicht nur als kühn betrachtet werden möchte. Gleich kommen allerhöchste Reskripte und Insinuationen und Untersuchungskommissionen. Daher haben sie das beste Teil erwählt und streichen so lange weg, bis ihnen der Schriftsteller endlich etwas schickt, das albern genug ist, um ohne Anstand zu passieren. Dennoch darf nur etwa ein Prinz, der den Titel K. H. führt, aus Versehen das Prädikat Hochfürstliche Durchlaucht erhalten haben, so entsteht eine Untersuchung darüber wie nimmermehr in England über Paynes Werk.

Nach diesem allem werden Sie leicht schließen können, daß hier der Boden nicht ist, wo freimütige Untersuchungen über politische und religiöse Materien gedeihen. Nicht, als ob es an Männern fehlte, welche in dieser Hinsicht vielleicht etwas Vorzügliches leisten könnten, sondern weil jeder, dem seine Ruhe lieb ist und der in einiger Abhängigkeit lebt, sich wohl hüten wird, zu zeigen, daß er heller denkt, als man es gern zu sehen scheint. ...

Inzwischen würden Sie sich sehr irren, wenn Sie etwa in dem Wahn stünden, es kämen keine frei und zuweilen frech geschriebene Bücher nach Dresden. Im Gegenteil ist die politische Lesesucht hier so stark als irgendwo. Nur liegt es in dem Charakter der Sachsen, so wie es in dem der ehemaligen Franzosen lag, ihre Freude über derb gesagte Wahrheiten nicht laut, sondern lieber durch heimliches Achselzucken zu äußern. Man täusche sich ja nicht zu sehr mit dem gefährlichen Traum von der Allzufriedenheit der Kursachsen. Haben sie gleich im Durchschnitt keinen geläuterten Begriff von ihren Rechten und Pflichten, verbietet man ihnen gleich die Gerichte, welche man für zu stark gewürzt hält, so kann man doch sicher überzeugt sein, daß die guten Menschen ein richtiges Gefühl haben, welches sie lehrt, wo und von wem ihnen Unrecht geschieht. Der Kurfürst wird im allgemeinen geliebt, aber die Peiniger, die Untertyrannen!! –

Gewisse Regierungen glauben alles gewonnen zu haben, wenn sie nur der öffentlichen Meinung den Weg versperren, zu ihren Ohren zu gelangen, aber sie gleicht dann der brennbaren Luft, die bei ihrem Ausbruch um so heftigere Wirkungen äußert, je enger man sie vorher gepreßt hat.

In Ansehung der *Religion* ist hier der auffallendste Bigottismus anzutreffen. Benjamin Schmolkens Geist weht noch unverkennbar hier, und nirgendwo

Karl Theodor Winkler (Theodor Hell)

kommen Änderungen und Verbesserungen, wenn sie auch das geringste Titelchen der liturgischen Form betreffen sollten, schwerer zustande als hier. Dies liegt an der wechselseitigen Eifersucht zwischen dem katholischen Hof und dem protestantischen Konsistorium, an dem Mißtrauen, womit man sich gegenseitig bewacht. Die meisten Verbesserungen hängen lediglich vom Konsistorium ab, und man weiß, wie langsam dergleichen Kollegien hierin zu Werke gehen. ...

Daß die Lutheraner in Dresden der über 4000 Seelen starken katholischen Gemeinde eben nicht gewogen sind, ist allerdings wahr. Wenn man aber die Verhältnisse kennt, so kann man ihnen kein Verbrechen daraus machen. Es ist augenscheinlich, daß alles, was Katholik heißt, eifrig protegiert wird; auch das kleinste Dienstchen, dessen Besetzung vom Hofe abhängt, kommt gewiß nie an einen Ketzer. Das gibt freilich kein gutes Blut. Übrigens mag man über das Lächerliche der Jesuitenriecherei schreien, soviel man will, so ist es doch wahr und ausgemacht, daß, wenn sich einmal, wie in dieser Residenz, ein

Halbhundert römisch-katholische Pfaffen und viertausend ihrer Glaubensgenossen eingenistet haben, die Lutheraner immer Ursache haben, auf ihrer Hut zu sein. «Priester Roms», sagt ein neuerer trefflicher Schriftsteller, «sind nie schwach, nie unschädlich.» Freilich haben dergleichen Anmaßungen, z.B. daß man Siegel sieht, worauf die katholische Kirche ecclesia cathedralis genannt wird, daß katholische Glaubensgenossen mit der Strafe des Bannes bedroht werden, wenn sie sich mit Lutheranern vermählen u. dgl., noch keinen Einfluß aufs Ganze, aber die Alleinseligmachenden, welche uns Protestanten immer noch als abtrünnige Untertanen betrachten, müssen immer genau bewacht werden, da sie gar gerne die Hand zu nehmen pflegen, wo man ihnen nur den Finger reicht. Der Hofprediger, *P. Schneider*, macht eine rühmliche Ausnahme unter seinen Mitbrüdern.

Abstrahiert also von der Aufklärung und dem politischen Wirken, gibt es hier manchen schätzbaren Gelehrten. *Adelung* und *Daßdorf* habe ich Ihnen oben schon aufgeführt. Außer diesen traf ich an den rühmlichst bekannten Herren *Langbein* und *Rupert Becker* zwei Männer, deren Herz ebenso brav ist als ihr Kopf. *Lippert* ist schon seit drei Jahren tot. *Schlenkert* hat das romantische Fach jetzt, wie es scheint, ganz mit dem historischen vertauscht. Von andern, die ich nicht gesprochen habe, kann ich Ihnen weiter nichts sagen, als was Sie ohnedem wissen.

Ein Zweig der Gelehrsamkeit, der hier weiter als irgendwo in Deutschland gebracht wird, ist die *Tierarzneikunde*, welcher eine eigne treffliche Anstalt geweiht ist.

Wilhelm von Kügelgen
Gelehrte

Unter den wissenschaftlichen Zelebritäten Dresdens mochte meinem Vater der als einer der ersten Archäologen seiner Zeit bekannte Hofrat Böttiger am nächsten stehen, ein Mann, dessen hervorragendste Eigenschaften nächst einer überaus großen Gelehrsamkeit seine Freigebigkeit mit derselben und eine Dienstfertigkeit waren, die alle Vorstellung überstieg. Es sei ganz unmöglich, wurde gesagt, auch nur fünf Minuten lang mit Böttiger zu verkehren, ohne irgend etwas gelernt oder einen dankenswerten Dienst von ihm empfangen zu haben.

Andere gelehrte oder literarische Freunde waren: der alte freundliche Bibliothekar Daßdorf, der meine Mutter mit jeder gewünschten Lektüre aus der

Königlichen Bibliothek zu versorgen pflegte, der Professor Hasse, nachmaliger Biograph meines Vaters, der Graf von Loeben, in seinen Poesien Isidorus orientalis geheißen, der Minister von Nostitz, der sich Arthur von Nordstern nannte, der Hofrat Winkler, Herausgeber der «Abendzeitung», der nachmalige Dichter des «Freischütz», Hofrat Kind, und der durch seine Erfindung künstlicher Mineralwasser sehr bekannt gewordene Apotheker Dr. Struve.

Christian Gottlob von Voigt
Archäologische Vorlesungen

An Karl August Böttiger

[Weimar] 11. Januar 1806 Wohnte ich in Dresden, so würde ich, wenn es mir irgend zugelassen würde, aus EW. archäologischen Vorlesungen nicht zurückbleiben. Ich sehe nicht, welche würdigere und gründlichere gaudia den curis publicis interponiert werden können. Und das lebendige Wort eines Meisters gibt doppelten Genuß, da er seiner Schätze Saft und Kraft darbietet. In der Jugend mußte ich Scrivers «Seelenschatzes Kraft und Saft» in der Familie vorlesen. Des Menschen Alter ist so heidnisch wie das Jahrhundert und die alternde Welt.

Karl von Nostitz
An den Hauptmann von Varnhagen nach Wien

Dresden, 22. Februar 1815 Seien Sie mir gegrüßt von Dresden aus, als mein lieber guter Freund, und lassen Sie mich hoffen, daß Sie aus Ihrem Wien den Gruß freundlichst wiederholen. Mehr kann ich jetzt weder tun noch wünschen, denn ich bin hier auf neue Widerwärtigkeiten des Schicksals gestoßen, die mein Kalkül sehr verrücken. ...

Ich lebe hier still und temporisierend; gern möchte ich Sachsen bald verlassen, vermag aber den nicht nahen Zeitpunkt nicht zu bestimmen. Da nehme ich denn den Augenblick, wie er kommt, und habe z.B. gestern bei dem Minister Reck einer Vorlesung beigewohnt, die der Hofrat Böttiger, königlich sächsischer Hofgelehrter, hielt. ... Es ist ein schauderhaft gelehrter Mann, dieser Hofrat Böttiger!

Die politischen Ereignisse bringen die Sachsen hier zu Verzweiflung, und müßte ich nicht innerlich lachen, so hätte ich mich schon geärgert, daß ich nichts hören muß als Sachsen und Sachsen. Die Anhänger des Alten sprechen viel vom Könige und hoffen, man werde die sogenannten Spoliationen dem Könige wiedererobern. Wo werden zu diesem Siege die Waffen geschliffen?

Sie können sich denken, was ich für Fragen über Wien zu bestehen habe. So sollte ich gestern den Cicerone aller der Figuren machen, die auf einem schlechten Wiener Kupferstiche die Versammlung der hohen Häupter bei dem Kongresse darstellen. Ich zeigte der Gesellschaft einen aufgeputzten Mann, am Tisch seitwärts stehend, und sagte, es sei der Hofrat Gentz, der, wie Judas mit dem Geldsäckel, beim Tintenfaß von weitem stehe.

Erhalten Sie mich in Gunst bei Stägemann, er ist mir als Mensch schon ein tüchtiger Kerl.

Karl August Böttiger
Literärischer Jugendschwindel

Ich besuche diese Vorlesungen nicht, höre aber so ganz widersprechende Urteile darüber, daß ich sie allerdings für eine sehr sonderbare Erscheinung halten möchte. Nach einer vorläufig durch den Druck bekanntgemachten Übersicht sind in der dritten Vorlesung «Wilhelm Meister» und die Fragmente des Novalis als die zwei Hauptwerke, wodurch die neue Revolution* in unserer Literatur gegründet wurde, zusammengestellt worden.

* Welche Revolution hat denn stattgehabt? In ästhetischen Teegesellschaften, wo jeder junge Mensch, der ein paar Anzüglichkeiten gegen einen Mann von Wort oder ein Sonett vorbringen kann, sich für ein Licht der Welt hält, mag man von dergleichen geträumt haben; aber in der *vernünftigen* Welt ehrt man die Schriftsteller der Nation wie vorher. – Herr Müller ist noch ein sehr junger Mann: das ist ein Umstand, der ihm von manchen eher beneidet als vorgeworfen werden wird; aber er ist von einem gewissen literärischen Jugendschwindel noch nicht frei; so kommen seine Vorlesungen, trotz den Talenten, die seine Freunde an ihm zu kennen behaupten, doch wohl ein wenig

Karl August Böttiger

zu früh, und Herr von Gentz, berühmt durch die glänzende und gewandte Dialektik, mit welcher er wohl auch unrichtig zu räsonnieren pflegte, hat sich in seinen Empfehlungen gütigst ein wenig übereilt.

Gotthilf Heinrich Schubert
Ansichten von der Nachtseite der Naturwissenschaften

Für Mitteilungen solcher Art, aus Freundeshand, waren schon im Winter die Abendstunden bestimmt. Denn da machten, abwechselnd mit uns anderen, namentlich der muntere jüngere Hartmann und selbst der ernste, zuweilen fast finster erscheinende Dr. Burkhardt die Vorleser von Shakespeares, Calderons, Goethes, Lessings, Schillers u. a. Werken. Burkhardt, welcher ... zugleich mit unserer treuen Freundin Winkler nach Dresden gezogen war, hatte bei dem Verwandten dieser Freundin, dem wackeren Buchhändler Arnold, eine literarische Beschäftigung gefunden und versorgte unseren kleinen Lesekreis mit den neuesten Erscheinungen der lehrreichen wie erheiternden Literatur. Unter diese gehörten auch einzelne patriotische Gedichte und dramatische Werke des Heinrich von Kleist. Dieser merkwürdige Geist, mit naturkräftigen, zugleich aber wie von einem schmerzhaften, inneren Weh gebundenen Schwingen, war, wenn ich nicht irre, damals soeben aus der Gefangenschaft, in welcher ihn die französischen Gewalthaber in Berlin gehalten hatten, frei geworden und, seiner alten Neigung zu diesem friedlichen Ruheorte folgend, nach Dresden gezogen. Hier war er in einen geselligen Kreis getreten, in welchem ein Gemüt wie das seine gar bald sich neu gestärkt und freudig fühlen mußte. Der geistreiche Rühle von Lilienstern in seiner frischen, jugendlichen Kraft und Lebendigkeit, der gemütvolle, heitere von Pfuel, der sich gleich bei der ersten Bekanntschaft das Zutrauen aller, die es mit dem Rechten und Guten recht gut meinten, erwarb; Adam Müller, der Mann von seinem Sinne und Verstande, welcher durch seine seltene Gewandtheit und Beweglichkeit sehr zu einer bedeutenden Wirkung auf die Bewegungen seiner Zeit geeignet war, diese drei bildeten den Mittelpunkt jenes Kreises. Auch mir tat sich derselbe auf, und ich besuchte denselben öfter, gab auch einige kleine Arbeiten in die Zeitschrift «Phöbus», welche damals Kleist und Adam Müller gemeinsam redigierten.

Ich werde nachher noch sagen, von welchem besonderen Einflusse die Bekanntschaft und der gesellige Verkehr mit diesen Männern auf mein literarisches Wirken waren.

Auch bei meinem alten, mir immer werten Lehrer Böttiger, der in Dresden in großem, wohlverdientem Ansehen stand, war ich öfters. Seine treffliche Frau war meiner Henriette in allen Dingen eine liebvolle Ratgeberin und treue Freundin. ...

Böttiger, in der anziehenden, allgemein verständlichen Weise, die seinen mündlichen Vorträgen eigentümlich war, führte seine Zuhörer in die Geschichte der Kunst sowie selbst in das Familienleben und den Haushalt der alten Griechen und Römer ein; er hatte stets einen dankbaren Kreis der Hörer und Hörerinnen um sich. Auch Adam Müller hatte schon im vorhergehenden Winter 1806/07 Vorträge über die deutsche Literatur, dramatische Poesie und über die Idee des Schönen gehalten. Er war gesonnen, auch im nächsten Winter den abgebrochenen Faden derselben wieder aufzunehmen und ihn durch das Gesamtgebiet der Staatswissenschaften weiterzuführen. Da kamen er und seine vorhin erwähnten Freunde auf den Einfall, mich, der ich vor dem Eintreten in eine glänzende Öffentlichkeit eine Furcht hatte wie der Wasserscheue vor jeder Schüssel voll Wasser, zu einer tätigen Teilnahme an dem löblichen Werke der allgemeinen Bildung aufzufordern. Ich solle, so stellten sie mir meine Aufgabe, Vorlesungen über ein Gebiet der Natur- und Seelenkunde halten, welches seinem Wesen nach das anziehendste von allen und gerade für die damalige Zeit von höchstem, allgemeinstem Interesse sei: über die Äußerung des Seelenlebens in jenen Zuständen einer Gebundenheit des leiblichen Lebens, welche der animalische Magnetismus hervorruft oder welche auch ohne diesen im Traume, in den Vorahndungen des Künftigen, im geistigen Ferngesichte u.f. sich kundgeben. Nun war es zwar allerdings so, wie jene Freunde meinten, ich hatte mich aus ganz besonderer Vorliebe mit den Gegenständen, über die ich jetzt öffentlich sprechen sollte, beschäftigt, hatte wohl all das Wichtigere gelesen, das über den animalischen Magnetismus und die von ihm hervorgerufenen Erscheinungen bis dahin geschrieben und bekannt geworden war, hatte mich auch in alten und neuen Schriften fleißig nach dem umgesehen, was darin über Vorahndungen wie über magisches Ferngesicht zu finden war. Auch manche mündlich mir mitgeteilten sowie einige eigene Erfahrungen kamen mir dabei zustatten. Und wenn ich mit Adam Müller und seinen Freunden allein oder mit ihnen im Kreise einer adelichen Familie aus Polen mich befand, bei welcher Müller wohnte, da konnte ich so ohne Scheu und so fertig über solche Dinge sprechen, daß es mir selber und nach meinem Bedünken auch den andern eine Freude war. Denn namentlich für Kleist hatten Mitteilungen dieser Art so viel Anziehendes, daß er gar nicht satt davon werden konnte und immer mehr und mehr derselben aus mir hervorlockte; auch hatten einige seiner Freunde unter meiner Anleitung einen Versuch mit dem Mesmerismus gemacht, wobei sich jedoch keine der gehofften und gewünschten «wunderbaren» Erscheinungen zeigen wollte.

Die weitere Verabredung über den Plan der Vorträge war nun folgende. Adam Müller und ich sollten unsere Vorlesungen, der eine an diesem, der andere an einem anderen Abende der Woche, nicht nur in einem und demselben Hörsaale, sondern auch, was den Inhalt betraf, so in Beziehung des einen auf den anderen halten, daß sie ein zusammengehöriges Ganzes miteinander bildeten. ...

An einem gewissen Donnerstagabend im Spätherbst, so war es öffentlich versprochen, sollte ich mich zum ersten Male in dem großen Saale des v. Carlowitzischen Hauses bei Kerzenlicht vernehmen lassen. Gerade auf jene Zeit hatte eine lächerliche Furcht der großen Menge, durch einige Halbwisser in der Sternkunde angeregt, eine Gefahr des Untergangs nicht nur für Dresden oder Sachsen und Preußen, sondern für die ganze Erde und alle ihre Bewohner angekündigt. Der zahme Komet von 1807 sollte nach diesen Schwindeleien der Erde so nahe kommen, daß für beide ein Zusammenstoß zu fürchten war, wobei es so leer nicht abgegangen wäre, von Überflutungen durch das Meer und Zusammensturz aller festen Höhen. Ich selber glaubte freilich nicht an dergleichen Dinge, denn ich wußte, daß das große Weltenuhrwerk der Gestirne und ihres Laufes von seinem Meister, dem Schöpfer, wohl so eingerichtet sei, daß keines der einzelnen Räder das andere hemmen kann und daß außer dem Zug und Zusammenhalt der Schwere im Reiche der Sichtbarkeit noch eine andere, höhere Kraft wirke, welche die Elemente auseinander und in Ordnung hält. Dennoch, Gott verzeih mir es, stieg in meinem geängsteten Herzen manchmal der Wunsch auf, die Schwindler möchten recht haben, der Komet möchte, meinetwegen nur eine Stunde vor dem Anzünden der Kerzen in meinem künftigen Hörsaale, an Dresden sowie an die ganze Erde anstoßen und nicht nur die Kerzen und Stühle, sondern alles zusammen umstoßen. ...

Durch dieses mein öffentliches Auftreten wurde ich auch in der schönen sächsischen Hauptstadt ein Mann der Öffentlichkeit. Ich kam in Verkehr und Bekanntschaft mit mehreren Familien und einzelnstehenden Männern, deren Andenken mir bis in mein Alter lieb und wert geblieben ist. Gleich zuerst mit dem Geheimrat Chr. Gottfr. Körner und seiner Familie, welcher nicht nur in Dresden, sondern weit und fern in Deutschland in hoher Achtung stand. ...

Zu den teilnehmendsten Zuhörern meiner Vorlesungen gehörte Sekretär Ernst, der mich alsbald bei seiner geistreichen Frau, einer Schwester der beiden berühmten Brüder August Wilhelm und Friedrich von Schlegel, einführte. Und nur wenige Monate nachher lernte ich auch diese beiden persönlich kennen, denn zuerst im Frühling kam Friedrich zum Besuch nach Dresden, etwas später auch der ältere Bruder August Wilhelm mit Frau von Staël, bei welcher ich durch ihn freundliche Aufnahme fand. ...

Mehr jedoch als mit ihm befreundete ich mich mit seinem jüngeren Bruder, dem Friedrich. Ohnehin blieb er viel länger bei uns als jener, und sein ganzes Wesen sprach mich doch noch mehr als das des Bruders in der Tiefe an. Ich denke fortwährend mit Vergnügen an die Tage des Zusammenseins; er zog mich durch ein Vertrauen und durch eine Macht der Liebe zu sich hin, die auch mein ganzes Vertrauen gewann. Er, der ältere und geistig reifere Mann, verstand das, was ich in meinen damaligen Arbeiten eigentlich suchte und erstrebte, fast besser als ich selber und machte mich in vielen Dingen über mich selber klar. Er hatte eben um jene Zeit sein Werk über die Sprache und Weisheit der Inder vollendet, und dasselbe war schon gedruckt in seiner Hand. In diese mir neue Welt führte er mich mit freundlicher Bereitwilligkeit ein. ...

Karl Christian Friedrich Krause
Privatgelehrter

An Johann Friedrich Gotthold Krause

[Dresden, 8. Mai 1805] Als ich auf der Polizei mich meldete und gefragt wurde, weshalb ich hier sei und was ich treibe, konnte ich der Klugheit gemäß weiter nichts sagen als meiner Studien und literarischen Verhältnisse wegen, und auf die Frage, wovon ich lebe: von schriftstellerischer Arbeit, wo ich die Schuldenverschreibung von Gabler vorwies, welche akzeptiert wurde. Darauf erhielt ich auf sechs Wochen Erlaubnis, hier zu sein; es wurde mir aber gesagt, daß nötig wäre, wenn ich eine Konzession auf ein halbes Jahr haben wolle, noch 200 Tlr. nachzuweisen. ...

Am 10. Mai Gestern bin ich aus der Altstadt in die Neustadt gezogen; mein Logis ist im Hause des D. Weisse auf der Königsgasse, zwei Treppen hoch, vorn heraus. Dies ist ein Haus, dergleichen mir als Privathaus noch nicht vorgekommen: es wohnen mehr als 150 Menschen darin und könnten noch einmal so viele darin bequem wohnen, wenn nicht die ganze erste Etage (welche 500 Tlr. Mietzins zahlt) nur von fünf Menschen bewohnt würde. D. Weisse ist Maurer, ein sehr gefälliger und guter Mann. Ich bin selbst mehrere Tage nach einem Logis in Altstadt, Friedrichstadt, den Vorstädten und Neustadt herumgelaufen, aber kein passendes finden können außer diesem, wiewohl ich mehrere hundert besehen. Freilich muß ich bis Michaelis 33 Tlr. inklusive einiger Möbel zahlen: allein wir haben auch einen vollkommnen Gelaß, und es ist ein Zimmer dabei, worin ich Vorlesungen halten kann, wovon hernach. Ich bin überzeugt, Sie selbst würden es gewählt haben, wenn Sie die Umstände so genau kennten und alle Rücksichten zusammennähmen; denn es ist u. a. auch notwendig, ein ehrendes Logis zu haben, wenn ich mit obigem Plane reüssieren will. Ich will zuerst gratis, wenigstens das Honorar der Willkür freistellend, im Junius und Julius einige Vorlesungen über die Idee der Philosophie und Kunst, als wesentlicher Teile der Bestimmung des Menschen, in einem Saale halten, wozu ich mit Hülfe Pechwells und Moßdorfs usw. gewiß eine Anzahl Zuhörer männlichen und weiblichen Geschlechts zusammenbringe (erst will ich aber doch noch zu Racknitz gehn). Hierdurch werde ich schneller und vielleicht vorteilhaft bekannt, und das bewirkt mir vielleicht hier einen guten Verleger. ...

Mein Logis liegt vortrefflich; vor uns den Platz und das Japanische Palais, das Weiße Tor und die freie Aussicht in das paradiesische Elbtal, eine Viertelstunde weit ein schönes Dörfchen; der Garten des Japanischen Palais (worin auch die Bibliothek und die Antiken stehen) ist einer der schönsten in ganz Dresden. Man kann frei hinein, und es ist dies ein Sammelplatz vieler Mütter und Kinder, und öffentliche Aufsicht dabei; ein herrlicher Blumenflor und Orangerie ist darin, das Palais gewährt einen großen und erhebenden Anblick. O wäre doch meine Selma wieder gesund! welche Freude würde es sein, mit den Kindern dort sich zu vergnügen. Ich habe heute die Lilla auf die schönen Wiesen an der Elbe spazieren geführt; sie spricht sehr viel noch immer von Ihnen allen dreien, besonders weiß sie noch alles, was Sie ihr vorgemalt haben und was ihr die Mama ausgeschnitten; Ernestinchen ruft sie des Tags mehrmals und bleibt dabei, sie sei bei Bernhardinen in Rudolstadt. Das Kind zeigt herrliche Geisteskräfte, besonders einen sehr scharfen Verstand; wenn sie nur erst das Zahnen ganz überstanden hätte!

In meinem vorigen Logis, welches, ob es gleich nur aus einer Stube und kleiner Kammer bestand und weniger Möbel hatte, 10 Tlr. des Monats kostete, wonach ich immer noch einen ganzen Tag gelaufen war, konnte ich die Frauenkirche sehr schön übersehen. Diese ist in mehreren Hinsichten das merkwürdigste Gebäude in Dresden: sie ist im Innern rund, sehr hoch und weit und hat eine Kuppel (in die man von unten frei bis hinauf in die Turmspitze sieht), die nach der Peterskirche (also auch nach dem Pantheon in Rom) gebaut ist und einen Vorschmack der Schönheit der letzteren gibt; auch hat diese Kirche eine Silbermannsche Orgel; nichtsdestoweniger ist sie jetzt schlecht besucht, weil keine Hauptpredigten in ihr gehalten werden. Die Säulenordnung ist die sechste, sogenannte deutsche, von Sturms Erfindung; sie tut aber keine gute Wirkung auf mich, weil das Piedestal der Höhe nach zu klein gegen die Säule und das Gebälke ist.

Die Kreuzkirche ist auch von schöner Bauart, sehr groß und noch neu; der Altar ist vorzüglich schön. Von den Altären in allen hiesigen Kirchen ein andermal! Diese Kirche ist stark besucht; aber das so unanständige Schreien und Lärmen der Kirchgänger, welches gegen die stille Andacht der Katholischen so übel absticht, verleidet mir ihren Besuch.

So schön diese beiden Kirchen, so schlecht und im verdorbensten gotischen Stil ist die alte Schloßkirche; man nennt sie hier nur die winkelige; in dieser, welche ohnerachtet ihrer Größe, wenn Reinhard predigt, gedrängt voll ist, hörte ich am zweiten Feiertage eine Predigt desselben mit an, welche er an die eben abreisenden Landesstände hielt. Die Predigt selbst, angesehen ihren bestimmten Zweck, hat mir ausnehmend wohl gefallen; er sprach von der Notwendigkeit, für das häusliche Glück auf alle Weise zu sorgen; er schärfte mit einer großen Freimütigkeit den Landesständen die Pflicht ein, selbst durch Beispiel und von Amts wegen dafür zu sorgen, daß die Ehe und das häusliche Glück gerade jetzt wieder auflebe, wo es hier so sehr daniederliege und durch Luxus, Zerstreuungen und Lesewut schädlicher Romanenbücher (wie sehr wird heutzutage dieser schöne Name des Romans gemißbraucht!) immer tiefer zu sinken anfange; — diese Predigt ist ein wirkliches rednerisches Kunstwerk; nur schade, daß Reinhard nicht Brust genug hat, um es würdig auszusprechen, wiewohl auch hierin seine glückliche Bemühung nicht zu verkennen ist.

Von der Katholischen Kirche, der Bildergalerie usw. in einem nächsten Briefe; denn ich muß eilen.

Leben Sie wohl, lieber Vater, und grüßen Sie von uns allen die Mama und Ernestinchen.

Ihr Sie liebender Sohn
K. Chr. Fr. Krause

Friedrich von Gentz
Madame de Staël

An Adam Müller

[Teplitz, den 31. Mai 1808] Ich bin unendlich begierig zu erfahren, wie die Staël Ihnen gefallen haben wird. Mich hat sie entzückt, ich sage es Ihnen gerade heraus. Eine solche Universalität und Tiefe des Geistes, mit einer solchen Leichtigkeit, Gewandtheit, Gutmütigkeit und Grazie der Konversation habe ich in der Welt nicht gefunden. — Ich will und muß sie auch noch einmal sehen, und hier vernehmen Sie mein geheimes Projekt. Ich habe ihr eine Zusammenkunft in Pirna für den Sonnabend vorgeschlagen; ich vermute, sie wird sie annehmen. Schicken oder bringen Sie ihr nur sogleich den beiliegenden Brief; ich habe sie gebeten, Ihnen die Antwort noch heute abend zukommen zu lassen, damit Sie mir Donnerstag früh den nämlichen Boten oder einen andern, doch am besten den nämlichen, wieder herschicken können. Auf letzteres rechne ich nun in jedem Falle. Sie können der Staël wissen lassen, daß Sie im Geheimnis sind. Ich autorisiere Sie auch, es Buol und Bose mitzuteilen, aber außer diesen schlechterdings niemandem. Jenes wünsche ich, weil es möglich wäre, daß beide oder einer von beiden auf den glücklichen Gedanken käme, mich, von Ihnen begleitet, in Pirna sehen zu wollen.

Die alte Sophienkirche vor dem Umbau

Wäre das der Fall, so würde ich Sie Sonntag, zu jeder von Ihnen anzuzeigenden Stunde, dort noch erwarten, und wir könnten vielleicht einen frohen Tag miteinander verleben.

Melden Sie mir auch hierüber Ihre bestimmten Ideen und bleiben Sie von nun an nur in fortdauernd lebendiger Verbindung mit mir.

G.

Germaine de Staël
Über Sachsen

Die Kurfürsten, zugleich Wahlkönige von Polen, liebten die Künste mehr als die Literatur, der sie zwar keine Hindernisse in den Weg legten, die ihnen aber fremd war. Die Musik wird in Sachsen allgemein gepflegt, und die Dresdener Galerie enthält Meisterwerke, welche die Künstler anfeuern müssen. Die Natur ist in der Umgebung der Hauptstadt sehr malerisch, die Gesellschaft aber bietet nicht viel Unterhaltung, denn die Eleganz eines Hofes hat darauf keinen Einfluß, dort kann nur die Etikette leicht Eingang finden. …

In Sachsen bestand die unbeschränkteste Pressefreiheit. Sie war aber ohne jede Gefahr für die Regierung, weil der Geist der Schriftsteller sich durchaus nicht einer Kritik der politischen Zustände zuwandte. Die Einsamkeit führte zu abstrakter Spekulation oder zur Poesie: man muß inmitten der menschlichen Leidenschaften leben, um die Notwendigkeit zu fühlen, sie zu benutzen und zu lenken. Die deutschen Schriftsteller aber beschäftigen sich nur mit Theorien, gelehrten Dingen, literarischen und philosophischen Untersuchungen, und von diesen Dingen haben die Mächtigen der Erde nichts zu fürchten. Überdies war die Regierung Sachsens infolge der Gewohnheiten des Landes und der Mäßigung der Herrscher, wenn auch nicht dem Recht, so doch der Tat nach freisinnig.

Arthur Schopenhauer
Das Tagewerk meiner Hände

An Goethe

[Dresden, den 23. Juni 1818] Ewr. Exzellenz haben lange nichts von mir vernommen, da ich keinen Anlaß, Ihnen zu schreiben, fand und nicht so ganz ohne Vorwand beschwerlich fallen wollte. Inzwischen habe ich immer die Freude gehabt, die erwünschtesten Nachrichten über Ihr Wohlsein von meiner Schwester zu erhalten und zuletzt auch die, daß Sie Großvater geworden sind, wozu ich von Herzen Glück wünsche.

Ich komme dieses Mal eigentlich, um mich von einer geringeren Entfernung auf eine größere zu beurlauben. Nämlich nach mehr als vierjähriger Arbeit hier in Dresden habe ich das Tagewerk meiner Hände vollbracht und vors erste das Ächzen und das Krächzen abgetan. Daher wende ich mich jetzt wieder von hier und will nunmehr ins Land, wo die Zitronen blühen, nel bel paese, dove il Si suona, sagt Dante, und «wo mich das Nein, Nein, Nein aller Literaturzeitungen nicht erreichen soll», setze ich hinzu. Danach, im folgenden Sommer, gedenke ich zurück über den Berg und seinen Wolkensteg in die Schweiz; so daß wenigstens ein Jahr vergehn wird, ehe ich Deutschland wiedersehe. ...

Mein Werk, welches nun zu Michaelis erscheint, ist die Frucht nicht nur meines hiesigen Aufenthalts, sondern gewissermaßen meines Lebens. Denn ich glaube nicht, daß ich je etwas Besseres oder Gehaltvolleres zustande bringen werde, und bin der Meinung, daß Helvetius recht hat zu sagen, daß bis zum 30sten, höchstens 35sten Jahre im Menschen durch den Eindruck der Welt alle Gedanken erregt sind, deren er fähig ist, und alles, was er später liefert, immer nur die Entwickelungen jener Gedanken sind. Mir gab nun ein günstiges Schicksal die Muße von außen und den entschiedensten Trieb von innen, um früh und frisch zu liefern, was mancher, z.B. Kant, nur als Früchte der Jugend einmariniert im Essig des Alters auftischen konnte. — Ich bin im 31sten Jahr. Der Titel des Buchs, den bis jetzt außer dem Verleger und mir noch kein Mensch weiß, ist: «Die Welt als Wille und Vorstellung, vier Bücher, nebst einem Anhange, der die Kritik der Kantischen Philosophie enthält.» — Brockhaus erhält den Auftrag, Ewr. Exzellenz eine schönes Exemplar zu übersenden. Ich kann, nach unsern einstigen philosophischen Dialogen, nicht umhin, mir viel Hoffnung auf Ihren Beifall zu machen, falls Sie noch die Geduld haben, sich in einen fremden Gedankengang hineinzulesen. Es werden wenigstens 40 Bogen.

An Friedrich Arnold Brockhaus

[Dresden, 14. August 1818] Zu meiner großen Verwunderung und noch größerem Verdruß ist abermals eine Woche verstrichen, ohne daß ich die begehrten Aushängebogen, ja nicht einmal eine Antwort von Ihnen erhalten habe, welche zu erwarten ich auf jede Weise berechtigt war.

Ich habe nicht des Honorars wegen geschrieben, wie die Unbedeutsamkeit desselben von selbst beweist; sondern um ein lange durchdachtes und mühsam ausgearbeitetes Werk, die Frucht vieler Jahre, ja eigentlich meines ganzen Lebens, durch den Druck zur Aufbewahrung und Mitteilung zu bringen.

Woraus folgt, daß Sie nicht etwa mich anzusehn und zu behandeln haben wie Ihre Konversationslexikons-Autoren und ähnliche schlechte Skribler, mit denen ich gar nichts gemein habe als den zufälligen Gebrauch von Tinte und Feder.

Friedrich Laun
Schopenhauer und Schlenkert

Zu den erfreulichen Ereignissen rechne ich auch meine Bekanntschaft mit dem Doktor Schopenhauer, dem Verfasser des merkwürdigen Buches: «Die Welt als Wille und Vorstellung».

Auch solche Leser, die den darin dargelegten Ansichten nicht immer beizutreten vermögen, werden wenigstens seinem ungemeinen Scharfsinn Gerechtigkeit widerfahren lassen. Bekanntlich ist die Verfasserin vieler ausgezeichneter Novellen, Johanna Schopenhauer, seine Mutter, auch im Umgange eine höchst interessante Frau; während eines Sommers, wo sie sich in Dresden aufhielt, erinnere ich mich noch mit Vergnügen einer Gondelfahrt auf dem Elbstrome mit ihr, den beiden, seitdem verstorbenen Böttiger und Passow und mehren andern Personen.

Der Verfasser «Friedrichs mit der gebissenen Wange» und anderer, großenteils dialogisierter Romane, Schlenkert, kann schon darum nicht übergangen werden, weil er zu seiner Zeit, nämlich in dem vorletzten Jahrzehnt des verflossenen Säkulums, großes Aufsehen mit diesem Werke erregte. Er besaß Geist und Bildung genug, um sich weit länger ein Publikum zu erhalten, als es geschehen ist. Allein er hatte sich zu sehr in die redselige Breite seines Ritterhabitus vertieft, um wieder mit Glück herauszukommen.

Als die vollen Humpen der geharnischten Herren nicht mehr munden wollten und man die «derbe» Deutschheit etwas manierlicher verlangte, da hätte er Anstalt machen sollen, sich ein wenig in die Zeit zu bequemen.

Früher, bei dem geheimen Finanzkollegium als Sekretär angestellt, gab er dieses Amt wegen Unzulänglichkeit des damit verbundenen Einkommens auf. In der letzten Zeit, wo er in dem nur drei Stunden von Dresden entfernten, höchst romantisch gelegenen Tharandt lebte, war er seit dem Jahre 1815 Lehrer der deutschen Sprache an der dortigen Forstakademie. Er starb 1826.

Karl Förster
Gespräche mit Hegel
[Tagebuch]

Ende August 1820 Hegel, dessen Ankunft wir erwarteten, langte den 26. August hier an. Wir hatten in unserem Hause, dem Blauen Stern, für ihn ein Zimmer bestellt, wodurch, da nur eine Stiege seine Wohnung von der unsrigen trennt, mir der reiche Genuß wird, den bedeutenden Mann viel zu sehen, näher kennen und somit herzlich lieben zu lernen. Seine erste Erscheinung wollte mich nicht ansprechen; er war einsilbig und wortkarg; aber wir fanden uns bald, und ich war mit seiner Persönlichkeit schnell und vollkommen ausgesöhnt; sein Wesen zieht mich innig an; er ist anspruchslos, gerade, einfach und gemütvoll; auf seinen Gesichtszügen liegen die Spuren langer und anstrengender geistiger Beschäftigungen; sein Vortrag ist durchaus ruhig; aber was er spricht, ist klar und gründlich, ein lauterer Quell, der nicht versiegen wird; die kleinen Steine, womit man diesen Quell trüben will, auch noch in der Zukunft ihn zu trüben versuchen wird, werden doch endlich rein und geläutert aus derselben emporsteigen.

Auf dem Wege zur Kunstausstellung, wohin ich ihn geleite, entwickelt sich ein Gespräch über Kunst im allgemeinen, bei aller Dialektik zeigt er doch viel warmen regen Sinn für Kunst und Leben; nur daß er immer mehr dem Technischen sich hingibt und über dem Analysieren des Kunstwerks den Eindruck des Ganzen oft verliert. Er ist der altdeutschen Kunst nicht hold und freute sich, als ich ihm sagte, daß dies im Geiste unserer Ausstellung sei. Er hatte die Ausstellung doch bedeutender gedacht. – Dr. Hase gesellte sich zu uns, und Hegel hatte große Freude, in ihm nicht nur einen alten Schüler, sondern auch einen Bearbeiter des Aristoteles zu finden. Auf dem Bade, wohin wir fahren, treffen wir Böttiger; sie begrüßen sich recht gütlich, obschon früher in einem philosophischen Journal Böttiger von Hegel scharf mitgenommen. ...

Bei der Heimkunft bitte ich Hegel, den morgenden Abend seine Gegenwart uns nicht zu entziehen, er werde einige Freunde finden, mit welchen wir, wie schon oft geschehen, den 28. August, Goethes Geburtstag, feiern würden; worauf er in seiner treuherzigen, schwäbischen Weise erwidert: «Recht schön, heut aber wollen wir erst den Hegel leben lassen, der ist den 27. geboren.» Ich wußte nicht oder hatte vergessen, daß die Lebensfeste der beiden ausgezeichneten Menschen so nahe sich folgen. Wir blieben noch ein paar Stunden zusammen, und der Becher schäumender Champagner ward auf das Wohl des lieben Gastes mit treuen Wünschen geleert.

Karl August Böttiger
Washington Irving

An Jean Paul

Dresden, 10. Jan. 1823 Der geist- und gemütvolle Amerikaner Irving lebt jetzt bei mir und treibt das Deutsche mit verdoppeltem Eifer, weil er so gern Ihre (ihm wahrhaft kongenialen) Schriften lesen – vielleicht einige davon auch ins Englische übertragen möchte. Er versichert Sie durch mich seiner aufrichtigsten Achtung.

«UND ICH BEGEHRE, NICHT SCHULD DARAN ZU SEIN»

1806–1813

Gustav Nieritz
Oktober 1806

Als die Schreckensnachricht von der verlorenen Schlacht bei Jena nach Dresden gelangte, war die Bestürzung um so größer und allgemeiner, als man auf einen solchen Ausgang des kaum begonnenen Kampfes durchaus nicht gefaßt gewesen war. Händeringend und in wahrer Todesangst wankte mein Vater in unsrer Wohnstube umher. Im Geiste sah er bereits die Feinde da, die Seinen mißhandelt, sein Eigentum geplündert, Brand, Mord und alle sonstigen Greuel des Kriegs dazu. Mehr Mut bewies meine Mutter, deren tröstender Zuspruch aber vergeblich war. Ich, der elfjährige Knabe, blickte mehr erstaunt als erschrocken auf meine Eltern hin, die ich in solcher Gemütsbewegung noch nie gesehen hatte. Dieselbe dauerte fort, bis mein Bruder Carl, welcher bei einem Meister in der Schloßgasse das Drechslerhandwerk erlernte, unerwartet mit der Freudenbotschaft eintrat, daß der sächsische Adjutant von Funck in Dresden angelangt sei und in des Kaisers Napoleon Namen und Auftrage unserm Kurfürsten die Neutralität und das Aufhören der Feindseligkeit angeboten habe. Die bereits zur eiligen Flucht reisefertig gepackten Wagen des Kurfürsten seien hierauf sogleich wieder ausgespannt und in ihren vorigen Ruhestand zurückversetzt worden. Diese Nachricht ward bald darauf den Dresdenern durch eine Schar Postillons bestätigt, welche blasend die Straßen durchritt und den abgeschlossenen Frieden verkündigte. Dagegen erzählte aber auch das Gerücht von den Greueltaten und Erpressungen der Franzosen, welche diese vor Abschluß des Friedens bereits in Sachsen verübt haben sollten.

Nach einigen Tagen rückten zuerst Württemberger und dann Bayern — Napoleons Verbündete — in Dresden ein, welche gleichsam die Vorläufer der

Franzosen waren. Diese teils grün, teils blau gekleideten Krieger mit ihren uns neuen Helmen waren für uns Kinder abermals eine außerordentliche Erscheinung. Aber unsre Schaulust wandelte sich in Entsetzen und Unwillen um, als wir sahen, wie die Bayern, unsere deutschen Gäste, mit den Kommißbroten umgingen, welche ihnen von unsrer städtischen Behörde verabreicht wurden und die genau von derselben Beschaffenheit waren, wie sie unsere eigenen Soldaten zur Verpflegung erhielten. Wir Kinder sahen diese Brote von der Rähnitzgasse aus bis auf den Marktplatz vor und wieder in die kleine Meißner Gasse hinein dicht aneinander in einer langen Reihe auf das kotige Straßenpflaster gelegt und die Bayern hohnlachend darüber hinschreiten, so daß sie die liebe, neubackne Gottesgabe mit ihren Füßen zertraten. Überhaupt sagte man den bayrischen Kriegern nach, daß sie schlimmer noch als die Franzosen im feindlichen Lande und namentlich übel in Sachsen gehaust hätten. Deshalb gelobten die sächsischen Krieger, dafern sie einmal nach Bayern beordert würden, das Wiedervergeltungsrecht dort ausüben zu wollen, und sie sollen leider nur zu sehr ihr Wort gehalten haben. Die empörende Handlung, welche ich in meinem «Jungen Trommelschläger» erzählt habe, nach welcher ein fremder, in einem bayrischen Dorfe einquartierter Tambour sich neben das Bettlein eines todkranken, aber des ersten, sanften Schlafes sich wieder erfreuenden Bauernkindes gesetzt und solches durch einen donnernden Trommelwirbel aufgeschreckt hatte, so daß es infolge dieser Tyrannei gestorben ist, wird einem Sachsen zugeschrieben.

Napoleons anscheinende Großmut gegen Sachsen mußten wir teuer genug bezahlen. Es wurde uns eine Kontribution — dieses Fremdwort klingt ja weniger schlimm als das deutsche: Brandschatzung — von sechs Millionen auferlegt, und der damalige Volksglaube behauptete, daß Napoleon damit nur sechs Millionen Franken gemeint, der sächsische Minister aber so viele Taler verstanden und — bezahlt habe, wodurch die Franzosen sehr angenehm überrascht worden wären. Außerdem überschwemmten französische Heerscharen das ganze Sachsenland, und erlebte dasselbe das noch nie dagewesene Schauspiel, daß viele Tausende von Bauernwägen aufgeboten wurden, um die französische Armee schnell weiterzubefördern und ihr die Mühe des Marschierens zu ersparen. Welche maßlose Furcht damals die Deutschen vor jedem einzelnen französischen Krieger bewiesen!

Die ersten Franzosen, welche nach Dresden kamen, lagerten sich auf einem wüsten, jetzt zu einem Fruchtfelde umgewandelten Sandplatze nieder, welcher dem Gasthofe Kammerdieners gegenüberliegt. Dorthin pilgerten die neugierigen Dresdner in Masse, und unter denselben viele Israeliten, welche gute Geschäfte mit den Franzosen machten, indem sie ihnen teils die abgeplünder-

Beschreibung

der

Feierlichkeiten

bei

der am 20. December 1806. erfolgten

Ausrufung

der

Königswürde des Allerdurchlauchtigsten
und Großmächtigsten Königs,

Friedrich August zu Sachsen,

nebst der

den folgenden Tag statt gehabten

Beleuchtung

der Königl. Haupt- und Residenz-Stadt
Dresden.

Gedruckt und zu finden bei Carl Christian Meinhold, Königl.
Hofbuchdrucker.
(Preiß 20 Kreuzer.)

Titelblatt der Beschreibung der Feierlichkeiten zur Ausrufung der Königswürde Friedrich Augusts zu Sachsen

ten Sachen abkauften, teils ihr Fremdgeld auswechselten. Trotz dem geschlossenen Frieden erhielt Dresden einen französischen Kommandant namens Thiard, welcher durch seine Leutseligkeit gegen den Bürgerstand sich dessen Gunst in hohem Grade erwarb.

Bald nachdem Dresden eine französische Besatzung bekommen hatte, brach ein Feuer aus. Als nun die Lärmtrommel durch die Straßen dröhnte, die große Sturmglocke der Kreuzkirche ihre laut hallenden Schläge ertönen ließ und die Menschen im Sturmlaufe und in dichten Reihen auf einen Punkt hineilten, glaubten die Franzosen, daß ein allgemeiner Aufstand gegen sie, eine Art sizilianischer Vesper, im Werke sei und beeilten sich daher, ihre Verteidigungsanstalten zu treffen. Glücklicherweise wurde ihnen ihr Irrtum noch zeitig genug benommen.

Aus dem neutral erklärten Sachsen ward nun bald ein Bundesgenosse Napoleons, welcher die sächsische Armee mit der seinigen vereinigte. Nach der unglücklichen Schlacht bei Jena hatte Napoleon der braven sächsischen Reiterei die Pferde abgenommen und solche der seinigen zugeteilt, was er später sehr bereut haben soll, weil jene für längere Zeit nicht zu gebrauchen war.

Das gesamte Militärwesen in Sachsen erlitt nun einen gänzlichen Umsturz. In demselben hatten bisher der Adel, der Zopf, der Stock und der Gamaschendienst regiert. Die sächsischen Generale waren sämtlich schwache, hilflose, kriegsunkundige Greise, welche lediglich durch die Länge ihrer Dienstzeit oder durch besondere Begünstigung ihre hohe Stellung erlangt hatten. Sie, welche kaum durch fremde Beihilfe ihr Pferd besteigen konnten, waren nach der verlorenen Schlacht bei Jena ein Gegenstand französischen Spottes und Hohns gewesen. Das wurde nun anders. Ebenso hörte der Menschenraub: das Soldatenpressen, auf, und die Konskription, wenn auch nicht die strenge, keine Ausnahme geltenlassende französische, trat an die Stelle. Ebenso wurden die Bekleidung und übrige Ausrüstung des Soldaten nach französischem Muster umgewandelt.

Dora Stock
Napoleon

An Friedrich Weber

Loschwitz, den 7. August [1807] Der längst gewünschte Frieden hat uns alle in einen angenehmen Zustand versetzt. Wir waren exaltiert, ohne recht deutlich zu wissen, was wir dabei gewönnen; und kann man auch eigentlich recht glücklich sein, wenn man sieht, wie der Nachbar leidet? – Dem sei, wie es wolle, das herrliche Wort *Frieden* hat einen so großen Zauber, die Gewißheit, daß durch ihn ein Teil der Leiden endeten, die der unselige Krieg veranlaßte, machte, daß wir freudetrunken waren, ohne uns durch Untersuchungen in unserm Genuß stören zu lassen. Die Tage, die *Napoleon* hier verweilte, waren äußerst merkwürdig. Das Zuströmen der Menschen aus allen Ständen, die hierherkamen, ihn zu sehen, worunter sehr viele waren, die berühmt und ausgezeichnet sind, das Leben und die Tätigkeit, die von früh bis auf den Abend auf den Straßen war, gab eine eigne fröhliche Stimmung, die schwer zu schildern ist. Wir haben ihn einmal und sehr gut gesehen und sind nachher in unserer gewöhnlichen Ruhe geblieben. Er kam auf die Galerie, wo wir ihn sehr nahe sehen konnten. Er ist weit hübscher und angenehmer wie alle Porträts, so man von ihm hat. Ich erwartete Strenge in seinen Zügen, einen unsteten Blick oder öftern Wechsel in seinem Gesicht. Wie wurde ich überrascht, wie ich bei einem feurigen tiefdenkenden Auge, welches einen ganz unbeschreibbaren Ausdruck hat, die größte Ruhe und ungemeine Freundlichkeit in den übrigen Zügen fand! Er schien nur mit den Gemälden beschäftigt, verweilte sich ohne Zwang dabei und wurde durch das unbescheidene Zudrängen der Menschen weder gestört noch unruhig oder verlegen gemacht. Es freute mich unendlich, ihn so gesehen zu haben: ich möchte mir so gern bei seiner Größe auch Güte denken. Deshalb habe ich auch nachher gar nicht gesucht, ihn wiederzusehen, weil ich den Eindruck, den er auf mich gemacht, gern rein erhalten möchte. Er schien sich hier zu gefallen, wovon er unserm König viele kleine Proben gegeben hat. Unser König nimmt sich vortrefflich; durchaus rechtschaffen wie immer und ohne Falsch. Möchten alle folgenden Ereignisse immer sich mit seinen strengen Grundsätzen und mit der Güte seines Herzens vereinigen lassen! – Wir leben seit ein paar Wochen hier auf unserm Weinberg und fühlen uns glücklicher wie jemals. Die treue, sich immer gleichbleibende Natur hat diesen Sommer einen ungewöhnlichen Reiz für mich. Gegenwart und Zukunft scheint mir heller, froher.

NAPOLEON

Den Ersten des Jahrhunderts

Einzig als Held und Staatsmann

dem gegenwärtigen Zeitalter Zierde

dem künftigen Muster

Den Gründer des Germanischen Bundes

ein Schrecken seinen Feinden

den Seinen holde Liebe

Dessen

Hoheit

die Unsterblichkeit im voraus feyert

begrüßt

das durch Ihn sich wiedergegebene

von Ihm beglückte

dankbare Sachsen.

Proklamation zum Einzug Napoleons in Dresden am 17. Juli 1807

Wenn wir Sie wiedersehen werden, so werden Sie auch unsern Karl sehr zu seinem Vorteil verändert finden. Er ist fleißig, lernt viel und macht uns allen viele Freude. Zu Ostern geht er nach Freiberg, weil er Bergmann werden will. Er macht mit großer Leichtigkeit Verse und hat im Komischen oft sehr gute Einfälle.

Bei der Ankunft Napoleon des Großen,

Kaisers der Franzosen und Königs von Italien etc. etc.
in Dresden am 17. Juli 1807

Er kam, — wie Mars, in einer Wolke,
umringt von sieggewohntem Volke,
der große Held — Napoleon!
Der Menschheit längst gekränkte Rechte
ersiegte *Er* — durch manch Gefechte,
und setzte sie auf ihren Thron.
Ihm jauchzt ein frohes Volk entgegen,
erfleht vom Himmel Glück und Segen,
es sieht in ihm den Gideon!
Er lebe zu Europens Glücke!
Das Echo hall' erfreut zurücke:
Vive! — l'Empereur Napoleon!

I.

Publicandum

Den Hausbesitzern wird, um Mißverständnissen vorzubeugen, andurch bekanntgemacht, daß die Verpflegung des vom 24sten d. M. an durch hiesige Stadt gehenden einen Teils des unter dem Befehl Sr. Exzellenz des Herrn Reichsmarschalls Herzog von Auerstedt stehenden Kaiserl. Königl. Französischen Armeekorps nach denselben Sätzen vergütet wird, welche bei dem Durchmarsche des 5ten und 6ten Kaiserl. Königl. Französischen Armeekorps stattgefunden haben, nämlich:

für Beköstigung und Bequartierung

eines Generals	täglich	8	Tlr.	—	Gr.
eines Stabsoffiziers	»	4	»	12	»
eines jeden Oberoffiziers und der ihnen gleich zu achtenden Militärpersonen	»	2	»	20	»

eines Unteroffiziers
und Gemeinen,
ingl. eines Offi-
ziersbedienten und
Knechts täglich — Tlr. 16 Gr.

Übrigens werden die Hausbesitzer den bei ihnen Einquartierten auch diesmal die gewohnte Gastfreundschaft gehörig beweisen, und nur in dem Falle, wenn der eine oder andere allzu starke Forderungen machen sollte, denselben durch Vorzeigung des den Hausbesitzern mitgeteilten Auszugs aus dem Generalbefehl Sr. Exzellenz, des Herrn Reichsmarschalls Herzog von Auerstedt, d.d. Breslau, am 24. Oktober 1808, dartun, daß er eigentlich zu einem Geringern, als er erhalten, berechtigt sei.

Dresden, am 18. November 1808

Der Rat zu Dresden

Friedrich Laun
Der Imperator

Die Wiederbefestigung des bei fortdauerndem Kriege zwischen Rußland, Preußen und Frankreich in ewigem Schwanken gehaltenen gesellschaftlichen Zustandes durch den Tilsiter Frieden machte in Dresden einen überaus günstigen Eindruck auf die Volksmasse. Diese, zur damaligen Zeit noch weit entfernt, den großen politischen Kombinationen und ihren möglichen Folgen nachzugrübeln, gab sich ganz der Freude hin über die augenblickliche Sicherheit, welche ihre Existenz durch das Aufhören der Feindseligkeiten wiedergewonnen hatte. Und so kann man wohl annehmen, daß der dem für den Friedensstifter geltenden Kaiser Napoleon bei seiner bald erfolgten Ankunft entgegenschallende Jubelruf größtenteils aus aufrichtigem Herzen kam. Auch die im Ganzen wenig ausgezeichneten Dekorationen und Inschriften der Illumination am 18. Juli 1807 gaben hauptsächlich dem Frieden ihren Beifall. Aus manchem dabei dem großen Sieger hingeworfenen Schmeichelworte hätte der Argwohn übrigens ohne Mühe einen geheimen, ironischen Sinn herauserklären können. Unter andern aus folgender Inschrift am kleinen Rauchhause (einem noch jetzt gangbaren Gasthofe in der Scheffelgasse):

Publicandum.

Den Hausbesitzern wird, um Mißverständnissen vorzubeugen, andurch bekannt gemacht, daß die Verpflegung des vom 24sten d. M. an durch hiesige Stadt gehenden einen Theils des unter dem Befehl Sr. Excellenz des Herrn Reichsmarschalls Herzogs von Auerstädt stehenden Kaiserl. Königl. Französischen Armee-Corps nach denselben Sätzen vergütet wird, welche bey dem Durchmarsche des 5ten und 6ten Kaiserl. Königl. Französischen Armee-Corps statt gefunden haben, nämlich:

für Beköstigung und Bequartierung

eines Generals	täglich	8 Thlr.	— gl.
eines Staabs-Officiers	"	4 "	12 "
eines jeden andern Ober-Officiers und der ihnen gleich zu achtenden Militair-Personen	"	2 "	20 "
eines Unter-Officiers und Gemeinen, ingl. eines Officiers-Bedienten und Knechts	"	— "	16 "

Uebrigens werden die Hausbesitzer den bey ihnen Einquartierten auch diesmal die gewohnte Gastfreundschaft gehörig beweisen, und nur in dem Falle, wenn der eine oder andere allzustarke Forderungen machen sollte, denselben, durch Vorzeigung des, den Hausbesitzern mitgetheilten, Auszugs aus dem General-Befehl Sr. Excellenz des Herrn Reichsmarschalls Herzogs von Auerstädt d. d. Breslau am 24. October 1808, darthun, daß er eigentlich zu einem Geringern, als er erhalten, berechtigt sey.

Dresden, am 18. November 1808.

Der Rath zu Dresden.

Publicandum zum 18. November 1808

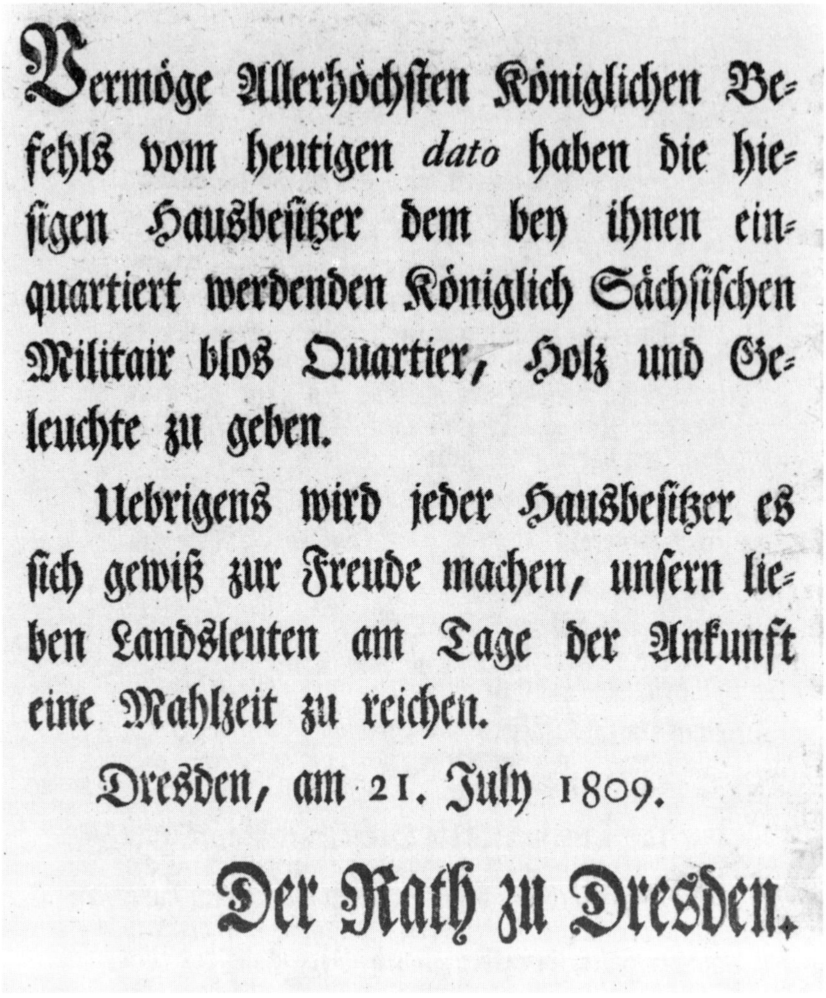
Vermöge Allerhöchsten Königlichen Befehls vom heutigen *dato* haben die hiesigen Hausbesitzer dem bey ihnen einquartiert werdenden Königlich Sächsischen Militair blos Quartier, Holz und Geleuchte zu geben.

Uebrigens wird jeder Hausbesitzer es sich gewiß zur Freude machen, unsern lieben Landsleuten am Tage der Ankunft eine Mahlzeit zu reichen.

Dresden, am 21. July 1809.

Der Rath zu Dresden.

Bekanntmachung vom 21. Juli 1809

«Menschen spannen die Segel, ordnen die Masten, machen so wichtige Mienen, als ob ihre Anstalten untrüglich wären; aber ein Höherer sitzt am Ruder, lächelt und spricht: So soll's sein! — »

Im Jahre 1815, wo der Mann, dessen Wünschen die ganze Erde keinen hinreichenden Raum darzubieten schien, an einen Felsen festgeschmiedet wurde, hatte der Anordner dieser Inskription, wenn er deren noch eingedenk gewesen, unstreitig gar leichtes Spiel gehabt, aus ihr seinen vorzüglichen Seherblick zu beweisen.

In den Fenstern eines Hauses vor dem Seetore waren die Worte: Imperator Napoleon Rex Italiae durch die bekanntlich über das Kreuz Christus zu dessen Verspottung hingesetzt gewesenen Buchstaben I. N. R. I. ausgedrückt.

Otto August Rühle von Lilienstern
Die Notwendigkeit, in der ich mich befinde

An Friedrich Justin Bertuch

Dresden, 17. September 1807 Die Sorge, ein neues Quartier zu finden, da wir den Militärgesetzen zufolge und auch meinen Wünschen gemäß in der Altstadt wohnen sollen, die neue Einrichtung überhaupt, die Ankunft meiner besten Freunde Kleist und Pfuel und die Notwendigkeit, in der ich mich befinde, mich mit ungewöhnlichem Eifer auf die französische Sprache zu werfen, absorbieren meine Zeit so, daß sie auf den Flügeln des Sturmwindes unaufhaltsam davoneilt. …

Dresden, 12. November 1807 Mir geht es in meinen jetzigen Verhältnissen noch immer ganz leidlich oder eigentlich ganz wohl. Der Herzog bezeugt mir seine Zufriedenheit mit meinen Anordnungen, der Prinz ist gelenkiger und lenksamer, als ich erwarten durfte. Der Herzog hat auch gegen Müffling die Besorgnis geäußert, ob auch wohl Adam Müller, der den außermilitärischen Unterricht bei dem Prinzen übernommen hat, ihn nicht zur katholischen Religion herüberziehn dürfte. Woher mag ihm wohl so seltsame Besorgnis eingeflößt sein? Der Leutnant Pfuel ficht täglich mit dem Prinzen, und dieser macht augenscheinliche Fortschritte, so daß ich hoffe, daß in Jahr und Tag sich die Zeichen davon in seinem äußern Sein nicht unvorteilhaft an den Tag legen sollen.

Dresden, 28. Januar 1808 Ihren Rat wegen des «Phöbus» werden meine Freunde befolgen. Wenn Sie Goethen zu Beiträgen irgendeiner Art vermögen können, erzeigen Sie uns eine große Gefälligkeit. Es kann ihm ja nicht an alten Arbeiten fehlen, z. B. Fragmente aus der «Achilleis» u. dergl.

Christian Gottfried Körner
Österreichische und braunschweigische Truppen

An Theodor Körner

Dresden, am 14. Juni 1809 Das Wesentliche der für Dresden sehr wichtigen Tage will ich Dir jetzt berichten. Ein mehreres Detail wird sich mündlich nachholen lassen.

Sonnabends, als den 10ten vormittags, kamen von allen Seiten Nachrichten von Annäherung österreichischer und braunschweigischer Truppen. In Altenberg, Gießhübel und Dippoldiswalde waren sie schon, und am letzten Orte hatten sie für ein beträchtliches Korps Fourage verlangt. Alles Militär zog nachmittags aus der Stadt in das Lager bei Gorbitz, und schon um 5 Uhr erwartete man den Einzug der Feinde. Aber die Nacht und der größte Teil des folgenden Tags ging vorüber, ehe sie erschienen. Noch zwischen 12 und 1 hörte ich von einem zuverlässigen Manne, Thielmann habe eben berichtet, es zeigten sich keine Feinde mehr, und sie schienen sich zurückgezogen zu haben. Wie ich nun höre, haben sie die letzte Nacht in Wäldern zugebracht und sind auf einmal nachmittags auf der Dippoldiswalder Straße in großer Menge zum Marschieren gekommen. Nach 5 Uhr traf ein kleines Kommando Kavallerie ein. Der Burgermeister Heym ging entgegen, um die Stadt zu übergeben, und der Einzug war äußerst friedlich und ordentlich. Aus Schönbergs Wohnung habe ich einen großen Teil einmarschieren sehen. ... Die Anführer sind der österreichische General Am Ende, der Herzog von Braunschweig, Fürst Clary und Fürst Lobkowitz, letztere beide bei der Landwehr. ... Es wurden sogleich Proklamationen ausgeteilt und die Truppen, wiewohl sehr langsam, in die Quartiere verteilt. Nachts um gegen 11 Uhr erhielten wir einen Offizier von der Landwehr und 18 Mann von der regulären österreichischen Infanterie. Ihr Betragen ist zur Zeit sehr gut.

[Adam Müller]
Proklamation für den Stadtkommandanten

Das Armeekorps Sr. K.K. apostolischen Majestät ist am 11. Junius abends um 6 Uhr mit klingendem Spiel und fliegenden Fahnen in Dresden eingezogen und von seiten der Einwohner dieser Stadt mit der ruhigen Willfährigkeit empfangen worden, die sich von einem Volke erwarten läßt, welches deutsche Brüder und ehemalige Alliierte zu bewillkommnen und dennoch seinem Landesherrn treu zu bleiben weiß.

Bei der Überlegenheit der K.K. Truppen ließ sich voraussetzen, daß das K.S. Truppenkorps, welches im Lager bei Dresden stand, die gegen dasselbe beobachtete Schonung zu einem schleunigen Rückzuge benutzen und die Übel eines durch das unglücklichste Verhängnis herbeigeführten Krieges zwischen den beiden Nachbarstaaten nicht durch ganz unnütze Angriffe vermehren würde.

Nichtsdestoweniger wurde die Stadt einige Stunden nach der Ankunft der K. K. Armee durch Angriffe von seiten der K. S. Truppenkorps alarmiert. Selbige sind zurückgewiesen und dem feindlichen Anführer im Felde ein beträchtlicher Teil des K. K. Armeekorps gezeigt worden, damit nicht ferner durch falsche Rapporte über die Zahl der Truppen unnützes Blutvergießen veranlaßt werde. Sollten diese schonenden Maßregeln noch ferner von dem sächsischen Anführer mißverstanden werden, so ist die brave sächsische Nation nunmehr in den Stand gesetzt, zu beurteilen, auf wessen Rechnung die unausbleiblichen, unglücklichen Folgen der gegenwärtigen Fehde zu setzen sind.

(Gez.) Anton Isidor Fürst von Lobkowitz
K. K. östr. Stadtkommandant

Emma Körner
Zeitgeschichte und Geschichtsdrama

An Friedrich Weber

[Dresden,] den 9. Juli 1809 Seitdem ich Ihnen zuletzt geschrieben, lieber Cousin, hat sich die Szene hier vielfältig geändert, und so viel es in meinen Kräften steht, will ich Ihren Wunsch, etwas Näheres von unserer Lage zu wis-

sen, zu befriedigen suchen. Mich dünkt, ich schrieb Ihnen den Donnerstag nach dem Einmarsch der Österreicher, sie blieben noch hier bis zum 20ten Juni, wo das ganze Korps ausmarschierte bis auf eine kleine Besatzung, welche nebst den Kommandanten hier zurückblieb. Sie hielten fortdauernd die strengste Mannszucht, und wenn einzelne Exzesse vorgefallen sind, so geschah es bei den braunschweigschen Korps, was aber weniger die Schuld der Offiziere war als Mangel an Strenge in der Wahl der Subjekte, da die Werbung erstaunend stark betrieben wurde und man dabei keine Auswahl traf, sondern alles aufnahm, was sich fand.

Acht Tage nach dem Abmarsch der Österreicher hörten wir, daß, nachdem sie schon bis Leipzig vorgerückt, sie sich wieder zurückgezogen, weil ein starkes Korps von Westfälinger und Holländer sich mit den Sachsen vereinigt hätte. Sie zogen sich bis Nossen zurück, und da das andre Korps sich über Waldheim ihnen näherte, erwartete man stündlich ein Gefecht zwischen beiden Korps. Den Donnerstag, als den 29ten, verließ die österreichische Besatzung die Stadt, und obgleich wir hier nur zwei Stunden von den Armeen entfernt waren, hatte man keine Nachricht über die Lage der Dinge, bis man endlich hörte, daß kein Gefecht, sondern bloß kleine Vorpostenscharmützel zwischen beiden Parteien vorgefallen wären und daß sich die Österreicher bis Seidnitz hinter Gruna zurückgezogen, wo sie dieselbe Nacht biwakuiert haben. Den Freitag kam Thielmann mit einem Teil der Sachsen und einigen Regimentern Westfälinger hier an, den Sonnabend früh kam der König Jérôme und bald darauf die übrigen westfälischen Truppen und mehrere Regimenter Holländer.

Den Montag hielt der König Revue über die Truppen, und in der Nacht von Montag zu Dienstag brachen die Truppen alle schleunigst auf und verfügten sich nach Freiberg. Wie man sagt, ist der König Jérôme vorgestern in Prag gewesen, und Julie wird wahrscheinlich viel Einquartierung gehabt haben, wenn ein Teil der Truppen ihn begleitet hat, was man übrigens nicht bestimmt weiß, noch den Weg kennt, welchen sie nun eingeschlagen haben. Unsre Nachrichten hier sind so unvollständig, daß man sich bloß mit Schlüssen helfen kann, und es kommt mir jetzt oft sonderbar vor, wenn Zeitungsschreiber, welche oft 50 Meilen von den kriegerischen Vorfällen entfernt sind, eine bestimmte Ansicht davon geben wollen, da ich aus eigner Erfahrung weiß, daß man sich nur ein paar Meilen von zwei beträchtlichen Korps befinden und doch nichts wissen kann. In Frohburg ist noch kein Mann Einquartierung gewesen, Blümner schrieb kürzlich der Tante und entschuldigte sich wegen seines langen Stillschweigens zwar mit den Kriegsunruhen, mußte aber doch am Ende des Briefes selbst gestehn, daß er weder Freund noch Feind gesehen. In

Gnandstein sind einige Ulanen gewesen, welche sich aber sehr gut betragen und nur kurze Zeit dort aufgehalten haben. Der Prinz von Braunschweig-Oels, welcher sich nicht mit den Österreichern zurückgezogen hatte, ist nach offiziellen Berichten vorigen Dienstag, am 4. Juli, in Weida bei Gera gewesen.

Vor einiger Zeit hat endlich sich die Schiller entschlossen, die bewußten Papiere zu schicken, und mein Vater hat viel von dem «Demetrius» gefunden, welches ein außerordentliches Produkt scheint, so unvollständig es auch ist, da zu vielen Szenen nur der Plan existiert. Der Vater hat die Papiere so viel als möglich zu ordnen gesucht und sie ihr dann wieder zurückgesendet, es wird aber gewiß noch eine lange Zeit vergehen, ehe davon etwas in Druck erscheint. Wahrscheinlich ist die Tragödie von Oehlenschläger, welche übersetzt erscheinen soll, der «Hacon», ein vortreffliches Stück (aus der dänischen Geschichte genommen), welches eine große Fülle tragischer Kraft enthält. Oehlenschläger ist schon seit graumer Zeit in Coppet bei der Staël, und vielleicht ist dieser Aufenthalt daran schuld, daß seine Werke nicht früher in Deutschland erscheinen. ... Mein Bruder war vorigen Sonntag bei uns und wird eine Reise in die Lausitz machen.

David August Taggesell
Die «Totenköpfe»

August 1809 Am 10. August rückte eine Eskadron Kürassiere und ein Bataillon Scharfschützen hier ein, welches am folgenden Tage nach Königstein und Schandau marschierte, da in jener Gegend ein Korps Braunschweiger, oder sogenannte Totenköpfe, raubend und plündernd herumschweifte.

Heldenruhm und eine Mahlzeit

Tagesbefehl

Sachsen!

Am Tage des Treffens, am 5ten Juli, haben eurer 7 bis 8000 das Zentrum der feindlichen Armee durchbrochen und sind nach Deutsch-Wagram vorgedrungen, ungeachtet des angestrengten und durch 50 Feuerschlünde unterstützten Widerstandes von 40 000 Mann. Ihr habt bis zur Mitternacht gefochten und mitten unter den österreichischen Linien biwakiert. Am 6ten habt ihr mit Tagesanbruch das Gefecht mit nämlicher Beharrlichkeit wieder erneuert, und mitten unter den Verwüstungen des feindlichen Geschützes sind eure belebten Kolonnen dem Erze gleich gestanden. Der große Napoleon sah eure Aufopferung für Fürst und Vaterland; er zählt euch unter die Tapfern.

Sachsen! Das Glück des Soldaten besteht in der Erfüllung der Pflicht; ihr habt die eurige mit Würde erfüllt.

Auf dem Biwak zu Leopoldau,
den 7ten Juli 1809

Der Reichsmarschall von Ponte-Corvo,
Befehlshaber des 9ten Korps der Armee
in Deutschland.
Unterzeichnet: J. Bernadotte.

Vermöge Allerhöchsten Königlichen Befehls vom heutigen Dato haben die hiesigen Hausbesitzer dem bei ihnen einquartiert werdenden Königlich Sächsischen Militär bloß Quartier, Holz und Geleuchte zu geben.

Übrigens wird jeder Hausbesitzer es sich gewiß zur Freude machen, unsern lieben Landsleuten am Tage der Ankunft eine Mahlzeit zu reichen.

Dresden, am 21. Juli 1809

Der Rat zu Dresden

Friedrich Laun
Wie Guckkastenbilder

Die große Entfernung Dresdens vom Kriegsschauplatze machte, daß noch einige Zeit nach dieser Abreise die Ruhe an der nahen böhmischen Grenze völlig fortdauerte. ...

Aber dem Gerüchte, daß das in Böhmen vom Herzog von Braunschweig-Oels gebildete Freikorps ganz in der Nähe sich befinde, folgten bald Nachrichten von bereits auf sächsischem Boden vorgefallenen Scharmützeln: das Korps schien jedoch nicht groß genug, um es mit den inzwischen in der Nähe zusammengezogenen sächsischen Truppen aufnehmen und einen Streich gegen Dresden wagen zu können.

Nichtsahnend von irgendeiner Veränderung dieser Umstände, hatte ich einmal mit mehrern Freunden einen sehr schönen Sonntag, es war der 11. Juni, auf dem Lande in den benachbarten, nur von dem Elbstrome getrennten Dörern Blasewitz und Loschwitz und den reizenden Gründen des letztern zugebracht. Hierbei bemerke ich, daß es mir fast zur Gewohnheit geworden war, den Sonntag in dieser anmutigen Gegend zu verleben. Noch in der Erinnerung sind mir jene freundlichen Sonntage vom größten Werte, hauptsächlich auch darum, weil ein herzlieber Freund, der Professor Karl Förster an hiesiger Militärakademie, der auch als Schriftsteller und Dichter Auszeichnung verdient und besonders durch seine treffliche Verdeutschung des Petrarca sich ein dauerndes Denkmal stiftete, fast allezeit mein Gefährte auf diesem kleinen Streifzuge war.

Doch nun zu dem 11. Juni zurück. Eben wie wir, mein Freund und ich, über den Strom nach Blasewitz zurückfahren wollten, wurden mehre aus einer sehr geringen Entfernung erschallende Schüsse der Gegenstand unserer Aufmerksamkeit.

Zu unserm großen Erstaunen sagte uns beim Einsteigen in den Kahn der Schiffer, daß es keinesweges ein Lustfeuer auf einem der benachbarten friedlichen Weinberge, sondern der bittere Ernst des Krieges sei, der uns bereits die Fersen berührte. So blieb uns denn nichts übrig, als nach Dresden mit möglichster Schnelle zurückzustreben. Aber die Österreicher, nebst den Husaren des braunschweigischen Korps, waren uns zuvorgekommen.

Eine Abteilung hielt auf dem Markte vor dem Rathause, um das Nötige zum Unterkommen und Bedürfnis für sich und die später noch zu erwartenden Truppen zu verlangen. Seit unglaublich langer Zeit hatte Dresden keine feindlichen Gewaffneten in seinen Mauern gesehen. Und nun hielt auf einmal ein Trupp Kavallerie dieser Art vor dem Rathause. Ein panischer Schrecken verbreitete sich daher unter den Menschen, der durch die schußfertig vorgehaltenen Pistolen der ersten Reiter so wenig vermindert wurde als durch die in schwarzer Kleidung mit von der Sonne stark verbrannten Gesichtern und wild umherblickenden Augen auf ihren Rossen Sitzenden.

Allmählich gewöhnte man sich indessen an den drohenden Anblick. Die bereits anwesenden Reiter und die ihnen nachfolgenden Truppen wurden, nachdem Hauptwachen und Tore andere Besatzung erhalten hatten, ruhig untergebracht und befreundeten sich größtenteils recht bald mit ihren Wirtsleuten.

Die ihnen folgenden Krieger hatten ein noch wilderes Ansehen und der denselben vorgesetzte General Am Ende hielt unter ihnen eine Disziplin, mit der die Einwohner zufrieden sein konnten. Ein in der folgenden Nacht ganz in der Nähe der Stadt zwischen den sächsischen und österreichischen Truppen stattfindendes Gefecht mußte wegen der großen Übermacht der letztern mit dem Rückzuge der Sachsen endigen. Die freundlichen Anreden des Generals

Am Ende erweckten das besondere Zutrauen der untern Klassen zu dem Manne, welcher die an den Straßenecken neu angeschlagenen gedruckten Proklamationen von dem Altane des Hotels de Pologne zu den Untenstehenden in großer Fülle hinabflattern ließ.

Sie enthielten, wenn ich nicht irre, neben angenehmen Vertröstungen auf die gute Mannszucht der Truppen, Aufforderungen zum Beitritt eines Kampfes, der bereits mehr als zuvor die Miene gerechter Empörung gegen ausländische Unterdrückung annahm. Die Aufforderung fand natürlich bei nur wenigen Aufgeregten oder mit ihrem Lebenslose Unzufriedenen Gehör, weil alle übrigen Umstände den Beitritt im damaligen Augenblicke wohl nicht anraten konnten.

Die Besetzung durch die feindlichen Truppen dauerte nicht lange. Bald nachdem das Korps des westfälischen Generals d'Albignac zu den unter dem General von Dyherrn und Obersten Thielmann stehenden Sachsen gestoßen war, zogen die Feinde wieder ab. Am 29. Juni kehrte der General Am Ende nach Böhmen zurück, während der Herzog von Braunschweig-Oels sich mit den Seinigen nach Chemnitz bewegte. Wie Guckkastenbilder folgten die Ereignisse einander.

Hatte man kurz vor dem Einmarsche der Österreicher erst einen erfochtenen Sieg durch Tedeum, Viktoriaschüsse und Illumination gefeiert, so rückte nun wieder am 30. Juni Oberst Thielmann mit seinem Korps in Dresden ein, und schon am folgenden Tage zog König Jérôme von Westfalen selbst, prachtvoll uniformiert, an der Spitze seiner schönen Grenadiere unter Glockengeläute durch die Stadt, um im Brühlschen Palaste seine Wohnung zu nehmen.

Den nächsten Tag gab es ein neues Tedeum und am folgenden eine Musterung vor Jérôme. Aber die kaum verklungene, westfälische Freude mußte schon am 12. Juli sich wieder zur Annahme einer österreichischen Physiognomie bequemen. Denn General Am Ende rückte abermals in Dresden ein, und Fürst Lobkowitz, der schon das erste Mal Kommandant der Stadt gewesen war, trat diese Funktion von neuem an.

Die größte Unbequemlichkeit für die Einwohner war dabei die Erschwerung der Kommunikation zwischen der damals befestigten Stadt und deren Vorstädten. Um die Tore dazwischen ungehindert zu passieren, bedurfte es eines besondern Erlaubnisscheins, der übrigens ohne erhebliche Ursache niemandem leicht verweigert wurde.

Das Hoftheater in Dresden (Morettisches Theater),
erbaut 1746, abgebrochen 1840

Dresden von der Gegend des Holzplatzes

Das «Hotel de Pologne» auf der Dresdner Schloßgasse

Das Sächsische Ingenieurskorps in Dienstuniform
vor dem Japanischen Palais und dem Weißen Tor

*Palais im Großen Garten mit Schlittenfahrt
und Eislauf*

Südliche Ansicht von Dresden um 1800

Dresdner Bürgergendarmerie 1809

Innenansicht des Saales des Opernhauses am Zwinger anläßlich des am 24. Mai 1812 aufgeführten Konzerts zu Ehren Napoleons

Ausdruck der allgemeinen Freude bei der Zurückkunft unsers teuersten Landes-Vaters,

durch *Karl Wilhelm Daßdorf*, Königl. Sächs. Hofrat und Bibliothekar.
Dresden, im Monat August 1809

Salve, Sancte Parens, iterum: salvete recepti!
Virg.

Ertönet laut, ihr frohen Jubellieder!
Ertönet laut – wir haben Ihn,
Für welchen ehrfurchtsvoll der Sachsen Herzen glühn,
Den angebeteten und guten König wieder! –
Heil uns Getrösteten! – Mit Rührung sehn wir Ihn,
Den allgemein Verehrten, heute
An seines teuren Hauses Seite,
Den Vater seines Volks, in unsre Mauern ziehn. –
Heil unserm König – Heil! so rufen tausend Stimmen
Ihm jauchzend zu; was keine Zunge spricht,
Das glänzt in jedem frohen Angesicht,
In Augen, die von Freudentränen schwimmen.
Und so geht er aufs neu die große Segensbahn,
Voll seliger, belohnender Gefühle,
Und steiget zu dem edlen Ziele
Der Volksbeglücker froh hinan. – ...
Bald wird der beste Fürst sein reizend Tempe sehn,
Bald wird er neu belebt zu jener Berge Höhn
Mit stillem Dank und frommer Rührung gehn,
Und ihn, den Ewigen und Weisen,
Für seines Landes Rettung preisen. –
Nach treu erfüllter Fürstenpflicht,
Die laut für uns in seinem Herzen spricht,
Nach dem wohltätigsten Geschäfte,
Der Sorge für sein Volk, – schenk du ihm, o Natur!
Auf jener paradiesisch schönen Flur
Den heitersten Genuß und neue Lebenskräfte. –
So wirst du, edler Fürst, mit deinem Vaterblick,
Noch ferner über deiner Sachsen Glück

Voll musterhafter Sorgfalt wachen
Und uns durch Weisheit und Gerechtigkeit,
Der du dein Leben ganz geweiht,
Noch lange froh und glücklich machen. –

Heinrich von Kleist
«Hermannsschlacht»

An Heinrich Joseph von Collin

Vorderhand sind wir der Franzosen hier los. Auf die erste Nachricht der Siege, die die Österreicher erfochten, hat Bernadotte sogleich mit der sächsischen Armee Dresden verlassen, mit einer Eilfertigkeit, als ob der Feind auf seiner Ferse wäre. Man hat Kanonen und Munitionswagen zertrümmert, die man nicht fortschaffen konnte. Der Marsch, den das Korps genommen hat, geht auf Altenburg, um sich mit Davout zu verbinden; doch wenn die Österreicher einige Fortschritte machen, so ist es abgeschnitten. Der König und die Königin haben laut geweint, da sie in den Wagen stiegen. Überhaupt spricht man sehr zweideutig von dieser Abreise. Es sollen die heftigsten Auftritte zwischen dem König und Bernadotte vorgefallen sein und der König nur auf die ungeheuersten Drohungen Dresden verlassen haben. Jetzt ist alles darauf gespannt, was geschehen wird, wenn die Armee über die Grenze rücken soll. Der König soll entschlossen sein, dies nicht zu tun; und der Geist der Truppen ist in der Tat so, daß es kaum möglich ist. Ob er alsdann, den Franzosen so nahe, noch frei sein wird? ist eine andere Frage. – Vielleicht erhalten wir einen Pendant zur Geschichte von Spanien. – Wenn nur die Österreicher erst hier wären!

Doch, wie steht's, mein teuerster Freund, mit der «Hermannsschlacht»? Sie können leicht denken, wie sehr mir die Aufführung dieses Stücks, das einzig und allein auf diesen Augenblick berechnet war, am Herzen liegt. Schreiben Sie mir bald: es wird gegeben; jede Bedingung ist mir gleichgültig, ich *schenke* es den Deutschen; machen Sir nur, daß es gegeben wird.

Mit herzlicher Liebe und Hochachtung

Ihr
Heinrich v. Kleist

Dresden, d. 20. April 1809
Willsche Gasse, Löwenapotheke

Ehrenpforte für Napoleon auf dem Dresdner Schloßplatz im Mai 1812

N. S. Das sächsische Korps ist auf Wägen plötzlich nach *Plauen* und von da, wie es heißt, nach *Zwickau* aufgebrochen. Was dies bedeuten soll, begreift niemand. – Im Preußischen ist mit der größten Schnelligkeit alles auf den Kriegsfuß gesetzt worden. d. 23. [April 1809].

Gustav Parthey
Fürstentag 1812

Ehe der russische Feldzug begann, versammelte Napoleon noch einmal seine gekrönten Vasallen in Dresden (Mai 1812), und wenn irgendein Moment der äußeren Machtentfaltung als der höchste in seiner glänzenden meteorischen Laufbahn bezeichnet werden kann, so ist es dieser. Er schritt hier über die Häupter der Kaiser und Könige hinweg. Der Kaiser Franz von Östreich war erschienen, um seine Tochter Marie Luise wiederzusehn und um seinen Enkel, den König von Rom, kennenzulernen. Von der östreichischen Kaiserin Luise Beatrix, einer Prinzessin von Modena, wußte man, daß sie den Emporkömmling Napoleon aufs tiefste haßte; trotzdem mußte sie sich bequemen, im Theater neben ihm zu sitzen. Der König von Preußen kam in Begleitung seines Sohnes, des Kronprinzen, und des Staatskanzlers von Hardenberg. Mit ingrimmiger Wut erfüllte uns das Gerücht, der Staatskanzler sei nur deshalb mit nach Dresden gegangen, um die Verlobung unseres Kronprinzen, der damals 16 Jahre zählte, mit einer französischen Prinzessin einzuleiten. Nachdem der Versuch, den preußischen Staat ganz aufzulösen, durch Hardenbergs kühnes Vorgehen mißglückt war, so wollte Napoleon nun Preußen, so wie früher Östreich, durch die sanfteren Familienbande an sich fesseln.

Ganz im geheimen erzählte man sich, die Dresdner hätten den französischen Kaiser sehr schweigsam empfangen, den preußischen König aber mit lautem Jubel und am Abende mit einer freiwilligen Illumination begrüßt. Der König von Sachsen, den Napoleon spöttisch «mon cher Papa» nannte, wußte in seiner geistigen Nullität nicht, wie er sich bei diesem sonderbaren Vorfalle benehmen sollte, und die Sache blieb eben auf sich beruhn. In eine andre Verlegenheit eigentümlicher Art kam der fromme König von Sachsen, der gewohnt war, sich alle Tage eine volle Stunde mit seinem Beichtvater zu unterhalten, als Napoleon gerade um diese Zeit irgendeine Festlichkeit oder Revue angesetzt hatte. Es hieß, der König von Sachsen habe befohlenermaßen die Revue mitgemacht und am folgenden Tage 2 Stunden gebeichtet.

David August Taggesell
Jahr 1812

Vom 10. Febr. an mußten sich in Dresden alle Mannschaft vom 19. bis zum 27. Jahre auf dem Gewandhause zur Rekrutierung stellen. Man gab die Zahl der benötigten Rekruten auf 4500 an. ...

Am 28. Febr. starb der Bibliothekar Hofrat C. W. Daßdorf. Ende Februar mußten auch die jüngeren Bürger zur Bürgergarde treten. Sämtliche Gardisten erhielten den Befehl, sich auf ihre eignen Kosten binnen 10 Tagen zu uniformieren. Wer dies zu tun nicht imstande sei, dem solle die Uniform angeschafft und durch wöchentliche oder monatliche sukzessive Abzahlung eigentümlich werden. – Mit Abtragung der Festungswerke ward eifrig fortgefahren. ...

Vom 17. bis 23. März marschierten 14000 Mann Bayern unter dem General Graf Wrede durch Dresden. Die Beköstigung der Gemeinen und Unteroffiziere war also vorgeschrieben:

a) zum Frühstück:

ein halbes Pfund Brot und ein Gläschen Branntwein.

b) Mittags:
Suppe, $\frac{2}{3}$ Pfund Fleisch mit Gemüse, eine Kanne Bier, ein Gläschen Branntwein, ein Pfund Brot und Butter.
c) Abends:
Suppe, Gemüse, $\frac{1}{2}$ Pfund Brot und ein Gläschen Branntwein. Dafür wurden für den Mann 8 Groschen vergütet. ...

Ende März marschierten die sächsischen Truppen aus der Niederlausitz durch Schlesien nach Polen. Im Bündnisse mit Napoleon gegen Rußland mußte Sachsen 21400 Mann und 7200 Pferde ins Feld stellen. ...

Am 25. September wurde den Hausbesitzern folgende Bekanntmachung mitgeteilt:

Da auf allerhöchsten Befehl Sr. Königlichen Majestät, unsers allergnädigsten Königs und Herrn, zur Feier der bisherigen glorreichen Fortschritte der Kaiserlich-Königlich-Französischen und alliierten Waffen und insonderheit des am 7. dieses Monats an der Moskwa über das russische Heer erfochtenen entscheidenden Siegs auf bevorstehenden Sonntag, als den 27. d. M., die ganze hiesige Stadt erleuchtet werden soll; so wird solches den hiesigen Bürgern und Einwohnern zur Nachachtung andurch bekanntgemacht, und haben die Hausbesitzer gewärtige Bekanntmachung bei ihren Mietleuten herumzugeben.

Dresden, am 25. September 1812

Der Rat zu Dresden. ...

Den 13. Dezbr. nachts traf Napoleon auf einem Schlitten in Dresden ein. Er stieg bei dem französischen Gesandten Baron Serra im Lossischen Palais auf der Kreuzgasse ab, wurde vom König von Sachsen bewillkommt und setzte dann den 14. Dezbr. seinen Weg nach Frankreich fort. Bald nach dieser unerwarteten Durchreise wurde bekannt, daß die französische Armee wegen Hunger und strenger Kälte eine schreckliche Niederlage in Rußland erlitten habe und auf dem Rückzuge nach Deutschland begriffen sei.

Ludwig Richter
Napoleon und die Folgen

Wir bewohnten zu jener Zeit eine Etage im Goldenen Löwen, oben am Elbberge gelegen, und konnten somit die ganze Amalienstraße bis zum Pirnaischen Tore und rechts den Elbberg hinab bis nach Neustadt sehen. Die Promenaden existierten auch noch nicht, sondern statt dieser ein Stadtgraben, und drüben die Wälle der hohen Stadtmauer, mit Schanzen versehen und mit hohen Bäumen bewachsen. Dies war unser vis-a-vis.

Anfang Mai, als die Stadt von Russen und Preußen besetzt war, kursierten Gerüchte von einer bei Lützen zum Nachteil der Alliierten ausgefallenen Schlacht. Am 8. Mai waren die Truppen abgezogen, es war leer und still auf den Straßen. Die lange Amalienstraße bis zum Pirnaer Tore, die wir vom Fenster aus übersehen konnten, lag ganz verödet vor uns. Die Häuser waren geschlossen. Da kamen noch in vollem Jagen einige Kosaken die Straße herab, und an dem Pferdeschweif des letzteren hielt sich ein russischer Landwehrmann, der mit dieser zwar schnellen, aber unbequemen Gelegenheit sein Fortkommen suchte. Sie waren in der Nähe unseres Hauses und verschwanden in die Ziegelgasse, um über die Blasewitzer Schiffsbrücke zu entkommen, als auch schon ein Vortrab französischer Husaren aus dem Innern der Stadt kam, dem bald das Regiment folgte. Einige Stunden später sahen wir die brennende Schiffsbrücke geschwommen kommen, welche die Russen hinter sich angezündet hatten.

Einst wurde eine Abteilung Franzosen an der Elbe einquartiert; in Neustadt standen aber die Russen, welche auf die sich hinabschleichenden Franzosen schossen. Die Kugeln pfiffen scharf durch die Luft, und die Soldaten, welche sich an unser Haus quer über die Straße gestellt hatten, duckten sich lachend, wenn ein solcher Pfeifer zu hören war, und die Kugeln schlugen regelmäßig in eine hinter ihnen stehende Bretterwand, wobei dann höhnende Gebärden und lautes Gelächter den über der Elbe stehenden russischen Jägern antwortete. Einmal aber wurde einem Franzosen der Tschako vom Kopfe geschossen; der Mann lachte und hob ihn wieder auf, war aber doch etwas blaß geworden. – Der Vater trieb mich nun auch vom Fenster, gleichwohl guckte er selbst immer wieder vorsichtig hinab, wo ich denn allemal nachging und ebenfalls neugierig lauschte. Da aber endlich doch eine Kugel durch eine der oberen Fensterscheiben platzte und in die Wand fuhr, zogen sich Vater und Sohn vollständig zurück. ...

Ende August (1813) näherten sich die Alliierten mit einem Heere von 200 000 Mann der Stadt. Am 25. donnerten die Kanonen in der nächsten Umgebung. Des Nachts leuchteten die Wachtfeuer der Russen und Österreicher von den Anhöhen, und die Leute fürchteten einen Sturm auf die Stadt. Kanonen rollten durch die finsteren Straßen, es war ein unheimliches Treiben und Getöse in dieser schauerlichen Nacht, die allen Bewohnern den Schlaf verscheuchte. Keine Turmuhr durfte schlagen. Mit Angst und Spannung wartete man der Dinge, die da kommen sollten.

Ludwig Richter, Selbstbildnis

Endlich brach der Morgen an, und bald erzählte man, Napoleon komme von Bautzen her an der Spitze der Großen Armee. Nach Mittag kamen denn auch im Eilmarsch die Regimenter die breite Amalienstraße herab, und ich lief hinunter und postierte mich an ein Eckhaus, um alles in der Nähe zu sehen. Wie erschöpft sahen die armen Menschen aus, welche zehn Meilen ohne Rast marschiert waren! Bleich, hohläugig, ganz mit Staub überzogen – (die junge Garde), und viele riefen im Vorübereilen mit heiserer Stimme nach Wasser, das ihnen niemand reichen konnte, denn es ging unaufhaltsam rasch vorwärts, den Ziegel- und Pillnitzer Schlägen zu, vor welchen sie zu kämpfen hatten. Immer neues Trommelgerassel und Feldmusik verkündete neue Abteilungen. Plötzlich sah ich einen Trupp glänzender Generale und höherer Offiziere, und ihnen voran, ruhig vor sich hinsehend, wie ein Bild von Erz, den Kaiser – ganz so, wie sein Bild stereotyp geworden ist: der kleine, dreieckige Hut, der graue Überrock, der Schimmel, den er ritt! Ich gaffte den Gewaltigen mit großen Augen an, und obwohl ich weiter nichts begriff, als daß er der Mann sei, um den sich alles drehe wie um eine bewegende Sonne, so habe ich doch den Ausdruck dieses Gesichts nicht vergessen. Ein unbewegliches und unbewegtes Gesicht, ernst und fest in sich gesammelt, doch ohne Spannung. Sein Ich war die Welt, die Dinge um ihn nur Zahlen, mit denen er rechnete. Schon donnerten die Kanonen; denn man stürmte die Schanzen vor dem Ziegelschlage, und jetzt führte er Tausende von Ziffern ihnen entgegen.

Ich lief nun schnell hinauf zum Vater, und dieser stieg mit mir und anderen Hausbewohnern auf den Dachboden, wo wir durch die kleinen Fenster die Gegend nach Blasewitz, den Großen Garten und Räcknitz übersehen konnten.

Die Kanonade hatte schon begonnen, es entwickelten sich immer mehr die dunklen Linien der Infanterie, welche sich aufstellten. Endlich begann auch das Musketenfeuer, ein fortwährendes Knattern, unterbrochen von dem ferneren und näheren Donner des Geschützes. Lange Streifen Pulverdampfes stiegen über den Linien der Infanterie, dicke Wolkenmassen da auf, wo Batterien standen. – Der Kampf wurde heftiger und gewaltiger; es war zuletzt ein Knattern, Krachen und Tosen grauenhafter Art, ohne die geringste Unterbrechung. Das Dorf Strehlen, was vor uns lag, ging in Feuer auf. Es war von Russen besetzt, und die Granaten der Franzosen schossen es in Brand. Da aber einzelne Kanonenkugeln auch in die Nachbardächer hineinschlugen und Ziegel- und Sparrwerk splitternd umherflog, ja eine Granate in eine Stube des Hinterhauses einschlug und zurückprallend im Hofe zerplatzte, so eilte alles, was Beine hatte, in den Keller, wo man vor Kugeln gesichert war. Da saß denn die ganze bunte Gesellschaft (der alte Magister Erbstein, Frau Naumann, die lustige, hübsche Bierschrötersfrau usw.) bei der höchst spärlichen Beleuchtung eines Küchenlämpchens im Kreise herum auf Fässern, Kisten und Klötzen, wie es sich eben machen wollte, besprachen ihre Not und trösteten sich gemeinsam. Es war eine kleine Rembrandtsche Szene! ...

Am zweiten Tage nach der Schlacht ging ich mit dem Vater zum Ziegelschlage hinaus, das Schlachtfeld in unserer Nähe zu besehen. Schon am Schlage lagen mehrere Franzosen in einem Graben, und einer derselben fiel mir deshalb besonders auf, weil eine Kanonenkugel ihm den Schädel in zwei Hälften zerrissen hatte, deren eine noch am Körper, die andere daneben lag. Diese dünne zersprungene Schale, die mir wie ein Kürbis vorkam, machte mich ganz ängstlich für meinen eignen Kopf, der mir nun höchst zerbrechlich erschien.

Obwohl man schon tags zuvor beschäftigt gewesen war, die Verwundeten fortzuschaffen – man legte sie gewöhnlich auf mit Stroh bedeckte Leiterwagen –, so lagen doch außer den Massen der Toten noch unzählige Verwundete und Sterbende herum. Wir gingen den Weg nach Blasewitz zu, der damals öd und sandig und unbebaut war. Auf einem Hügel, wo eine russische Batterie gestanden hatte, lagen ganze Haufen toter und zum Teil gräßlich verstümmelter Gestalten. Wir gingen nicht ganz in die Nähe, denn es schauderte uns, das Gewimmer zu hören. Es war gerade der Wagen da, auf welchen die

Verwundeten gebracht wurden, und daß dies nicht sanft und mit Schonung geschah, läßt sich bei solchen Massen, welche fortzuschaffen waren, leicht denken. – Eine Erscheinung aber ist mir heute noch wie ein wilder Traum lebhaft im Gedächtnis, obwohl ich sie nicht zu erklären weiß. Einer der Verwundeten, ein russischer Artillerist, schrie so furchtbar und schnellte sich dabei von dem Boden so weit in die Höhe, daß ich, der ich unten am Hügel stand, zwischen ihm und dem Erdboden über eine Elle den Horizont sehen konnte. Wir hörten, es seien ihm beide Augen ausgeschossen, und dieses In-die-Höhe-Schnellen sei ein Krampf infolge des Schmerzes. – Wir wandten uns schaudernd ab und hörten bald darauf einen Schuß fallen! Die Leute hatten sich seiner erbarmt! ...

Wenn ich später von Schlachten las, von großen, herrlichen Siegen, von dem Todesmut der Kämpfenden und ihrer großen Tapferkeit, so mußte ich immer mit innerem Entsetzen an das Ende denken, an das Schlachtfeld.

Woldemar Hottenroth
Kinderspiele

Im Winter trieben wir uns in freier Zeit auf dem Zwingerwall herum. Dort wurden Soldaten gespielt und Schlachten geschlagen. Einer meiner Schulfreunde machte dabei aber nie mit: Ludwig Richter. Er war ein stiller, sanfter Junge, der an unserem wilden Treiben keinen Gefallen fand. Von dem Brezeljungen Holzmann wurde er von der Schule abgeholt und überwacht, während wir uns mit dem «Schmeckal» bekämpften. Schmeckal hieß einer unserer Lehrer, der das Lineal gern schwang, um uns in Ordnung zu halten. Ein Lineal hieß deshalb bei uns nur der «Schmeckal». Aber nicht nur gekämpft wurde auf dem Zwingerwall, sondern auch gespielt. Besonders gern Sautreiben oder Hussau, ein Spiel mit Kugeln, die man mit Stöcken in eine runde Vertiefung im Boden treiben mußte. Wir Hottenroths müssen wohl von den anderen rotbackigen und flachsköpfigen Jungens in unserem Äußern sehr abgestochen haben, dem man schimpfte uns im Kampfe «Juden» oder «verhungerte Franzosen».

Zuweilen gingen wir mit Ludwig Richter in die Wohnung seiner Eltern an der Frauenkirche, und dort wurde Kunst getrieben. Große Mengen von Nürnberger Bilderbogen sowie kleine Ansichten von Dresden wurden illuminiert, d.h. bunt ausgemalt.

Kriegsnot — Siegesfeste wechselten unaufhörlich.

Ein Pulvermagazin in der Neustadt flog in die Luft. Die Fenster der Schule zerbrachen alle, und wir Kinder fielen von den Bänken. Die Studien mußten unterbrochen werden, worüber wir grade nicht ungehalten waren. Ein großer Teil der Armee zog durch Dresden nach Rußland, und ich sah Napoleon im grauen Rock auf einem Schimmel mehrere Male. Später die Brände um Dresden und die große Schlacht, in der Moreau die Beine verlor und starb, sein großer pomphafter Leichenzug und die vielen, vielen gefangenen Österreicher.

Sie waren im Theater und den Kirchen eingeschlossen. Hungernd schrien sie aus allen ihnen zugänglichen Fenstern und erhielten von den Bürgern Brosamen in die an Fäden herabgelassenen Mützen. Trotzdem zu Hause nichts weniger als Überfluß war, kochte die Mutter auch für die Gefangenen große Töpfe voll Kartoffeln, von denen der Vater wohlweislich eine große Quantität eingekauft hatte und an verschiedenen Orten verborgen hielt. Das war auch lange Zeit unsere einzige Mahlzeit.

Der Himmel beschützte uns. Als die Sache schlecht für die Franzosen zu werden begann und die Besatzung Dresdens durch Hunger und Krankheiten dezimiert wurde, starb manche Familie fast ganz aus. Oft sahen wir Franzosen halbtot und erschöpft auf der Gasse liegen, andere im Kehrichthaufen nach Kartoffelschalen oder nach etwas Hungerstillendem wühlen. Vom Lazarett kamen große offene Bretterwagen durch die Stadt, gefüllt mit nackten Leichnamen. Ich entsinne mich sehr wohl eines alten sächsischen Husaren mit einem Stelzfuße auf einem solchen Wagen stehend. Ein großes Brett wurde aus dem oberen Stockwerk eines Lazarettes nach dem Wagen gelegt, auf dem man die nackten Toten wie Holzscheite heruntergleiten ließ und die der Husar dann in Empfang nahm.

Elend, Not und Entbehrungen stiegen aufs höchste! Die Hofbeamten erhielten kein Gehalt, alle Luxusartikel mußten nach und nach veräußert werden, die wenigen Zinsen vom Kapital gingen nicht ein. Den «Schutzengel der Familie» nannte unsere Mutter eine ihrer Freundinnen, die Kaufmannsfrau Künzel. Sie war wohlhabend. Auch der Seifensieder Rantsch half, und der Bäcker leistete großen Vorschuß. Manch andere Freunde halfen. Dazu die unermüdlich sorgende Hausfrau, die Mutter, unter deren Händen sich die Geschichte der Heiligen Schrift von den zwei Fischlein zu wiederholen schien. Wir kamen durch all diesen Jammer glücklich hindurch. Fast keine Familie gab's, die nicht um ein oder mehrere Kinder trauerte.

Unvergeßlich ist mir das Schlachtfeld, über welches uns Jungens der Vater beim Großen Garten und bei der Mosczynski-Schanze führte. Es machte auf mich fürs ganze Leben den tiefsten Eindruck. Da lagen Tote haufenweise und in langen Reihen übereinander, Pferde- und Menschenleichen in Blutlachen, mit zerrissenen Gliedern, Russen, Preußen, Österreicher. Besonders von letzteren waren die Schanzgräben überfüllt, die drei oder mehrere Male genommen und wieder verloren wurden. Franzosen sah man wenige. Die waren selbstverständlich zuerst weggeschleppt und in große Gruben geworfen worden. Von der Dresdener Bevölkerung waren natürlich viele auf dem Schlachtfelde. Alles trug Waffen, Kugeln usw. mit nach Hause. Nach Jahren noch fanden wir auf unsern Spaziergängen und Herumstreifereien um Dresden manchmal noch ein halb ausgekratztes Menschen- oder Pferdegerippe, einen Ladestock, ein Seitengewehr, Kugeln u. dergl., womit wir unser Arsenal bereicherten oder die wir beim Eisenhändler für ein paar Pfennige verkauften. Auf einem solchen Spaziergange mit meinen Schulfreunden Heine und Starke begegnete uns ein Bauer. Er unterhielt sich mit uns und fragte schließlich nach unseren Namen. «Wie heeßt er denn?» — «Heine.» — «Und er?» — «Starke.» — «Na, und er?» — «Hottenroth.» Da hob er drohend seinen Finger und meinte: «Das mach er mir nicht weis, so heeßt kee Mensch!»

Gustav Nieritz
Die Große Armee und die Russen

Man erzählte sich offen, wie die unüberwindliche Große Armee zwar nicht durch die Russen, wohl aber durch die Kälte und den Mangel zum Rückzuge gezwungen worden sei; wie zuerst die Pferde zu vielen Tausenden erfroren und ihnen dann die Menschen in gleicher Weise nachgefolgt wären; wie zuletzt die allein noch berittenen Offiziere, Generale und Marschälle ein heiliges Bataillon gebildet und den Kaiser schützend umgeben hätten, bis endlich Napoleon seine Armeeüberreste verlassen hätte und nach Paris zurückgeeilt wäre, um eine neue Armee aus der Erde hervorzustampfen. Nun begann der Spott, die Schadenfreude, der Haß und der lange zurückgehaltene Grimm gegen die Fremdherrschaft ihr feiges Spiel, indem Zerrbilder über Napoleon, selbst über dessen Marschälle, Armee und deren schauervollen Rückzug, ferner Spottgedichte und aufreizende Schriften auftauchten und die Schaufenster der Buch- und Kunsthändler bedeckten.

Später sahen wir selbst die traurigen Überreste der Großen Armee in dem kläglichsten Zustande zurückkehren. Die so pracht- und glanzvolle Ausrüstung war verschwunden und hatte einem nackten Elende Platz gemacht, das nun einen um so schroffern Gegensatz zu jener bildete. Die Trümmer der Großen französischen Armee zeigten sich unsern Blicken als vereinzelte, langsam daherwankende Gestalten in dem abenteuerlichsten Anputze von der Welt, halb Mann, halb Weib: in Frauenröcken und Manneshosen, in Frauenumschlagtüchern und durchlöcherten Männermänteln. Anstatt der hohen Bärmütze des Gardegrenadiers, vor dessen bloßem Anblick schon der Deutsche ehemals zitterte, anstatt des gold- und silberblinkenden Helms und des Tschakos deckte die geraubte Pelzmütze einer deutschen Bäuerin des Kriegers Haupt, unter welcher ein abgezehrtes, faltenreiches, gelbes und schmutzig beräuchertes Totenantlitz mit glanzlosen, tief eingefallenen Augen sichtbar wurde. Dieselben Lippen, welche früher den Namen Gottes dann nur ausgesprochen hatten, wann ihnen der nur zu häufige Fluch: «Sacre nom de Dieu!» entfuhr, öffneten sich jetzt zu einem zitternd kläglichen: «Miséricorde! Au nom de Dieu, donnez moi quelque chose!» Und die Hand, welche sonst die Speisen und den Gerstentrank ihrer deutschen Wirte durch das Fenster auf die Straße geworfen und die Geber derselben noch obendrein gemißhandelt hatte, streckte sich nunmehr aus, um dankbar eine kleine Gabe in Empfang zu nehmen.

Diesen einzelnen Trümmern folgten später andere, noch zusammenhaltende und furchtgebietende. Es waren französische und sächsische Truppen, welche unter des Generals Reynier Befehlen aus Rußland zurückkamen und Dresden besetzten. Dessenungeachtet blieben die Spottbilder an den Schaufenstern ausgehängt, und drohende Volksaufläufe fanden statt, als Reynier Anstalten traf, um einen Pfeiler und zwei Bögen unsrer steinernen Elbbrücke in die Luft zu sprengen. Denn näher und näher rückte die russische Armee herbei, mit welcher die preußische sich verbunden hatte. Aufreizende Schriften, von preußischen Heerführern an uns Sachsen erlassen, in welchen wir zum Abschütteln des fremden Jochs und zum kräftigen Widerstande gegen die französischerseits beabsichtigte Sprengung der Elbbrücke aufgefordert wurden, halfen das Feuer der Empörung anschüren. Wiederholt behinderte die erregte und tobende Volksmenge die zur Brückensprengung angeordneten Arbeiten, warf die hierzu gebrauchten Werkzeuge und Materialien in den Fluß und hätte den die Oberaufsicht führenden französischen Ingenieuroffizier jenen nachgeschickt, wenn ihn nicht ein sächsischer Offizier noch in dem letzten Augenblicke aus den Händen seiner Feinde befreit hätte. Von der Elbbrücke hinweg, nach der Augustusstraße, wo der General Reynier seine Wohnung im Brühlschen Palais aufgeschlagen hatte, wälzte sich die erhitzte Volksmenge, um unter lauten Verwünschungen und Drohungen dem General die

Fenster einzuwerfen. Anstatt die Schreier und Werfer durch eine Kugelsalve hinwegblasen zu lassen, lachte der gutmütige Reynier über die zertöpferten Fensterscheiben, die ja nicht auf seine, sondern der Zertrümmerer Kosten wiederhergestellt werden mußten. Man nahm etwa ein Dutzend der lautesten Schreier, sämtlich der Volkshefe angehörend, beim Schopfe und schaffte sie auf die Festung Königstein, von woher sie nach dem Einmarsch der Russen und Preußen wohlbehalten zurückkehrten. Bald jedoch veränderte sich nach der Ankunft des Davoutschen Korps, das noch gegen 12 000 wehrhafte Krieger zählte, die Sachlage. Dresdens aufsässige Bewohner einzuschüchtern, rückten die Franzosen in zusammenhängenden, die ganze Straßenbreite einnehmenden Säulen in die Stadt, und sofort ergingen die schärfsten Verbote gegen alle erneuten Straßenaufläufe. ...

Unter laut schallendem Chorgesange zogen die ersten Russen, aus einer Abteilung grün gekleideter Jäger bestehend, durch das Bautzner Tor in unsere Neustadt ein. Ihnen folgte eine Wolke blauer Kosaken mit langen Piken nach. Mit einem Gemisch von Neugierde, Furcht und Freude sah ich die angeblichen Überwinder der großen französischen Armee an mir vorüberziehen. Keiner von ihnen plünderte oder verübte irgendeine Gewalttätigkeit. Vielmehr nickten mir mehrere Kosaken gar freundlich zu. Einquartiert wurden diese Truppen nicht, sondern sie biwakierten auf den freien Plätzen der Neustadt. Aber meine Eltern bekamen am Spätabende desselben Tages einen gewaltigen Schreck. Unsere Wohnstube lag im Erdgeschoß neben dem Torwege des polnischen Brauhauses, und dieser wurde allabendlich um 10 Uhr verschlossen. Es war in der elften Stunde, und ich längst schon im Bett, als meine noch muntere Mutter an unsern Fensterladen pochen und eine weibliche Stimme um Einlaß bitten hörte. Dienstbereit wie immer begibt sich meine Mutter mit dem Schlüssel hinaus und schließt die Pforte auf. Da kommt mit einem jungen Mädchen, das im Hause diente und sich verspätet hatte, zugleich ein wildbärtiger Kosak herein; die Urheberin dieses unwillkommnen Besuchs eilt davon und überläßt es meiner guten Mutter, mit dem fremden Krieger fertig zu werden, welcher in unverständlichen Worten ein Anliegen vorbringt und meiner guten Mutter in die Wohnstube nachfolgt. In dieser Angst und Not holt man mich aus dem Bette, um erraten zu helfen, welches das Begehren des Kosaken sei. Als ich, noch ganz schlaftrunken, in unsere Wohnstube trat, fand ich hier den Kosaken mit zwei Pistolen im Gürtel und einem krummen Säbel an der Seite, der mich mit Küssen empfing und auf eine kleine hölzerne Tabakspfeife in seiner Hand zeigte, deren Zustand nicht ganz in Ordnung sein mochte. Ich, als Nichtraucher, verstand mich natürlich nicht darauf, den durch Zeichen angedeuteten Übelstand zu erkennen oder ihm abzuhelfen. Meinen Vater hingegen, einen eifrigen Raucher, hatte Angst und Furcht fast besinnungslos gemacht. Er schwitzte Angstschweiß und bot dem Krieger eine seiner besten Tabakspfeifen zum Geschenk an, das aber jener zurückwies und auf der Heilung seiner Tabakspfeife bestand. Mein Bruder, der als gelernter Drechsler den Schaden sofort erkannt haben würde, wohnte in einem andern Gebäude unsers Brauhauses und konnte daher nicht herzugerufen werden. Nachdem wir allerlei Dinge, die jedoch der Kosak verwarf, herbeigeholt hatten, half dieser sich endlich selbst, indem er von seinem alten Taschentuche ein Stück abriß und solches um das Ende seines kurzen Pfeifenrohrs wickelte, wodurch er das fernere Lockerwerden des Schlammsacks samt dem Pfeifenkopfe verhinderte. Es war bereits Mitternacht, als endlich der Kosak sich entfernte und uns von einer großen Angst befreite. ...

Indes langte die Kernmasse des russisch-preußischen Heeres in Dresden an. An seiner Spitze der Kaiser Alexander I. und der ritterliche König Friedrich Wilhelm III. Vor dem Bautzner Tore empfing der Magistrat die beiden herannahenden Herrscher. Eine Schar blühender, weißgekleideter Jungfrauen und Mädchen, darunter auch meine damals 10jährige Frau, bestreute mit Blumen den Pfad und überreichte auf sammetnem Kissen den Monarchen ein Lob- und Bewillkommnungsgedicht. Das in der gedrängten Menge versammelte Volk schrie mit lauter Stimme sein Hosianna, um nach wenig Wochen dasselbe Spiel mit Napoleon zu wiederholen. Beide Herrscher nahmen ihre Wohnung in der Neustadt; Alexander in dem Hofmannseggschen Hause am Wiesentore und Friedrich Wilhelm in dem neben dem Japanischen Palais gelegenen v. Racknitzschen Grundstücke.

Dietrich von Miltitz
Das Schicksal unseres Vaterlandes

An Johann Adolf Freiherr von Thielmann

[Wurzen, 7. April 1813] Herr General, zum zweiten Male hat Gott das Schicksal unseres Vaterlandes in Ihre Hände gelegt! Was Sie im Jahre 1806 taten, um die uns und unserem Fürsten bereiteten Ketten erträglicher zu machen, das können Sie 1813 tun, um Ihren König und sein Land von der schimpflichsten Knechtschaft zu befreien, ihn seinem Volke wiederzugeben und durch einen mutigen und freien Schritt die Schmach einer entehrenden

Dienstbarkeit und die Sünde des strafbaren Götzendienstes zu tilgen! Aber nicht um Ihren König, nicht um Ihr Vaterland allein sollen Sie sich ein unsterbliches Verdienst erwerben: was Sie für Sachsen tun, das wirken Sie für Deutschland, für die Menschheit, für die Ewigkeit! Gibt es einen höheren Beruf, einen beneidenswerteren Standpunkt als den Ihrigen?

Nein, Sie können nicht einen Augenblick anstehen, zu wählen zwischen Freiheit und Sklaverei, zwischen ewigem Ruhm und unaustilgbarer Schande, zwischen Pflicht und Verbrechen: Schwanken ist Schande, Weigerung sichert Knechtschaft zu.

Die Stunde hat geschlagen, frei und würdig zu handeln! So tun Sie denn, was die Pflicht Ihnen gebietet, worum Ihr Vaterland Sie anfleht und – wofür längst Ihr deutsches Herz schlug! Sprechen Sie es aus, das Wort der Befreiung; und zu Ihren und des Vaterlandes Fahnen schwören Sachsens kräftige Männer, drängen sich seine edelsten Jünglinge.

Christian Gottfried Körner
Hoffnungen und Tränen

An Friedrich Weber

Dresden, am 14. April 1813 Ihre Briefe habe ich richtig erhalten, und mein Sohn selbst ist am 6ten hier eingetroffen. Gestern ist er mit den Korps weiter marschiert. Mit Gesundheit, Kraft, Eifer und Mut will er für die gute Sache das Seinige tun, und ich hoffe den besten Erfolg. Sein Entschluß kostet freilich der Mutter viel Tränen, aber ihr Körper ist jetzt stärker als vor ein paar Jahren, und durch gute Nachrichten wird hoffentlich auch ihre Seele immer stärker werden. Die Kommunikation zwischen uns ist nun ganz frei, und ich bitte Sie, mir die von meinem Sohne zurückgelassenen 100 Dukaten mit der Post zuzuschicken. Der Bankier hält dies für die wohlfeilste Art, wobei jetzt nichts zu wagen ist. Auch haben Sie die Güte, den Kreditbrief auf 500 Tlr. mit beizulegen, da ich nunmehr wegen der Geldangelegenheiten meines Sohnes eine andere Einrichtung getroffen habe.

Für Sachsen gehen jetzt schöne Hoffnungen auf, und der bessre Teil der Nation erkennt es. Daß jetzt nur noch in Wittenberg Franzosen sind, ist schon ein bedeutender Gewinn, und lange werden sie wohl nicht mehr dort bleiben. Opfer kostet es dem Lande freilich, aber das kommt gar nicht in Betrachtung gegen das, was die preußischen Lande für die gute Sache getan haben. Und mit den Weichlingen, die ohne Arznei gesund werden wollen, muß man über Dinge dieser Art gar nicht sprechen.

In meinem Hause habe ich jetzt eine sehr angenehme Einquartierung, den Verfasser des «Geistes der Zeit», *Ernst Moritz Arndt*. Er wird von dem Minister v. Stein gebraucht und wünschte in dessen Nähe zu wohnen. Sein Persönliches ist sehr einnehmend, und ich verspreche mir vielen Genuß von seinem Umgange, da er sehr mitteilend ist.

Ernst Moritz Arndt
Unerfreuliche Reden

Ich ward hinfort gleich andern Kriegszüglern und Offizieren ordentlich einquartiert; ich nahm mein Quartier bei dem Appellationsrat Körner, dessen Haus mir schon von den Lützowern empfohlen war, unter denen Körners Sohn als Kamerad diente. Dies ward uns beiden, Körnern und mir, eine willkommene Einquartierung: ich wohnte bei würdigen, deutsch gesinntesten Menschen, und sie wurden über einen Monat von wilder soldatischer und auch kostbarer Einlagerung befreit. Ich habe dort immer morgens nur ein paar Tassen Tee getrunken und bin die Mittage und Abende gewöhnlich an der Steinschen Tafel oder im Gasthause gewesen.

Wenn keine andere Tafel, war hier doch immer eine wohlbesetzte geistige Tafel. Körner war ein ausgezeichneter, sehr gebildeter und wissenschaftlicher Mann, an Kenntnissen den besten Deutschen ebenbürtig, an Gesinnung und Treue fürs Vaterland den meisten überlegen. Hier war Speise und Weide für Kopf und Herz. Der brave Körner hatte mit dem Jüngling Schiller bei dessen Morgenrötenaufgang frühe Freundschaft geschlossen, hatte dessen erste Thüringer und Leipziger Jahre mit treuester Hilfe und Rat gestützt und geschützt; sein Sohn, jetzt im Lützower Waffenrock, war Schillers und meines Freundes, des Grafen Geßler, Pate. Er selbst war Schriftsteller. Nun ging in den vielen dieses Haus Besuchenden mit den einen Mut und Freude, mit den andern Furcht und Sorge in und durch dieses gastfreundliche Haus.

Hier sah ich Goethen nach vielen langen Jahren auch einmal wieder. In meinen Studentenjahren in Jena hatte ich ihn dort und auch in Weimar nur immer äußerlich gesehen, zum erstenmal auf der Geleitsbrücke in Jena, wo der schöne stattliche Mann in einem grünen Jägerrock einherschritt. Ich war ja damals ein unbedeutender Jüngling, konnte mich weder als Graf noch als Baron einem berühmten Manne nicht aufdringen, war auch in meinem Sinn in meinen Jenaer Tagen beide zu einsam und in mir geschlossen und zu stolz, mich vor Höheren zu verneigen oder sie durch meine Kühnheit zu belästigen. So ist es geschehen, daß ich bei aller Begeisterung für beide Männer im Jahr 1794, wo ich mehrere Wochen in Hamburg zubrachte, auch Klopstock nicht von Angesicht zu Angesicht gesehen habe, so wenig als ich vor Goethen getreten bin.

Goethe kam nach Dresden auf seiner gewöhnlichen Badereise nach Karlsbad und Teplitz; sein Anblick und seine Rede waren gleich unerfreulich; der erste sprach aufgestörte Unruhe, die zweite ungläubige Hoffnungslosigkeit. Da rief er einmal aus, indem Körner über seinen Sohn sprach und auf dessen an der Wand hangenden Säbel wies: «O ihr Guten, schüttelt immer an euren Ketten, ihr werdet sie nicht zerbrechen, der Mann ist euch zu groß.»

Außer Goethen sah ich hier auch, aber nicht mit oder neben ihm, seinen berühmten Weimarer Antipoden Böttiger, der in einer eigensten Angelegenheit, in wahrer Angst zu Körner kam, er möge doch durch mich oder durch eine andre Verwendung einen Steinschen Sturm, der ihm drohte, von ihm abwenden. Dieser Böttiger nämlich, der bestellsamste und allerlauschigste Ausschnüffler und Marktschreier aller neuesten und oft auch aller verbotensten Dinge, den die Hohen in Weimar nur die krächzende Aaskrähe schlimmer und ärgerlicher Gerüchte nannten, war in auf der Post beschlagenen Briefen, die nach Prag gehen sollten, ertappt als politischer Berichterstatter, worin auch über Stein und seine neuerrichtete deutsche Zentralverwaltung und über anderes Jungdeutsch-Russisches — so hatte er es genannt — eben nicht mit den glimpflichsten Worten Böttigersche Glossen gemacht waren. Stein hielt gewiß kein Spionenbureau und verachtete alle Geheimspäherei; aber die Böttigerschen Berichte waren ihm zu Händen gekommen, und er hatte im Zorn zu jemand gesagt: «Der verfluchte naseweise Schwätzer über mich mag sich in acht nehmen; ich könnte für ihn allenfalls auch ein kleines Königstein auffinden, wo er, wenn er von Geheimnissen bersten und platzen will, sie in der Einsamkeit mit Sonne, Mond und Sternen beplaudern kann.» B. war nun in der Angst zu Körner gekommen; ich habe über den Reichsherold böser Gerüchte mit Stein nichts zu handeln und zu bitten gehabt; er sagte nur: «Laß den alten grauen Lügenschelm laufen», aber unterderhand hatte er ihn in seiner starken Weise warnen lassen.

Hier eine hübsche Böttiger-Goethe-Anekdote, welche mir mein Graf Geßler erzählt hat. Goethe war in Karlsbad, kam von einem Morgenspaziergange zu Hause und sagte: «Man stößt in der Welt doch immer und allenthalben auf unsaubere Geister, da habe ich von fern einen Mann vorbeirutschen gesehen, der Kerl hat mich ordentlich erschreckt; ich glaubte, den leibhaftigen Böttiger erblickt zu haben.» «Oh», erwiderte der Freund, «Ihre Augen haben sich da nicht versehen, Sie haben wirklich den Leibhaftigen gesehen.» Bei diesen Worten rief Goethe aus, wie einer, der von einem Schrecken wieder aufatmet: «Gottlob! gottlob! daß Gott nicht ein zweites solches A....gesicht geschaffen hat.»

Ferdinand von Funck
Berauscht von der Deutschheit

Berauscht hingegen von der Deutschheit, mit der niemand einen recht deutlichen Begriff verband, war der redliche Appellationsrat Körner. Wenn man indessen seine Deutschheit von allem Poetischen entkleidete, so bestand sie darin, daß er unter dem Pantoffel seiner Frau, seiner Schwägerin und seiner Tochter stand. Sein Sohn, der Dichter, war nicht ohne eigene Schuld von Leipzig relegiert worden, und so viele Schonung man auch dabei dem Vater bewiesen hatte, so wenig dieser über Ungerechtigkeit klagen konnte, so schrieb er doch lieber diesen unangenehmen Umstand dem französischen Einflusse zu, damit er doch einen Grund zum Klagen hätte. Sein Haus war der Sammelplatz von Gelehrten, Künstlern, Schöngeistern und preußischen Exoffizieren vom Tugendbund und aus der Schule der Schlegel, Arndt usw. Im Frühjahr 1813 war sein Sohn, damals in Wien als Theaterdichter angestellt, gegen den Wunsch seiner Eltern als Freiwilliger zu dem Lützowschen Korps gegangen. Die Tochter liebte insgeheim und unerwidert einen preußischen Offizier. Der Enthusiasmus der Kinder riß den Vater hin, er schickte 500 Taler zu der Ausrüstung der preußischen Freikorps und machte dieses selbst mit starken Äußerungen in den öffentlichen Blättern bekannt. Das war der Grund, der ihn bewog, nach der Schlacht bei Lützen nach Teplitz zu gehen; da es aber zu lange dauerte, kam er nach Dresden zurück und wurde auf keine Weise wegen seiner politischen Meinungen beunruhigt. Er behielt Amt und Würden und Gehalt. Aber die Weiber wollten glänzen, wollten regieren helfen und waren bitterböse, nicht vom Adel zu sein, nicht zum Hofe zu gehören. Körner bildete sich ein System von der Herrlichkeit, die in Deutschland entstehen würde, wenn die Unterschiede der Stände aufhörten, allein der Adel des Verdienstes gelten würde. Er überredete sich fest, daß dieser Zustand, wo jeder Deutsche in dem andern ein höheres Wesen und zugleich einen Bruder umarmen würde, unmittelbar nach Napoleons Fall eintreten müßte, und mit redlichem Enthusiasmus opferte er, oft zum größten Leidwesen seiner weiblichen Beherrscher, der Zukunft mehr auf, als diesen lieb war. Sie achteten Geld und Ehre höher als er und klagten mir (im Juli 1814) mit heißen Tränen seine Uneigennützigkeit. Der Tod seines Sohnes, der bei Gadebusch fiel, spannte seine Schwärmerei auf den höchsten Grad, gab aber ihm zugleich eine Berühmtheit, die ihn den Verbündeten wichtig machte und die auf die Menge wirkte. Ein Orden und persönliche Auszeichnung mußte ihm zuteil werden; und während er in einer Sektion der neuen Regierung zu allem ja sagte, was beschlossen wurde, weideten sich die Weiber an ihrer Wichtigkeit, von Verwaltung und Finanzen zu sprechen und bei den öffentlichen Theaterakten der Landwehr usw. und der Frauenvereine auf ausgezeichneten Plätzen zu sitzen, von den Rednern angeredet zu werden und ihnen mit kurzen sinnigen Worten zu antworten, vor allem aber dieses alles in den Leipziger Zeitungen gedruckt zu lesen.

Der Geheime Finanzrat von Schönberg war blutarm in das Pagenhaus gekommen. Der König hatte ihn studieren lassen, ihm als Kammerjunker und Assessor Pension gegeben und ihn dann zum Kammerherrn und Hofrat mit erhöhtem Gehalt befördert. Er war früh im Körnerschen Hause bekannt geworden und lebte dort, besonders von der Schwägerin, der Dlle. Stock, begünstigt, eine Reihe von Jahren als Tisch- und Hausgenosse. Man glaubte lange, er würde die weit ältere Dlle. Stock heiraten, vielleicht hatte sie selbst den Gedanken gehabt. Durch die Körnersche Familie kam er mit dem vormals in Dresden als preußischer Gesandter angestellt gewesenen Grafen Geßler und durch diesen mit dem Grafen Stolberg-Wernigerode in enge Verbindung. Die Körnersche Familie wurde von der Herzogin von Kurland, Biron, in die Geßler sterblich verliebt war, mit ausgezeichneter Freundschaft beehrt. Trotzdem die Herzogin an Batowski einen erklärten beglückten Liebhaber hatte, so schmeichelte ihr doch Geßlers unbegrenzte Leidenschaft, und diese schlang das Band zwischen ihr und den Körners, denen die vornehme Freundschaft, die sie zuerst aus ihren Kreisen riß, schon seit 20 Jahren den Kopf verdreht hatte. Liebe und Freundschaft waren nach und nach alt geworden, bestanden aber nun desto fester aus Gewohnheit. Schönberg brachte es durch diese Verbindungen dahin, daß er eine eben nicht von der Natur begünstigte Tochter des Grafen von Wernigerode zur Frau bekam. Er ging nun nach Wernigerode, um das Ländchen unter seinem Schwiegervater zu regieren, als es aber unter das Königreich Westfalen kam, kehrte er nach Dresden zurück und wurde als Geheimer Finanzrat wieder angestellt. Er war einer der ersten und tätigsten, das Land in die Arme Preußens zu werfen, denn, nach Körners Ausdruck, verdiente der König von Sachsen nicht, über Deutsche zu herrschen, und es sollte hinfort keine Sachsen, Bayern, Hessen usw. mehr geben, sondern nur Deutsche, d. h. Preußen. Was sie mit Österreich anfangen wollten, darüber hatten sie sich noch nicht entschieden.

Wilhelm von Kügelgen
Goethe am Fenster

Nach den Preußen unter Blücher rückte Tschernyschew nach Dresden vor. Die schöne Zeit der Onkels kehrte wieder. Russische Garden zogen ein, an ihrer Spitze Kaiser Alexander und der König Friedrich Wilhelm. Gleichzeitig aber fand sich noch ein anderer hoher Gast ein, ein Machthaber und Gewaltiger sondergleichen, der zwar über Roß und Reiter nicht verfügte, dessen Stimme auch im Rate der Monarchen nicht gehört ward, der aber dennoch in einer anderen Sphäre fast unumschränkte Macht ausübte. …

Goethe war nämlich am Morgen des Einzuges der Monarchen ganz zutraulich bei uns eingetreten, und da er den Vater, der ihn anderwärts suchte, nicht zu Hause fand, hatte er die Mutter um Erlaubnis gebeten, bei ihr bleiben zu dürfen, um aus ihren Fenstern und vom Straßengedränge unbelästigt den erwarteten Einzug mit anzusehen. Er werde in keiner Weise stören, hatte er hinzugesetzt, wolle sich ganz still verhalten und bitte, keinerlei Notiz von ihm zu nehmen.

Die Mutter glaubte zu verstehen, daß er selbst unbelästigt sein wolle. Sie überließ ihm daher ein Fenster, setzte sich mit ihrer Arbeit in ein anderes und drängte sich ihm mit keiner Unterhaltung auf. Da stand er denn, der prachtvoll hohe Mann in seinem langen Überrock, und blickte, die Hände auf dem Rücken, behaglich auf das bunte Gewühl des drängenden Volkes nieder. Er sah sehr heiter aus, und meine Mutter glaubte es ihm abzufühlen, wie dankbar er ihr für die Schonung sei, mit der sie ihn gewähren ließ, denn sie wußte, wie sehr der seltene Gast bis dahin von der bewundernden Zudringlichkeit schöngeisterischer Damen belästigt und gequält gewesen. Er pflegte sonst immer von großer Cortege umgeben zu sein, und da er so allein gekommen, nahm meine Mutter an, daß es ihm gelungen, sich, vielleicht vom Gedränge begünstigt, aus seiner anbetenden Umgebung wegzustehlen und hierher zu retten, um die feierlichen Eindrücke eines geschichtlichen Ereignisses ungestörter in sich aufzunehmen.

Wilhelm von Kügelgen im Wald bei Dettenhausen

Sie rief daher auch mich hinweg, der ich dem großen Mann immer näher rückte und ihn anstarrte wie einer, der zum ersten Male in seinem Leben einen Walfisch oder Elefanten sieht. Er aber zog mich an sich, legte die Hand auf meine Schulter und fragte mich dies und jenes, unter anderm auch, ob ich mich darauf freue, den Kaiser von Rußland zu sehen.

Ich sagte: Ja, ich freue mich darauf, weil er mein Pate wäre, und allerdings hatte ich bis jetzt in dieser glücklichen Illusion gelebt, bloß, weil ich eben auch Alexander hieß. Meine Mutter gab indes sogleich die nötige Aufklärung, und Goethe fragte nun manches über Rußland. So war sie dennoch mit ihm ins Gespräch gekommen.

Indem ward heftig an der Klingel gerissen. Ich sprang fort, um die Tür zu öffnen, und herein drang eine unbekannte Dame, groß und stattlich wie ein Kachelofen und nicht weniger erhitzt. Mit Hast rief sie mich an: «Ist Goethe hier?»

Goethe! Das war kurz und gut. Die Fremde gab ihm gegen mich, den fremden Knaben, weiter kein Epitheton, und kaum hatte ich die Zeit, mein einfaches Ja herauszubringen, als sie auch schon, mich fast übersegelnd, unangemeldet und ohne üblichen Salutschuß wie ein majestätischer Dreidecker in dem Zimmer meiner Mutter einlief. Mit offenen Armen auf ihren Götzen zuschreitend, rief sie: «Goethe! ach Goethe, wie habe ich Sie gesucht! Und war denn das recht, mich so in Angst zu setzen?» Sie überschüttete ihn nun mit Freudenbezeugungen und Vorwürfen.

Unterdessen hatte sich der Dichter langsam umgewendet. Alles Wohlwollen war aus seinem Gesichte verschwunden, und er sah düster und versteinert aus wie eine Rolandsäule. Auf meine Mutter zeigend, sagte er in sehr prägnanter Weise: «Da ist auch Frau von Kügelgen.»

Die Dame machte eine leichte Verbeugung, wandte dann aber ihrem Freunde, dessen üble Laune sie nicht bemerkte, ihre Breitseiten wieder zu und gab ihm eine volle Ladung nach der andern von Freudenbezeugungen, daß sie ihn glücklich geentert, beteuernd, sie werde sich diesen Morgen nicht wieder von ihm lösen.

Jener war in sichtliches Mißbehagen versetzt. Es mochte ihm etwa zumute sein, wie einmal meiner Wenigkeit in der Mädchenpension, und ohne Zweifel würde auch er, wenn er die Wahl gehabt, ein heimliches Produkt Ruten der aufdringlichen Zärtlichkeit seiner ekstatischen Freundin bei weitem vorgezogen haben. Er knöpfte seinen Oberrock bis ans Kinn zu, und da mein Vater eintrat und die Aufmerksamkeit der Dame, die ihn kannte, für einen Augenblick in Anspruch nahm — war Goethe plötzlich fort.

Entsetzt eilte die Getäuschte ihm nach, sich jeden Abschied sparend. Ob sie ihn noch erreichte, weiß ich nicht, da in demselben Momente die Ankunft der Monarchen das ganze Interesse von uns Rückbleibenden fesselte.

Während seines damaligen Aufenthaltes in Dresden habe ich indes den großen Dichter noch öfter anzustaunen Gelegenheit gehabt, und zwar stets mit einer Ehrfurcht, die sein königliches Wesen ganz von selbst hervorrief. Er schenkte meinen Eltern einen Mittag, und außerdem erinnere ich mich, daß wir die Rüstkammer miteinander besehen haben.

Johann Wolfgang Goethe
Tagebuch, April 1813

21. Brief an Frau Geh. Rat von Goethe nach Weimar durch Herrn Verlohren. Bei Hofmarschall von Ende, Besorgung der Pässe. Bei Körners, wo wir Herrn Arndt fanden. Nach Hause frühstücken. An den Briefen weitergeschrieben. Um 3 Uhr Mengsische Gipse. Herr von Nolten. Abends in der Oper «Cosi fan tutte». Als die Liebhaber sich ins Schiff setzten, flüchtete ich auch. Sah Schwebeln aussteigen. Nachts Lärmen und Einquartierung von Russen. Windig und früh Regen.

22. Am Tagebuch geschrieben. Auf dem Kupferstichkabinett, Kupfer nach Raphael. Sehr gemischte Sammlung von Handzeichnungen. Mittag für uns. Nach Tische auf die Galerie. Blieb ich in der Niederländischen Schule und betrachtete, da die vortrefflichsten Sachen weggeschafft waren, viele köstliche Dinge, die ich niemals gemerkt hatte. Den Plan von Dresden. Nach demselben vor Tisch zum Seetore hinaus, die Vorstädte links bis an die Elbe durchstrichen. Bei Frau von Grotthuss, die ich nicht zu Hause fand. Abends bei Körners. Das Wetter bedeckt und kühl. Ein Fündling. Seltsames Gestein, dem man keinen Namen geben kann und das sich vielleicht nur einmal findet.

24. Unruhiges Treiben wegen der Ankunft der Potentaten. Ging ich über die Brücke nach der Neustadt zu Hrn. v. Kügelgen. Kam dahinter Frau von Grotthuss. Wieder zurück nach Hause. Mit Frau von Burgsdorff in die Expedition des Finanzkollegiums, deren Fenster auf die Brücke schaut. Sodann mit Forstrat Cotta nach dem Schwarzen Tor. Die Ankunft des Kaisers abgewartet, welcher halb 1 eintraf. Die Garden defilieren sehen. Zurück in die Stadt. Auf dem Neumarkt hielten Kaiser und König. Infanterie, Kavallerie und starke Artillerie defilierten vorbei. Zu Hause gespeist. Gegen den Großen Garten zu und durch denselben gefahren. Nachts Illumination. Bei Frau von Grotthuss. Punsch und gute Gesellschaft. Zur Illumination mit ihr und andern.

Hans Georg von Carlowitz
Anblicke des menschlichen Elends

An Jeanette von Carlowitz

Dresden, Mittwochs, am 2. Juni [1813] Wie unerträglich Dresden jetzt ist, davon hast Du, mein Engel, keine Vorstellung. Einen ärgeren Schweinestall und empörendere, ekelhaftere Anblicke des menschlichen Elends kann man sich nicht denken. Die Gassen sind seit Ankunft der Russen nicht gereinigt worden. Die Zahl der Verwundeten und Kranken steigt weit über 16 000 Mann und soll in einigen Tagen auf 20 000 gebracht werden. Zur Besorgung dieser vielen Kranken sind, außer einigen Barbieren, nur 15 französische Chirurgen vorhanden, Menschen ohne alles Gefühl, die nur früh einige Stunden verbinden und von 10 Uhr an den ganzen übrigen Tag spazierengehen oder in Schenken sitzen. Leichtverwundete werden also gar nicht verbunden und müssen sich helfen, wie sie können. Sie sitzen zu Hunderten an der Elbe oder an den Brunnen und waschen ihre Wunden und Verbände aus. Die schwerer Verwundeten, welche in den Bürgerhäusern liegen, werden nicht etwa dort verbunden, sondern sie müssen in einen der Säle kommen, wo verbunden wird, und wenn es indes 10 schlägt, unverrichtetersache bis zum nächsten Tage wieder nach Hause gehen. So ziehen und liegen ganze Scharen solcher Unglücklichen auf allen Gassen umher, und ich mag nach der Wiese oder nach der Gasse heraussehen, so sehe ich von früh bis abends mehrere Hundert. Die Unreinlichkeit, welche den Franzosen überhaupt eigen ist, die Vernachlässigung der Wunden, welche in Eiterung und endlich in Brand übergehen, der Umstand, daß man in den Spitälern die alten Verbände auf Haufen wirft und erst nach mehreren Tagen vergräbt oder wäscht, verursachen besonders bei jetziger Hitze eine wahre Pestluft. Ich kann nicht in das Kollegium gehen, ohne daß mir einige Male bis zum Erbrechen übel wird, und leider kennst Du meinen Ekel. Schon mehrmals habe ich solche Unglückliche sterben sehen, auf offener Straße, und namentlich heute einen am Schloßtore, unter des Königs Fenster. Einzeln äußern sich schon Krankheiten unter den Einwohnern, und bei unserem Biedermann, der freilich 86 Verwundete in seinem Hause hat, sind schon zwei Dienstboten heute bettlägerig. Ich war bei ihm, um Urlaub zu nehmen, aber konnte es für Geruch nicht zwei Minuten im Hause aushalten. So unbesonnen ich auch bin, so höchst vorsichtig bin ich bei Krankheiten, und hier kommt mir mein übertriebener Ekel zustatten. Ich gehe nicht einen Schritt aus dem Hause, wenn ich nicht muß, nicht in ein fremdes Haus, wenn ich es vermeiden kann, auf der Gasse nur mitten in der Straße, und auf der Brücke nur im Fuhrwege; um niemand zu berühren, sehe mich weder rechts noch links um, kurz, ich gehe so hölzern und schnell wie ein Krokodil. Die Ärzte haben dem Könige die Pest prophezeit, und heute soll der Befehl gegeben worden sein, Baracken vor den Toren zu bauen, um die Zahl der Kranken in den Bürgerhäusern zu vermindern.

Friedrich Laun
Könige und Kaiser

Die ganze Physiognomie von Dresden veränderte sich zusehends. Der Überfüllung, hauptsächlich mit Reiterei, konnte das reinliche Äußere der Stadt nicht lange widerstehen. Kosaken, Kalmücken und Baschkiren gewährten allerdings eine romantischere Staffage für die Landschaft, als die zeitherige gewesen, aber den mit dergleichen Reizen notwendig verbundenen großen Ungemächlichkeiten war das daraus für das Auge entstandene Vergnügen doch nicht gewachsen.

Auch die Menge herzengewinnender Züge von der wahrhaften Gutmütigkeit der auf ihren unbeschlagenen Rossen leicht wie die Vögel hin- und herfliegenden, muntern Asiaten reichte nicht aus zu einer ernstlichen Entschädigung für die Kosten der mancherlei Bedürfnisse, welche ihre Existenz natürlich erheischte. Sogar prachtvolle Schauspiele, wie der Einzug des Kaisers Alexander, des Königs Friedrich Wilhelm und die darauffolgende Feier des russischen Osterfestes konnten die Trostlosigkeit der übrigen Umstände nur auf Augenblicke in Vergessenheit bringen. Und mitten unter den russischen Stabsoffizieren erblickte das allgemeine Erstaunen den sächsischen General Thielmann, Kommandanten der Festung Torgau. …

Vier Tage nach dem Einrücken der Franzosen kehrte der König von Sachsen aus Böhmen zurück. Vom nahe gelegenen Dorfe Gruna kam er zu Pferde mit dem französischen Kaiser, der ihm eine Abteilung seiner Reitergarde bis an die Grenze entgegengesendet gehabt. Auf den Straßen, durch welche der Zug nach dem Schlosse gehen sollte, waren Reihen von französischen Grenadieren aufgestellt.

Ein Dresdener Senator, welcher mir begegnete, überredete mich, ihn nach dem äußern Tore der Pirnaschen Vorstadt zu begleiten, wo die Abgeordneten des Rats stehen würden, um eine Anrede an den König zu halten.

Beide Bürgermeister und zwei andere Ratsmitglieder befanden sich dort, und wir nahmen unmittelbar hinter ihnen Platz. Die Landstraße wimmelte von Männern, Frauen und Kindern aller Stände.

Als endlich die beiden Monarchen im Geleite französischer Truppen erschienen und die Ratsdeputation dem Könige vorgestellt war, hielt der König sein Pferd zurück, sie an den Kaiser weisend. Aber Napoleon sprach zu den Abgeordneten: «A Votre Roi! Dites lui, que c'est lui, qui a sauve la Saxe!» Darauf sagte er unter anderm: er wisse recht gut, daß es einen mauvais esprit in der Stadt gebe, daß aber um der Treue des Königs willen alles verziehen sein solle. Die Durchzüge seiner Truppen würden bald aufhören und das unter seinem Schutze stehende Land aller Kriegsbeschwerden enthoben werden.

Unbeweglich erschien während dieser Rede das wie einem schönen, antiken Marmorhaupte nachgeformte Heldenantlitz, nur das mächtige Auge funkelte herrisch bald nach den Abgeordneten, bald über die versammelte Volksmasse hin. Als er fertig war, fügte er hinzu: «Faites l'imprimer!»

Kaum aber hatte der eine der beiden Bürgermeister seine Rede an den König begonnen, so fragte der Kaiser ihn hastig: «M'avez Vous compris, Monsieur le maire?» Man kann denken, daß die große Menschenversammlung ringsumher keine ruhige Stellung behauptete, daß vielmehr eine ewige Fluktuation eintrat, durch gewaltsames Näherstreben und den nachdrücklichen Widerstand derjenigen, die von ihrem der Mitte nähern Punkte verdrängt werden sollten.

Hierdurch war denn auch zwischen mich und die Ratsabgeordneten ein solcher Volksstrom geraten, daß meinem Ohre die Antwort des Redners und alles entging, was noch gesagt wurde.

Johann Wolfgang Goethe
Tagebuch, August 1813

10. Um sechs Uhr von Teplitz. Um acht von Arbesau. Döllnitz Vorspann. Peterswalde eilf Uhr. Riemers Brief. Gieshübel Franzosen. Zehist $^3/_4$ auf 1. Consist. R. Weber und Familie. Zschachwitz. Dresden um drei Uhr. Bei Verlohren eingekehrt. v. Wolfskehl, Peucer. Mit letzterem über die Schiffbrükken. Getümmel, Gedränge. Feuerwerk. Illumination. (Sandstein zerstreut.) (Gneus. Einige Tonschiefer auf den Chausseehaufen.) (Hinabwärts Tonschiefer, weißer Sandstein.) (Basalt sehr schwer unter den Chausseesteinen.) (Die Müglitz rot.)

Das schönste Wetter.

11. Um 9 Uhr Galerie. Hr. v. Heß. Peucer. Böttiger. Bei Talma. Batiste. Michot. Michelot. Mittag mit C. v. Wolfsk. und Peucer. Galerie. Auf den Frauenturm. Sonnenuntergang, Mondsaufgang. Meiner Frau nach Weimar. ...

13. Antikensammlung. Porzellan, Raphaelische Tapeten. Königl. Fam. soll nach Eisenach. Mittag mit W u. P. Galerie, Anfang der inneren genauer betrachtet. Brücke, Schwarzes Tor, Verschanzungen. Gegessen am Gartenhaus. W u. P. Eisbude. Am Brühlschen Palais dem Kaiser begegnet, welcher von einem kleinen Gefolge begleitet die Schanzarbeiten besehen hatte. Brief des Königs an den Herzog. Abends zu Hause beisammen.

14. Ostra-Allee. König von Neapel. Hofg. Seidel, dessen Sohn von Paris zurück. Über die Brücke. Viel Getümmel. Katholische Kirche. Pole. Wachparade. In die Fr. Stadt. Mittag mit W.P. u.V. Nach Tische zum Stein- und Kunsthändler. Eisbude. Von Racknitz bei mir. Vor dem Freiberger Schlag Lager der westph. Truppen. Lustige Gärtchen der Soldaten. Abends mit W u. P. Henry de Hess Capitaine au Service de S. M. L'Empereur d'Austriche.

Ernst Theodor Amadeus Hoffmann
Drei verhängnisvolle Monate
(Auszug aus meinem Tagebuch für die Freunde)

Dresden, den 15. August 1813 Schon seit der Feier des Napoleonsfestes am 10. waren täglich Truppen und Geschütz herausgegangen. Heute verließ der Kaiser mit den Garden die Stadt und zog fort auf der Straße nach Schlesien, man spricht von einer nahen, entscheidenden Schlacht.

16., 17., 18., 19. Gänzliche Totenstille. – Man spricht ganz heimlich, daß Österreich den Verbündeten beigetreten.

20. Es sollen sich Preußen und Russen der Stadt nähern.

21. Augenscheinliche Retirade der Franzosen von der schlesischen Seite her; eine zahllose Menge Verwundeter auf Wagen – Kavalleristen zu Pferde – Infanteristen ohne Gewehr ppp.

22. Frühmorgens ein ungewöhnliches Hinundhertreiben in der Stadt – das Militär ist in voller Bewegung – nur mit Mühe gelang es, die schwürige Hauptprobe der «Iphigenia in Tauris», die den Abend gegeben werden sollte, zu beendigen, denn während derselben kam die Nachricht, daß Tore und Schläge gesperrt sind, weil die Russen und Preußen ganz in der Nähe stehen. Polnische Offiziere, die des Morgens in einem Kaffeehause dicht vor dem Freiberger Schlag Billard spielten, wurden von Kosaken überfallen und gefangen abgeführt. Gegen Abend wurde es ruhiger, und «Iphigenia» wurde wirklich gegeben. –

Übrigens zog ich in aller Eil vom Sande hinein auf die Moritzstraße.

23. Größere Unruhe als gestern. Man hört ganz in der Nähe Kanonendonner und vor dem Seetor ganz deutlich das Tirailleurfeuer. Auf den Straßen sieht man Verwundete noch unverbunden blutig zurückkommen. Zum Teil werden sie auf Schubkarren hineingebracht; in dieser Art begegnete ich auf der Seegasse einem Offizier, dem beide Augen ausgeschossen waren.

24. Die Unruhe steigt; Kanonen, Pulverwagen werden im Galopp zu den Toren hinausgeführt – immerwährendes Schießen; das Schwarze Tor war offen, und ich eilte nach dem Linckischen Bade, wo man die französischen und feindlichen Batterien von Pirna ganz deutlich arbeiten sehen konnte. – Abends wurde in der Stadt vom Walle bei dem Theater Viktoria geschossen des Sieges bei Löwenberg wegen, den auch ein öffentlicher Anschlag verkündete. Es hieß darin: die Kavallerie habe sehr schöne Angriffe gemacht.

25. VM. alles ganz still und ruhig. NM. hörte man sehr nahe tiraillieren; ich ging mit dem Schauspieler Keller zum Pirnaer Schlage heraus, der geöffnet war, und so weit, daß die Linie der französischen Tirailleurs nur 50 Schritt vor uns stand. 300 Schritt weiter ritten einzelne Kosaken ganz ruhig hin und her und nahmen gar keine Notiz von dem Plänkern der Franzosen. Ich sah, wie einer abstieg und den Gurt des Pferdes fester schnallte. Plötzlich brachen russische Tirailleurs aus einem Gebüsch hervor, und nun wurde das Plänkern hitziger und hitziger – viele Franzosen fielen tot und andere kamen blutig und schreiend zurück. Französische Bataillone formierten sich, und es wurde eine Batterie von vier Kanonen aufgestellt; noch ehe diese anfing zu spielen,

Heute Sonntags den 22. August 1813.

wird auf dem Königl. Theater

aufgeführt:

Iphigenia in Tauris.

Große Oper mit Ballet in vier Aufzügen.

In Musik gesetzt vom Ritter Gluck.

Personen:

Iphigenia, Oberpriesterin der Göttin Diana.	—	Mad. Kramer.
Orest, Iphigeniens Bruder.	— — —	Herr Miller.
Pylades, Orests Freund.	— — —	Herr Gerstäcker.
Thoas, König von Tauris.	— — —	Herr Pillwitz.
Diana.	— — — —	Mad. Neumann.
Klytemnestra.	— — — —	Mad. Corradini.
Erste Priesterin.	— — — —	Mlle. Herz die ältere.
Zweite Priesterin.	— — — —	Mlle. Herz die jüngere.
Dritte Priesterin.	— — —	Mlle. Corradini.
Vierte Priesterin.	— — —	Mlle. Koch.
Fünfte Priesterin.	— — — —	Mad. Langer.
Sechste Priesterin.	— — — —	Mad. Fischer.
Ein Scythe.	— — — —	Herr Neumann.
Ein Diener des Tempels.	— — —	Herr Langer.

Scythen.
Leibwache des Königs Thoas.
Eumeniden und Dämonen.
Griechen, Gefolge des Pylades.

Die in dem Ballette vorkommenden Solo's werden von Madame Horschelt und ihren beiden Töchtern getanzt.

Die Preise sind folgende:

Ein Billet im Cercle	16. Gr.
Ein Billet im ersten Rang	16. Gr.
Ein Billet im zweyten Rang	16. Gr.
Ein Billet im dritten Rang	8. Gr.
Gallerie Mittel-Loge	6. Gr.
Gallerie	4. Gr.

Die Billets sind am Tage der Vorstellung von früh 9 bis 12 Uhr im Theater zu bekommen; aber nur denselben Tag gültig.

Der Anfang ist um 7. Uhr. Das Ende halb 10. Uhr.

Aujourd'hui le 22. Août 1813.

Iphigénie à Tauris.

Grande Opéra en quatre actes avec ballet. Musique du Chevalier Gluck.

Madame Horschelt et ses deux filles danseront les Solos du ballet.

Les Prix.

Un Billet au Premières Loges	16 gros.
- - au Secondes Loges	16 —
- - au Parterre	16 —

Les Billets se trouvent au Théatre, depuis 9. heures du matin jusqu'à midi, et ne sont valables que le jour de la Représentation.

On commencera à 7. heures. La fin à 9. heures et demie.

Programm zu «Iphigenia in Tauris» vom 22. August 1813 (Dirigent: E. T. A. Hoffmann)

kamen aber schon feindliche Kugeln von einer Batterie, die ich nicht bemerkt hatte, und nun sah ich auch, wie eine schwarze Linie sich von den Bergen herab bewegte. Da die Kugeln bis dicht vor den Schlag niederfielen, hielten wir es für ratsam, mit vieler Schnelligkeit durch das Wilsdruffer Tor zu Hause zu eilen. – Die Nacht hat dem Gefecht (dem ersten, das ich so in der Nähe gesehen) ein Ende gemacht. Die Franzosen meinen: es sei nur ein Streifkorps, das sich Dresden genähert; das ist aber nicht wahr, denn von dem Boden des hohen Nebenhauses, auf den ich stieg, sieht man ringsumher eine unzählige Menge Wachtfeuer, auf jeden Fall ist es also eine starke Armee, die Dresden umschließt.

26. Frühmorgens 7 Uhr wurde ich durch den Donner der Kanonen geweckt; ich eilte sogleich auf den Boden des Nebenhauses und sah, wie die Franzosen in geringer Entfernung vor den Schanzen mehrere Batterien aufgestellt hatten, die mit feindlichen Batterien, welche am Fuße der Berge standen, auf das heftigste engagiert waren. Mit Hülfe eines sehr guten Glases konnte ich deutlich bemerken, daß sehr starke russische und österreichische Kolonnen (an der weißen Uniform sehr kenntlich) sich von den Bergen herab bewegten. Eine Batterie nach der andern rückte näher, die Franzosen retirierten bis in die Schanzen, und nun wurde sogar von den Stadtwällen aus grobem Geschütz gefeuert; der Kanonendonner wurde so heftig, daß die Erde bebte und die Fenster zitterten. Die Russen hatten den Großen Garten erstürmt sowie die Preußen die Schanzen vor der Friedrichstadt – ersteres konnte ich sehen. Die Nachricht kam, daß der Kaiser eintreffen würde; ich eilte daher auf die Terrasse des Brühlschen Gartens an der großen Brücke. Um 11 Uhr kam der Kaiser auf einem kleinen falben Pferde über die Brücke schnell geritten – es war eine dumpfe Stille im Volk –, er warf den Kopf heftig hin und her und hatte ein gewisses Wesen, was ich noch nie an ihm bemerkte – er ritt bis vors Schloß, stieg aber nur wenige Sekunden ab und ritt wieder an die Elbbrücke, wo er, umgeben von mehreren Marschällen, stillhielt. Die Adjutanten sprengten ab und zu und holten Orders, die er allemal in kurzen Worten, aber sehr laut erteilte – er nahm sehr häufig Tabak und schaute noch häufiger durch ein kleines Taschenperspektiv die Elbe herab. Die Garden kamen im Doppelschritt über die Brücke und eilten, nachdem sie eine sehr kurze Zeit auf dem Platz vor dem Kaiser gehalten, zu den Toren heraus. Ich mußte fort, weil der Brühlsche Garten besetzt wurde, und ging wieder auf mein Observatorium. Zwischen 4 und 5 Uhr donnerten die Kanonen am heftigsten – Schlag auf Schlag –, man konnte die Kugeln sausen hören. Ich bemerkte es zuerst, man wollte mir es aber nicht glauben, gleich darauf stürzte aber in einer Entfernung von höchstens 25 Schritt eine Feuermauer, von einer Kugel getroffen, ein, und nun war es wohl klar, daß Geschütz auf die Stadt gerichtet worden. – Wir gingen herab, da unser Aufenthalt oben jetzt lebensgefährlich wurde. Eben wollte ich in meine Haustüre treten, als zischend und prasselnd über meinen Kopf eine Granate wegfuhr und nur 15 Schritt weiter, vor der Wohnung des Generals Gouvion Saint-Cyr, *zwischen vier gefüllten Pulverwagen*, die eben zur Abfahrt bereitstanden, niederfiel und sprang, so daß die Pferde, sich bäumend, Reißaus nahmen. – Wenigstens dreißig Personen standen daneben auf der Gasse, und *außer dem, daß die Pulverwagen verschont blieben*, deren Explosion das ganze Stadtviertel vernichtet hätte, *wurde kein Mensch, kein Pferd beschädigt*; es ist unbegreiflich, wo die Stücke der Granate geblieben sind, da in unserm Hause nur ein ganz unbeträchtliches gefunden wurde, welches die Fensterladen des untern Stocks zerschlagen und in ein unbewohntes Zimmer gefallen war. Wenige Minuten darauf kam eine zweite Granate und riß ein Stück vom Dache des gegenüberstehenden Cagiorgischen Hauses weg und drückte drei Fenster der Mezzane zusammen, daß das Holzwerk und die Ziegelsteine prasselnd auf die Gasse stürzten – bald darauf fiel eine dritte in der Nebengasse in ein Haus, und es wurde mir klar, daß eine Batterie gerade auf unser Stadtviertel spielte. Alle Bewohner des Hauses – Frauen, Männer, Kinder – versammelten sich auf der gewölbten, steinernen Treppe des ersten Stocks, die aus der Richtung der Fenster lag! – Da gab es bei jeder Explosion der jetzt häufiger, doch in größerer Entfernung hineinfallenden Granaten ein Jammern und Wehklagen! – Nicht einmal ein Tropfen Wein oder Rum zur Herzstärkung – ein verdammter, ängstlicher Aufenthalt – ich schlich leise zur Hintertüre heraus und durch Hintergäßchen zum Schauspieler Keller, der auf dem Neumarkt wohnt – wir sahen ganz gemütlich mit einem Glase Wein in der Hand zum Fenster heraus, als eine Granate mitten auf dem Markte niederfiel und platzte, in demselben Augenblick fiel ein westfälischer Soldat, der eben Wasser pumpen wollte, mit zerschmettertem Kopfe tot nieder – und ziemlich weit davon ein anständig gekleideter Bürger. – Dieser schien sich aufraffen zu wollen – aber der Leib war ihm aufgerissen, die Gedärme hingen heraus, er fiel tot nieder. (Zu bemerken: fünf Minuten später ritt der Kaiser über den Neumarkt, gerade wo der Bürger getroffen, nach dem Pirnaer Tor.) Noch drei Menschen wurden an der Frauenkirche von derselben Granate hart verwundet. Der Schauspieler Keller ließ sein Glas fallen – ich trank das meinige aus und rief: «Was ist das Leben! Nicht das bißchen glühend Eisen ertragen zu können, schwach ist die menschliche Natur!» – Gott erhalte mir die Ruhe und den Mut in Lebensgefahr, so übersteht sich alles besser! – Es gelang mir, den

Kaufmann Schmidt aus seinem verschlossenen Gemach hervorzutreiben; der belud mich mit Wein und Rum für mich und meine Hausgenossen. Ich trat wieder ein wie eine Erscheinung des Trostes und der Beruhigung. Eine der Frauen (Mad. Stein), die gerade im obersten Stock wohnte, hatte den Mut gehabt, allerlei nützliche Lebensmittel herabzubringen. Das war alles bonum commune, und uns allen, die wir keinen Mittag gegessen, schmeckte es im Biwak auf der Treppe herrlich; das Kelchglas ging fleißig herum, und unter dem Donner der Kanonen, unter dem Prasseln der Granaten ging uns allen ein fröhlicher guter Humor auf, der immer der Nachklang einer durch Gefahr exaltierten Stimmung ist. Erst als es ganz finster war, ließ das Schießen nach. Die Garden hatten, wie man nun erfuhr, die genommenen Schanzen wieder erstürmt und die verbündete Armee sich auf die Höhen zurückgezogen. – Das Kammermädchen der Gräfin Breza trat vor die Haustüre, vor welcher der Wagen stand, der die Gräfin in Sicherheit in ein anderes Stadtviertel bringen sollte; in ebendemselben Augenblicke wurde sie aber von einer Granate im strengsten Sinn des Wortes *zerrissen.* Einer Hebamme auf der Pirnaer Vorstadt wurde, als sie zum Fenster hinausschaute, der Kopf weggerissen; ebenso verlor ein Handlungskommis, der im Comptoir saß, den Arm. Noch mehrere Bürger sind teils verwundet, teils getötet.

27. Die Nacht verging ruhig. Erst um 8 Uhr morgens ging eine lebhafte Kanonade an, daß die Fenster bebten – es fiel unaufhörlich Regen, man konnte daher nicht viel bemerken. Nachmittags entfernte sich das Schießen, und man erfuhr, daß die russische und österreichische Armee 5 Stunden weit zurückgedrängt worden. Abends kamen ungefähr 2 bis 3hundert russische und preußische und wohl an 10 000 österreichische Gefangene wie auch 4 österreichische Fahnen und 6 Kanonen.

28. Die Russen und Österreicher stehen auf den Höhen von Kesselsdorf, man hört sehr deutlich Kanonen und Pelotonfeuer. Über die Elbbrücke bemerkte ich eine augenscheinliche Retirade der Franzosen, und die Nachricht, daß bei Berlin die Franzosen geschlagen sind, ist daher wahr. –

29. Heute ging ich vor den Mosczynskischen Garten und sah zum erstenmal in meinem Leben *ein Schlachtfeld.* Erst heute hatte man angefangen aufzuräumen, und zwar wurden, wie ich bemerkte, zuerst die gebliebenen Franzosen nackt ausgezogen und in große Gruben zu 20, 30 verscharrt. Hier hatten die russischen Jäger unter dem wütenden Feuer der französischen Kanonen gestürmt, das Feld war daher überdeckt mit Russen, zum Teil auf die

Karikatur auf Napoleon

Napoleon am 10. August 1813 auf der großen Ostrawiese

Aussicht vom Moreau-Denkmal in Dresden

Napoleon auf der Rückkehr aus Rußland in Dresden anlangend (1812)

Erste Attacke der russischen Jäger auf die verschanzte französische Batterie am Großen Garten am 26. August 1813

Elbübergang französischer Truppen am 10. Mai 1813
unter den Augen Napoleons

Die ersten Kosaken an der Löbtauer Weißeritz-Brücke im August 1813

Empfang des Kaisers von Rußland
und des Königs von Preußen durch Geistlichkeit und Rat
am Schwarzen Tor in Dresden am 24. April 1813

schrecklichste Weise verstümmelt und zerrissen. – So z. B. sah ich einen, dem gerade die Hälfte des Kopfes weggerissen, ein scheußlicher Anblick – Pferde – Menschen – daneben Gewehre – Säbel – gesprengte Pulverwagen – Tschakos – Patronentaschen –, alles in wilder Unordnung durcheinander geworfen –. Auf manchem unverstümmelten Gesicht sah man noch die Wut, den Grimm des Kampfs – einer hatte gerade in die Patronentasche gegriffen, um frisch zu laden, und so hatte ihn der Tod getroffen. – Ein russischer Offizier, ein herrlicher, schöner Jüngling (höchstens 23 Jahr) hielt noch den Säbel über dem Kopf geschwungen in der rechten Hand und war so zum Tode erstarrt. – Eine Kanonenkugel hatte ihn gerade auf der Brust am linken Arm getroffen, diesen weggerissen und die Brust zerschmettert – sein Tod war leicht! – Mir schien es, als bewege sich etwas im Grase in geringer Entfernung; ich teilte es meinem Begleiter, dem Advokaten Cunradi, mit, wir gingen darauf zu, und siehe da, ein Russe, dem beide Füße auf das jämmerlichste zerschossen waren, so daß alles von geronnenem Blute klebte, saß ganz gemütlich aufrecht und zehrte von einem Stück Kommißbrot. *So lag der Mensch seit dem 26. August* nachmittags und war der starken Verwundung ungeachtet frisch und munter. Er zeigte uns seine leere Feldflasche, und Cunradi eilte, sie mit Wasser zu füllen, wie gut war es, daß ich

Ernst Theodor Amadeus Hoffmann
In dieser düstern verhängnisvollen Zeit

An Carl Friedrich Kunz

Dresden, den 19. August 1813 Verehrtester! Vorgestern erhielt ich Ihren lieben Brief vom 7. durch Morgenroth! – Daß Ihnen der «Magnetiseur» zusagt, freut mich ungemein, da es mir den Beweis gibt, daß ich meine eignen Sachen ziemlich richtig beurteile! – Erinnern Sie sich denn nicht, daß ich Ihnen selbst sagte: es würde das beste im Ganzen werden? – Empfangen Sie in der Anlage, als Beweis meines Fleißes, den Schluß des Ganzen. – Die Katastrophe habe ich, da die Anlage weitschichtig genug, in kurzen, aber starken Zügen gegeben! – In keiner als in dieser düstern verhängnisvollen Zeit, wo man seine Existenz von Tage zu Tage fristet und ihrer froh wird, hat mich das Schreiben so angesprochen – es ist, als schlösse ich mir ein wunderbares Reich auf, das aus meinem Innern hervorgehend und sich gestaltend mich dem Drange des Äußern entrückte. Mich beschäftigt die Fortsetzung ungemein, vorzüglich ein Märchen, das beinahe einen Band einnehmen wird. Denken Sie dabei nicht, Bester! an Schehezerade und Tausendundeine Nacht — der Turban und türkische Hosen sind gänzlich verbannt — feenhaft und wunderbar, aber keck ins gewöhnliche alltägliche Leben tretend und seine Gestalten ergreifend, soll das Ganze werden. So z. B. ist der Geheime Archivarius Lindhorst ein ungemeiner arger Zauberer, dessen drei Töchter, in grünem Gold glänzende Schlänglein, in Kristallen aufbewahrt werden, aber am H. Dreifaltigkeitstage dürfen sie sich drei Stunden lang im Hollunderbusch an Ampels Garten sonnen, wo alle Kaffee- und Biergäste vorübergehn — aber der Jüngling, der im Festtagsrock seine Buttersemmel im Schatten des Busches verzehren wollte, ans morgende Collegium denkend, wird in unendliche wahnsinnige Liebe verstrickt für eine der Grünen — er wird aufgeboten — getraut — bekommt zur Mitgift einen goldenen Nachttopf mit Juwelen besetzt — als er das erstemal hineinpißt, verwandelt er sich in einen Meerkater usw. — Sie bemerken, Freund! daß Gozzi und Faffner spuken! —

Mit meiner Gesundheit geht es besser, nur muß ich in diesem Augenblicke beinahe zu viel arbeiten, da schwere Oper auf schwere Oper folgt — «Iphigenia» — «Faniska» — «Sylvana» — «Cortez» — es ist arg. —

Mein Arzt hat das Nervenfieber befürchtet, indessen der Sturm ist abgeschlagen! — Übrigens sind jetzt hier die Stufen: Ruhr — Nervenfieber — Tod! Vor zwei Tagen war ich noch so krank, daß ich wirklich daran dachte, ein schöner Engel zu werden, und heute habe ich das Billett an Nikomedes geschrieben und alles ins reine gebracht zum Absenden! ...

Das herrliche Buch: Schuberts «Ansichten» pp. habe ich erhalten und bin begierig auf alles, was der geniale Mann geschrieben und schreibt. Scharfsinnig mehr als poetisch ist die Erklärung der Ahndungen der Somnambulen.

Über Krieg und Frieden soll ich schreiben? — Ach Teuerster! Krieg ist es! — böser arger Krieg! Der Kaiser mit den Garden ging vorigen Sonntag fort, und seit der Zeit wird die Straße nicht leer von Truppen — wie eine ewige Prozession zieht Artillerie, Kavallerie, Infanterie vorüber die schlesische Straße hinauf — von einer vorgefallenen Schlacht weiß man bis dato nichts, aber alles ist in der größten Spannung, und weiß der Himmel, wie es uns ergehen wird. Wir vertrauen ganz auf das Glück von Napoleons Waffen — sonst sind wir verloren. Ich ziehe übrigens in die Stadt, da mein Häuschen äußerst angenehm gerade in der Schußlinie einer bedeutenden Schanze liegt. In diesem Augenblick, daß ich dies schreibe (nachts 12 Uhr), kommt Kavallerie, die auf der ganzen Straße vor meinem Fenster biwakiert, meine Wirtin muß für 20 Mann kochen usw. — Von dem Leben hier mitten im

Heute Mittwochs den 20. October 1813.

wird auf dem Königl. Theater

aufgeführt:

Die Zauberflöte.

Eine große Oper in zwei Aufzügen;

von Schikaneder.

In Musik gesetzt von Mozart.

Personen:

Sarastro.	Herr Pillwitz.
Tamino.	Herr Gerstäcker.
Sprecher.	Herr Keller.
Erster Priester.	Herr Koch.
Zweiter Priester.	Herr Neumann.
Dritter Priester.	Herr Langer.
Königin der Nacht.	Mlle. Herz die ältere.
Pamina, ihre Tochter.	Mad. Kramer.
Erste Dame.	Mad. Langer.
Zweite Dame.	Mlle. Herz die jüngere.
Dritte Dame.	Mad. Neumann.
Drei Genien.	— —
Papageno.	Herr Corradini.
Ein altes Weib.	— —
Monostatos, ein Mohr.	Herr Fischer.
Erster Sclave.	
Zweiter Sclave.	
Dritter Sclave.	

Priester. Sclaven. Gefolge.

Die Texte der Gesänge sind an der Kasse für 2 Groschen zu bekommen.

Die Preise sind folgende:

Ein Billet im Cercle	16. Gr.
Ein Billet im ersten Rang	16. Gr.
Ein Billet im zweyten Rang	16. Gr.
Ein Billet im dritten Rang	8. Gr.
Gallerie Mittel-Loge	6. Gr.
Gallerie	4. Gr.

Die Billets sind am Tage der Vorstellung von früh 9 bis 12 Uhr im Theater zu bekommen; aber nur denselben Tag gültig.

Der Anfang ist um 7. Uhr. Das Ende gegen 10. Uhr.

Aujourd'hui le 20. Octobre 1813.

La flûte magique.

Grande Opéra en deux actes. Musique de Mozart.

Les Prix.

Un Billet au Premières Loges	16 gros.
- - au Secondes Loges	16 --
- - au Parterre	16 --

Les Billets se trouvent au Théatre, depuis 9. heures du matin jusqu'à midi, et ne sont valables que le jour de la Représentation.

On commencera à 7. heures. La fin à 9¼. heures.

Programm zur «Zauberflöte» vom 20. Oktober 1813
(Dirigent: E. T. A. Hoffmann)

Kriege haben Sie alle! – verehrungswürdigste Bamberger! keine Idee! – Die Vignetten haben Sie nun schon erhalten – also wird es wohl dabei bleiben müssen, es ist mir auch im Grunde so lieber als der Rand, den ich übrigens auch gern und recht fantastisch gezeichnet hätte! – Rücksichts des Honorars für die künftigen Bände einigen wir uns wieder auf ein bestimmtes Honorar fürs Werk, da ich mir Ihre splendiden Bogen natürlicherweise nicht honorieren lassen kann. – Ich bin nicht eigennützig, sondern will nur einigermaßen entschädigt sein für Aufwand an Kraft, Mühe, was eigentlich intaxable ist. –

Das Rhapsodische des Briefes so wie das Gekritzel verzeihen Sie dem Umstande, daß ich erst um 10 ½ Uhr aus der Probe der «Iphigenia» gekommen, die seit 8 Tagen die erste Oper ist, die ich wieder dirigiere, da ich einsitzen mußte – von 5 bis 10 ½ Uhr Theaterprobe!! – es ist nämlich Ballett dabei.

Ihre liebe Frau grüße herzlichst

Adio mio carissimo amico
Hff

Gustav Nieritz
Hunger

Dresdens Einquartierung betrug vom 26. Februar bis mit 31. Dezember 1813 in Summa 7 376 947 Köpfe, im Jahre 1814 2 712 345, darunter 2 497 Generäle, welche meistens die Hausbesitzer verpflegen mußten. War es da ein Wunder, wenn diese verarmten?

Unsere Schule war, wie schon gesagt, eine Armenschule, in welcher 70 von unsern Schülern täglich ihr Essen und Brot bekamen. Dieses Essen, dessen Preis für den Frieden und für wohlfeile Zeit berechnet war, in der harten, teuren Kriegszeit zu beschaffen, war für meine Mutter eine gewiß schwere Aufgabe, die sie dennoch glücklich lösete. Ebenso verhielt es sich mit dem Herbeischaffen und Austeilen des Brotes, welches jetzt allemal bei abendlicher Dunkelheit und heimlich von dem Bäcker geholt werden mußte, um nicht die Raubsucht der zahlreichen, oft darbenden Krieger zu erwecken. Damit das frischbackene Brot nicht durch den leicht wahrnehmbaren Geruch sein Vorhandensein verrate, verbargen wir es in unserm Keller, und ebenso verstohlen geschah dessen Verteilung an die Zöglinge, die ihre empfangene Gabe auf dem Heimwege vor den Augen der Soldaten gleichfalls verbergen mußten. Zur Ehre unsers Bäckers erwähne ich hier, daß derselbe, sogar in den Tagen der höchsten Not und einer lange andauernden Belagerung unsrer Stadt, stets

Die Franzosen schließen am 28. August 1813 ihre Gefangenen in der Kreuzkirche ein

unsern Brotbedarf beschafft hat. Wie ihm solches möglich war, als französische Gendarmen alle Backöfen Dresdens überwachten und die fertig gebakkene Ware zunächst für ihre Leute in Beschlag nahmen, ist mir noch heute unbegreiflich. ...

Am übelsten erging es den Gefangenen in den Kirchen und in dem Orangeriehause. Man reichte ihnen nicht einmal Stroh zu einer Lagerstätte, daher sie dieselbe in den hölzernen Kirchenständen und auf den kalten, harten Steinplatten der Kreuzgänge aufschlagen mußten. Nur notdürftig bekleidet und gänzlich vom Regen durchnäßt, froren sie gewaltig in den hohen, weiten und mehr als kühlen Hallen, die sie nur auf kurze Minuten verlassen durften, um in einem nahe gelegenen Winkel ihre Notdurft zu verrichten. Fast lediglich auf die Nahrungsmittel beschränkt, welche ihnen das Mitleid der Einwohner und der Vorübergehenden schenkte, gesellte sich zur Kälte noch der Hunger, der einen preußischen Gefangenen im Orangeriehause dahin brachte, freiwillig sich den Tod zu geben, indem er von dem höchsten, mühsam erkletterten Balken des Dachstuhls sich in die Tiefe herabstürzte. Das Los der preußischen Gefangenen in Dresden, im Kriege 1806, war dagegen ein goldenes zu nennen. Daß es unsern bei Großbeeren und Dennwitz gefangenen Sachsen in Berlin noch schlimmer erging, habe ich bereits erwähnt. Als die herbstliche

Kälte die Kirchen mit einer Eisluft erfüllte und die Gefangenen durch die Ruhr hinwegzuraffen begann, erlaubten deren Wächter ihnen endlich, die hölzernen Kirchenstühle, Bänke, Stände und sonstigen Sitze als Feuerungsstoff zu benutzen. Als daher nach mehr wie einjähriger Zeitfrist die Kirchen endlich geräumt und ihrer Bestimmung zurückgegeben wurden, fand sich in deren Schiffen kein Holzspan mehr vor, so daß das Verbrannte mit einem großen Kostenaufwande wieder hergestellt werden mußte. Die schöne Frauenkirche hatte keine Gefangenen zu beherbergen bekommen, aber nur aus dem Grunde, weil sie das Hauptmagazin der Franzosen und mit Vorräten aller Art angefüllt worden war. Auch ihr Inneres mußte gänzlich erneuert werden. ...

Jenes alte Orangeriehaus, in welchem ein Teil der Gefangenen eingesperrt war, stand in der Sommerzeit leer, weil die Orangenbäume mit ihren Erdkübeln die Räume des Zwingers schmückten. Seine hohen und breiten Fenster waren dann durch hölzerne Läden verschlossen, welche dem Tageslichte den Zutritt verwehrten und den weiten, inneren Raum zu einem finstern Keller umgestalteten. Vielfach angebrachtes, zum Stützen des leichtgebauten Hauses nötiges Gebälk in der Höhe machte deren Erkletterung möglich, was von den Gefangenen benutzt wurde, um mit Hülfe von Taschenmessern kleine Öffnungen in den obern Rand der Läden zu schneiden und durch dieselben losgetrennte, an langen Bindfäden befestigte Kleidertaschen herauszuhängen. Diese hangenden Beutel, viele Hundert an der Zahl, waren in fast unaufhörlicher Bewegung und vertraten die Stelle von bittend ausgestreckten Händen. Sie senkten sich bald in die Tiefe hernieder, bald fuhren sie wieder empor. Dabei ertönte aus dem verschlossenen, finstern Innern dumpf und hundertfältig die flehentliche Bitte um eine Gabe, wobei sich die Russen durch den Ruf unterschieden: «Muhter, gibb! gibb!» Aber noch ergreifender war der Anblick einer langen Reihe von Menschenhänden, welche dicht aneinandergereiht und längs des weithin sich erstreckenden Gebäudes aus der Erde oder dem Grabe hervorgewachsen zu sein schienen. Die armen Gefangenen hatten Muße genug gehabt, um auszuforschen, daß die Vordermauer ihres Gefängnisses den oberflächlichsten Grund von der Welt besaß. Daher war es ihnen möglich geworden, nach Art der Maulwürfe und Hamster eine Höhle unter den Mauersteinen zu graben, durch welche ihr möglichst lang ausgestreckter Arm seine Hand heraus an das Tageslicht zu bringen vermochte. Daß sie dabei auf dem Bauche liegen mußten, versteht sich von selbst. Auch diese Hände befanden sich, wie die hangenden Taschenbeutel, in steter Bewegung und schlossen sich in dem Augenblicke, wo sie eine Gabe hineinfallen fühlten, worauf die beschenkte Hand zurückgezogen wurde und verschwand, um in der nächsten Minute ihr Bittgeschäft von neuem zu beginnen. Wenn nun der menschenfreundliche Prinz Maximilian auf seinem frühen Ausgange an dieses Orangeriehaus, an welchem ihn sein Weg vorüberführte, gelangte, so winkte er seinem Kammerdiener hinter sich, und derselbe hob an bei der ersten, aus der Erde hervorwachsenden Hand und bei dem ersten auf und nieder hüpfenden Schubsack bis zu dem letzten Bittenden und steckte oder legte eine kleine Silbermünze hinein, von welcher er einen ansehnlichen Vorrat bei sich führte. Dabei gab der mitleidige Fürst genau acht, daß keine Hand und keiner der Beutel übersehen wurde, indem er mit seinem Spazierstocke da- und dorthin wies, wo noch auszuteilen war.

Mit jedem Tage mehrten sich des Krieges Greul. Die umliegenden Dörfer waren verödet, alles, was zur Nahrung diente, war geraubt worden vom Feinde wie vom Bundesgenossen. In die Waage des Rechts wirft ja der Krieger sein Schwert als Gewicht! und das eigene Besitztum ist zur leicht platzenden Seifenblase geworden. Auf der vormaligen, jetzt zu einem öffentlichen Park umgeschaffenen Bürgerwiese in Dresden waren viele hunderte von den Franzosen geraubter Stücke Rindviehs zusammengesperrt worden. Diese armen Tiere, welche aus der zerstampften und bereits längst abgegrasten Wiesenfläche kein nährendes Hälmlein raufen konnte, erfüllten die Luft mit ihrem kläglichen Gebrüll des Hungers und Durstes. ...

Die unglücklichen Bewohner des flachen Landes umher waren allen Leiden und Plagen des Krieges ungleich mehr als die Stadtbewohner ausgesetzt. Zuerst vernichteten Freund und Feind den Ertrag der Felder, Wiesen und Gärten, raubten den lebenden wie den toten Inhalt der Ställe, Scheunen, Vorratskammern und Keller, bald auch die sorgsam versteckten, klingenden Schätze des Landmannes. Man verbrannte zunächst die hölzernen Gartenzäune, dann die Tore, Türen und Fensterrahmen der Dorfhäuser, zuletzt sogar die Dielen und Dachsparren, um Wachtfeuer und dergl. zu unterhalten. Selbst das unentbehrlichste Hausgerät übergab man den gefräßigen Flammen. Es blieb den gemißhandelten und mit dem Tode bedrohten Landleuten bald nichts mehr übrig, als weinenden Auges und als Bettler ihrem bisherigen Besitztume den Rücken zu kehren und das bloße Leben in Sicherheit zu bringen. Tausende von solchen Landleuten aus Dresdens Umgegend flüchteten mit Weib und Kind in die Stadt, und auch bei uns suchten und fanden zwei Familien ein Asyl. Sie waren die Braumeistersfamilie Z., unsere vormaligen Hausgenossen und lieben Freunde aus dem Dorfe Nöthnitz, und die Mutter nebst den Geschwistern der Braumeisterin aus Lockwitz, in deren Hause ich als Knabe so manchen glücklichen Tag verlebt hatte. Der Aufenthalt beider Familien in unsrer Wohnung dauerte mehrere Monate und bis zur endlichen Übergabe Dresdens an die Verbündeten.

David August Taggesell
Jahr 1813

Den 22. Oktbr. gelangte die Nachricht von der unglücklichen Schlacht bei Leipzig und der Gefangenschaft des Königs nach Dresden. Viele glaubten gar nicht an die Wahrscheinlichkeit dieser Berichte, die sich indes nur zu bald bestätigten.

Den 23. Oktbr. erschienen die Russen bei Lockwitz. An sie hatte sich von Teplitz aus ein östreichisches Korps angeschlossen. Die Blockade begann auf beiden Ufern der Elbe aufs neue. Im Innern der Stadt wütete das Lazarettfieber, am heftigsten in den Militärspitälern; wer sie betreten, verließ sie nur als Leiche. Alle Morgen wurden die Toten, vollkommen entkleidet, auf Wagen geladen und fuderweise auf die Kirchhöfe geschafft, wo sie bisweilen tagelang aufgeschichtet lagen, bis sie in große Gruben gescharrt wurden. Es kam dabei vor, daß Soldaten, die noch lebten, mit auf die Leichenwagen und in die Gruben geschafft wurden. Der Mangel an Arzneien in den Apotheken, der Tod vieler Ärzte, Chirurgen und Krankenwärter steigerte das Elend in den Spitälern, aus denen täglich über 200 Tote gefahren wurden. Daher kam es, daß die Soldaten lieber auf den Kothaufen, unter freiem Himmel oder in den Hausfluren und auf den Treppen starben, als in das Lazarett gingen. Die Zahl der Kranken mehrte sich, da es an Lebensmitteln gebrach. ...

Den 12. Nov., es war ein Bußtag, früh 8 Uhr, sammelten sich mehrere Abteilungen der französischen Infanterie zwischen dem Pirnaischen und Wilsdruffer Tore und zogen, 600 Mann stark, um 11 Uhr nach der Freiberger Straße. Vor dem Schlage an der Weißeritz waren zu beiden Seiten der Straße östreichische und russische Truppen aufgestellt, deren Musikchöre abwechselnd spielten. Als nun die Franzosen mit klingendem Spiele an den Schlag kamen, ertönte der Ruf: «Streckt's Gewehr!» Die Flinten wurden in Pyramiden aufgestellt; Patronentaschen, Säbel und Trommeln niedergelegt. Die Entwaffneten marschierten dann mit ihrem Gepäck auf der Heerstraße weiter. Die jungen Soldaten zogen fröhlich dahin, froh über ihre Befreiung aus dem Jammerleben in der Festung. Den Offizieren und alten Kriegsmännern aber sah man deutlich ihren Ingrimm an. ... Die Einwohner atmeten freier, und von allen Seiten strömten Lebensmittel herbei. Es kamen viel russische und östreichische Marketender mit Branntwein, geräuchertem Fleisch und anderen Viktualien. Zugleich wurden Maßregeln getroffen, die Straßen aufzuräumen, welche während der Belagerung einen schrecklichen Anblick boten.

Nach den Kirchennachrichten waren i. J. 1813 317 Trauungen, 1 660 Taufen, aber – 5 194 Beerdigungen von protestantischer, 358 von katholischer Seite, sämtlich bürgerlichen Standes. Außerdem wurden 21 090 Militärpersonen begraben.

Kapitulation

Nach erhaltener offizieller Nachricht ist zwischen Sr. Exzellenz dem Kaiserlich Französischen Marschall Grafen Gouvion St. Cyr und Sr. Exzellenz dem Kaiserlich Österreichischen General der Kavallerie Grafen von Klenau eine Konvention abgeschlossen worden, nach welcher hiesige Stadt an die Truppen der verbündeten Mächte übergeben und von den französischen Truppen nach und nach in verschiedenen Kolonnen verlassen werden wird.

Wir beeilen uns, den hiesigen Einwohnern solches bekanntzumachen, und ermahnen dieselben zugleich, daß sie die nämliche Ruhe und Ordnung, durch welche sie sich in den mannigfaltigen Bedrängnissen der letzten Monate ausgezeichnet haben, auch bei diesem Ereignisse bewähren mögen.

Dresden, am 11. November 1813

Der Rat zu Dresden

Gerhard von Kügelgen
Befreiung

An Karl August Böttiger

Ballenstedt, den 18. November 1813 Als ich Ihren letzten Brief vom 9. September erhielt, war der Postenlauf schon gestört und jeder Zuruf zu Ihnen unmöglich. Um so öfter war ich in Gedanken bei Ihnen, habe geächzet mit Ihnen, wie ich nun teilnehme an dem Glück der endlichen Befreiung von unserm lieben Dresden. Wie gerne möchte ich nun die glückliche Ruhe, die wir so ununterbrochen hier genießen, und wie gerne mit ihr die uns umgebende Gleichgültigkeit vertauschen gegen das lebendig-freudige Erwachen aus dem bösen Traum, in welchem ein Riesenalp Brust und Herz zu zerquetschen, mit gleichgültiger Frechheit seine Last fühlen ließ. Hätte ich nur Fausts Mantel, um mit einem Schlage mich unter Euch zu sehen, Ihr deutschen Herzen, um

Eure, von den Kelten noch blutrünstigen Hände zu drücken und zu weinen an Eurem Halse Tränen, heiße Tränen des Dankes für Freiheit und Vaterland. Ja, er ist gekommen, der Tag, wo ein Deutscher mit Hochgefühl sich brüsten kann, wo Fürst und Volk nicht mehr in getrenntem Interesse, nein, sondern für Gott, für Freiheit und Vaterland miteinander leben und sterben. Was ist nicht alles gekommen, und was wird, was muß noch alles kommen. – Und ich sitze hier, lese aus den Zeitungen, was geschieht, als geschehen diese großen Dinge in der Türkei ..., bin so nah und kann nicht dabei sein, nicht mitwirken, ja nicht einmal hineingaffen in den Zauberkasten und die Gestalten sehen, durch die so viel geschieht, kann nicht einmal mit jemand vor Freude außer mir sein. Kurz, ich ärgere mich, daß hier alles so ruhig ist und daß der gute Fürst die Gelassenheit hat, bis jetzt noch nicht einmal ein Tedeum feiern zu lassen. Habe ich nun die Vorzüge eines kleinen Landes kennengelernt, so sehe ich auch nun das Nichtvorzügliche, und das ist eben das Kleine, was sich allen Handlungen, ja allen Empfindungen jedes einzelnen einprägt. Darum meine ich, daß ich nun fort müßte von hier, damit ich nicht undankbar und ungerecht würde gegen die guten Menschen hier, deren Schuld es nicht ist, eines kleinen Landes Bewohner zu sein, denn für diesen Augenblick passe ich nicht zu ihnen. Doch spricht Madame Vernunft, ich soll geduldig noch einige Zeit hier aushalten, und ich fordere Sie auf, mein lieber, verehrter Freund, mir zu melden, wie es ungefähr bei Ihnen in Dresden aussieht. Ich fürchte die Krankheiten, den Mangel an Holz und manchen Lebensmitteln, und da die Luft hier meiner Frau und den Kindern sehr wohl bekommt, so meine ich, ich müßte bis zum Frühjahr bleiben, da meine Anwesenheit in Dresden doch zum Ganzen nichts helfen kann und es nur Egoismus ist, wenn ich gern da wäre, wo gewiß nun etwas geschehen wird, und von allem, wo man lebendig großen Anteil nimmt an der großen Sache, und daß ich es entbehren muß, mit meinen Freunden darüber zu sprechen, mich mit ihnen darüber zu freuen, ist recht hart für mich. Was glaubt man denn vom Könige von Sachsen? Werden wir ihn noch den unsern nennen? Der Herzog von Weimar hat ein Kommando eines Armeekorps übernommen. Wird die Erbprinzessin von Weimar etwa in Dresden erwartet? Was macht Hartmann?, er hat mir nicht geschrieben. Ach Gott, Ihr Armen mögt wohl in Dresden etwas gelitten haben. ...

Ernst Theodor Amadeus Hoffmann
Freiheit!

An Carl Friedrich Kunz

Dresden, den 17. November 1813 Teuerster Freund! Freiheit! – Freiheit! – Freiheit! – Meine schönsten Hoffnungen sind erfüllt, und mein fester Glaube, an dem ich selbst in der trübsten Zeit treulich gehalten, ist bewährt worden. Haben nicht selbst manche meiner Freunde, auch Sie, geliebter Freund! gar kleinmütig mich in einem frommen Wahne befangen geglaubt, wenn ich immer hoffte und hoffte und Ansichten, die so weit entfernt schienen, ins Leben trug? – Freilich wurde ich durch manches, was ich vor meinen Augen geschehen sah und was wohl manchem entgangen, gar oft gestärkt und erhoben, aber ich mußte schweigen, da es unmöglich war, daraus irgendeinen überzeugenden Beweis meiner innigsten Meinung zu geben. – Was soll ich von der letzten Zeit, die ich hier erlebt, sagen? Sie war gewiß die merkwürdigste meines Lebens, da ich alles das, was sonst lebhafte Träume mir vor Augen brachten, wirklich und in der Tat vor mir erblickte! – Gewiß wird Sie und meine Freunde in Bamberg eine detaillierte Beschreibung der hiesigen Vorfälle interessieren, und ich weiß nichts Besseres, als eine Art Tagebuch beizulegen, daß das Merkwürdigste enthält.

Gewiß ist es ein Glück ohnegleichen, daß ich nur mit der allgemeinen Angst und Not gelitten, auf meine spezielle Lage dagegen das Ungemach der entsetzlichen Begebenheiten in und bei Dresden keinen Einfluß gehabt hat. Nur nach der Schlacht bei Dresden, am 26. und 27. August, blieb das Theater 14 Tage geschlossen, sonst ist unausgesetzt bei vollem Hause gespielt worden, und Seconda hat gerade diesen Sommer bessere Geschäfte gemacht als sonst, da, wie man mir sagt, oft schlechte Witterung den Besuch des Theaters im Linckeschen Bade verminderte. So ist es auch wirklich eine ganz besondere Schickung des Himmels, daß weder ich noch meine Frau, dicht am Lazarett wohnend, nicht erkrankt sind, da selbst in dem Hause, wo wir wohnen, mehrere an dem Nervenfieber, welches einen wahrhaft pestartigen Charakter angenommen, gestorben sind. Der kurze Klimax dieser Krankheit sind: Kopfschmerz, Schwindel, Betäubung, Tod! – Alles in wenigen Stunden. Bei dem gänzlichen Mangel an soliden Lebensmitteln (Brot war gar nicht zu haben, Fleisch nur dann und wann in geringer Quantität) mußte jenes Übel nur zu sehr um sich greifen, und noch in der letzten Woche vor der Kapitulation starben an 200 Personen bürgerlichen Standes, in den Spitälern aber täglich *über*

200 bis 250, so daß die Leichname aufgetürmt auf dem Neustädter Kirchhofe lagen. — Franzosen auf der *Straße* auf das jämmerlichste sterben zu sehen, war etwas Gewöhnliches!

Johann Justus Vieth von Golßenau
Wie ein erobertes Land

Sachsen bittet, in Rußland, Polen, Preußen und besonders in Böhmen Getreide aufkaufen und so schnell als möglich einführen zu dürfen, und um die schleunigste Erteilung der hierzu nötigen Befehle und Erleichterung der Mittel.

Ohngeachtet Sachsen wegen der augenblicklichen Zahlung in keiner geringen Verlegenheit ist, so wird doch redlich gezahlt und alles angestrengt werden, um nur der sonst unvermeidlichen Hungersnot und deren Folgen vorzubeugen.

Ohne Erfüllung dieser Bitte kann Sachsen seine Verpflichtungen nicht erfüllen, indem nicht mehr Körner genug vorrätig sind, um ein Korps, wie die Belagerungskorps, den Winter hindurch zu nähren, die Menschen müssen davonlaufen und Sachsen als eine Steppe die Verbindung der Armeen mit ihren Quellen unterbrechen. — Aus dem Mangel entstehen Epidemien, besonders im Gebirge, welche zum Frühjahr pestartig werden können und im Rücken der Armeen und in den Verbindungslinien die traurigsten Folgen haben würden.

Sachsen bittet dringend um die ungesäumte Wiedererstattung der 200 000 Rtlr. sächsisches gemachtes Anleihen, welches bei Ankunft der hohen Verbündeten in Frankfurt daselbst von dem Zentr.-Verw.-Rat gefunden und zum Nutzen der verbündeten Armee ist verwendet worden.

Sachsen bittet ferner, daß alle in Torgau nach dessen Entsatz vorzufindenden Gelder an Sachsen gegeben und zum Besten des Landes angewendet werden, daß die Verpflegungskosten der verschiedenen alliierten Truppen, welche auf Rechnung gestellt sind, als Östreicher, Russen, Preußen, Schweden, sowie eine Kompensation der 2 Millionen getanen Vorschüsse für Verpflegung der fremden Truppen baldigst erlangt werde.

Auch daß Sachsen soviel als möglich von allen Durchmärschen befreit bleiben möge. Eine sowohl für den Nutzen der Armee als des Landes höchst nötige Maßregel, indem bei dem gegenwärtigen Zustand der Dinge es dem armen Lande unmöglich ist, die gehörigen Portionen und Rationen anzuschaffen.

Sachsen bittet um Überlassung aller im Lande und in den wieder eroberten festen Plätzen vorhandenen Waffenvorräte und einzeln gefundener Waffen zur Ausrüstung der Armee und der Landesbewaffnung sowie um die in Torgau anwesenden Pontons als sächs. Eigentum.

Sachsen bittet um Unterstützung aller Art und um Erleichterung der Mittel, sich Geld zu verschaffen. Werden bei dem gänzlichen Mangel an barem Gelde die Mittel erschwert, so muß das begonnene Werk in Stocken geraten.

Aus Mangel an Geld wird die mobile Linienarmee in seiner Organisation und Marsch gehemmt, da die Offiziers und Gemeinen nicht ausgerüstet werden und sich kaum kleiden können. Hieraus entsteht wieder eine Stockung in der Ausrüstung und Bildung der Landesbewaffnung. Die mit diesen Aufträgen versehenen Behörden werden müssen abtreten.

Teilweise wird in Sachsen umgegangen, als sollten die Einwohner aus der Reihe der Völker gedrängt und vernichtet werden. ...

Die Hoffnung, durch die Kapitulation von Dresden den größten Teil der Truppen loszuwerden, ward durch die Art der Kapitulation noch zu einem größeren Nachteil, indem die Franzosen auf der Route Halt machen mußten, die greulichsten Exzesse verübten und den Krankheitsstoff verbreiteten, das Belagerungskorps teils nach Dresden, teils in weitläufige Kantonierungen verlegt ward und dort die Gegend bis gegen Böhmen und bis ins Gebirge noch völlig ruinierte.

Der erzgebirgische Kreis leidet schon an Hungersnot und Epidemie so, daß viele Dorfschaften von gar keinen Truppen belegt werden können.

Dresden und der ganze Meißner Kreis ist durch die lastende Einquartierung, durch 8–9 000 Mann starker täglicher Stellung von Schanzarbeitern nach Dresden und Torgau und durch ähnliche unabänderliche Lasten sowie durch die herrschenden Krankheiten an der Landwehraushebung noch ganz gehindert worden. Das Belagerungskorps von Torgau betrachtet die Gegend um Torgau wie ein erobertes Land, das man und aus welchem man nach Belieben pressen kann. Es ruiniert die dasigen Forste und treibt Handel mit dem Holze. Ein Holzquantum von ungefähr 6 000 Tlr. ist für 1 500 Tlr. eruiert worden, welche das Land itzt bezahlen muß. Desgleichen ist ein altes Erziehungsinstitut zu Annaburg für Söhne braven Militärs aufgelöst, die Knaben verjagt worden, welche herumlaufen und teilweise schon gestorben sind. Diejenigen, welche zu Spielleuten gebildet waren, hat ein russischer General nach Rußland geschickt, statt daß sie in der Landesbewaffnung hätten angestellt werden können.

Die meisten kleinen Städte sind voll russischer Offiziere, welche nicht fortgehen und die armen Einwohner ganz aufzehren. ...

Sachsen steht als ein geachtetes und alliiertes Land, nicht aber als ein verachtetes und so behandelt zu werden, als sollte es vernichtet werden. Der gute Geist, welcher sich so herrlich ausspricht, gibt Sachsen eine gewisse Hoffnung, daß seine Bitte erfüllt werden wird. Können unsere Hoffnungen nicht in Erfüllung gehen und das Generalgouvernement nicht in den Stand gesetzt werden zu helfen, so will der Fürst Repnin abtreten und um ein Kriegsrecht anhalten zu Untersuchung seines Handelns.

J. J. von Vieth
k. sächsischer General

Louise Seidler
Ein furchtbarer Morgen

Bald nach unserer Ankunft in Dresden besuchte Kügelgens Frau ihrer schwankenden Gesundheit halber das Radeberger Bad, aber sie war freundlich genug, mir zu erlauben, daß ich während ihrer Abwesenheit ganz in ihr Haus ziehen und die blinde Schwester des Münzmeisters Kummer, Auguste, zu mir nehmen durfte. Leider mußte diese bald einen entsetzlichen Schrekken mit mir teilen.

Als ich am 24. Juni früh neun Uhr trotz heftigen Regens mich eben anschickte, in die Galerie zu gehen, ertönte plötzlich ein fürchterlicher Knall. Die Fenster zersprangen, der Ofen stürzte zusammen, die Türen flogen auf, Bilder fielen von den Wänden. Kügelgen rannte mit dem Angstrufe: «Retten wir uns!» aus seinem Zimmer; die Luft verfinsterte sich durch den dicken Qualm. «Eine Pulverexplosion!» rief es auf der Straße. In der Tat war eine stark gefüllte Mine, welche die Franzosen angelegt hatten, durch Unvorsichtigkeit entzündet worden. Die Mine befand sich in der Nähe des Schwarzen Tors, wo der Verkehr sehr lebhaft war; dreißig Menschen und ein Wagen mit vier Pferden wurden das Opfer dieses Unglücks. Der Druck der Luft war so gewaltig, daß in dem stundenweit von Dresden entfernten Pirna etliche Fenster zertrümmert wurden. In unserm Hause blieb keine Scheibe unversehrt; Kügelgens auf der Staffelei befindliche Bilder waren mit Glassplittern förmlich gespickt.

Es war ein furchtbarer Morgen; wenn man es wagte, aus dem Fenster zu sehen, so begegnete der Blick nicht selten Bahren, auf denen Tote vorübergetragen wurden.

David August Taggesell
Summarische Übersicht

der seit dem 26. Februar bis mit 31. Dezember [1813]
bei den Einwohnern von Dresden einquartiert gewesenen Militärs,
nach der Kopfzahl berechnet, als:

Zeitraum	Altstadt	Neustadt	Vorstädte	Friedrich-stadt	Betrag aller Köpfe
Vom 26. Febr. bis mit 25. März	117 338	67 250	43 832 ½	8 385	236 805 ½
Vom 26. März bis mit 7. Mai	208 600	95 862	49 128 ½	21 137	374 727 ½
Vom 8. Mai bis mit 14. Juni	499 149	224 799	273 832 ½	90 513	1 088 293 ½
Vom 15. Juni bis mit 15. Novbr.	1 635 275	1 270 457	1 523 595	633 344	5 062 871
Vom 16. Novbr. bis mit ulto. Dezbr.	283 375	162 646	110 068 ½	61 160	614 249 ½
Hauptbetrag	2 740 737	1 821 014	2 000 457	814 539	7 376 947

Anhang

ZEITTAFEL

Zur Dresdner und sächsischen Geschichte 1756–1815

1756 29. August: Preußische Truppen marschieren in das neutrale Sachsen ein. Beginn des Siebenjährigen Krieges.
9. September: Dresden von preußischen Truppen besetzt.
16. Oktober: 17 000 Sachsen kapitulieren zwischen Pirna und Lilienstein und werden zur preußischen Armee gepreßt.
Winterquartiere der Preußen. Etwa 12 000 sächsische Rekruten für die preußische Armee ausgehoben.
Dresden hat 63 209 Einwohner, Sachsen 1 700 000 Einwohner.

1758 Weitgehende Zerstörung der Dresdner Rokokokultur: der Brühlschen Bauten auf der Terrasse und bis 1760 von etwa 500 Skulpturen im Großen Garten.
14. Oktober: Sieg der Österreicher über die Preußen bei Hochkirch.
10. November: Angriff der Österreicher unter Daun auf Dresden. 285 Häuser der Wilsdruffer und Pirnaischen Vorstädte von den Preußen unter General von Schmettau verbrannt, 1 500 Familien obdachlos, 1 030 000 Taler Schaden.
16. November: Rückzug Dauns in ein Lager bei Pirna.
Dresden muß 200 000 Taler Kriegskontribution zahlen.

1759 9. August: Dresden von den Österreichern eingeschlossen und am 4. September besetzt. Die Preußen zünden in den Vorstädten weitere 85 Häuser an.
21. November: 13 500 Preußen kapitulieren bei Maxen.
Seit 23. November: Ungewöhnliche Kälte. Preußen und Österreicher im Winterlager in den Dörfern bei Dresden.

1760 Januar: Kälte, Hunger. 4 000 Österreicher in 16 Tagen an Seuchen gestorben; wohl ebenso viele Preußen.
Seit 14. Juli: Angriff der Preußen auf Dresden (2 000 Tote, Verwundete und Gefangene).
19./20. Juli: Beschießung. 416 Häuser (davon 226 in der Altstadt) und 5 Kirchen zerstört. Verluste an Privateigentum: 1 176 000 Taler.
30. Juli: Rückzug der Preußen.
Anfang November: Sachsen bis auf Dresden von den Preußen zurückerobert.

1761 Steinbau des Morettischen Theaters (Holzbau seit 1755).
Von Oktober bis gegen Ostern mittwochs und sonnabends italienische Oper; montags, dienstags, donnerstags deutsches Schauspiel und Komödie. Die Schauspielgesellschaft von Franz Seconda spielt im Sommer in Leipzig.

1762 29. Oktober: Sieg des preußischen Prinzen Heinrich bei Freiberg; die Preußen vor Dresden.

1762 24. November: Waffenstillstand. Winterquartiere der Preußen und Österreicher in Sachsen. Goethes Freund Johann Heinrich Merck (1741–1791) bis 1764 in Dresden. Brühl hatte ihn zum Direktor der Galerie vorgeschlagen.

1763 15. Februar: Mit dem Frieden zu Hubertusburg endet der Siebenjährige Krieg. Etwa 100 Mill. Taler Kriegsverluste für Sachsen, etwa 120 000 Tote; etwa 800 Häuser in Dresden und Vorstädten zerstört, Einwohnerzahl auf 44 760 zurückgegangen.

30. April: Rückkehr Augusts III. und des Ministers Brühl aus Warschau. Wiederaufnahme des augusteischen Hoflebens.

2. Oktober: Tod König Augusts III. Ende der Personalunion Sachsen-Polen. Friedrich Christian Kurfürst von Sachsen (gest. 17. 12. 1763). Beginn von Reformen und Sparmaßnahmen (Retablissement). Wegfall der italienischen Oper.

28. Oktober: Minister Brühl gest.

Dezember: Prinz Xaver bis 1768 als Administrator. Weiterführung der Reformen.

Die Armee wird von 20 000 auf 16 000 Mann vermindert; Johann Georg Chevalier de Saxe wird ihr Oberbefehlshaber.

Teuerung durch den Krieg: ein Scheffel (= 103,83 l) Mehl kostete Dez. 1756 5 Rtlr., 8 Groschen; Febr. 1762 9 Rtlr.; Mai 11 Rtlr., 12 Gr.; Juni 16 Rtlr.; kurz vor Friedensschluß 18 Rtlr.

1764 Einrichtung einer «Landes-, Ökonomie-, Manufaktur- und Kommerziendeputation» zur Leitung der gesamten Wirtschaft.

Beginn des Wiederaufbaus der Kreuzkirche.

Gründung von Manufakturen.

Gründung der Akademie der Künste.

Winckelmanns «Geschichte der Kunst des Altertums».

1765 Joseph II. deutscher Kaiser (bis 1790).

Prinz Xaver verzichtet bei der Wahl Stanislaus Poniatowskis zum König von Polen auf alle sächsischen Ansprüche.

22. Juni: Turm der Kreuzkirche stürzt ein.

Erste (der nun alljährlichen) Kunstausstellungen auf der Brühlschen Terrasse.

Gründung der Bergakademie Freiberg.

Johann Gottlieb Naumann als Kirchenkomponist (seit 1785 als Leiter der kurfürstlichen Kapelle) angestellt.

Pillnitz wird Sommerresidenz des Hofes.

1766 Anton Graff wird Professor an der Kunstakademie als Nachfolger Canalettos.

1767 Verbot der gewaltsamen Kriegswerbung in Sachsen.

1768 März: Goethe in Dresden.

8. Juni: Winckelmann in Triest ermordet.

15. September: Regierungsantritt Kurfürst Friedrich Augusts III.

1769 15. August: Napoleon Bonaparte geb.

Johann Georg Palitzsch (1723–1788), Landwirt in Prohlis bei Dresden, entdeckt den Halleyschen Komet wieder.

Letzte Opernaufführung im Großen Haus am Zwinger (Pöppelmann-Oper).

1770 Hungersnot in Sachsen. Bis 1772 etwa 70 000 Tote. Unruhen, Raubüberfälle, Diebstähle, Auswanderungen.

Abschaffung der Folter und der Landesverweisung. Erweiterung der Gefängnisse.

Neues Gewandhaus erbaut (seit 1768).

1771 Sachsen hat 1 632 700 Einwohner und 40 Millionen Taler Staatsschulden.

1772 2. Januar: Königlicher Jagdküchenwagen in der Dresdner Heide ausgeraubt (Silberservice für 4000 Taler).
August: Erste Teilung Polens zwischen Rußland, Preußen und Österreich.
2. Oktober: Ein achtzehnjähriger Brandstifter wird vor dem Wilsdruffer Tore lebendig verbrannt.
Gründung von zwei «Polizei»-, d. h. Armenschulen (1773 für 1174 Kinder mit 37 Lehrern). Daneben bestehen acht weitere städtische Armenschulen in Dresden.
Erneuerung der Sophienkirche.
Einführung von Papiergeld für 1 bis 100 Taler.

1773 März: Militär durchkämmt die Dresdner Heide nach Diebesbanden.
Erlaß einer Armenordnung.

1774 Gründung einer privaten Tierarzneischule durch Roßarzt Friedrich Weber (1778 vom Kurfürsten übernommen, 1817 mit der chirurgisch-medizinischen Akademie vereinigt).
Beginn des Landhausbaus unter Krubsacius an Stelle des ehemaligen Flemmingschen Landhauses (dann prinzliches Palais).
25. Februar: Tod des Generalfeldmarschalls Chevalier de Saxe, Sohn Augusts des Starken und der Gräfin Cosel.
5. September: Caspar David Friedrich in Greifswald geb.
Dresden hat 47576 Einwohner.

1775 Deutsche Fürsten verkaufen 29000 Soldaten für die englische Armee, von denen 12000 in Amerika fallen. In Sachsen kein Soldatenhandel.
Abraham Gottlob Werner wird Lehrer der Geologie und Mineralogie an der Bergakademie Freiberg.

1776 28. Januar: 34,5 °C Kälte in Dresden.
22. Mai: Sommertheater im Linckeschen Bade eröffnet (bis Mai 1832).
Baubeginn des Marcolinischen Palais (an Stelle des Brühlschen Gartenpalais) in der Friedrichstadt.

1778 Bayrischer Erbfolgekrieg (bis 1779; «Kartoffelkrieg»).
Eine verbündete preußische Armee zieht durch Dresden nach Böhmen. Einfälle österreichischer Streifkorps im Erzgebirge.
Dresden wird rings um Vorstädte durch Schanzen gesichert. Flüchtlinge und 1180 österreichische Gefangene in Dresden.
Oktober/November: Preußische Truppen in sächsischen Winterquartieren.
Sächsische Armee beträgt 24350 Mann.
Erstes deutsches Lehrerseminar in Dresden-Friedrichstadt.

1779 «Grüne Bude» (italienische Konditorei) auf der Hauptstraße in Dresden-Neustadt errichtet.

1780 Aktionen des Wildschützen Karl Stülpner im Erzgebirge.
Öffentliche Straßenbeleuchtung in Friedrichstadt, bis 1791 in Dresden bereits 1213 Laternen.

1782 Einrichtung eines «Geheimen Finanzkollegiums», d. h. Zentralisierung der meisten Staatseinnahmen und -ausgaben.
Die Dresdner Altstadt ist nach der Zerstörung im Siebenjährigen Krieg bis auf etwa 15 Häuser wieder aufgebaut.
Ankauf der Mengsschen Abgußsammlung; seit 1792 im Stallgebäude aufgestellt.

1783 Gesetzreformen in Sachsen, u. a. Abschaffung der Todesstrafe für Ehebruch.
Christian Gottfried Körner in Dresden (bis 1815).
Beginn der Zwingerrestaurierung (bis 1795).

Wochenmärkte in der Altstadt· montags, mittwochs, freitags; in der Neustadt: dienstags, donnerstags; in der Friedrichstadt: donnerstags Viehmarkt.
Dresden hat innerhalb der Ringmauern 34 öffentliche Brunnen und 27 Rohrwasserleitungen.

1784 Gründung einer Landesentbindungsschule in Dresden.
1. März: Elbhochwasser (8,57 m). Pirnaische Vorstadt, Friedrichstadt, Zwinger, Neustadt bis Meißner Gasse überschwemmt (etwa 23 200 Taler Schaden).
Winter 1784/85: Die Elbe bei −20 °C bis −30 °C 108 Tage zugefroren.

1785 Etwa 23 Millionen Einwohner im Deutschen Reich, davon 75–80 % Landbevölkerung. Sachsen hat 1 941 800 Einwohner.
Juli: Beitritt Sachsens zum Deutschen Fürstenbund (Preußen, Sachsen, Hannover gegen Österreich).
7. August: Christian Gottfried Körners Vermählung mit Marie (Minna) Stock.
11. September: Schiller in Dresden (seit 17. April in Leipzig), bis 20. Oktober in Loschwitz (Lied «An die Freude»).
Aufstand schlesischer Weber in Waldenburg.
Erste Realschule Sachsens in Dresden-Friedrichstadt.

1786 17. August: Tod Friedrichs II. von Preußen. Friedrich Wilhelm II. bis 1797 König von Preußen.
Die Kurfürstliche Bibliothek kommt vom Zwinger in das seit 1776 renovierte Japanische Palais (1. und 2. Stock, seit 1788 öffentliche Bibliothek. Im Erdgeschoß Antikenkabinett und Münzsammlung; Porzellansammlung im Keller. Kunstakademie im Gebäude der ehem. Brühlschen Bibliothek auf Terrasse bis 1894).

1787 17. April bis Ende Mai: Schiller in Tharandt, 20. Juli: Abreise von Dresden nach Weimar.

1789 14. Juli: Ausbruch der Französischen Revolution.
Dresdner Uraufführung von Schillers «Don Carlos».
Armen- und Industrieschulen in Dresden-Neustadt (1794 2 Klassen mit je 100 Kindern) und in der Altstadt (am Queckbrunnen).

1790 Leopold II. (Bruder Josephs II.) deutscher Kaiser (bis 1792).
Zwischen 1790 und 1800 erhöht sich in Sachsen die Zahl der Baumwollspinnmaschinen von 60 auf 2 000. Verdrängung der Spinnerei als bäuerliches Nebengewerbe.
In Friedrichstadt sind 10 % der Einwohner Manufakturarbeiter.
Juli: Preußisch-österreichischer Vertrag zu Reichenbach.
Ende der österreichfeindlichen Politik Preußens.
Mai/Juli: Unruhen in Dörfern der Sächsischen Schweiz wegen adliger Jagdprivilegien. Aufrufe zu Aktionen gegen den Adel (Chr. Benjamin Geißler aus Liebstadt fordert Zug nach Pillnitz).
Juli/September: Bauernaufstände in Sachsen als Folge der Französischen Revolution. Etwa 8 000 Bauern im Raum Nossen-Meißen befreien Gefangene. Einsatz von Militär gegen die Aufständischen.
Unruhe unter Dresdner Handwerkergesellen.
Aufhebung der Leibeigenschaft in Sachsen.
28.–30. Juli und 25. September–3. Oktober: Goethe in Dresden (Bekanntschaft mit dem Sprachforscher und Bibliothekar Adelung und dem Direktor der Kunstakademie Giovanni Battista Casanova).

1791 18. Januar: Kurfürstliches «Mandat wider Tumult und Aufruhr».
25.–27. Juli: Österreichisch-preußische Vereinbarung in Pillnitz zugunsten des französi-

schen Königs ohne sächsische Beteiligung. Glänzende Gartenfeste und Feuerwerke in Pillnitz (4,5 Tonnen Öl zur Illuminierung verbraucht).
Dresden hat einschließlich des Militärs 54 920 Einwohner.

1792 Frühjahr: Alexander von Humboldt, Freiherr vom Stein in Freiberg und Dresden, Schiller und Friedrich Schlegel im Hause Körner.
Juni: Erste Durchzüge preußischer Truppen gegen Frankreich.
14. Juli: Franz II. in Frankfurt/Main zum letzten römisch-deutschen Kaiser gekrönt.
Georg Friedrich Rebmann seit Sommer Redakteur der «Neuen Dresdener Merkwürdigkeiten» und des «Allgemeinen Sächsischen Annalisten».
22. November: Einweihung der Kreuzkirche.

1793 Januar: Zweite Teilung Polens.
Februar: 10 000 sächsische Soldaten gehören zum Reichskontingent im Krieg gegen Frankreich (Rückkehr erst September 1795).
Sachsen hat 2 026 794 Einwohner.
Landtag verlangt am 6. Januar vergeblich Steuererleichterungen für die «niederen Stände».
Wilhelm von Humboldt in Dresden.
Fürst Putjatin siedelt nach Dresden über (Sommerhaus in Zschachwitz, Stadtwohnung Neumarkt, Ecke Moritzstraße).

1794 26.–29. Juli: Streik von etwa 3 000 Handwerksgesellen in Dresden gegen Zunftmeister und Behörden.
Juli: Christoph Martin Wieland bei Anton Graff und in Seifersdorf bei Christine von Brühl.
2.–11. August: Goethe in Dresden.

1795 April: Friede von Basel zwischen Preußen und Frankreich.
Oktober: Dritte Teilung Polens.

1796 August: Neutralitätsvertrag zwischen Sachsen und der Französischen Republik.
Sommer: Ludwig Tieck besucht mit Heinrich Wackenroder die Galerie.
Dresden hat etwa 55 000 Einwohner und 6 000 Soldaten in Garnison.
23.–30. April: Beethoven in Dresden (Hotel de Pologne).

1797 Oktober: Friede von Campo Formio: Ende des Ersten Koalitionskrieges. Abtretung des linken Rheinufers an Frankreich.
November: Friedrich Wilhelm III. König von Preußen (bis 1840).

1798 März: Fichte wird auf Betreiben des sächsischen Hofes wegen seiner Schrift «Über den Grund unseres Glaubens an eine göttliche Weltregierung» in Jena entlassen.
Caspar David Friedrich, E. T. A. Hoffmann, Jean Paul in Dresden; Romantikergespräche in Pillnitz und der Galerie (Schelling, die Schlegels, Novalis).
Bis 1800 «Athenäum», Zeitschrift der Frühromantik von August Wilhelm und Friedrich Schlegel.
Buchhändler Johann Christoph Arnold gründet am Altmarkt «Literarisches Museum» (22 000 Bände); dazu 1802 einen Journallesezirkel mit 80 Zeitschriften im Lesesaal.
Sachsen hat 2 112 210 Einwohner.

1799 Das Gehalt für mehr als 800 sächsische Lehrer wird bis auf jährlich 100 Taler erhöht.
«Pestilenz-Lazarett» auf der Viehweide an der Weißeritz wird Stadtkrankenhaus für 140 Patienten.

1800 2.–4. September: Heinrich von Kleist besucht Dresden auf der Reise von Berlin nach Würzburg.
Fast ein Drittel der 3 997 Dresdner Handwerker sind Schuhmacher und Schneider (380 Schneidermeister und 210 Gesellen, 297 Schuhmachermeister und 279 Gesellen).

1801 Besuche in Dresden: April/Mai: Kleist (auf der Reise nach Paris); Ludwig Tieck mit Familie (bis Oktober 1802); Philipp Otto Runge (bis 1804); Henrik Steffens.
Friedrich Schiller mit seiner Frau Charlotte bei Körner; September Begegnung Tieck – Schiller in der Galerie.

1803 Die Stärke der sächsischen Armee beträgt 31 000 Mann.
Besuche: Seume zu Ostern bei Böttiger; Kleist von April bis Juli; Fouqué auf der Hochzeitsreise; Herder vom 18. August bis 1. September (Audienz beim Kurfürsten); Tieck Winter 1803/04.
Kennzeichnung der Straßen durch Schilder eingeführt.
Dresden hat 2 538 Häuser (988 in der Altstadt, davon 31 Italienisches Dörfchen, ferner 219 in der Neustadt, 1 020 in den Altstädter Vorstädten, 199 in der Friedrichstadt, 112 Auf dem Sande (Neubau in der Neustadt).

1804 Teuerung und Hungersnot.
Friedrich Laun leitet die «Abendzeitung» (die erste bedeutende Unterhaltungszeitschrift); Neugründung 1817.

1805 Zahlreiche preußische Truppendurchmärsche; im November Kaiser Alexander von Rußland in Dresden. Sachsen bleibt neutral.
2. Dezember: Sieg Napoleons bei Austerlitz. Ende der antinapoleonischen Koalition.
Einführung der Pockenimpfung in Sachsen.
In Dresden haben 90 Privathäuser Blitzableiter (der Schloßturm seit 1775).
Familie Gerhard von Kügelgen zieht nach Dresden.

1806 12. Juli: Gründung des Rheinbundes.
6. August: Franz II. legt die deutsche Kaiserkrone nieder.
12. September: Verbündete preußische Truppen in Sachsen; 22 000 sächsische Soldaten unter Waffen.
14. Oktober: 16 000 Sachsen in der Doppelschlacht von Jena/Auerstedt beteiligt (17 000 Preußen).
15. Oktober: Napoleon entläßt 6 000 sächsische Soldaten aus der Kriegsgefangenschaft.
17. Oktober: Sachsen wird zum neutralen Staat erklärt.
24. Oktober: Französischer Stadtkommandant in Dresden, 7 053 551 Taler Kriegskontribution.
21. November: Durch Einführung der Kontinentalsperre Rückgang der Produktion. Zugleich Produktionssteigerung der sächsischen Spinnereien infolge Ausschaltung der englischen Konkurrenz (1806: 13 200 Mulespindeln, 1812: 255 900).
11. Dezember: Friede zwischen Sachsen und Frankreich in Posen unterzeichnet: Sachsen wird Königreich und Mitglied des Rheinbundes. 5 800 Soldaten müssen gegen ehemalige Verbündete kämpfen.
Gründung einer öffentlichen «weiblichen Bildungsanstalt für die Töchter des mittleren und höheren Bürgerstandes in Neustadt bei Dresden», 1808 nach der Altstadt verlegt.

1807 27.–31. Juli: Napoleon in Dresden (auf der Rückreise vom Tilsiter Frieden mit Preußen und Rußland).
31. August: Kleist aus französischer Gefangenschaft über Berlin nach Dresden (bis April 1809).
Dezember: Vorlesungen Gotthilf Heinrich Schuberts, Adam Müllers, Karl August Böttigers. Gründung des «Phöbus. Ein Journal für die Kunst».

1808 Sommer: Tieck und Seume in Dresden.
Caspar David Friedrichs Gemälde «Das Kreuz im Gebirge».

1808 20. August: Ein französisches Armeekorps (20 000 Mann) zieht durch Dresden; vom 16. bis 23. September weitere 23 500; vom 14. bis 20. Oktober 12 000 Mann.
27. September: Der sächsische König reist zum Fürstentag nach Erfurt.
39 deutsche Staaten gehören zum Rheinbund.
Georg Friedrich Kersting zieht nach Dresden.

1809 Januar: Emanuel Gottlob Flemming gründet auf eigene Kosten eine Blindenanstalt (seit 1813 mit staatlicher Unterstützung).
Februar: Dresden in Verteidigungsbereitschaft. 19 000 Soldaten zum Abmarsch nach Österreich bereit, der König verläßt im März die Hauptstadt.
Ende Februar: Letztes Heft des «Phöbus».
9. April: Kriegserklärung Österreichs an Frankreich. Dresden von Franzosen geräumt.
29. April: Kleist verläßt mit Dahlmann Dresden.
11.–30. Juni und 14.–21. Juli: Österreicher besetzen Dresden ohne Kampf.
11. August: Rückkehr des Königs.
14. Oktober: Friede zu Schönbrunn. Metternich wird österreichischer Außenminister.
1. November–23. Dezember: Der sächsische König besucht Napoleon in Paris.
November: Beginn der Abtragung der Festungsmauern.
Gründung einer bürgerlichen Nationalgarde mit 850 Mitgliedern für Wachdienst und militärischen Schutz.
Sachsen hat 2 134 318 Einwohner.

1810 September: Begegnung Goethes mit Körner, Kügelgen, Caspar David Friedrich, Louise Seidler.
Kontinentalsperre: Am 14. Dezember werden vor dem Löbtauer Schlag englische Waren verbrannt.

1811 Verlegung der Forstlehranstalt von Thüringen (Zillbach) nach Tharandt. 1816 (im Unterschied zur Technischen Bildungsanstalt) als «Kgl. Forstakademie» sofort mit akademischem Charakter.

1812 März/April: Durchmärsche zahlreicher Regimenter, meist mit mehreren Tagen Aufenthalt in Dresden.
16. Mai: Napoleon, Kaiser Franz I. von Österreich und König Wilhelm III. von Preußen in Dresden; die Feier des Pfingstfestes als letzter Höhepunkt der napoleonischen Epoche.
Mai/Juni: 600 000 Soldaten (180 000 Deutsche, davon 23 000 Sachsen) brechen nach Rußland auf.
22. Juni: Kriegserklärung an Rußland.
27. September: In Dresden Illuminationen zum Sieg Napoleons an der Moskwa.
14. Dezember: Napoleon inkognito früh 3 Uhr vor der Wohnung des französischen Gesandten Serra. Empfang des sächsischen Königs.

1813 Januar/Februar: Rekrutenaushebungen. Torgau als zentrale Festung. Bilder und Kostbarkeiten werden auf die Festung Königstein gebracht.
25. Februar: Die königliche Familie flieht nach Plauen, dann nach Prag. Durchzug invalider Soldaten, darunter 3 500 Sachsen. Infektionskrankheiten.
März: Befestigung Dresdens. Unruhen gegen die Franzosen.
12. März: Russen vor der Neustadt.
13. März: 10 000 Franzosen unter Davout in Dresden.
19. März: Sprengung der Elbbrücke.
22. März: Übergabe der Neustadt: 1 500 Kosaken unter Oberst Brendel. Waffenstillstand für Dresden. Russische Truppen in der Altstadt.

1813 März/April: Durchzüge der Alliierten.
31. März: Kronprinz von Preußen und 9 000 Soldaten unter Blücher in Dresden.
Anfang April: Ernst Moritz Arndt und Freiherr vom Stein in Dresden.
12. April: Das Lützowsche Korps (500 Freiwillige mit Theodor Körner) bricht nach Leipzig auf.
15.–20. April: Durchzug von 10 000 Russen.
24. April: 17 000 Soldaten der Verbündeten mit König Wilhelm III. von Preußen und Zar Alexander I. in Dresden – Goethe am Fenster des Kügelgenhauses. – E. T. A. Hoffmann kommt von Bamberg nach Dresden.
2. Mai: Sieg Napoleons bei Großgörschen, Rückzug der Alliierten. Friedrich Wilhelm III., König von Preußen, und Zar Alexander I. abermals in Dresden.
8. Mai: Zerstörung der Elbbrücke. Napoleon in der Altstadt.
10. Mai: Franzosen in der Neustadt.
12. Mai: Rückkehr des Königs von Sachsen von Napoleon erzwungen. Brand und Plünderung Bischofswerdas durch Franzosen.
20./21. Mai: Sieg Napoleons bei Bautzen.
1. Juni: In 19 Lazaretten, in Bürgerhäusern und auf den Straßen etwa 30 000 Verwundete.
5. Juni: Waffenstillstand. Dresden ist französisches Hauptquartier, fast die gesamte napoleonische Armee in Sachsen.
10. Juni: Festlicher Einzug Napoleons. Befestigung der Stadt.
24./25. Juni: Die Secondasche Schauspielgesellschaft kommt mit Musikdirektor E. T. A. Hoffmann aus Leipzig.
28. Juni: Unterredung Napoleons mit Metternich.
10. August: Große (vorverlegte) Geburtstagsfeier Napoleons: Parade von 40 000 Soldaten im Ostragehege, Festtafel für die Garden in der Neustadt, Feuerwerk.
12. August: Kriegserklärung Österreichs an Frankreich.
13. August: Goethe, von Teplitz kommend, sieht Napoleon.
15. August: Napoleon verläßt Dresden an seinem 44. Geburtstag.
17.–19. August: Durchzug von 40 000 Franzosen in Richtung Schlesien.
21. August: 200 000 Russen, Preußen und Österreicher kommen über den Erzgebirgskamm nach Sachsen (König Friedrich Wilhelm III. von Preußen, Zar Alexander I., Fürst von Schwarzenberg).
24. August: Beginn der Schlacht um Dresden.
26. August: Angriff der Preußen und Russen von Südosten (Strehlen, Großer Garten), der Österreicher von Südwesten (Weißeritz, Löbtau, Südvorstadt). Napoleon kommt mit der Armee von der Bautzner Straße. Abends Wende der Schlacht.
27. August: General Moreau bei Räcknitz tödlich verwundet. Rückzug der Verbündeten, 13 000 Österreicher bei Gittersee gefangen. 20 000 gefangene Preußen und Russen in 4 protestantischen Kirchen, im Zwinger und Orangeriegebäude, 15 000 kranke und verwundete Franzosen in Lazaretten, etwa 15 000 Tote.
6. September: Kosaken bei Dohna, Berggießhübel, Possendorf.
18. September: Napoleon in Pirna.
26. September: Der sächsische König ermahnt seine Truppen zur Treue gegen Napoleon.
Ende September geben die Franzosen das rechte Elbufer auf (außer Dresden).
7. Oktober: Napoleon und der König von Sachsen verlassen Dresden.
8. Oktober: Erster Angriff der Russen, Beginn einer fünfwöchigen Belagerung. Dörfer rings um die Stadt verwüstet.

1813 18. Oktober: Der sächsische König wird während der Völkerschlacht in Leipzig gefangengenommen.
22. Oktober: Fürst Repnin-Wolkonski Generalgouverneur für Sachsen (bis 8. November 1814); seit 10. Dezember Amtssitz in Dresden.
31. Oktober: Dem Aufruf zur Bildung eines «Banners der freiwilligen Sachsen» durch Fürst Repnin folgen etwa 2 000 Bürger und Adlige unter Führung von Carl Adolf von Carlowitz und Dietrich von Miltitz.
11. November: Kapitulation Dresdens unterzeichnet.
12.–17. November: Abzug der Franzosen: 1 759 Offiziere und 27 714 Soldaten; etwa 6 000 Kranke bleiben zurück.
12. Dezember: Die Frauenkirche wird wieder eingeweiht (zuvor Militärmagazin der Franzosen), E. T. A. Hoffmann geht nach Leipzig.
Dresden hat in diesem Jahr insgesamt 7 376 947 Soldaten als Einquartierung.
In Sachsen sind etwa 200 000 Soldaten und ebenso viele Zivilisten Opfer des Krieges.

1814 15. Februar: E. T. A. Hoffmann beendet das Märchen «Der goldne Topf»; am 26. erhält er von Seconda die Kündigung.
April: 4 000 Soldaten bilden die russische Garnison in der Neustadt.
24. Mai: Arthur Schopenhauer im Gasthof «Kleines Rauchhaus», Scheffelgasse.
27. Juni: Explosion in der «Kaiserschanze» am «Schwarzen Tor», 70 Tote und Verletzte.
Unter dem russischen Gouverneur Repnin werden die Treppe zur Brühlschen Terrasse (Entwurf Thormeier) für 5 756 Taler errichtet, das 1758 zerstörte Belvedere wiedererbaut, der Große Garten renoviert und der Öffentlichkeit zugänglich gemacht, eine Ausstellung patriotischer Kunst veranstaltet (März), ein Staatstheater sowie eine Lehranstalt für Medizin und Chirurgie gegründet.
Gustav Nieritz wird Lehrer an der Armenschule in Neustadt.
8. November: Übergang der Landesverwaltung auf Preußen (von der Reck und von Gaudi), 2 500 Soldaten preußische Garnison.
In Dresden 2 712 345 Soldaten als Einquartierung.
Carus als Professor der Geburtshilfe und Direktor des Entbindungsinstituts nach Dresden berufen.

1815 März: Rückkehr Napoleons von der Insel Elba.
30. April: Aufstand sächsischer Truppen in Lüttich gegen die teilweise Eingliederung in die preußische Armee.
18. Mai: Vertrag mit Sachsen, das 42,5 % des früheren Territoriums und 57,8 % der 2,05 Millionen Einwohner behält.
7. Juni: Rückkehr des sächsischen Königs nach Dresden.
18. Juni: Endgültige Niederlage Napoleons bei Waterloo, Verbannung nach St. Helena.
26. September: Gründung der «Heiligen Allianz» zur Bekämpfung von Liberalismus und Nationalismus, Beginn der Restauration.

ANMERKUNGEN

Mit einem Stern versehene Überschriften entsprechen den Vorlagen

Die Stadt im Tale

*K. W. Daßdorf, Beschreibung der vorzüglichsten Merkwürdigkeiten**

K. W. Daßdorf, Beschreibung der vorzüglichsten Merkwürdigkeiten der Churfürstlichen Residenzstadt Dresden und einiger umliegender Gegenden, Dresden 1782, S. 23ff.

39 *Karl Wilhelm Daßdorf* – (1750–1812), seit 1775 Erster Bibliothekar in Dresden, Schriftsteller und Gelegenheitsdichter. Seine Beschreibung Dresdens verfaßte er auf Anregung Gotthold Ephraim Lessings.

Herzog von Rohan – Henri, Herzog von Rohan (1579–1638), Calvinist, Führer der Hugenotten; französischer General; besuchte 1598–1600 die Höfe Italiens, Deutschlands, der Niederlande und Großbritanniens. Seine Reisebeschreibung wurde 1646 in Amsterdam gedruckt.

George der Bärtige – (1471–1539), Herzog von Sachsen seit 1500; Gegner Luthers und der Reformation, die nach seinem Tode im Herzogtum Sachsen eingeführt wurde.

Albrecht – Albrecht «der Beherzte» (1443–1500), Herzog von Sachsen seit 1464, zunächst gemeinsam mit seinem Bruder Ernst (1441–1486); heiratete 1459 Sidonie, die Tochter des böhmischen Königs Georg Podiebrad, teilte 1485 die sächsischen Länder auf in die Albertinische Linie (Dresden seit 1485 feste Residenz) und die Ernestinische Linie (Kurfürstentum, Residenz Wittenberg).

40 *Fraumutterhaus* – Vornehmes Wohnhaus auf der Kreuzgasse, 1760 zerstört.

Elbtor – 1553 erbaut, 1739 abgebrochen.

Moritz – (1521–1553), Herzog von Sachsen seit 1541, kämpfte im Schmalkaldischen Krieg auf der Seite Kaiser Karls V. gegen seinen Vetter Johann Friedrich den Großmütigen; erhielt 1547 dessen Länder und die Kurfürstenwürde.

Augustus – (1526–1586), Kurfürst von Sachsen seit 1553, Bruder von Kurfürst Moritz; suchte Sachsen wirtschaftlich zu entwickeln, wobei er gute Beziehungen zu Habsburg unterhielt. Seit 1548 mit Anna, Tochter König Christians III. von Dänemark, verheiratet.

Christian I. – (1560–1591), Kurfürst von Sachsen seit 1586; überließ die Leitung des Staates dem bürgerlichen, den Calvinisten nahestehenden Kanzler Nikolaus Crell, der 1601 unter seinem Nachfolger hingerichtet wurde.

Christian II. – (1583–1611), Kurfürst von Sachsen seit 1591; unter ihm setzte sich das orthodoxe Luthertum durch, gleichzeitig wurde Sachsen von Österreich abhängig.

40 *Johann Georg I.* – (1585–1656), Kurfürst von Sachsen seit 1611; Bruder Christians II. Im Dreißigjährigen Krieg zuerst mit dem Kaiser, dann mit Gustav Adolf von Schweden verbündet (1631 Schlacht bei Breitenfeld); ab 1635 wieder auf seiten des Kaisers. Erhielt 1635 die Lausitz als erbliches Lehen von Böhmen (bis 1806).

Johann Georg II. – (1613–1680), Kurfürst von Sachsen seit 1656; baute Dresden zur prunkvollen Residenz aus.

Johann Georg III. – (1647–1691), Kurfürst von Sachsen seit 1680; 1683 mit 10 000 Sachsen vor Wien gegen die Türken. Seine Söhne: Johann Georg IV. (1668–1694), Kurfürst seit 1691, und Friedrich August, der Starke.

seiner Auguste – Friedrich August I., der Starke (1670–1733), Kurfürst von Sachsen seit 1694; seit 1697 als August II. gleichzeitig König von Polen; sein Sohn: Friedrich August II. (1696–1763) Kurfürst von Sachsen seit 1733 und als August III. König von Polen.

42 *zwei kleine Meilen* – Die sächsische Meile betrug 7 500 m.

Das Pirnasche Tor – 1590/91 erbaut, 1820 abgebrochen.

Baugefangenen-Kirche – An der Salomonisbastei (Rathausplatz).

das alte Dresden – Bei dem Brande von 1685 wurden von 390 Wohnhäusern 331 zerstört. Unter August dem Starken als «Neue Königstadt» (Neustadt) aufgebaut.

Das Weiße Tor – (Leipziger Tor) 1632 ff. erbaut, 1817 bis auf zwei Torhäuschen abgebrochen.

43 *Schwarze Tor* – Gleichfalls 1632 ff. erbaut und 1817 abgebrochen.

Bruder August – (1526–1586), Kurfürst seit 1556.

Prädilektion – Vorliebe.

Georg II. – Gemeint ist Johann Georg II.

jenseits der Weißeritz – Die Weißeritz erhielt 1893 ihre jetzige Regulierung.

B. G. Weinart, Über den jetzigen Zustand von Dresden ... *

B. G. Weinart, Topographische Geschichte der Stadt Dresden und der um dieselbe herumliegenden Gegenden, Dresden 1777, S. 17 ff.

44 *Benjamin Gottfried Weinart* – (1751–1815), Gerichtsdirektor, dann Finanzprokurator, Topograph, Chronist.

Grundsätzen der Polizei – Im weiteren Sinne: des öffentlichen Interesses.

Ruinen der letzten Belagerung – Vom November 1758 und Juli 1760.

30 000 Menschen – Dresden hatte 1772 etwa 45 000 Einwohner.

Chr. H. Schreyer, Juli 1760

Erlebnisse eines Annenschülers 1758–72. Aus der Selbstbiographie des Pastors Christian Heinrich Schreyer mitgeteilt von Dr. Otto Richter. In: Dresdner Geschichtsblätter XVI. Jahrgang (1907), Nr. 3, S. 160 f.

45 *Christian Heinrich Schreyer* – (1751–1823), seit 1801 Pfarrer in Ortrand.

G. W. Rabener, Dieser schreckliche Tag

G. W. Rabeners Briefe von ihm selbst gesammlet und nach seinem Tode nebst einer Nachricht von seinem Leben und Schriften hg. von C. F. Weiße, Wien 1773, S. 305f.

47 *Gottlieb Wilhelm Rabener* – (1714–1771), satirischer Schriftsteller der Aufklärung, 1753 Obersteuersekretär, 1763 Steuerrat in Dresden.
Ferber – Friedrich Wilhelm Freiherr von (1732–1800), Direktor der kursächsischen Landesökonomie-, Manufaktur- und Kommerziendeputation. Er war mit dem sächsischen Hof 1756 nach Warschau gegangen.
mein Haus – Auf der Rampischen Gasse.
Karkassen – Brandgranaten.

48 *seit vier Jahren* – Seit Beginn des Siebenjährigen Krieges.
Daunen – Leopold Joseph Daun, Graf von Tiano (1705–1766), Oberbefehlshaber des österreichischen Heeres, siegte bei Kolin, Hochkirch und Maxen über die preußische Armee.
König von Preußen – Friedrich II. (1712–1786), König seit 1740.

49 *tapfern Kommandanten* – Der österreichische Feldmarschall Graf von Maguire (Macquire).

J. Chr. Schlipalius, Gerechte Tränen eines Hirten … *

Herbert Zeißig, Eine deutsche Zeitung. Zweihundert Jahre Dresdner Anzeiger, Dresden 1930, S. 77.

49 *Johann Christian Schlipalius* – (1719–1764), Magister, ab 1746 Diakon an der Kreuzkirche, ab 1754 an der Sophienkirche in Dresden.

J. W. Goethe, Die Galerie und die Trümmer

Goethes poetische Werke, Autobiographische Schriften I (Berliner Ausgabe, Bd. 13), Berlin 1960, S. 347ff.

50 *Johann Wolfgang Goethe* – (1749–1832), wohnte Anfang März 1768 in Dresden in der Friedrichstadt bei dem Schuhmacher Johann Gottfried Haucke.
die Galerie – Die Gemälde waren seit 1731 im Obergeschoß des Stallhofs («Johanneum»), der seit 1722 ausgebaut worden war, untergebracht; die äußere Galerie enthielt die Deutschen, Niederländer und Franzosen, die innere Galerie die Italiener und Spanier. Der Umbau zu einer Kette «in sich selbst wiederkehrender» Säle 1744–46 durch Oberlandbaumeister Johann Christoph Knöffel (1686–1752). 1745 wurden die Mengsschen Gipsabgüsse in dem unteren Ostflügel aufgestellt.

51 *die Antiken* – Sie waren noch in einem der «Kavalierhäuschen» im Großen Garten dicht zusammengestellt. 1785 kamen sie in das Japanische Palais.
Direktor von Hagedorn – Christian Ludwig von Hagedorn (1713–1780), Kupferstecher, Radierer, seit 1763 Direktor der Dresdner und Leipziger Kunstsammlungen, Bruder des Dichters Friedrich von Hagedorn.
Swanevelt – Hermann von Swanevelt (1600–1655), holländischer Landschaftsmaler.
Kunst des Baumeisters – George Bähr (1666–1738), seit 1693 in Dresden, begann 1726 mit dem Bau der neuen Frauenkirche.

Chodowiecki in Dresden und Leipzig. Das Reisetagebuch des Künstlers vom 27. Oktober bis 15. November 1773, hg. und aus dem Französischen übersetzt von Max Stübel, Dresden 1920², S. 42 ff.

52 *Daniel Chodowiecki* — (1726—1801), Maler und Radierer aus Danzig (Gdańsk), seit 1743 in Berlin; schuf etwa 2 000 kleinformatige Radierungen als Buchillustrationen.

Adrian Zingg — (1734—1816), Zeichner und Kupferstecher aus St. Gallen, seit 1776 an der Dresdner Akademie, 1803 Professor. Fußwanderung mit Anton Graff durch die Sächsische Schweiz.

Anton Graff — (1736—1813), Schweizer Maler und Kupferstecher, seit 1776 in Dresden, 1788 Professor; bekanntester Porträtmaler seiner Zeit.

Gräfin Cosel — Anna Constanze Gräfin von C. (1680—1765), Geliebte Augusts des Starken.

Chevalier de Saxe — Johann Georg, Chevalier de Saxe (1707—1774), sächsischer Feldmarschall, Sohn August des Starken und der Gräfin Lubomirska.

Reiterstandbild — August des Starken, 1736 aufgestellt.

Courbette — Im Reitsport Galoppfigur der Hohen Schule.

Holländische Palais — 1727 durch Matthäus Daniel Pöppelmann erweitert, seit 1732 Japanisches Palais genannt.

Composit-Stil — Das Zusammenfügen mehrerer Stilelemente.

G. Nieritz, Schulen, Schüler und Lehrer

G. Nieritz, Selbstbiographie, Leipzig 1872, S. 4f., 80f., 94, 97ff., 100.

53 *Gustav Nieritz* — Carl Gustav Nieritz (1795—1876), Sohn eines Dresdner Armenschullehrers, Lehrer an der Armenschule und Direktor der Bezirksschule in Neustadt; erfolgreicher Volkserzähler, Herausgeber von Volkskalendern.

Fouriers — Für Verpflegung und Unterkunft verantwortliche Unteroffiziere.

54 *Pfeilschmidt* — Samuel Gottlob Pfeilschmidt, Kantor an der Garnisonskirche, gründete 1771 aus der Garnisonsschule eine private Bürgerschule, 1809 Lehrer an der Mädchenschulanstalt in der Großen Brüdergasse.

55 *mein Vater* — Carl Gottlieb Nieritz (1764—1828).

Generalbaß — Kunstvolle Begleitung in Baßgestaltung.

Regent Klengel — Gottfried Siegmund Klengel, Predigtamtskandidat, Leiter der Klasse.

56 *Subsellien* — (lat.) Bänke.

Retirade — Bedürfnisanstalt.

im Seminar — Dresden-Friedrichstadt.

Dinter — Gustav Dinter (1760—1831), Direktor des Lehrerseminars Dresden-Friedrichstadt, einer der bedeutendsten sächsischen Pädagogen.

57 *Seminarist du jour* — Der an diesem Tag verantwortliche Seminarist.

D. A. Taggesell, Jahr 1809

Tagebuch eines Dresdner Bürgers: oder Niederschreibung eines jeden Tages, soweit solche vom Jahre 1806–1851 für Dresden und dessen Bewohner von geschichtlichem, gewerblichem oder örtlichem Interesse waren, hg. von David August Taggesell, Dresden, im Selbstverlage des Herausgebers, S. 41.

58 *Taggesell* – Zur Person nichts bekannt; wahrscheinlich hat der Sohn die Chronik fortgeführt.

Flemming – Emanuel Gottlob Flemming (1772–1818), gründete im Januar 1809 nach Berliner Vorbild auf eigene Kosten eine Blindenanstalt am Neustädter Markt (1817 27 Zöglinge).

J. K. Riesbeck, In einer ganz neuen Welt

Briefe eines reisenden Franzosen über Deutschland, hg. von Jochen Golz, Berlin 1976, S. 287 ff.

58 *Johann Kaspar Riesbeck* – (1749–1786), Schauspieler, Übersetzer, aufklärerischer Journalist; studierte 1770 in Mainz und Gießen Jura. Begegnungen mit Lenz, Klinger, Heinrich Leopold Wagner und Goethe, 1774 nach Streit mit einem Domherr Flucht nach Wien, seit 1780 in Zürich, Freundschaft mit Salomon Geßner, veröffentlichte «Briefe eines reisenden Franzosen».

59 *Ausbruch des letzten schlesischen Kriegs* – Der Siebenjährige Krieg.

Tod Augusts des Dritten – Als Kurfürst von Sachsen Friedrich August II., als König von Polen August III.

Gulden – Der sächsische Gulden, wie er seit 1690 neu ausgeprägt wurde, hatte zwei Drittel vom Wert eines Talers.

Livres – Französische Silbermünze.

60 *schöne Göttin zu Florenz* – Die sog. Venus von Medici (3. Jh. v. u. Z.).

Kyniker – Griechische Philosophenschule, lehrte Bedürfnislosigkeit bis zur Ablehnung von Kultur, Kunst, Familie, Staat, Wissenschaft und öffentlicher Sitte. Hier im übertragenen Sinne Menschenverächter.

Ovid – Naso Publius Ovidus (43 v. u. Z.–18 u. Z.), römischer Dichter.

61 *Montaigne* – Michel Eyquem de Montaigne (1533–1592), französischer philosophischer Schriftsteller; Anspielung auf seine «Essays».

Yahoo ... bei den Houyhnhnms – Szene im 4. Teil von Jonathan Swifts (1667–1745) «Gullivers Reisen».

mit Salomon zu sprechen – Anspielung auf das Hohe Lied Salomos im Alten Testament.

*G. Fr. Rebmann, Dresden**

G. Fr. Rebmann, Hans Kiekindiewelts Reisen in alle vier Weltteile und andere Schriften, hg. von Hedwig Voegt, Berlin 1958, S. 239 ff.

61 *Andreas Georg Friedrich Rebmann* – (1768–1824), 1781–84 Jurastudium in Erlangen und Jena (Vorlesungen auch bei Schiller), 1792/93 Redakteur bei den «Dresdener Merkwürdigkeiten» und bei dem «Allgemeinen Sächsischen Annalist». Des Jakobinismus verdächtigt, floh er nach Dessau und Erfurt, wo er «Das neue graue Ungeheuer» herausgab, erneut Flucht ins dänische Altona. 1796 in Paris, 1798 in Mainz Richter im Dienste des

Direktoriums, veröffentlichte 1798–1801 den «Obskurantenalmanach». Als Mainzer Gerichtspräsident führte er 1803 den Prozeß gegen die Bande des «Schinderhannes» (J. Bückler). Zuletzt Oberpräsident des Appellationsgerichts Zweibrücken, 1816 geadelt.

61 *Anblick Dresdens von der Seite Meißens* – Zusatz in der 2. Aufl.: «Noch reizender ist er von der Freiberger Seite.»

62 *Statue des Großen Kurfürsten* – Friedrich Wilhelm von Brandenburg (1620–1688); 1697 von Andreas Schlüter als Reiterstandbild modelliert.

Xavir – Xaver, Prinz von Sachsen (1730–1806), war 1763–68 Administrator von Sachsen, lebte danach bis 1796 auf seinen Besitzungen in Frankreich und Italien, zuletzt auf Schloß Zabeltitz bei Großenhain.

Das alte Opernhaus – Am Zwinger, 1718/19 von Pöppelmann erbaut, Mai 1849 durch Brand zerstört.

Grüner – Christoph Sigismund Grüner (1757–1808), Schauspieler, schrieb u. a. «Theatralische Reisen» (1789/90).

Das Tertium comparationis – (lat.) Das zum Vergleich herangezogene Dritte.

Prinz Artois – Graf von Artois (1757–1838), Bruder Ludwigs XVI., 1824–30 als Karl X. König von Frankreich.

Die Ausgewanderten – Die meist unbeliebten französischen Emigranten.

Palais des Grafen Marcolini – Camillo Marcolini (1739–1814), sächsischer Kabinettsminister, seit 1785 Generaldirektor der Dresdner Kunstakademie, Jugendgefährte des Kurfürsten Friedrich August III. Das ehemalige Brühlsche Palais wurde 1775 ff. umgebaut, seit 1849 Stadtkrankenhaus.

Rtlr. – Der Reichstaler war eine weit verbreitete Silbermünze im Wert von 1 ¾ Gulden (fl.) = 30 Silbergroschen (Gr.) zu 12 Pfennigen.

Chr. Kosegarten, Die Stadt

Chr. Kosegarten, Meine Freuden in Sachsen, Leipzig 1801, S. 84 f. u. 88 f.

64 *Christian Kosegarten* – (1770–1821), Prediger, Hauslehrer auf Rügen, Stiefbruder des Dichters und Theologen Gotthard Ludwig Theobul Kosegarten, hielt sich 1800 in Leipzig auf, um sich auf die juristische Laufbahn vorzubereiten; er starb als Rechtsanwalt in Hamburg.

ein Tor in der Altstadt – Das alte Georgentor von 1534.

Fr. W. Schelling, Über einen Monat in Dresden

Fr. W. Schelling, Briefe und Dokumente, Band II, 1775–1803, hg. von Horst Fuhrmann, Bonn 1973, S. 160 f.

66 *Friedrich Wilhelm Joseph Schelling* – (1775–1854), idealistisch-pantheistischer Naturphilosoph, 1798 Professor in Jena; heiratete 1803 Caroline Schlegel-Böhmer.

Joseph Friedrich Schelling – (1737–1812), Landgeistlicher in Württemberg, seit 1807 Generalsuperintendent in Maulbronn, Vater des Philosophen Schelling.

G. Fr. Rebmann, Hans Kiekindiewelts Reisen ..., a. a. O., S. 252f.

66 *Graf Brühl* – Heinrich Graf von Brühl (1700–1763), seit 1746 Premierminister König Augusts III. von Sachsen-Polen.

67 *das italienische Dorf* – Seit 1738 Ansiedlung italienischer Künstler und Arbeiter, die am Bau der katholischen Hofkirche beschäftigt waren.

Trümmer eines ... Pavillons – Friedrich II. von Preußen ließ 1759 das Belvedere seines Feindes Brühl niederbrennen.

Pilaster – Pfeiler.

Satrap – Statthalter im altpersischen Reich; im übertragenen Sinn meist verbunden mit Willkür- und Gewaltherrschaft.

Rousseau – Jean Jacques Rousseau (1712–1778). Die radikale Zivilisationskritik und das bedürfnislose Leben (u. a. auf der Petersinsel im Bieler See, Fürstentum Neuchâtel) des berühmten französischen Aufklärers führten oft zur Legendenbildung.

Fr. Laun, Die Brühlsche Terrasse

Fr. Laun, Memoiren. Dritter Teil, Bunzlau 1837, S. 8ff.

68 *Friedrich Laun* – (1770–1849), Pseudonym für Friedrich August Schulze; anfangs Mitglied des «Liederkreises», Unterhaltungsschriftsteller mit etwa 200 Bänden Erzählungen.

damals ... Regeneration – 1814 von dem Dresdner Architekten Gottlob Friedrich Thormeyer (1757–1842) auf Anordnung des russischen Generalgouverneurs Fürst Repnin für 5 756 Taler erbaut.

Canaletto – Bernardo Bellotto, gen. Canaletto (1720–1780), italienischer Maler, 1747–60 in Dresden Hofmaler, dann in Warschau und Wien.

Doublettensaal – 1746 von Johann Christoph Knöffel errichtetes einstöckiges Galeriegebäude.

69 *geschmackvollen Gebäude von Stein* – Das dritte Belvedere, von Christian Friedrich Schuricht (1753–1832) 1814 erbaut, 1842 abgebrochen und durch das vierte Belvedere von Otto von Wolframsdorf (1803–1849) ersetzt.

H. v. Kleist, Erste Eindrücke

H. v. Kleist, Werke und Briefe in vier Bänden, Bd. 4, hg. von Siegfried Streller, Berlin und Weimar 1978, S. 92f.

69 *Wilhelmine von Zenge* – (1780–1852), Offizierstochter, von 1800 bis 1802 inoffiziell mit Heinrich von Kleist verlobt; heiratete 1804 den Philosophieprofessor Wilhelm Traugott Krug.

34stündigen Reise – Der Weg führte über Grimma, Waldheim, Nossen, Wilsdruff, Kesselsdorf. Am zweiten Tag wurde Dresden erreicht.

70 *Wieland* – Christoph Martin Wieland (1733–1813) war im Juli 1794 in Dresden und wurde von Graff porträtiert.

*Fr. Schlegel, Erinnerungen**

Fr. Schlegel, Studien zu Geschichte und Politik, hg. von Ernst Behler. Kritische Ausgabe, Siebenter Band, Erste Abt., München, Paderborn, Wien 1966, S. 56.

70 *Karl Wilhelm Friedrich Schlegel* – (1772–1829), Publizist, Sprachforscher, führender Theoretiker der Romantik, lebte von 1794–96 in Dresden. Hier entstand u. a. die Arbeit «Über das Studium der griechischen Poesie». Weitere Aufenthalte in Dresden 1798 und 1799. – Der Text ist der Anfang der «Reise nach Frankreich» (1803).

K. Fr. Schinkel, Tagebuch

K. Fr. Schinkel, Tagebücher, Briefe, Zeichnungen, Aquarelle, hg. von Gottfried Riemann, Berlin 1979, S. 10ff.

71 *Karl Friedrich Schinkel* – (1781–1841), bedeutendster Architekt des Klassizismus; nach seinen Entwürfen wurde in Dresden u. a. die Altstädter Wache am Theaterplatz 1830–32 errichtet. Die Reise (bis März 1805) mit dem gleichaltrigen Architekten Steinmeyer führte von Berlin über Dresden, Prag nach Italien.

Altarblätter von Mengs – Anton Raphael Mengs (1728–1779), seit 1745 sächsischer Hofmaler, lebte meist in Italien und Spanien. Zwischen 1752 und 1765 wurden das Gemälde am Hochaltar der Hofkirche «Himmelfahrt Christi» und die Seitenaltäre von ihm geschaffen. Seine berühmte Sammlung von Abgüssen («Mengssche Gipse») wurde 1782 der Dresdner Kunstsammlung einverleibt und im Stallhof aufgestellt.

Kleines Portal – Dieses Portal der kurfürstlichen Schloßkapelle aus dem Jahre 1555, ein Hauptwerk der Renaissance in Sachsen, wurde 1737 an die protestantische Sophienkirche und von dort 1864 an den Jüdenhof versetzt.

Kapitäle und Corniche – Die oberen, abschließenden Teile und der Gesimskranz von Säulen.

Altes Tor – Das Pirnaische Tor.

Plauer Grund – Plauenscher Grund.

originelles Schloß – Das Palais im Großen Garten, 1678–83 von Johann Georg Starke (um 1640–1695) vermutlich mit Wolf Caspar von Klengel (1630–1691) erbaut.

D. A. Taggesell, Offene Stadt

D. A. Taggesell, Tagebuch eines Dresdner Bürgers ..., a. a. O., S. 44 und 48f.

72 *Elle* – 1 Elle = etwa 66 cm.

E. Fr. A. Rietschel, Die im Dufte schimmernde Stadt

Andreas Oppermann, Ernst Rietschel, Leipzig 1863, S. 32ff.

Ernst Friedrich August Rietschel – (1804–1861), Bildhauer des Klassizismus, seit 1832 Professor an der Dresdner Kunstakademie, in zweiter Ehe mit der ältesten Tochter von Carl Gustav Carus verheiratet.

mein Vater – Friedrich Ehregott Rietschel (geb. 1768), Handschuhmacher in Pulsnitz.

G. Parthey, Jugenderinnerungen. Handschrift für Freunde, erster Teil, Berlin 1871, S. 294ff.

74 *Gustav Parthey* – (1798–1872), Archäologe, Buchhändler, übernahm nach Reisen durch Frankreich, England, Italien, Ägypten, Vorderasien 1821 die Nicolaische Buchhandlung in Berlin. Er kam 1812 mit seinem Vater Daniel Friedrich Parthey über Leipzig und Schloß Löbichau nach Dresden.

vor dem Falkenschlage – Schlagbaum (urspr. Durchgänge zu den mit Palisaden geschützten Vorstädten) an der Straße nach dem Rabenauer Grund im Südwesten der Stadt.

Poppitz – Dorf im Südwesten von Dresden.

Fuß – 1 Fuß = etwa 30 cm.

75 *König von Sachsen* – Friedrich August III., Kurfürst von Sachsen (1750–1827), seit 1807 als Friedrich August I. König von Sachsen. Seit 1769 mit Maria Amalia Augusta von Pfalz-Zweibrücken (1752–1828) verheiratet.

Findlaters (Landhaus) – Jacob von Findlater (1747–1811), Pair von Schottland, besaß Weinberge und ließ 1811 einen schloßartigen Bau im klassizistischen Stil errichten, der bald ein beliebtes Ausflugslokal wurde. 1851 abgebrochen, dafür Schloß Albrechtsberg (heute Pionierpalast).

Cicerone – (ital.) Fremdenführer.

Vice-Portechaisenträger-Substitut – Ironische Bezeichnung für den Stellvertreter eines stellvertretenden Sänftenträgers.

G. W. Fr. Hegel, Ort des Rendezvous für gute und gelehrte Freunde

Briefe von und an Hegel. Band II, 1813–1822, hg. von Johann Hoffmeister, Berlin 1970, S. 268ff.

77 *Georg Wilhelm Friedrich Hegel* – (1770–1831), weilte vom 27. 8. bis 11. 9. 1820 in Dresden. – Es handelt sich um einen Briefentwurf.

Friedrich Creutzer – (1771–1858), Professor der Philologie und Altertumskunde in Heidelberg.

Daub – Carl Daub (1765–1836), Theologe, seit 1805 Kirchenrat und Professor in Heidelberg, Freund Hegels.

otium – (lat.) Muße; hier: Ort der Muße und der Ruhe.

W. Chézy, Ich sehe den Lärm, ohne ihn zu hören

W. Chézy, Erinnerungen aus meinem Leben. Erstes Buch: Helmina und ihre Söhne, Schaffhausen 1863, S. 232ff.

77 *Wilhelm Chézy* – (1806–1865), Romanschriftsteller, Sohn der Helmina von Chézy, der den Adelstitel abgelegt hatte.

Helmina – Wilhelm Chézys Mutter Wilhelmine (Helmina) Christiane von Chézy (1783–1856), geb. Freiin von Klenke, gesch. von Hastfer, Dichterin, Enkelin der Louise M. Karschin, lebte 1817–23 in Dresden.

78 *Jean Paul* – (1763–1825), einer der bedeutendsten Prosaschriftsteller der Goethezeit; war zuletzt 1822 in Dresden.

78 *«public character»* – (engl.) Öffentlicher Charakter, eine in der Öffentlichkeit bekannte Persönlichkeit.

Calberla – Heinrich Wilhelm Calberla (1774–1836), Industrieller, Bauherr der Zuckersiederei am Italienischen Dörfchen 1817–20 (seit 1853 Hotel Bellevue).

C. Ph. de la Motte Fouqué, Strom und Brücke

Reise-Erinnerungen von Friedrich de la Motte Fouqué und Caroline de la Motte Fouqué, geb. von Briest. Erster Teil, Dresden 1823, S. 164ff.

79 *Caroline Philippine de la Motte Fouqué* – (1775–1831), geb. von Briest, verw. Rochus von Rochow, seit 1803 mit Friedrich de la Motte Fouqué verheiratet, lebte auf Schloß Nennhausen bei Rathenow.

Linckesches Bad – Gaststätte auf der Neustädter Seite, 1764 erbaut, seit 1776 mit Sommertheater, 1858 abgebrochen.

80 *Ave* – Ave Maria, katholisches Gebet nach Lukas I., 28 u. 42.

E. Scherzlieb, Vorurteil und Mißbrauch

E. Scherzlieb, Dresden wie es ist, Zwickau 1830, S. 8ff.

80 *Ernst Scherzlieb* – Pseudonym für Georg Wilhelm von Lüdemann (1796–1863), der sich auch Ironius Kosmopolita nannte, lebte um 1826 in Dresden. 1835 Landrat, Polizeidirektor in Aachen, Geh. Oberregierungsrat in Berlin und Liegnitz. Schrieb auch «Petersburg, wie es ist», Dresden 1830.

81 *Aristarch* – Wohl Aristarchos von Samothrake (etwa 217 bis 145 v. u. Z.), bedeutender Gelehrter und Leiter der alexandrinischen Bibliothek; gemeint ist Karl August Böttiger (1760–1835).

Corneille und Racine – Pierre Corneille (1606–1684) und Jean Racine (1639–1699), die beiden großen Dramatiker der französischen Klassik, werden hier in ironische Beziehung gesetzt zu der Dresdner Lokalgröße Theodor Hell, Pseudonym des Schriftstellers Karl Gottfried Theodor Winkler (1775–1856).

Vaudeville – (franz.) Gesangsposse.

Linäus Sachsens –Wohl Linos, Musiklehrer des antiken Helden Herakles; vielleicht Anspielung auf Carl Maria von Weber, der an der Südseite des Altmarkts wohnte.

82 *unvergleichliche Brücke* – Im 13. Jh. erbaut; 1727–31 durch Matthäus Daniel Pöppelmann (1662–1736) zur Augustusbrücke erweitert.

Propyläen – Überdachter Vorbau, in der Antike monumentaler Eingang; am bekanntesten sind die Propyläen zur Akropolis in Athen (437–431 v. u. Z.).

Augusteum – Bezeichnung für das Antikenkabinett.

Landhaus – 1770–76 von Oberland- und Hofbaumeister Friedrich August Krubsacius (1718–1789) erbaut.

königliches Schloß – Seit 1717 von Architekt Johann Georg Maximilian von Fürstenhoff (1686–1753) umgebaut; 1722–25 Stallgebäude mit Freitreppe; 1729/30 Georgsbau).

James-Palast – Saint-James-Palast in London; Sitz des Königs.

K. W. Daßdorf, Gastfrei, dienstfertig und höflich

K. W. Daßdorf, Beschreibung ..., a. a. O., S. 169ff.

86 *ein neuer Reisender* – In einer Fußnote bemerkt Daßdorf: «Es ist dies der Lord Sherlock, der in seinen Lettres d'un Voyageur Anglois (Briefe eines englischen Reisenden) sagt: Les Femmes de Dresde sont vives, douces, spirituelles. – C'est vraiment un Pays délicieux. (Die Dresdner Frauen sind lebhaft, sanft, witzig. – Das ist wirklich ein köstliches Land.) – Meine schönen Landsmänninen dürfen hier nicht fürchten, daß der Verfasser als ein junger Mann, der mit ihnen an einem Orte lebt und noch überdies unverheiratet ist, dieses ihnen erteilte rühmliche Zeugnis nicht ganz sollte gelten lassen. Er erlaubt sich vielmehr dabei diese Betrachtung, daß er diesen Lobspruch für so viel wahrer hält, da es nicht eine der gewöhnlichen Höflichkeits-Versicherungen eines gefälligen einschmeichelnden Franzosen, sondern das Urteil eines beobachtenden und freimütig urteilenden Briten ist.»

eximiert – Von besonderen Pflichten befreit, z. B. die adligen Korps.

D. Chodowiecki, Gasthöfe

Chodowiecki in Dresden und Leipzig, a. a. O., S. 41 f.

86 *Hotel de Pologne* – Auf der Schloßgasse, bestand von 1753 bis 1869.

andern Gasthof – Wahrscheinlich Hotel Stadt Gotha.

88 *Blaise Gaulard* – Gestalt aus einem französischen Roman, zu dem Chodowiecki 1752 Zeichnungen angefertigt hatte.

Tresterbranntwein – Branntwein, der aus Rückständen bei der Weinbereitung gewonnen wird.

*Rebmanns Freunde, Kaffeehäuser**

Dresden wie es ist, und wie es sein sollte. Durch ein geschärftes Glas betrachtet von Rebmanns Freunden, Wien, Berlin und Dresden (1805), S. 17.

89 *Rebmanns Freunde* – Anonymus, der 1805 in lexikonartiger Form satirisch gefärbte Artikel über das Dresdner Leben schrieb. Er beginnt mit «Aberglauben» und endet mit «Zeitung».

Pertini – Caféhaus am Altmarkt, Ecke Schreibergasse.

H. Meynert (Janus), Konditoreien und Kaffeehäuser

Charaktergemälde von Dresden, grau in grau; für alle, welche die Elbresidenz bewohnen oder kennenzulernen wünschen, aufgestellt von Janus, Pößneck 1833, S. 81ff.

89 *Meynert, Hermann Günter* – (1808–1895), Journalist, in Dresden geboren, ging später nach Wien, von Januar 1830 bis Dezember 1831 in Dresden Herausgeber der Zeitschrift «Janus».

weiter oben – Das Kap. lautet: «Kneipen-Manie».

Rossoli – Wahrscheinlich italienischer Rotwein.

91 *Baldini* – August Baldini, Besitzer des Café d'Europe am Altmarkt, im Dresdner Adreßbuch von 1832 als «Schweizer Zuckerbäcker» bezeichnet.
«*Grüne Bude*» – Besitzer Richard Wa(t)zau; wird auch von Goethe erwähnt («Eisbude»).

Chr. Kosegarten, Die sächsischen Frauenzimmer

Chr. Kosegarten, Meine Freuden in Sachsen, a. a. O., S. 181 f.
92 *Paris' Urteil* – Paris, Sohn des trojanischen Königs Priamos, entschied den Streit der Göttinnen Hera, Aphrodite und Athena um den Preis der Schönheit zugunsten der Aphrodite.
Frenesie – (franz.) Raserei.
Elysium – Hier: Vorstellung einer schöneren Welt.
94 *friesische Götzen* – Germanische Göttergestalten im Unterschied zu den schöneren griechischen Göttern.

*G. Fr. Rebmann, Chapeau bas – Akzessisten – Bürokratie**

G. Fr. Rebmann, Hans Kiekindiewelts Reisen ..., a. a. O., S. 288 ff.
94 *Chapeau bas* – Große dreieckige Hüte, waren Ende des 18. Jh. so flach, daß sie unter dem Arm getragen werden konnten.
Akzessisten – Steuereinnehmer.
Haarbeutel – Zum Schutz der Haarzöpfe bei Männern.
graduierte Person – Person mit einem akademischen oder Amtstitel.
Garde des Dames – (franz.) Begleiterinnen und Dienerinnen der Kurfürstin.
95 *Friedrich Christian Schlenkert* – (1757–1826), Verfasser trivialer Ritterromane und -dramen.
ersupplizieren – erbitten.
pauvres honteux – (franz.) verschämte Arme.
T. Merkurs – «Der Teutsche Merkur», hg. von Christoph Martin Wieland, 1783–88, von 1790 bis 1810 als «Der Neue Teutsche Merkur» fortgesetzt.

H. Meynert (Janus), Religiöse Verhältnisse: Protestanten, Katholiken und Juden

Charaktergemälde von Dresden ..., a. a. O., S. 33 f. u. S. 48 ff.

Chr. G. Körner, Meine Dresdner Existenz

Briefwechsel zwischen Schiller und Körner, hg. von Ludwig Geiger, Erster Band, Stuttgart (1892), S. 267 f.
98 *Christian Gottfried Körner* – (1756–1831), studierte Jura und Naturwissenschaften in Leipzig, 1779/80 Reise durch Deutschland, Holland, England, Frankreich, Schweiz; Habilitation in Leipzig; seit 1783 als jüngster Rat am Oberkonsistorium in Dresden; eng befreundet mit Schiller, seit 1815 in preußischen Diensten in Berlin.
Ayrer – Christiane Sophie, geb. Körner (1733–1808). Tante Christian Gottfried Körners.

98 *Meine Frau* — Anna Maria Jakobine (gen. Minna), geb. Stock (1762—1843), seit 7. August 1785 mit Körner verheiratet.
Huber — Ludwig Ferdinand Huber (1764—1804), Schriftsteller, Freund Körners und Schillers, löste 1788 als kursächsischer Gesandter in Mainz nach Begegnung mit Therese Forster das Verlöbnis mit Körners Schwägerin Dora Stock, seit 1798 Redakteur in Tübingen, Stuttgart, Ulm.

Fr. Schiller, In einer Wüste der Geister

Fr. Schiller, Briefe. Ausgewählt und hg. von Reinhard Buchwald, Leipzig o. J., S. 187ff.
99 *Charlotte von Lengefeld* — (1766—1826), Tochter des 1775 verstorbenen Oberforstmeisters von Lengefeld; seit 1790 mit Schiller verheiratet.
Caroline von Beulwitz — (1763—1847), geb. v. Lengefeld, Schwester Charlotte Schillers, von 1774 bis 1794 mit dem Hof- und Legationsrat Friedrich Wilhelm Ludwig von Beulwitz, seit 1794 mit Wilhelm Ernst Friedrich von Wolzogen (1762—1809) verheiratet.
Geistesfriktion — Geistige Anregung, Bewegung.

Jean Paul, Paläste wie Städte und das Schranzenvolk

Jean Pauls Sämtliche Werke, Historisch-kritische Ausgabe, Dritte Abt., Dritter Band, Briefe 1797—1800, hg. von Eduard Berend, Berlin 1959, S. 65f.
100 *Christian Georg Otto* — (1763—1828), Schriftsteller, Freund und Biograph Jean Pauls.
Abgußsaal — Das Mengssche Museum der Abgüsse.
astronomische Ephemeriden — Hier: genauere Aufschlüsse.
notanda und videnda — Merkwürdigkeiten und Sehenswürdigkeiten.
Antiken — Die Antikensammlung im Japanischen Palais.
101 *Naturalienkabinett* — Im Stadtpavillon des Zwingers.
Kind einer Prinzessin — Prinz Clemens (1798—1822), Bruder Johanns, des späteren Königs von Sachsen.
Schranzenvolk — Jean Paul schreibt: Schwarzen-Volk.
Berlepsch — Emilie Dorothea Friederike von, geb. von Oppel (1755—1830), seit 1771 verheiratet mit dem westfälischen Staatsrat und hannoverschen Hofrichter von Berlepsch (1749—1818), nach der Scheidung (1801) verheiratet mit dem Domrat Harmes; Schriftstellerin, Verehrerin von Jean Paul.
Üchtritz — Karl Sigismund Emil von Üchtritz (1754—1849), sächsisch-weimarischer Landkammerrat, Schwager des Hofrichters von Berlepsch.

J. G. Seume, Trübselige Gesichter

Seumes Werke in zwei Bänden. Ausgewählt und eingeleitet von Anneliese und Karl-Heinz Klingenberg, Weimar 1962, Erster Band, S. 171ff. (aus: «Spaziergang nach Syrakus»; der fiktive Brief ist datiert: Dresden, den 9. Dezember 1801).
102 *Johann Gottfried Seume* — (1763—1810), brach unter dem Einfluß der Aufklärung das Theologiestudium ab; 1781 von hessischen Soldatenwerbern an England verkauft und bis 1783 in Amerika im Kampf gegen die Unabhängigkeitsbewegung eingesetzt, erlebte 1794

als Erzieher der Kinder des russischen Generalgouverneurs von Polen in Warschau den Aufstand unter Kościuszko. Kehrte als Leutnant der russischen Armee nach Leipzig zurück. Verlagslektor bei Göschen in Grimma. 1801/02 Fußreise nach Syrakus, 1805 Reise nach Rußland und Skandinavien.

102 *Scharfenberg* – Burg südöstlich von Meißen oberhalb der Elbe. Name seit 1227 belegt. Im Besitz der Familie von Miltitz.

103 *Antiphrase* – Gegensatz.

Antichambre – (franz.) Vorzimmer; hier: Bittstellerei.

ein Prinz geboren – Johann von Sachsen (1801–1873), seit 1854 König.

ein Polizeiartikel – Dazu als Fußnote Seumes: «Bei meiner letzten Anwesenheit in Dresden sah ich mit Vergnügen, daß man angefangen hatte, die Straßen und Gassen an den Ecken gehörig mit ihren Namen zu bezeichnen. Überhaupt scheint man durchaus mehr Aufmerksamkeit zu haben, und auch die Gesichter scheinen sich zu bessern und mehr Liberalität zu bekommen.»

Schnorr – Veit Hans Friedrich Schnorr von Carolsfeld (1764–1841), Maler, Freund Seumes in Leipzig.

Küttner – Carl Gottlob Küttner (1755–1805), verfaßte ein viel benutztes Reisehandbuch («Reise durch Deutschland, Dänemark, Schweden und einen Teil von Italien in den Jahren 1797, 1798, 1799»), dessen Korrektur Seume zu besorgen hatte.

J. Schopenhauer, Ein Paradies nur für Fremde

Arthur Schopenhauers sämtliche Werke, hg. von Paul Deussen, 14. Band. Der Briefwechsel Arthur Schopenhauers, hg. von Carl Gebhardt, Erster Band, München 1929, S. 29.

104 *Johanna Schopenhauer* – geb. Trosiener (1766–1838), Kaufmannsfrau aus Danzig, Mutter von Arthur Schopenhauer, seit 1805 verwitwet, lebte von 1806 bis 1829 in Weimar, wurde eine der beliebtesten Schriftstellerinnen ihrer Zeit.

Schopenhauer, Arthur – (1788–1860). Sein Hauptwerk «Die Welt als Wille und Vorstellung» entstand zum größten Teil zwischen 1814 und 1818 in Dresden.

der Doktor – Ein Danziger Verwandter.

Neumanns – Wahrscheinlich die Eltern der Kora Nathalie Neumann (1782–1827), Malerin und Graphikerin, später verehelichte Gebhardt.

der Kurfürst und Madame – Friedrich August III. und Maria Amalia Augusta von Pfalz-Zweibrücken (1752–1828), seit 1769 vermählt.

K. v. Nostitz, Die fleißigen Biber in Deutschland

Aus Karl von Nostitz, weiland Adjutanten des Prinzen Louis Ferdinand von Preußen und später russischen General-Lieutenants, Leben und Briefwechsel. Auch ein Lebensbild aus den Befreiungskriegen, Dresden und Leipzig 1848, S. 91 ff.

104 *Karl von Nostitz* – Graf (1781–1838), 1803–1806 im Berliner Regiment Gensdarmes, 1805/06 Adjutant des Prinzen Louis Ferdinand von Preußen, 1810 Major in österreichischen, 1813 in russischen Diensten. Seine Aufzeichnungen sind eine Quelle für Fontanes «Schach von Wuthenow».

Prinz Louis – (1772–1806), Prinz von Preußen, Neffe Friedrichs II., bei Saalfeld gefallen.

104 *Fürsten von Hohenlohe* – Friedrich Ludwig Fürst zu Hohenlohe-Ingelfingen (1746–1818), General in preußischen Diensten, 1806 Oberbefehlshaber nach der Schlacht von Jena und Auerstedt.

105 *Erwartungen für das südliche Deutschland* – Am 26. Dezember 1805 wurde der Friede von Preßburg zwischen Österreich und Frankreich geschlossen.

Gentz – Friedrich von Gentz (1764–1832), Staatsmann und Publizist, ursprünglich Anhänger der Französischen Revolution, seit 1812 enger Anhänger Metternichs; Protokollführer auf dem Wiener Kongreß.

Fürstin Bagration – Katharina Pawlowna, geb. Gräfin Skawronska (1783–1857), in Ehe zur linken Hand mit dem russischen Feldherrn Fürst Pjotr Iwanowitsch Bagration (1765–1812) verheiratet.

Prinzessin Solms – Friederike Fürstin von Solms, geb. Prinzessin von Mecklenburg-Strelitz (1778–1841), Schwester der preußischen Königin Luise (1776–1810).

Bose – Ernst Ludwig von Bose (gest. um 1815), Kapitän der Grenadiergarde, später sächsischer Generaladjutant.

107 *Thielmann* – Johann Adolf Freiherr von Thielmann (1765–1824), sächsischer General, seit 1813 in russischen, seit April 1815 in preußischen Diensten, hielt am 18. Juni bei Wavre das französische Korps Grouchy fest und trug damit zum Sieg bei Waterloo bei.

Ressource – Zuflucht, Erholung, Hilfsquelle.

K. Freiherr vom Stein, Weiche Wortkrämer

Eduard Vehse, Geschichte der Höfe des Hauses Sachsen, Bd. 7, Hamburg 1854, S.291ff.

107 *Freiherr vom Stein* – Heinrich Friedrich Karl Reichsfreiherr vom und zum Stein (1757–1831), 1804–07 preußischer Minister, im Januar 1807 entlassen, im Oktober als leitender Minister wiederberufen, 1808 auf Verlangen Napoleons erneut entlassen, flüchtete nach Böhmen und Rußland, wurde dort 1812 Ratgeber Alexanders I.; maßgeblich am Befreiungskrieg beteiligt; 1813/14 Chef der Zentralverwaltung für die besetzten Gebiete, 1815 Berater des Zaren auf dem Wiener Kongreß, zog sich danach, von der politischen Entwicklung enttäuscht, ins Privatleben zurück.

Nesselrode – Karl Robert Graf von Nesselrode (1780–1862), russischer Staatsmann, seit 1816 Außenminister, Verfechter der «Heiligen Allianz».

108 *Kaiser von Rußland* – Alexander I. (1777–1825), Zar seit 1801.

Graf Wintzingerode – Ferdinand Freiherr von Wintzingerode (1770–1818), General und Diplomat, seit 1797 in österreichischen, seit 1805 in russischen Diensten, russischer Gesandter in Berlin.

Freiherr von Miltitz – Dietrich Freiherr von Miltitz (1769–1853), preußischer und sächsischer Oberst, dann preußischer General. Sein Vater Ernst Haubold von Miltitz hatte Johann Gottlieb Fichte gefördert. Dietrich war befreundet mit Christian Gottfried Körner, Novalis, den Brüdern Carl Adolf und Hans Georg von Carlowitz. Er vertrat Anschauungen des Freiherrn vom Stein, freilich im Rahmen einer sächsischen Autonomie. Erhielt 1813 im Gouvernementsrat unter Repnin-Wolkonski Verwaltungsaufgaben in Sachsen. Leitete 1814 mit Carl Adolf von Carlowitz das freikorpsähnliche «Banner der freiwilligen Sachsen».

Se. Majestät der König – Friedrich Wilhelm III. (1770–1840), König von Preußen seit 1797.

seines Ministers – Friedrich Christian Ludwig Graf Senfft von Pilsach (1774–1853). Er folgte dem sächsischen König nach Prag und suchte die Neutralität Sachsens durch Anlehnung an Österreich zu bewahren. Pilsachs Gattin, Henriette Louise, geb. v. Werthern, war eine Nichte des Freiherrn vom Stein.

108 *so feige verraten hat* – Der Beitritt des Kurfürsten von Sachsen 1806/07 zum Rheinbund und die darauf folgende Truppenentsendung gegen Preußen. Stein vereinfacht hier die Konflikte.

K. W. Daßdorf, Das Waisen- und Zuchthaus

K. W. Daßdorf, Beschreibung ..., a. a. O., S. 231 f.

109 *Waisen- und Zuchthaus* – Beide Gebäude standen am Jüdenteich (Rathaus-, Georgplatz).
Kofent – Dünnbier.

*G. Fr. Rebmann, Polizei – Öffentliche Anstalten**

G. Fr. Rebmann, Hans Kiekindiewelts Reisen ..., a. a. O., S. 289 ff.

110 *Reskript* – Erlaß, Verfügung.
Wilhelm der Eroberer – Wilhelm I., genannt der Eroberer (um 1027–1087), Herzog der Normandie, eroberte England durch den Sieg bei Hastings.

*Rebmanns Freunde, Bürgergehorsam**

Dresden wie es ist ..., a. a. O., S. 16.

L. Richter, Die Baugefangenen

L. Richter, Lebenserinnerungen eines deutschen Malers, hg. von Erich Marx, Leipzig 1954[4], S. 51 f.

112 *Ludwig Richter* – (1803–1884), nach Aufenthalt in Italien (1823–26) Lehrer an der Zeichenschule der Porzellanmanufaktur Meißen; 1836 Lehrer, seit 1841 Professor an der Akademie in Dresden, volkstümlichster Meister der Holzschnittillustration des 19. Jh.
in diesem Winter – etwa 1817.
Salomonistor – 1549–93 erbaut; das Festungsbaugefängnis (Salomonisbastei) befand sich von 1551 bis 1821 in der Gegend östlich des Neuen Rathauses. Es wurde im Juni 1824 nach der Neustadt verlegt.
Kar(r)asek, Johannes – (1765–1809), Mitglied einer Diebesbande, 1800 verhaftet, mit zehn Gefährten 1802 in Bautzen zum Tode verurteilt, zu lebenslanger Haft begnadigt, 1803 nach Dresden gebracht. General Am Ende wollte ihn 1809 unter seine (österr.) Soldaten aufnehmen.
Callot-Hoffmann – Jacques Callot (1592–1635), französischer Kupferstecher und Radierer, dem sich E. T. A. Hoffmann in seinen «Fantasiestücken in Callots Manier» wesensverwandt fühlte.

Tagebuch eines Dresdner Bürgers ..., a. a. O., S. 19.

113 *Bauprediger M. Hasche* – Johann Christian Hasche (1744–1827), Magister, Prediger an der Salomoniskirche der Festungsbaugefangenen von 1788 bis 1822, Chronist Dresdens («Magazin der Sächsischen Geschichte», 1784–91), wohnte in der Festungsbaukirche über dem Pirnaischen Tor (1780 eingeweiht).

W. Chézy, Mord und Hochgericht

W. Chézy, Erinnerungen aus meinem Leben, a. a. O., S. 188ff.

113 *der Hausvater* – der Maler Gerhard von Kügelgen (1772–1820), 1791–95 Romaufenthalt, bis 1805 in Riga, Reval und Petersburg, seit 1805 in Dresden, seit 1808 im Haus «Gottessegen», 1814 Akademieprofessor; enge Freundschaft mit Caspar David Friedrich. Wurde am 27. 3. 1820 auf dem Heimweg von seinem Loschwitzer Weinberg ermordet.

ein paar Monate zuvor – am 29. 12. 1819.

Frau von Kügelgen – Helene Maria, geb. von Manteuffel (1774–1842), verheiratet seit 1800.

114 *Tombak* – Kupfer-Zink-Legierung mit goldähnlichem Aussehen.

Fischer – Kanonier; anfangs auf Grund brutaler Verhörmethoden und Beschuldigungen des Mörders Kaltofen, die dieser bis zum Tode aufrecht erhielt, des Mordes an Kügelgen verdächtigt. Erst 1822 voll rehabilitiert.

«*Bratwurstfolter*» – Die eigentliche Folter war seit 1770 in Sachsen abgeschafft.

Esau – Nach der Bibel verkaufte Esau sein Erstgeburtsrecht für ein Linsengericht an seinen Bruder Jakob. Chézy berichtet den Fall nicht immer in seinem authentischen Hergang.

115 *Kaltofen* – (um 1796–1821), Unterkanonier, Offiziersbursche, Mörder Kügelgens, wurde am 24. 4. 1820 verhaftet und am 11. 7. 1821 hingerichtet.

Dr. Eisenstuck – Christian Gottlob Eisenstuck (1773–1853), Obersteuerprokurator, Verteidiger Fischers; trat 1837 mit anderen oppositionellen Landtagsabgeordneten für die sieben Göttinger Professoren ein.

des Frankfurter Linken Eisenstuck – Bernhard Eisenstuck (1806–1871), Demokrat, 1848 Mitglied des Frankfurter Vorparlaments, emigrierte nach Amerika. Später Mitglied des sächsischen Landtags.

Carolina – Peinliche Halsgerichtsordnung Kaiser Karls V. von 1532.

Helmina – Die Mutter Wilhelm Chézys.

116 *dem fünfzehnjährigen Wilhelm* – Chézy erzählt meist in der dritten Person von sich.

O. K. Bucher, Buttersemmeln und Knackwürste

O. K. Bucher, Jugenderinnerungen eines alten Sachsen 1830 bis 1856, Dresden 1888, S. 133ff.

117 *Otto Karl Bucher* – (1830 bis nach 1888), Artillerieoffizier, nahm an den Kriegen 1866 und 1870/71 teil. In seinen kulturgeschichtlich informativen Erinnerungen vertritt er eine konservative Einstellung.

J. Chr. Adelung, Briefe an Martin Wieland, Sächsische Landesbibliothek Dresden, Mscr. Dresd. h 43, I Nr. 5. (Die Abdruckgenehmigung erteilte die Sächsische Landesbibliothek Dresden)

118 *Johann Christoph Adelung* – (1734–1806), 1759 Professor am evangelischen Gymnasium in Erfurt, ging 1761 wegen Streitigkeiten in kirchlichen Angelegenheiten als Korrektor, Übersetzer, Schriftsteller nach Leipzig, seit 1787 Oberbibliothekar in Dresden, verfaßte zahlreiche philologische und historische Arbeiten.

Christoph Martin Wieland – Der Dichter Christoph Martin Wieland (1733–1813) war von 1773 bis 1810 Herausgeber des «Teutschen Merkur».

meine wenigen Bemühungen – Polemik gegen sprachseparatistische Tendenzen des Sturm und Drang, die von Adelung verabsolutiert wurden.

in meinen Sprachlehren – Sprachlehre zum Gebrauch der Schulen in den Königl. Preuß. Landen, Berlin 1781; Auszug aus der Deutschen Sprachlehre für Schulen, Berlin 1781; Umständliches Lehrgebäude der Deutschen Sprache zur Erläuterung der Deutschen Sprachlehre für Schulen, 2 Bände, Leipzig 1782.

meinem Magazine – Magazin für die Deutsche Sprache, 2 Bände, Leipzig 1782–84.

119 *meiner Kulturgeschichte* – Versuch einer Geschichte der Cultur des menschlichen Geschlechts, Leipzig 1781 (anonym).

vollständiger bearbeiten – Beyträge zur bürgerlichen Geschichte, zur Geschichte der Cultur, zur Naturgeschichte, Naturlehre und dem Feldbaue, erster Band, Leipzig 1783.

*R. Roos, Einige Lotosblüten auf Adelungs Grab**

Meißnische Kreisblätter 1837, Nr. 3, S. 11ff.; Nr. 6, S. 23; Nr. 10, S. 44; Nr. 15, S. 63f.

120 *Richard Roos* – Pseudonym für Karl August Engelhardt (1768–1834), ein dem «Liederkreis» nahestehender Schriftsteller, 1805 Akzessist (Anwärter) an der Königlichen Bibliothek; arbeitete 7 Jahre zusammen mit Adelung.

Wörterbuche – Grammatisch-kritisches Wörterbuch der hochdeutschen Mundarten, Band 1–5, Leipzig 1774–86.

Kollektanten – Sammlungen.

Plan zu einer sächsischen Geschichte – Er wurde nur in Bruchstücken ausgeführt.

122 *zeigen* – wohl sächsisch für «zeugen».

glebae litterariae adscriptus – (lat.) der literarischen Scholle verhaftet, der Literatur eng verbunden.

*Rebmanns Freunde, Sprache**

Dresden wie es ist ..., a. a. O., S. 87f.

*Fr. Schiller, Zeichen des Wassermanns/Elbe**

Fr. Schiller, Xenien Nr. 86 und 105.

123 *Dr...r Wassermann* – gegen Adelungs Lehre, daß die Meißnische Mundart das beste Deutsch sei.

Fr. Grillparzer, Diese quäkenden Frösche

Fr. Grillparzer, Reisetagebücher, hg. von Rudolf Walbiner, Berlin 1971, S. 103f.

123 *Franz Grillparzer* – (1791–1872). Der österreichische Dichter wurde nach Hofmeister- und Hauslehrerdasein Beamter an der Finanzhofkammer in Wien, seit der erfolgreichen Aufführung seiner «Sappho» (1818) nebenberuflich Theaterdichter am Burgtheater. Während seiner Deutschlandreise hielt er sich vom 27.8. bis 3.9.1826 in Dresden auf, fuhr dann über Leipzig nach Berlin und war vom 29.9. bis 3.10. in Weimar.

Gießhübel – Berggießhübel.

124 *Abstich* – Gefälle, Abstieg.

im «Engel» – Hotel Der Goldene Engel, Wilsdruffer Straße (Wilsche Gasse), um 1715 erbaut.

Zur Stadt Wien – Hotel in Neustadt, Große Klostergasse, nach 1720 erbaut.

Männerstolz und Königsthrone

A. M. Körner, Der erste Morgen

Schillers Werke, Nationalausgabe, 42. Band, Schillers Gespräche. Unter Mitwirkung von Liselotte Blumenthal hg. von Dietrich Germann und Eberhard Haufe, Weimar 1967, S. 102f.

129 *Libation* – Trankspende.

Doris – Johanna Dorothea Stock (1759–1832), Schwägerin Körners, bedeutende Kunstmalerin.

Fr. Schiller, Bettler werden Fürstenbrüder

Briefwechsel zwischen Schiller und Körner, a. a. O., S. 70ff.

130 *beim Fizrath* – Wohl: beim Finanzrat Thomas von Wagner.

Charpentier – Johann Friedrich Wilhelm Toussaint von Charpentier (1738–1805), seit 1800 Berghauptmann in Freiberg.

Neumanns Musik – Johann Leopold Neumann (1748–1813), Sekretär beim Geh. Kriegskollegium, Lyriker, Opernlibrettist. Seine Frau, eine geb. Basemann, war Klavierspielerin.

Dein Chor – Körners Vertonung (letzte Fassung: Mildheimisches Liederbuch, Anhang, 1815, S. 166).

Blumauersche Ode – Johannes Alois Blumauer (1755–1798), Schriftsteller und Buchhändler in Wien. Sein Hauptwerk war «Vergils Aeneis travestiert», Wien 1784–88.

von Charlotten – Charlotte von Lengefeld.

Beck – Heinrich Beck (1760–1803), Schauspieler, Theaterdirektor in Mannheim.

Mozart, Briefe und Aufzeichnungen. Gesamtausgabe. Hg. von der Internationalen Stiftung Mozarteum Salzburg von W. A. Bauer und E. Deutsch. Bd. IV, Kassel, Basel, Paris, London, New York, Leipzig 1963, S. 82f.

131 *Konstanze Mozart* – Mozarts Frau Konstanze, geb. Weber (1763–1842).

noch in Dresden – Mozart war von Prag am 10.4.1789 abgereist und am 12.4. in Dresden angekommen, wo er sich bis zum 18.4. aufhielt.

bei Neumanns – Bei Johann Leopold Neumann.

Naumann – Johann Gottlieb Naumann (1741–1801), Hofkapellmeister und Hofkirchenkomponist.

oratoire – (franz.) Betraum, Kapelle.

Herrn von König – Friedrich August von König, Hofzeremonienmeister (Directeur des plaisirs de la Cour).

Seiner Durchl. – Friedrich August III., Kurfürst von Sachsen.

fürstlicher Reisegefährte – Fürst Karl von Lichnowski (1758–1814).

Duschek – Franz Duschek (1736–1799), Pianist und Komponist in Prag; seine Frau (geb. 1756) wohnte in Dresden bei der Familie Neumann.

à l'hôtel de Pologne – Hotel in der Schloßgasse, in dem Mozart wohnte.

Antoine Teyber – Anton Teyber (1754–1822), Organist.

Kraft – Anton Kraft (1752–1820), Cellist.

Esterházy – Nikolaus Joseph, Fürst von (1714–1790), österreichischer Feldmarschall.

Puchberg – Michael Puchberg, Kaufmann in Wien.

das neue Konzert – Das «Krönungskonzert» D-Dur, KV 537, für die Krönung Kaiser Leopolds II. am 9. Oktober 1790.

schene Dose – Anspielung auf den sächsischen Dialekt; Mozart verschweigt, daß sie 100 Dukaten enthielt.

beim russischen Gesandten – Fürst Alexander Michailowitsch Bjeloselski, 1780–90 Gesandter in Dresden.

Häßler – Johann Wilhelm Häßler (1747–1822).

132 *Schüler von Bach* – Johann Christian Kittel (1732–1809), letzter Schüler von Johann Sebastian Bach.

Force – (franz.) Stärke.

Albrechtsberger – Johann Georg Albrechtsberger (1736–1809), Hoforganist in Wien, unterrichtete später Beethoven in musikalischer Theorie.

Auernhammer – Josephine Auernhammer, Pianistin in Wien (um 1776 bis 1841).

Rosa Panservisi – Rosa Manservisi.

Allegrandi – Maddalene Allegrante.

G. Parthey, Erinnerungen an das Haus Körner

G. Parthey, Jugenderinnerungen, Zweiter Teil, Berlin (1890), S. 50ff.

133 *Körner ... geheiratet* – Am 7. August 1785, nicht in Dresden, sondern in Leipzig.

mein Vater – Daniel Friedrich Parthey (1745–1822), seit 1774 Musik- und Hauslehrer bei der Familie des Grafen von Medem in Kurland, seit 1780 dort Mitglied der herzoglichen Kapelle, seit 1786 Hofmeister des Erbgrafen von Lippe-Detmold, heiratete 1797 Wilhelmine, geb. Nicolai; leitete nach dem Tode seines Schwiegervaters seit 1811 die Nicolaische Buchhandlung in Berlin.

133 *Mozartschen Lieder* — Sie erschienen Ende Januar 1790.
kurzem Aufenthalt in Dresden — Mozart reiste 1790 über Leipzig und Dresden nach Berlin.
wohnte Schiller bei der Körnerschen Familie — Im April/Mai 1792 und August 1801.

134 *auch Goethe zum Besuche* — Schiller und Goethe waren nie gemeinsam in Dresden.

E. v. d. Recke, Empfindsame Tage

Paul Rachel, Elisa von der Recke II, Tagebücher und Briefe aus ihren Wanderjahren, Leipzig 1902, S. 323ff.

134 *Elisa von der Recke* — Charlotte Elisabeth (Elisa) Constantia von der Recke, geb. Reichsgräfin von Medem (1754—1833), 1771—81 mit dem kurfürstlich-sächsischen Kammerherrn Georg Peter Magnus von der Recke (1739—1795) verheiratet, lebte seit 1776 von ihm getrennt.
sah ich G. — Carl Friedrich Graf von Geßler (1752—1829), 1787—91 preußischer Gesandter in Dresden, Freund Christian Gottfried Körners, Pate Karl Theodor Körners.
meiner seligen Tochter — Friederike (1774—1777).
zu meinem Jahresschlusse — später ergänzte Elisa von der Recke: «denn es war der Abend vor meinem Geburtstage».

W. Hottenroth, Als Gustel von Blasewitz

Woldemar Hottenroth. Das Leben eines Malers aus hinterlassenen Aufzeichnungen, Briefen und Tagebüchern, sowie nach alten Akten, Berichten, mündlichen Überlieferungen und persönlichen Erinnerungen zusammengestellt und eingeleitet von Johannes Edmund Hottenroth, Dresden 1927, S. 13ff.

136 *Woldemar Hottenroth* — (1802—1894), Maler, Schüler der Dresdner Akademie (zusammen mit seinem Bruder Edmund). 1830 bis 1843 Romaufenthalt, danach in Hamburg. Seit 1854 dauernder Wohnsitz in Dresden-Wachwitz.
Gustel von Blasewitz — Vorbild für die gleichnamige Gestalt aus Schillers «Wallensteins Lager», die als Justine Renner, geb. Segedin (1763—1855), historisch bezeugt ist.
Franz Aloys — Franz Aloys Hottenroth (1763—1853), Vater Woldemars, Klosterbeamter, später königlicher Kammerdiener.

137 *Bussetti* — Maria Josepha Busetti (1780—1855), zweite Frau von Franz Aloys Hottenroth, Mutter Woldemars.
Hammergut Haselberg — Bei Gottleuba. Es gehörte den Eltern der Josepha Busetti-Hottenroth, die am Eingang der Hauptstraße in Dresden-Neustadt die «Grüne Bude», eine Konditorei und Eisdiele, sowie das Kuchenbuffett, im kurfürstlichen Theater betrieben.
der Mutter — Anna Catharina Busetti, geb. Hentschel, (1753—1828), die Großmutter Woldemar Hottenroths, Frau des italienischen Konditors Carolus Antonius Busetti (1728 bis 1791).

Briefwechsel zwischen Schiller und Körner, a. a. O., zweiter Band, S. 139 und 143ff.

138 *Herzogin von Kurland* – Dorothea, geb. von Medem (1761–1823), Halbschwester der Elisa von der Recke, seit 1779 mit Peter Biron, Herzog von Kurland (1724–1800) als dessen dritte Frau verheiratet. Patin Karl Theodor Körners; mit Dora Stock befreundet.

140 *Wurmb* – Friedrich Ludwig von Wurmb (1723–1800), zuletzt sächsischer Konferenzminister.

Julius und Raphael – Aus den «Philosophischen Briefen». Von Körner stammt nur der letzte Brief (im 7. Heft der «Thalia», 1789).

Herrn von Funck – Karl Wilhelm Ferdinand von Funck (1761–1828), Historiker, sächsischer Rittmeister; im Oktober 1806 Gesandter Napoleons an Kurfürst Friedrich August; im Januar 1813 als Generalleutnant aus Rußland abberufen; 1815 im Hauptquartier Wellingtons, 1816 in diplomatischem Auftrag in London.

Kunze – Friedrich Kunze (1755–1803), Steinguthändler in Leipzig; seine Tochter Julie lebte später im Hause Körners.

Fr. Schlegel, Körners und das «Kind der Glut und Nacht»

Friedrich Schlegels Briefe an seinen Bruder August Wilhelm, hg. von Oskar Walzel, Berlin 1890, S. 166 u. 179ff.

140 *Körners und das «Kind der Glut und Nacht»* – Die Überschrift ist einem Brief der Caroline Böhmer (1763–1809) vom 9. 12. 1793 entnommen. Caroline, geb. Michaelis, war die Witwe des Arztes Johann Franz Böhmer (1754–1788). Von ihrer Freundin Therese, der Frau Georg Forsters, nach Mainz eingeladen, wurde sie 1793 von preußischen Truppen wegen ihrer profranzösischen Einstellung gefangengenommen und geriet in eine verzweifelte Lage, da sie ein Kind erwartete, dessen Vater der französische Leutnant Crancé-Dubois (1773–1800) war, der in den Briefen meist Cranz genannt wird. Die Brüder Schlegel befreiten sie und brachten sie nach Lucka bei Leipzig, wo sie im November 1793 das «Kind der Glut und Nacht» gebar. 1796 heiratete sie August Wilhelm Schlegel und nach der Scheidung von ihm den Philosophen Schelling.

August Wilhelm Schlegel – (1767–1845), neben seinem Bruder Friedrich bedeutendster Theoretiker der Romantik, 1786 in Göttingen Theologie- und Philologiestudium; 1792 bis 1795 Hauslehrer in Amsterdam, 1796 in Jena außerordentlicher Professor, seit 1801 Privatgelehrter in Berlin, ab 1804 Reisebegleiter der Madame de Staël, 1814/15 Sekretär und Reisebegleiter des schwedischen Kronprinzen, 1819 Professor der indischen Philologie in Bonn.

Charlotte – Charlotte (Lottchen) Ernst, geb. Schlegel (gest. 1826), Schwester der Brüder Schlegel; mit Ludwig Emanuel Ernst, Zweiter Hofmarschall in Dresden, verheiratet. Ihr Landhaus in Pillnitz war um 1798 ein Zentrum der Frühromantik.

sie – Caroline Böhmer.

141 *Becker* – Wilhelm Gottlieb Becker (1753–1813), Schriftsteller, Altertumsforscher; seit 1795 Kustos der Antikengalerie, seit 1805 Direktor des Grünen Gewölbes; Professor an der Ritterakademie, Herausgeber der Zeitschrift «Ephemeriden der Menschheit».

Göschen – Georg Joachim Göschen (1752–1828) errichtete 1785 mit Hilfe Körners in Leipzig eine Verlagsbuchhandlung; seit 1823 in Grimma.

142 *Humboldt* – Wilhelm von Humboldt (1767–1835).
Muilman – Henry Muilman, Ratsherr und Schöffe in Amsterdam, wo August Wilhelm Schlegel Hauslehrer gewesen war.

Fr. Schlegel, Der hartleibige Mensch

Fr. Schlegel, Briefe an seinen Bruder, a. a. O., S. 241 und 270.

143 *Aufsatz im 5. Stück der «Horen»* – «Über Charakterdarstellung in der Musik».
Catull – Gaius Valerius Catullus (um 84–um 54 v. u. Z.), römischer Lyriker mit starkem Einfluß auf Renaissance, Humanismus und Anakreontik. In Volker Ebersbachs Übersetzung lauten die Verse: «Höchstens zehnmal im Jahr gehst du scheißen – härter als eine Bohne und ein Steinchen.»
maientichos – (im Original griechische Buchstaben) zur Hebammenkunst gehörig. Der griechische Philosoph Sokrates war Sohn einer Hebamme.

Novalis, Körner

Novalis' Schriften. Vierter Band. Tagebücher, Briefwechsel, zeitgenössische Zeugnisse. Hg. von Richard Samuel, Stuttgart 1975, S. 242 f.

144 *Novalis* – Pseudonym für Georg Philipp Friedrich Freiherr von Hardenberg (1772–1801), einer der bedeutendsten Frühromantiker, 1790 Studium in Jena (Fichte, Schiller), 1791–93 in Leipzig, Freundschaft mit Friedrich Schlegel. 1796 am Salinenamt in Weißenfels, 1797/98 Studium an der Bergakademie Freiberg.
sie ... unter den Dreien – Anna Maria (Minna) Körner, deren Mann und Dora Stock.
genieren – Hier: zurückhaltend auftreten.
ordinären Witz – Hier wohl geistvolle Gespräche über Alltagsdinge.

E. v. d. Recke, Freundschaften und Spannungen

Elisa von der Recke, Mein Journal. Elisas neu aufgefundene Tagebücher aus den Jahren 1791 und 1793/95. Hg. und erläutert von Prof. Dr. Johann Werner, Leipzig (1927), S. 237 ff.
Mestmacher – Baron von, russischer Gesandter in Mitau (Kurland), später in Dresden.
Parthey – Der Buchhändler Friedrich Parthey.
Matthisson – Friedrich Matthisson (1761–1831), Lyriker und Prosaschriftsteller; 1812–28 Theaterintendant und Bibliothekar in Stuttgart.

145 *Dresden, d. 1. Febr. 1825* – Elisa von der Recke pflegte ihre Aufzeichnungen bei späterer Lektüre zu ergänzen und zu kommentieren.
in Löbichau – Schloß bei Gera, Dorothea von Kurland lebte nach dem Tode ihres Mannes oft dort.
Dorotheens Heirat – Die jüngste Tochter der Herzogin, Prinzessin von Kurland (1793–1862), heiratete 1809 Edmund Talleyrand-Périgord, Herzog von Dino, einen Neffen des berühmten französischen Staatsmanns Talleyrand.
ihre Vergötterung Napoleons – gemeint ist die Herzogin; im Mai 1813 führte dies zu schweren Spannungen mit der Familie Körner.

Charlotte von Schiller und ihre Freunde. Dritter Band, hg. von Ludwig Urlichs, Stuttgart 1865, S. 34f.

die neue Szene — Der Anfang des III. Aktes der «Jungfrau von Orleans».

146 *Racknitz* — Joseph Friedrich Freiherr von Racknitz (1744—1818), seit 1790 Hausmarschall am sächsischen Hofe, Kunstschriftsteller, Freund Christian Gottfried Körners.

der Freund hat in Paris geheiratet — Wohl Ludwig Ferdinand Huber, der im April 1793 Therese Forster heiratete.

unsres Schiller Tag — Schillers Geburtstag.

A. M. Körner, Gedenken an Schiller

Briefe der Familie Körner. Hg. von Prof. Albrecht Weber in Berlin. In: Deutsche Rundschau Heft 4/1878, S. 463.

146 *Friedrich Benedikt Weber* — (1774—1848), Professor für Land- und Staatswirtschaft an der Universität Frankfurt/O., dann in Breslau, Vetter Christian Gottfried Körners.

D. Stock, Geselligkeiten und Vorurteile

Briefe der Familie Körner, a. a. O., S. 469.

147 *Herzog von Holstein* — Wohl Friedrich Christian, Herzog von Schleswig-Holstein-Augustenburg (1765—1814), der 1793 Schiller unterstützte.

«Griselda» — Von den im 18. Jh. bekannten 19 Opern «Griseldis» ist hier wahrscheinlich die von Ferdinando Paer (1771—1839) gemeint, der seit 1804 Dresdner Hofkapellmeister war,

«Cosi fan tutte» — Mozarts Oper «Cosi fan tutte» («So machen's alle») war 1790 uraufgeführt worden.

Juliens Stimme — Julie Kunze (1786—1849), Körners Mündel, heiratete 1808 den Grafen Alexander von Einsiedel auf Gnandstein (1777—1840).

Karl — Karl Theodor Körner (1791—1813), studierte 1808—10 in Leipzig und Berlin.

148 *Heroen* — oder Herren (Dora schreibt «Heron»); diese Briefstelle zeigt die von klassizistischen Normen bestimmten Auffassungen des Hauses Körner.

Müller — Adam Heinrich Müller (1779—1829), Philosoph und Ästhetiker der Romantik, konservativer Staats- und Wirtschaftswissenschaftler; lebte von 1805 bis 1809 in Dresden; Lehrer des Prinzen Bernhard von Sachsen-Weimar.

149 *«Phöbus»* — Unter dem Jahrgang 1808 erschienen insgesamt 12 «Stück» dieser von Heinrich von Kleist und Adam Heinrich Müller herausgegebenen Zeitschrift in 9 Heften.

L. Seidler, Das Haus Körner

Erinnerungen der Malerin Louise Seidler, hg. von Hermann Uhde, Weimar 1962, S. 65.

149 *Louise Seidler* — Louise Caroline Sophie Seidler (1786—1866), Kunststudium in Gotha und Jena, seit 1810 als Schülerin Gerhard von Kügelgens und Christian Leberecht Vogels in

Dresden, 1818–23 in Italien, seit 1824 Kustodin der Großherzoglichen Gemäldesammlung in Weimar und Zeichenlehrerin.

149 *schlanke Tochter* – Emma Sophia Luise Körner (1788–1815).
«Zriny» – Theodor Körners historisch-patriotisches Drama im epigonalen Schiller-Pathos, 1812 geschrieben.

Der Wiener Musicus

Hans Volkmann, Beethoven in seinen Beziehungen zu Dresden, Dresden 1942, S. 24.

149 *Hr. van Beethoven* – Ludwig van Beethoven (1770–1827) unternahm im Frühjahr 1796 eine Konzertreise, die ihn von Wien über Prag, Dresden, Leipzig nach Berlin führte. In Dresden kam er am 23. 4. an und blieb bis 30. 4. oder 1. 5.
Akkompagnement – Begleitung.

L. van Beethoven, An die Hoffnung

Hans Volkmann, Beethoven ..., a. a. O., S. 68f.

150 *Ludwig van Beethoven* – Der Komponist hatte Ende Juli in Teplitz eine Begegnung mit Elisa von der Recke und Christoph August Tiedge, die ihn zu Seumes Grab führten, der am 13. 7. 1810 in Teplitz gestorben war. Gleichzeitig erfolgte eine Einladung nach Dresden. Beethoven schätzte Tiedges Lehrgedicht «Urania. Über Gott, Unsterblichkeit und Freiheit» (1800) so hoch, daß er 1805 mit der Ode «An die Hoffnung» Verse daraus vertonte. – Gedichte der Elisa von der Recke hat er nicht vertont.
(Für Tiedge) – Diese Zeilen stehen auf der Rückseite des Briefes. Christoph August Tiedge (1752–1841), empfindsamer Dichter der Spätaufklärung, war seit 1803 Lebensgefährte der Elisa von der Recke; seit 1819 lebten beide ständig in Dresden.
Bundeswort Du – Tiedge hatte Beethoven im Ton der empfindsamen Schwärmerei angeredet.
Alcibiades – Roman des vielseitigen Unterhaltungsschriftstellers August Gottlieb Meißner (1753–1807), 1776–85 Beamter in Dresden, dann in Prag Professor der Ästhetik.
der Schnurrbärte der Ungarn wegen – Beethoven komponierte zur Eröffnung des neuen Deutschen Theaters in Pest u. a. «Die Ruinen von Athen» und «Ungarns erster Wohltäter» (König Stephan) nach Texten von August Friedrich Ferdinand Kotzebue (1761–1819).
der Erzherzog – ein Prinz des Hauses Österreich.

Chr. G. Körner, Entsagung

Briefe der Familie Körner ..., Deutsche Rundschau, Bd. 16 (1878), S. 133.

151 *von Ihrer Teilnahme* – Am Tode von Emma Körner, die am 15. März gestorben war.
mein Amt – als preußischer Staatsrat.
Sachsens künftiges Schicksal – Im März 1815 war in Preßburg die Teilung Sachsens beschlossen worden.
zum neuen Kampfe – Am 1. März 1815 war Napoleon bei Cannes gelandet; am 7. traf die Nachricht in Wien ein; in der Schlacht bei Belle-Alliance (Waterloo) am 18. 6. wurde Napoleon endgültig geschlagen.

G. Nieritz, Selbstbiographie, a. a. O., S. 67 ff.

152 *Unruhen* – Es handelte sich um Handwerkerunruhen, bei denen vor allem die Schneidergesellen im Juli 1791 ihre Rechte gegenüber dem Magistrat durchzusetzen suchten.
Clausnitzer – August Gottfried Clausnitzer, Bürgermeister, Vize-Stadtrichter und Inspektor der Kreuzschule.
point d'honneur – (franz.) Ehrgefühl.

G. Fr. Rebmann, Adel und Bauern 1790

G. Fr. Rebmann, Vollständige Geschichte meiner Verfolgungen und meiner Leiden, Amsterdam 1796, S. 24 ff.

154 *Graf Wallwitz* – Georg Reinhard Graf von Wallwitz, Konferenzminister, Präsident des Geheimen Finanzkollegiums.
Marqueraus – Vielleicht von franz. marqueteur – Anschreiber, Zähler.
Industrie – Hier: Fleiß.
verschwenderischen Auguste – August der Starke und sein Sohn.
Anselmus Rabiosus dem Jüngern – Rebmanns Pseudonym, unter dem seine «Wanderungen und Kreuzzüge durch einen Teil Deutschlands» (1795/96) erschienen.
Maître des Plaisirs – (franz.) Leiter der Hoffestlichkeiten.
Mesalliance – Unstandesgemäße Verbindung.

Fr. E. v. Liebenroth, Zirkel von neugierigen Landleuten

Fr. E. v. Liebenroth, Fragmente aus meinem Tagebuche, insbesondere die sächsischen Bauernunruhen betreffend, Dresden und Leipzig 1791, S. 146 ff.

156 *Friedrich Ernst von Liebenroth* – (gest. 1803), sächsischer Offizier (Premierleutnant), der aus konservativer Einstellung anschauliche Schilderungen der Bauernunruhen gibt.

Hier liest man nicht von Sklaverei

Hellmuth Schmidt, Die sächsischen Bauernunruhen des Jahres 1790. In: Mitteilungen des Vereins für Geschichte der Stadt Meißen, Bd. 7, Heft 3, Meißen 1907, S. 273 f.

157 *Hier liest man nicht...* – Das Gedicht zirkulierte im Juli 1790 in der Gegend von Wehlen und wurde dann rasch weiterverbreitet, verfaßt vermutlich von einem gewissen Wolf aus Niederposta (bei Pirna), der für die Bauern Gelegenheitsgedichte schrieb.

F. v. Funck, Dem einfachen Sachsen eigene Ironie

Im Banne Napoleons. Aus den Erinnerungen des sächsischen Generalleutnants und Generaladjutanten des Königs, Ferdinand von Funck, hg. von Artur Brabant, Dresden 1928, S. 52 ff.

158 *auf Exekution gelegt* – zur Bestrafung hinbefohlen.

159 *Eskadron* – Etwa 100 Reiter.
de Launay – Graf de Launay, Gouverneur der Bastille in Paris, bei deren Sturm am 14. 7. 1789 getötet.
Foulon – Joseph Franz Foulon (1715–1789), Generalintendant der französischen Armee, gleichfalls am 14. 7. 1789 hingerichtet.

Beleidigt den Dresdner Marat nicht

Blätter für literarische Unterhaltung, Nr. 185, Dresden, 4. Juli 1833.

161 *Imprimatur* – (lat.) Es möge gedruckt werden; Freigabe für den Druck.
fixer Gehalt – festes Einkommen.

162 *M. Olpe* – Christian Friedrich Olpe (1728–1803), Magister, seit 1756 Universitätsbibliothekar in Wittenberg, 1771 bis 1802 Rektor der Kreuzschule und Zensor.
von Berlepsch – Heinz Moritz von Berlepsch, Oberkonsistorialpräsident.
Antivestalin – Prostituierte.
Amoretten – Liebesgötter.
Hetärenelegie – Gedicht auf ein Freudenmädchen.
Richter'sche Buchhandlung – Die Buchhandlung von Dr. Carl Christian Richter, Jurist und erfolgreicher Buchhändler, Herausgeber von «Der allgemeine Sächsische Annalist», dessen Redakteur 1792–1794 Georg Friedrich Rebmann war, und der «Dresdener Merkwürdigkeiten» sowie der «Dresdner Frag- und Anzeigenblätter», aus denen der «Dresdner Anzeiger» hervorging. Richter starb um 1803 im Leipziger Schuldgefängnis, vielleicht durch Freitod.

163 *puncto controversiae* – (lat.) Streitpunkt.
Horaz – Horatius Flaccus (65–8 v. u. Z.), Dichter der römischen Klassik.
bald nachher Dresden verließ – Rebmann ging 1794 über Dessau, Erfurt, Altona, Hamburg nach Paris.
Kriegsarchivar Engelhardt – Karl August Engelhardt (Pseudonym Richard Roos).
Arnoldschen Buchhandlung – Johann Christoph Arnold (1763–1857), seit 1790 Buchhändler in Dresden, gründete 1798 eine Lesegesellschaft («Museum zu Dresden») am Altmarkt, Ecke Kreuzgasse (seit 1819 Altmarkt, Ecke Webergasse), Verleger der «Abendzeitung» mit Friedrich August Schulze (Laun) 1806/07 als Redakteur; 1817 Neugründung mit Theodor Winkler (Hell) und Friedrich Kind.

164 *Syndikus Dr. Herrmann* – Johann Friedrich Herrmann (geb. 1761), Jurist, Zensor, seit 1795 Appellationsrat.
Marat – Jean Paul Marat (1744–1793), Jakobiner, von Charlotte Corday ermordet.

Ein gewisser George Friedrich Rebmann

Staatsarchiv Dresden, Landesregierung Loc. 30556, Verfügungen wider Verbreitung bedenklicher und gefährlicher Bücher und Druckschriften, Vol II (1792–1793), Bl. 108 ff. (Die Abdruckgenehmigung erteilte das Staatsarchiv Dresden)

164 *in der Richterschen Buchhandlung* – «Der allgemeine Sächsische Annalist – ein Blatt für den Bürger und Landmann» erschien monatlich in Dresden und Leipzig.
fol. 33 et 34 – Auf den S. 33 und 34 sind folgende Passagen als «unüberlegte Bemerkun-

gen» angestrichen: «Unterdessen hatte Ludwig XVI. noch nicht alle Hoffnung aufgegeben, seine vorige Gewalt durch eine lange vorbereitete Gegenrevolution wieder zu erhalten ... Soviel ist inzwischen schon gegenwärtig außer allen Zweifel gesetzt, daß in allen Klassen, Zünften und Departements Königlichgesinnte waren, welche nach einem mit dem Hofe verabredeten Plan dahin ausgingen, die Konstitution umzuwerfen, und die konstituierende Versammlung zu zertrümmern.» Weiter wird darauf verwiesen, daß der 10. August als Termin für die Konterrevolution vorgesehen war.

164 *Concipient* – Redakteur.

165 *unterm 21. Mart cui curr.* – Unter dem 21. März des laufenden Jahres.

rescribieren – Hier: berichten.

concernieren – zusammenfassen.

zensiere ... – Es folgen nun das Verhör Rebmanns, eine Erklärung, daß er zur Einsicht gelangt sei, und seine Biographie.

Wider Tumult, Aufruhr und Feldmäuse

Dresdener Merkwürdigkeiten, Februar 1791, in: Magazin der Sächsischen Geschichte 1791, hg. von Johann Christian Hasche, Februar, VIII. Teil, S. 121.

*Friedrich August von Sachsen, Wider Verbreitung aller zu Empörung und Aufruhr anstehender Schriften**

Staatsarchiv Dresden, Landesregierung Loc. 30556, Bl. 16. (Die Abdruckgenehmigung erteilte das Staatsarchiv Dresden)

166 *debieret* – Wahrscheinlich debitieret: vertrieben.

Spitzelbericht nach der Hauptstadt

Staatsarchiv Dresden, ebenda, Bl. 55 und 61 b. (Die Abdruckgenehmigung erteilte das Staatsarchiv Dresden)

167 *Herr Kanzler* – wahrscheinlich Friedrich Ludwig von Wurmb.

ut in litteris – (lat.) Formelhafter Ausdruck, bedeutet etwa: wie den wissenschaftlichen Gepflogenheiten entsprechend.

C. Böhmer, Wie streng man in Sachsen ist

Caroline, Briefe aus der Frühromantik. Nach Georg Waitz vermehrt hg. von Emil Schmidt, 2 Bände, Leipzig 1913, Bd. 1., S. 343 f.

168 *Friedrich Ludwig Wilhelm Meyer* – (1759–1840), Lyriker und Schauspieldichter, seit 1785 Bibliothekar in Göttingen, Freund von Therese Forster und Caroline Böhmer.

Gotters – Luise Gotter, geb. Stieler (1770–1826), war eine Jugendfreundin der Caroline Böhmer; ihr Mann, Friedrich Wilhelm Gotter (1746–1797), Sekretär in Wetzlar und Dramatiker, gründete mit Heinrich Christian Boie den «Göttinger Musenalmanach».

168 *hassen mich wie Theresen* – Therese Forster; Körners hatten gerüchteweise von Carolines Beziehungen zu Huber und Georg Forster gehört.
eine Schwester von Schlegel – Charlotte Ernst.

H. G. v. Carlowitz, Das Rätsel der sächsischen Verfassung

Novalis' Schriften, Vierter Band, a. a. O., S. 516.

169 *Hans Georg von Carlowitz* – (1772–1840), wohnte damals in Oberschöna bei Freiberg, Freund Hardenbergs, Borromäus' und Dietrich von Miltitz', Mitarbeiter des Freiherrn vom Stein, seit 1834 sächsischer Minister des Inneren, seit 1836 Kultusminister.
cidevant – (franz.) ehemals, früher.
Vizekanzler – Johann Wilhelm Sigismund von Zeschau (1745–1815), Geheimer Rat.
Graf Tottleben – auf Weißtropp bei Dresden.
Pacta religionis – (lat.) Religiöse Bündnisse.
Domherr Holleufer – Heinrich August von Holleufer, Leiter einer Domschule (Scholastikus).
v. Wietersheim – August Christian von Wietersheim auf Meusdorf bei Leipzig.
Graf Ronnov – Johann Wilhelm Graf von Rohnow und Bieberstein (1744–1827), sächsischer Major, Herr auf Augustusberg bei Nossen.
Steueroffizianten – Angestellte (Unterbeamte) im Steuerwesen.
Sansculotten – Proletarier und Kleinbürger der Französischen Revolution.

Novalis, Unterdrückungsplane der öffentlichen Meinung

Novalis' Schriften, Vierter Band, a. a. O., S. 277.

170 *Deiner Frau* – Sara Anna von Miltitz, geb. Constable (1774–1819), seit 1796 mit Dietrich von Miltitz verheiratet.
Fichtes Appellation – Der Philosoph Johann Gottlieb Fichte (1762–1814) hatte im Januar 1799 eine «Appellation an das Publikum» gerichtet, nachdem ihm vom sächsischen Konsistorium atheistische Äußerungen vorgeworfen worden waren und das Heft1/1798 des «Philosophischen Journals» wegen seines Aufsatzes «Über den Grund unseres Glaubens an eine göttliche Weltregierung» konfisziert wurde. Als darüber hinaus beim Weimarer Hof eine Bestrafung Fichtes gefordert wurde und er deswegen ein Entlassungsgesuch einreichte, wurde es gegen seine Erwartung vom Weimarer Hof angenommen.
Pfaffen – Wohl Franz Volkmar Reinhard (1753–1812), seit 1792 Oberhofprediger in Dresden; Schwiegersohn des Freiberger Bergrates Johann Friedrich von Charpentier (1738–1805). Novalis besuchte seine Abendgesellschaften in Dresden.

H. G. v. Carlowitz, Die verhaßte Stimme des Egoismus, der Dummheit und der Brutalität

Drei Brüder Carlowitz, Carl Adolf, Hans Georg und Anton von Carlowitz. Lebensbilder und Briefe aus dem Zeitalter der Romantik, der Freiheitskriege und der Verfassungskämpfe, von Otto Eduard Schmidt, Leipzig 1933, S. 45.

170 *nie auf dem Landtage zu erscheinen* – Hans Georg von Carlowitz suchte Novalis als Vertreter seines Vaters zur Teilnahme am Sächsischen Landtag von 1799 zu bewegen.
171 *Münchhausen* – Philipp Adolf Friedrich von Münchhausen, ständischer Abgeordneter des Sächsischen Landtags.
Planitz – von der Planitz, Geheimer Finanzrat in Dresden.
Werthern – Freiherr von Werthern, Domherr von Merseburg.

W. v. Kügelgen, Fürst Putjatin

W. v. Kügelgen, Jugenderinnerungen eines alten Mannes, Leipzig 1954, S. 138 ff.
171 *Wilhelm von Kügelgen* – (1802–1867), Schüler seines Vaters an der Dresdner Akademie, anhaltinischer Kammerherr und Hofmaler.
Fürst Putjatin – Nikolaus Fürst von Putjatin (1749–1830), russischer Offizier aus Kiew, der auf seinen Gütern die Leibeigenschaft aufhob; seit 1793 bis zu seinem Tode in Dresden, im Sommer in einem von ihm entworfenen originellen Landhaus in Kleinzschachwitz.
Schönbergschen Hause – Gegenüber dem «Gottessegen» gelegenes Haus des privatisierenden Kaufmanns Schönberg.
Sansculotterie – Hier: Angewohnheit, keine Hosen zu tragen.
173 *Skrofeln* – Tuberkulöse Haut- und Drüsenkrankheit.
in puris naturalibus – (lat.) im reinen Naturzustand, nackt.
August – August Schönberg, Spielgefährte aus dem gegenüberliegenden Haus des Kaufmanns Sch.

*A. A. Hering, Darstellung der Königlich Sächsischen Regierung**

A. A. Hering, Darstellung der Königlich Sächsischen Regierung nebst einer Skizze zur besseren Organisation der Staatsverwaltung, Teutschland 1814, S. 9 ff. u. 22 ff.
174 *Andreas August Hering* – (1764–1824), Sohn eines Bautzner Senators, studierte in Wittenberg, promovierte 1791 zum Dr. jur., seit 1800 Advokat in Dresden.
Sachsens Regent – Friedrich August III. (1750–1827), seit 1763 Kurfürst, seit 1807 als Friedrich August I. König von Sachsen.
Gutschmidt – Johann Wilhelm Freiherr von Gutschmidt (1761–1830), Konferenzminister, Präsident im Geheimen Finanzkollegium.
Preußen die besten Reformen – Seit 1807 durch den Freiherrn vom Stein, 1810 von Hardenberg fortgeführt: u. a. Aufhebung der Erbuntertänigkeit der Bauern, der ständischen Gliederung, eine Städteordnung und Neuordnung der Staatsverwaltung – z. T. gegen den erheblichen Widerstand des Adels.
Prärogative – Vorrechte.

G. Fr. Rebmann, Der Kurfürst – Hof – Adel – Militär

G. Fr. Rebmann, Hans Kiekindiewelts Reisen ..., a. a. O., S. 261 ff. und S. 303 ff.
178 *Appendix* – Anhängsel, Zusatz.
Garde à Cheval – Garde zu Pferde.

F. v. Funck, Das Los der Königin

F. v. Funck, Im Banne Napoleons, a. a. O., S. 67f.
179 *Königin* – Amalia, geb. Prinzessin von Pfalz-Zweibrücken.

Galeriegespräche

K. G. Lessing, Die Stelle des seligen Hagedorn

G. E. Lessings Gespräche, hg. von F. Freiherr v. Biedermann, Berlin 1924, S. 178.
185 *Karl Gottfried Lessing* – (1740–1812), Bruder von Gotthold Ephraim Lessing und sein erster Biograph, Münzdirektor in Breslau.
italienische Reise – vom Frühjahr bis Herbst 1775.
seligen Hagedorn – Christian Ludwig von Hagedorn.

*A. W. und C. Schlegel, Gespräch**

Die Gemälde, in: Athenäum. Eine Zeitschrift, Zweiter Band, erstes und zweites Stück, Berlin 1799, S. 53f. (fotomechanischer Nachdruck, Berlin 1960).
185 *Forsters Kunstbeschreibungen* – Johann Georg Adam Forster (1754–1794) nahm 1772–75 als Begleiter seines Vaters an James Cooks Weltreise teil; 1778 Professor für Naturgeschichte in Kassel, 1784–87 in Wilna (Vilnius), ab 1788 Bibliothekar in Mainz; 1792 Vizepräsident der französisch besetzten Rheingebiete, 1793 Präsident des Mainzer Jakobinerklubs, Delegierter zum Nationalkonvent nach Paris. Seine «Ansichten vom Niederrhein, von Brabant, Flandern, Holland, England und Frankreich im April, Mai und Junius 1790» enthalten zahlreiche Kunstbetrachtungen.

D. Stock, Mit meiner Arbeit zufrieden

Charlotte von Schiller und ihre Freunde, a. a. O., Dritter Band, S. 20ff.
188 *Grassi* – Joseph Grassi (1757–1838), Porträtmaler aus Österreich, 1799–1816 Professor an der Dresdner Akademie, bis 1821 Studiendirektor der in Rom arbeitenden sächsischen Künstler, danach Rückkehr nach Dresden.
Schönberger – Lorenz Adolf Schönberger (1768–1847), Landschaftsmaler und Radierer aus Österreich.
Humboldts – Wilhelm von Humboldt und seine Frau Caroline, geb. von Dacheröden (1766–1829).
nach Italien zu gehen – Humboldt reiste erst 1802 mit seiner Familie nach Italien, wo er bis 1808 preußischer Vertreter beim Vatikan war.
Schlegels – Caroline und August Wilhelm von Schlegel hatten am 1. Juli 1796 geheiratet.
die Dame – Caroline Schlegel.

188 *auf dem Königstein gesessen* – Caroline Schlegel, die im März 1793 mit ihrer Tochter Mainz verlassen hatte, wurde als Anhängerin der Jakobiner von preußischen Truppen verhaftet und auf die Festung Königstein im Taunus, dann nach Kronberg gebracht.
189 *Schelling* – Friedrich Wilhelm Joseph Schelling (1775–1854), idealistisch-pantheistischer Naturphilosoph, seit 1798 Professor in Jena, später in Würzburg, München, Erlangen und Berlin; heiratete 1803 Caroline Schlegel.
Gries – Johann Dietrich Gries (1775–1842), Jurist und Übersetzer in Jena.

C. v. Humboldt, Umgeben von diesen hohen Gestalten

Wilhelm und Caroline von Humboldt in ihren Briefen, hg. von Anna von Sydow, Zweiter Band, Berlin 1907, S. 72.
190 *Alexander* – Alexander von Humboldt (1769–1859), Carolines Schwager.
Haeftens – Reinhard von Haeften (1773–1803), Freund der Brüder Humboldt.
Minister Burgsdorff – Wohl Ludwig Christoph von Burgsdorff (1774–1828), sächsischer Staatsbeamter, 1813 Chef der Geheimpolizei. Goethe wohnte im April 1813 in seinem Hause.
Admirez ma vertu! – (franz.) Bewundert meine Kraft!
Approbation – Billigung.

*A. Schopenhauer, Auf die Sixtinische Madonna**

Emil Schaeffer, Raphaels Sixtinische Madonna als Erlebnis der Nachwelt, Dresden 1955^2, S. 63 f.
190 *Auf die Sixtinische Madonna* – Das Gedicht entstand 1815; Schopenhauer lebte von 1814 bis 1818 in Dresden.

W. v. Humboldt, Zwischen dem Individuellen und Idealen

Der Briefwechsel zwischen Friedrich Schiller und Wilhelm von Humboldt, hg. von Siegfried Seidel, Bd. II, Berlin 1962, S. 101 ff.

C. v. Wolzogen, Das Anschauen der Kunstwerke

Schillers Werke, 42. Band, Gespräche, a. a. O., S. 326 f.
192 *mit Schillers* – Schiller und seine Frau wohnten vom 9. 8. bis 1. 9. 1801 im Loschwitzer Weinberghaus und bis 15. 9. 1801 in Dresden.
Torso des sogenannten Salbers – Römische Marmorkopie, 1728 erworben, heute in der Skulpturensammlung.
Vestalinnen – Antike Priesterinnen; 1736 nach Dresden gebrachte Skulpturen.
Meyer – Johann Heinrich Meyer (1760–1832), Direktor der Weimarer Zeichenschule, mit Goethe seit 1786 bekannt; als Anhänger einer klassizistischen Kunstdoktrin Gegner der Romantik.
193 *Herr von Schönberg* – Wohl Moritz Haubold von Schönberg (1770–1860), sächsischer Ge-

heimer Finanzrat, später preußischer Oberpräsident von Pommern, befreundet mit Christian Gottfried Körner, Hans Georg von Carlowitz und Joseph von Zezschwitz; verheiratet mit Louise Gräfin von Stolberg-Wernigerode (1771–1856).

193 *Freund Stein und seine Mutter* – Friedrich Konstantin von Stein (1772–1844) und Charlotte von Stein, geb. von Schardt (1742–1827), Goethes Weimarer Freundin.

R. Köpke, Galeriegespräche: Schiller und Tieck

Schillers Werke, Bd. 42, a. a. O., S. 328f.

193 *Rudolf Köpke* – (1813–1870), Historiker, Biograph Ludwig Tiecks.

Tieck – Ludwig Tieck (1773–1853). Der Berliner Seilerssohn war seit 1794 freischaffender Schriftsteller, 1799 in Jena im Kreis der Frühromantiker; 1801–03 und 1819–41 in Dresden, seit 1825 Hofdramaturg.

Basrelief – Flachrelief, nur wenig aus der Fläche herausgearbeitetes Bildwerk.

Correggio – Antonio Allegio, gen. Correggio (1494–1534), italienischer Maler zwischen Hochrenaissance und Barock.

Chr. Kosegarten, Nelson und Lady Hamilton

Chr. Kosegarten, Meine Freuden in Sachsen, a. a. O., S. 175 u. 177f.

194 *Nelson* – Horatio Nelson (1758–1805), englischer Admiral, vernichtete 1798 die französische Flotte vor Abukir (Ägypten), ließ 1801 Kopenhagen in Brand schießen und besiegte im Oktober 1805 die französisch-spanische Flotte bei Trafalgar. Hier starb er an einer Verletzung. – Die Begegnung in Dresden erfolgte 1801.

Hamilton – Emma Hamilton, geb. Harte (1761–1815), Hausmagd, Mätresse, seit 1791 Frau des englischen Diplomaten und Altertumsforschers Lord William Hamilton (1730–1803), seit 1798 Geliebte Nelsons.

wo das Gebäude der Bildergalerie steht – Wahrscheinlich der Schloßplatz, nicht der Neumarkt.

«What troops ...» – (engl.) «Was für Truppen, ich habe nie solche Truppen gesehen, kommen Sie, Mr. Hamilton, sehen Sie hier.»

«But not such troops ...» – (engl.) «Aber nicht solche Truppen; ich versichere Ihnen, sehr schöne Truppen.»

J. G. Herder, Deutsches Florenz

Herders Sämtliche Werke, hg. von Bernhard Suphan, 23. Band, Berlin 1885, S. 434ff.

195 *sein prachtliebender Geist* – August der Starke.

Winckelmann – Johann Joachim Winckelmann (1717–1768), Begründer der deutschen Altertumswissenschaft und der klassischen Kunsttheorie.

Sein erstes Buch – Winckelmanns «Gedanken über die Nachahmung der griechischen Werke in der Malerei und Bildhauerkunst», Dresden 1755, wurden zur Programmschrift der klassizistischen Bewegung in Deutschland. Winckelmann war von 1748 bis 1754 Bibliothekar des Grafen von Bünau in Nöthnitz bei Dresden.

196 *Phidias* – Pheidias, bedeutendster Bildhauer der griechischen Klassik (5. Jh. v. u. Z.)

196 *Raphael* – Raffael (Santi) (1483–1520), italienischer Maler der Hochrenaissance, Schöpfer der Sixtinischen Madonna.
Alcibiades – Alkibiades (450–404 v. u. Z.), athenischer Politiker.
Aristides – (gest. um 468 v. u. Z.) Politiker in Athen, der als Beispiel für Gerechtigkeit und Weisheit galt. – Anspielung Herders auf Kurfürst Friedrich August «den Gerechten».

Chr. G. Körner, Leute die Menge aus Weimar

Chr. G. Körner, Briefwechsel, a. a. O., Vierter Band, S. 262f.

196 *der Geheime Rat von Schardt* – Wahrscheinlich Ernst Karl Konstantin von Schardt (1744–1833), weimarischer Kammerherr, später Regierungsrat; Bruder der Charlotte von Stein.
Böttiger – Karl August Böttiger (1760–1835), Altertumswissenschaftler, seit 1791 Gymnasialdirektor und Konsistorialrat in Weimar, seit 1804 in Dresden Studiendirektor der Pagerie; Redakteur des «Teutschen Merkur»; galt nach dem Tode von Adelung als der bedeutendste Gelehrte der Stadt.
Herder – Er war vom 18. August bis 1. September 1803 in Dresden und erhielt eine Audienz beim Kurfürsten. Daßdorf nannte ihn in einem Geburtstagsgedicht den «Plato Deutschlands».
qui primo loco nominandus – (lat.) der an erster Stelle zu nennen ist.
sein Sohn – Sigismund August Wolfgang von Herder (1776–1838), seit 1813 Freiherr, sächsischer Bergbeamter, seit 1826 Berghauptmann in Freiberg.

Ph. O. Runge, Romantische Kunst

Ph. O. Runge, Briefe und Schriften, hg. und kommentiert von P. Betthausen, Berlin 1981, S. 132f.

197 *Philipp Otto Runge* – (1777–1810), Maler der Romantik, 1799–1801 an der Kunstakademie in Kopenhagen, 1801–04 in Dresden, dann vorwiegend in Hamburg.
Daniel Runge – (1767–1856), Philipp Otto Runges Bruder, Kaufmann in Hamburg.
«Nacht» ... «Tag» und «Abend» – Aus «Die Zeiten» (1803), Hamburg, Kunsthalle.
an den alten Bassenge – Charles Frédéric Bassenge (1748–1829), Handschuhfabrikant in Dresden, seit 1804 Schwiegervater Philipp Otto Runges. Am 13. 4. 1803 erfolgte gegen dessen Widerstand die Verlobung Runges mit Pauline Susanne Bassenge (1785–1881), ein Jahr darauf die Hochzeit.
Desperation – Verzweiflung.
«Minneliedern» – «Minnelieder aus dem schwäbischen Zeitalter» (1803), Hamburg, Kunsthalle.
der junge Friedrich – Caspar David Friedrich (1774–1840), studierte 1794–98 an der Kunstakademie in Kopenhagen, 1798 in Dresden, seit 1802 im Kreis der Dresdner Romantik, 1816 Mitglied der Dresdner Akademie, 1824 Professor.
Ansichten von Stubbenkammer – Friedrich hielt sich 1801/02, 1806, 1809, 1815 in seiner alten Heimat an der Ostsee auf.
Sepia – Farbstoff, aus der Farbe des Tintenfisches hergestellt.

198 *Heldenbuch* – Wohl das Ambraser Heldenbuch, eine späte Handschrift ritterlicher Dichtung.

198 *Nibelungenlied* – Tieck beschäftigte sich mit einer Herausgabe; 1810 kam ihm jedoch Friedrich von der Hagen zuvor.

Theater und Parterre miteinander – Tieck bezieht in seiner satirischen Komödie «Der gestiefelte Kater» (1797) Dichter und Publikum in die Handlung ein und hebt die Grenze zwischen Bühne und Zuschauerraum auf.

J. G. Seume, Doch wohl die erste in Europa

Seumes Werke in zwei Bänden, Zweiter Band, a. a. O., S. 24f.

198 *als ehemals* – Im «Spaziergang nach Syrakus» zeichnet Seume ein unfreundliches Bild der Dresdner Öffentlichkeit.

korrespondierenden Nasen – Seume hatte 1803 in der Leipziger «Zeitung für die elegante Welt» einen Aufsatz «Akroase über die Nase» veröffentlicht.

Pariser Sammlung – Seume besuchte den Louvre (seit 1793 Museum) am Ende seines «Spaziergangs nach Syrakus».

die Mediceerin und die Familie der Niobe – Die Bildwerke befanden sich zuvor in Palermo.

199 *Canova* – Antonio Canova (1757–1822), Hauptvertreter der italienischen klassizistischen Bildhauerkunst.

Caligula – Spitzname (lat. Stiefelchen) des römischen Kaisers Gaius Julius Caesar Germanicus (12–41).

Ähnlichkeit mit einem großen Manne – Wohl Napoleon.

C. G. Carus, Meinen verewigten Freund

C. G. Carus, Lebenserinnerungen und Denkwürdigkeiten, hg. von Elmar Jansen, Weimar 1966, Erster Band, S. 164ff.

199 *Carl Gustav Carus* – (1789–1865), 1804–10 Studium der Naturwissenschaften, Philosophie und Medizin in Leipzig, 1811–14 Assistenzarzt, 1814 Professor für Geburtshilfe in Dresden. Beginn der lebenslangen Freundschaft mit Caspar David Friedrich, unter dessen Einfluß Carus malte. 1827 Ernennung zu einem der drei Leibärzte des Königs; 1831 «Neun Briefe über Landschaftsmalerei» (1814–25 entstanden) als grundlegende theoretische Schrift der romantischen Malerei.

Orbitalrand – Rand der Augenhöhle.

geliebter Bruder – Johann Christoffer Friedrich (1775–1787), ertrank am 8. 12. 1787 bei dem Versuch, Caspar David zu retten.

Ostentation – Schaustellung, Prahlerei.

200 *sich verheiratete* – Carus heiratete 1818 Caroline Bommer (1793–1847).

201 *einige Kinder gebar* – Emma (geb. 1819), Agnes Adelheid (geb. 1823), Gustav Adolf (1824–1889).

Ubique-Natur – Auch Tieck stellte den betriebsamen Böttiger im «Gestiefelten Kater» und der «Vogelscheuche» als «Magister Ubique» («Magister Überall») dar.

neues Bild – Wahrscheinlich eines der verschollenen Bilder.

J. W. Goethe, Die großen Muster

Goethes Werke, IV. Abt., Briefe, a. a. O., Zwanzigster Band, S. 46.

201 *Caroline Bardua* – (1781–1864), Porträt- und Historienmalerin, 1808–11 in Dresden; seit 1818 mit ihrer Schwester Wilhelmine (1798–1865) in Berlin. Bekannt u. a. durch zwei Goethe-Porträts.

nach Dresden zu begeben – Goethe hatte ihr den folgenden Empfehlungsbrief mitgegeben: «Caroline Bardua aus Ballenstedt wird sich durch ihre Talente sowie durch ihre Persönlichkeit selbst empfehlen. Wollten jedoch meine Freunde in Dresden ihr noch in besonderer Rücksicht einige Gefälligkeit erzeigen, würde mir dieser Beweis einer fortdauernden Neigung höchst erfreulich sein. Goethe.»

August – Julius August Walther von Goethe (1789–1830), Sohn Goethes und seiner Frau Christiane, geb. Vulpius.

L. Seidler, Lehrzeit im Stallgebäude

Erinnerungen der Malerin Louise Seidler, a. a. O., S. 60 ff.

202 *Professor Vogel* – Christian Leberecht Vogel (1759–1816), Studium an der Dresdner Akademie, seit 1780 Hausmaler der Familie Graf Solms auf Schloß Wildenfels bei Zwickau, seit 1804 wieder in Dresden, seit 1814 Professor an der Akademie.

Frommann – Karl Friedrich Ernst Frommann (1756–1837), Buchdrucker und Buchhändler in Jena.

Betty Wesselhöft – Elisabeth Wesselhöft, Übersetzerin.

Riemer – Friedrich Wilhelm Riemer (1774–1845), Altphilologe, seit 1801 Hauslehrer bei Wilhelm von Humboldt, seit 1803 Sekretär Goethes, 1812–20 Professor am Weimarer Gymnasium.

in Dresden einige Tage – Goethe hielt sich in der Zeit vom 17. bis 26. 9. 1810 in Dresden auf.

203 *Carlo Dolci* – (1616–1686), italienischer Maler, besonders von Andachtsbildern.

Botanischer Garten – Es handelt sich um «der Herzogin Garten» auf der Ostra-Allee; der Botanische Garten wurde erst 1819 an der Moritzallee angelegt.

Mantegna – Andrea Mantegna (1431–1506), Maler der italienischen Renaissance.

204 *Seebeck* – Johann Thomas Seebeck (1770–1831), Physiker und Chemiker, 1802–10 in Jena.

J. W. Goethe, Der bejahrte Dresdner Hofgärtner

Goethes Werke, II. Abt., Sechster Band, a. a. O., S. 249 f.

204 *J. H. Seidel* – Johann Heinrich Seidel (1744–1815).

L. Seidler, Anton Graff und Gerhard von Kügelgen

Erinnerungen der Malerin Louise Seidler, a. a. O., S. 80 ff.

205 *Kaaz* – Karl Ludwig Kaaz (1773–1810), Kupferstecher, Landschaftsmaler, seit 1796 in Dresden, Förderung durch Elisa von der Recke und Anton Graff, dessen Tochter Caro-

line Susanne er 1805 heiratete. 1807 und 1809 hatte er in Weimar Begegnungen mit Goethe.

205 *Battoni* – Pompeo Girolamo Batoni (1708–1787), italienischer Maler, mit Mengs und Winckelmann befreundet.

geliebte Gattin – Auguste, geb. Sulzer (1754–1812).

Sylvia von Ziegesar – Freiin von Ziegesar (1785–1855), Tochter des Kanzlers von Sachsen-Gotha-Altenburg.

Oberforstmeisterin von Ziegesar – geb. von Berg (1786–1821), zweite Frau des Sachsen-Gotha-Altenburgischen Oberforstmeisters, war als Hofdame der Erbgroßherzogin Maria Pawlowna nach Weimar gekommen.

Jean Paul, Gestern malte mich Vogel

Jean Pauls Sämtliche Werke, a. a. O., Briefe, Achter Band, Berlin 1955, S. 184.

207 *Richter, Karoline* – Leopoldine Friederike, geb. Mayer (1777–1860), Frau Jean Pauls seit 1801.

crayonierte – zeichnete mit dem Bleistift.

Vogel – Carl Christian Vogel von Vogelstein (1788–1868), Sohn und Schüler des Porträtmalers Christian Leberecht Vogel, seit 1804 Studium an der Dresdner Akademie, 1808–12 in Petersburg, 1813–20 in Rom, seit 1820 als Nachfolger Gerhard von Kügelgens Professor an der Dresdner Akademie, 1824 Hofmaler.

Minota – Laura Minota Spazier (1801–1852), Nichte Jean Pauls.

die Professor Förster – Luise Förster, geb. Förster (1794–1877), Frau des Dichters, Übersetzers und Professors für Moral und Literatur am Kadettenkorps Karl Förster (1784–1841); gleichfalls mit Jean Paul verschwägert.

das Meiersche Bild – Friedrich Meier (1788[?]–1814) malte 1810 «Jean Paul im 48. Lebensjahr».

lithographiert – im Steindruck wiedergegeben.

Müllner – Adolf Müllner (1774–1829), Dramatiker und Kritiker.

L. Richter, Künstler um 1827

L. Richter, Lebenserinnerungen eines deutschen Malers, a. a. O., S. 342 ff.

207 *Augustens* – Auguste Freudenberg (1804–1854), Stieftochter des Dresdner Steuereinnehmers Ephraim Böttger, die Richter 1827 heiratete.

208 *v. Ammons* – Christoph Friedrich von Ammon (1766–1850), seit 1789 Professor in Erlangen, seit 1813 Oberhofprediger und Oberkonsistorialrat in Dresden.

Oehme – Ernst Ferdinand Oehme (1797–1855), seit 1819 Schüler Johann Christian Claußen Dahls an der Akademie, stark beeinflußt von Caspar David Friedrich. Hofmaler in Dresden, befreundet mit Ludwig Richter und Carl Gottlieb Peschel.

Peschel – Carl Gottlieb Peschel (1798–1879), Historienmaler und Zeichner, Studium in Dresden, 1825/26 in Rom, Freundschaft mit Julius Schnorr und Ludwig Richter, seit 1837 Professor, malte u. a. Fresken im Pillnitzer Schloß.

Berthold – Ferdinand Berthold (1800–1837), Zeichner und Radierer, Studium bei Gerhard von Kügelgen.

208 *Koopmann* – Johann Carl Heinrich Koopmann (1797–1884), lebte 1819–23 als Maler in Dresden, mit Gerhard von Kügelgen befreundet, seit 1833 Professor am Polytechnikum in Karlsruhe.

Ad. Zimmermann – Adolf Gottlob Zimmermann (1799–1859), 1818–25 Studium bei Ferdinand Hartmann an der Dresdner Akademie, 1825–30 Italienaufenthalt, 1830–35 in Dresden, dann in Münster und Düsseldorf, seit 1846 in Breslau.

Götzloff – Carl Wilhelm Götzloff (1799–1866), Landschaftsmaler, seit 1821 in Italien.

Hantzsch – Johann Gottlieb Hantzsch (1794–1848), Zeichenlehrer in Dresden.

W. Hermann – Woldemar Hermann (1807–1878), seit 1840 in Dresden.

in religiöser Beziehung – Richter war katholisch.

Baron von Quandt – Johann Gottlob Quandt (1787–1859), Kaufmann aus Leipzig, Kunsthistoriker, seit 1818 in Dresden und Dittersbach bei Stolpen, 1820 vom König geadelt; Begründer des Sächsischen Kunstvereins 1828.

209 *seine Gemahlin* – Clara Bianca, geb. Meißner (1790–1862).

Julius Schnorr – Julius Schnorr von Carolsfeld (1794–1872), Schüler seines Vaters Veit Hans Friedrich Schnorr von Carolsfeld, 1817–27 in Italien, dann Professor der Historienmalerei in München, 1846–71 Professor an der Dresdner Akademie und Direktor der Gemäldegalerie.

Marc Anton – Raimondi, Marc Antonio (um 1480–um 1530), einflußreicher italienischer Graphiker der Hochrenaissance.

Schongauer – Martin Schongauer (um 1435/40–1491), Maler und Kupferstecher.

Naeke – Gustav Heinrich Naeke (1786–1835), seit 1803 Schüler Grassis in Dresden, 1817–25 in Rom im Kreis der Nazarener, seit 1827 Professor an der Dresdner Akademie.

Civitella und Ariccia – 1827 und 1828, beide in den Staatlichen Kunstsammlungen Dresden.

K. Förster, Dresdner Kunstverein

K. Förster, Biographische und literarische Skizzen aus seinem Leben. Von Luise Förster, Dresden 1846, S. 467 f.

209 *Kunstverein* – Gegründet zum 300. Todestag Albrecht Dürers am 6. 4. 1828.

210 *Schadow* – Wilhelm von Schadow (1789–1862), Historien- und Porträtmaler, Sohn Gottfried Schadows (1764–1850), des bedeutendsten Bildhauers des deutschen Klassizismus. 1810–19 Romaufenthalt im Kreis der Nazarener, 1819 Professor an der Berliner Akademie, seit 1826 Direktor der Düsseldorfer Akademie der Künste, begründete die Düsseldorfer Malschule.

Genrebild Vogels – Das 1834 geschaffene Bild befindet sich heute im Museum der Bildenden Künste in Leipzig.

David – Pierre-Jean David d'Angers (1788–1856), französischer Bildhauer des Klassizismus, schuf vor allem Bildnisse bedeutender Gelehrter und Künstler, u. a. von Goethe (heute in der Sächsischen Landesbibliothek Dresden), auch ein Reliefbildnis Caspar David Friedrichs. Tieck schenkte die Marmorbüste der Königlichen Bibliothek.

Chr. J. G. Haymann, Dresdens teils neuerlich verstorbene, teils jetzt lebende Schriftsteller ... *

Dresdens teils neuerlich verstorbene, teils jetzt lebende Schriftsteller und Künstler, wissenschaftlich klassifiziert nebst einem dreifachen Register von M. Christoph Johann Gottfried Haymann, Dresden 1809 (S. 129, 459f., 75, 285, 179, 290f., 295)

213 *Christoph Johann Gottfried Haymann* — (1738—1816), Pädagoge, Altphilologe, Schriftsteller, seit 1763 Rektor der Annenschule.

Kurfürstin von Sachsen — Maria Antonia, geb. Prinzessin von Baiern (1724—1780), Tochter Kaiser Karls VII., seit 1747 verheiratet mit Friedrich Christian (1722—1763), Kurfürst von Sachsen seit Oktober 1763.

«Jeronimo und Josephe» — Kleists Erzählung erschien im September 1807 im «Morgenblatt für gebildete Stände»; in redigierter Form als «Das Erdbeben in Chili» in den Erzählungen 1810.

Mag. legens — Magister der Rechte.

214 *«gel. T.»* — das «Gelehrte Teutschland».

Ein paar Briefe, die jetzige Modelektüre betreffend *

Dresdener Gelehrte Anzeigen aus denen meisten Teilen der Gelehrsamkeit, der Künste und Wissenschaften, VIII. Stück des Jahres 1776, Sp. 144ff.

214 J... — Karl Wilhelm Jerusalem (1747—1772) Pfarrerssohn, braunschweigischer Legationssekretär, erschoß sich in Wetzlar. Goethe äußert sich im 12. Buch von «Dichtung und Wahrheit» über den Zusammenhang von Jerusalems Tod mit dem Werthers.

215 *Gellerten* — Christian Fürchtegott Gellert (1715—1769), volkstümlicher Dichter der Aufklärung, Professor der Beredsamkeit und Moral in Leipzig seit 1751.

Sturm — Christoph Christian Sturm (1740—1786), Verfasser der moralischen Wochenschrift «Der Christ am Sonntage» und Herausgeber einer «Sammlung geistlicher Gesänge über die Werke Gottes in der Natur».

Tieden — Johann Friedrich Tiede, erster Pastor in Schweidnitz, Herausgeber von «Unterhaltungen mit Gott in den Abendstunden», Halle 1775[3].

Museum usui publico patens

Literarisches Conversationsblatt, Leipzig, Blätter für literarische Unterhaltung, Nr. 152, 153, 1833, S. 626ff.

216 *Museum usui ...* — (lat.) Museum, zum allgemeinen Nutzen offenstehend. Bis Anfang des 18. Jahrhunderts wurde die Bibliothek als kurfürstliche Privatbibliothek behandelt. 1786 wurden die Bücher im Japanischen Palais aufgestellt; damals wurde auch die Schrift am Fries angebracht.

mehr clausum als patens — mehr geschlossen als geöffnet.

Crusius — Christian Gotthold Crusius (1717—1783), Oberbibliothekar 1765—83.

216 *Canzler* – Carl Christian Canzler (1735–1786), Bibliothekar 1768–86.
Naumann – Carl Adolf Naumann (um 1730–1799), Kanzellist 1772–99.
217 *Parapluie* – (franz.) Regenschirm.
in usum Delphini – (lat.) eigentlich: zum Gebrauch für den Thronfolger, d.h. unter Auslassung aller anstößigen Stellen.
Heyne – Christian Gottlob Heyne (1729–1812), Professor der klassischen Philologie in Göttingen; Vater der Therese Forster-Huber.
218 *Ramifikation* – Verästelung, Ausbreitung.
Gustav III. – (1746–1792), König von Schweden seit 1771; durch Adelsverschwörung ermordet.
219 *toto coelo* – (lat.) himmelweit.
glebae literariae adscriptus – (lat.) der literarischen Scholle verbunden.

G. E. Lessing, Winckelmanns Werke

Lessings Briefe in einem Band, ausgewählt und erläutert von Herbert Greiner-Mai, Berlin und Weimar 1967, S. 372f.
220 *mich in Dresden beehret* – Lessing war zuletzt im Februar 1776 bei Daßdorf.
H. v. Stosch – Heinrich Wilhelm Muzell, gen. Baron Stosch (1723–1782), Freund Winckelmanns. 1781 erschienen «Winckelmanns Briefe an einen seiner vertrauten Freunde in den Jahren 1756 bis 1768», hg. von Johann Erich Biester (1740–1816).
Riedel – Friedrich Justus Riedel (1742–1758), Professor der Philosophie in Erfurt und Wien.
dieser Vorrede – Vorrede zur zweiten vermehrten Ausgabe von Winckelmanns «Geschichte der Kunst des Altertums», Wien 1776. Daßdorf gab 1777–80 «Winckelmanns Briefe an seine Freunde, mit literarischen Anmerkungen» in Dresden heraus.
Walther – Georg Moritz Walther, Verlagsbuchhändler in Dresden, seit 1808 Hofbuchhandlung; verlegte den «Phöbus» von Kleist/Müller.
Bach – Johann Samuel Bach (1749–1778), Landschaftsmaler, Sohn von Karl Philipp Emanuel Bach.
221 *mein Bruder* – Theophilus Lessing (1732–1808), ab 1768 Konrektor in Pirna; mit ihm hatte Gotthold Ephraim Lessing in Wittenberg studiert.

Ein Bibliotheksbesucher

O. Planer, C. Reißmann, Johann Gottfried Seume, Leipzig 1898, S. 598f.
221 *tritt ein Mann* – Die Begebenheit trug sich im Frühjahr 1808 zu.
animali parlandi – (lat.) schwatzende Wesen.
Bourgoing – Jean François de Bourgoing (1748–1811), französischer Gesandter in Dresden 1807–11.
Aristophanes – (445–386 v. u. Z.), bedeutendster griechischer Komödiendichter.

Friedrich Schlegels Briefe an seinen Bruder, a. a. O., S. 208 f.

222 *Non-valeurs* — (franz.) Ungeeignete.

Buchhandel und Bücherdruck

Blätter für literarische Unterhaltung, Nr. 184, Juli 1833.

222 *Prinz de Ligne* — Karl Joseph Fürst von Ligne (1735—1813), zuletzt österreichischer Feldmarschall; stand in Verbindung mit Rousseau, Voltaire, Friedrich II., Wieland, Goethe. Seine «Mélanges militaires, littéraires et sentimentaires» («Vermischte militärische, literarische und empfindsame Betrachtungen») erschienen 1795—1811 in 34 Bänden in Wien und Dresden.

Gerlach — Buchhandlung neben «Hotel de Pologne», Schloßstraße; Druckerei in Friedrichstadt.

Hilscher — Gottlob Christian Hilscher (um 1705—1748), gründete 1730 eine Wochenzeitung, aus der sich eine Buchhandlung und ein Verlag entwickelte. Im Haus Altmarkt/Schreibergasse gab es auch einen Leseraum für Journale.

223 *bibliopolische Sorglosigkeit* — Sorglosigkeit im Umgang mit Büchern bzw. bei deren Beschaffung.

ein Alphabet stark — 23 Bogen; die einzelnen Bogen eines Buches wurden früher durch Buchstaben in der Reihenfolge des Alphabets bezeichnet.

Raschig — (gest. 1796), Hofprediger und Konsistorialassistent.

in Median gedruckt — auf mittelgroßem Papierformat.

Oberlandbaumeister Weinlich — Christian Traugott Weinlig (1739—1799).

Offizine — Verlagsbuchhandlungen.

224 *die der legislatorischen Branchen* — Schriften aus dem amtlichen Bereich.

Folio — größtes Buchformat.

225 *Makulatur* — Abfallpapier.

*Rebmanns Freunde, Buchhändler und Buchhandlungen**

Dresden wie es ist ..., a. a. O., S. 14 f.

W. H. Wackenroder, Herzensergießungen

W. H. Wackenroder, Werke und Briefe, Zweiter Band. Briefwechsel mit Ludwig Tieck, Jena 1910, S. 101 ff.

227 *Wilhelm Heinrich Wackenroder* — (1773—1798), seit 1794 Kammergerichtsassessor in Berlin. Jugendfreund Ludwig Tiecks; mit ihm Wanderungen zu Kunststätten in Bamberg, Nürnberg, Kassel, Dresden; sein Roman «Herzensergießungen eines kunstliebenden Klosterbruders» (1797) ist ein wichtiges Zeugnis der Frühromantik. Die Reise im Sommer 1792 führte von Berlin über Halle nach Dresden. Im Sommer 1796 besuchte Wackenroder zusammen mit Ludwig Tieck erneut die Dresdner Galerie.

227 *im Antikensaale* – im Japanischen Palais.
228 *Secondasche Truppe* – Franz Seconda (1755 bis nach 1817) war Leiter eines Wandertheaters zwischen Dresden und Leipzig; seit 1815 Ökonom am Dresdner Hoftheater. Sein Bruder Joseph Seconda (gest. um 1820) war Operndirektor.
Burgsdorff – Friedrich Wilhelm von Burgsdorff (1772–1822), Freund der Familien Tieck und Humboldt, 1795/96 Kammerreferendar in Berlin, 1803–19 meist auf Gut Ziebingen (Neumark), das er im Auftrage seines Onkels, Graf von Finckenstein, verwaltete.

Fr. Schlegel, Schiller, Körner und Novalis

Fr. Schlegels Briefe an seinen Bruder, a. a. O., S. 43ff.
229 *Woltmann* – Karl Ludwig von Woltmann (1770–1817), Historiker; Schlegel studierte mit ihm 1789–91 in Göttingen.
Goethes «Cophta» – Goethes «Großkophta» (1792) wurde auch von Forster, Huber und Caroline Böhmer abgelehnt.
Klingers «Faust» – Friedrich Maximilian Klinger (1752–1831), Dramatiker des Sturm und Drang, seit 1780 Offizier in russischen Diensten, seit 1811 Generalleutnant, veröffentlichte 1791 die erste Fassung seines Romans «Fausts Leben, Taten und Höllenfahrt», eine zweite Fassung erschien 1794, eine dritte 1815.
Christian Stolberg – Graf Christian zu Stolberg (1748–1821), Übersetzer, Lyriker, Hofbeamter.

Fr. Schlegel, Athenäum

Krisenjahre der Frühromantik. Briefe aus dem Schlegelkreis. Erster Band, hg. von Josef Körner, Bern und München 1969^2, S. 6f.
230 *Friedrich Schlegel* – Er war von Ende Juni bis Ende August 1798 abermals in Dresden.
«Athenäum» – Zeitschrift der frühromantischen Bewegung, die sich damit zugleich konstituierte (1798–1800).
Friedrich Schleiermacher – Friedrich Ernst Daniel Schleiermacher (1768–1834), Philosoph der Frühromantik, Professor der protestantischen Theologie, Prediger, verteidigte in den «Vertrauten Briefen über Friedrich Schlegels Lucinde» (1800) den als unmoralisch gescholtenen Roman.
Die Rätin – Caroline Schlegel; August Wilhelm Schlegel war 1796 der Titel eines Fürstlich-Schwarzburgisch-Rudolstädtischen Rates verliehen worden. Schleiermacher pflegte Titel sehr förmlich zu verwenden («zur Rätin bei Dir herabgekommen»).
Hülsen – August Ludwig Hülsen (1765–1810), als Philosoph Anhänger Fichtes, Mitarbeiter am «Athenäum», Erzieher in der Schweiz.
Herrn von Briest – Philipp Friedrich August Wilhelm von Briest (gest. 1822), Gutsbesitzer in Nennhausen, preußischer Rittmeister, später Schwiegervater Fouqués; Hülsen war hier Hauslehrer.

Novalis' Schriften. Vierter Band, a. a. O., S. 512f.

230 *Anfang Januar* – Novalis wird unmittelbar nach Weihnachten 1798 einige Tage in Dresden gewesen sein.

Manteuffels – Ernst Friedrich Adam von Manteuffel (1762–1822), Hof- und Justizrat in Dresden.

wenn Sie heraufkämen – nach Pillnitz in das Landgut der Ernsts.

231 *«Blütenstaub»* – Fragmente, im ersten Heft des «Athenäum» (Mai 1798) als erste Veröffentlichung unter dem Pseudonym Novalis erschienen.

meiner Schwägerin – Dorothea Veit, geb. Mendelssohn (1763–1839), von 1778 bis 1799 Gattin des Bankiers Simon Veit, seit 1804 mit Friedrich Schlegel verheiratet.

meine Angelegenheit mit Fritzen – die Beziehungen zwischen Friedrich Schlegel und Dorothea.

Diderot «Sur la peinture» – «Diderots Versuch über die Malerei. Übersetzt und mit Anmerkungen versehen von Goethe», im 2. Stück der «Propyläen. Eine periodische Schrift, herausgegeben von Goethe», Tübingen 1798–1800. Denis Diderot (1713–1784), Philosoph, Romancier, Dramatiker, Kunsthistoriker der französischen Aufklärung.

den Laokoon – «Über Laokoon» von Goethe, im 1. Stück der «Propyläen».

Aufsatz über die Gemälde des Raffaels – von Johann Heinrich Meyer, dem Weimarer Kunsttheoretiker.

Fräulein Charpentier – Julie von Charpentier (1776–1811), Tochter des Freiberger Berghauptmanns, seit 1798 mit Novalis verlobt.

H. Mendelssohn, Das ist ja Hardenberg!

Novalis' Schriften, Vierter Band, a. a. O., S. 625.

231 *Henriette-Mendelssohn* – (1775–1831), Schwester der Dorothea Veit-Schlegel, leitete später ein Mädchenpensionat in Paris.

232 *als Schlegels* – Friedrich Schlegels.

Hofprediger – Franz Volkmar Reinhard.

Ch. Ernst, Ende der Dresdner Frühromantik

Briefe von und an August Wilhelm Schlegel, hg. von Josef Körner, 2 Bände, Zürich, Leipzig, Wien 1930, Bd. 1, S. 122f.

232 *wegen Deiner Kommission* – ein Grabmal für Augusta Philippine Böhmer (1785–1800), Tochter der Caroline Schlegel; von Thorwaldsen ausgeführt, heute im Thorwaldsen-Museum Kopenhagen.

Gareis – Franz Gareis (1775–1803), Porträtmaler in Dresden; u. a. Gemälde von Novalis 1799 (Städt. Museum Weißenfels) und Dorothea Schlegel.

Caroline – Caroline Schlegel.

bei ihrer Mutter – Luise Michaelis, geb. Schröder (gest. 1808).

Du würdest nach Berlin gehen – August Wilhelm Schlegel ging im Februar 1801 nach Berlin; damit wurde die Trennung von Caroline endgültig.

232 *unser Gustchen* – Auguste Ernst (1796–1857), Porträtmalerin, später mit dem russischen General Baron von Buttlar verheiratet.

233 *Dein großes Gedicht* – «Tristan», seit 1798 geplant, 1800 war der erste Gesang vollendet.

Kollegia-Lesen – Friedrich Schlegel hatte sich in Jena habilitiert und las an der Universität 1800/01 über Transzendentalphilosophie.

Meiner Mutter – Johanna Christiane Erdmuthe Schlegel, geb. Hübsch (1735–1811).

Fr. Laun, Das Ernstsche Haus

Fr. Laun, Memoiren, Zweiter Teil, a. a. O., S. 3f.

234 *Graff, dessen Sohn* – Carl Anton Graff (1774–1832), Zeichner, Landschaftsmaler.

Hartmann, Ferdinand – (1774–1842), Historien- und Porträtmaler, seit 1803 in Dresden, 1810 Professor, 1825 Direktor der Kunstakademie. – Wechselte als Karlsschüler in Stuttgart von der Medizin zur Malerei.

Matthäi – Friedrich Matthäi (1777–1845), seit 1810 Professor, 1823 Inspektor, 1834 Direktor der Gemäldegalerie.

Velin – dünnes weißes Kalbspergament.

«Ariadne auf Naxos» – Vermutlich das Duodrama in einem Akt von Georg Benda (1722–1795), 1775 in Gotha uraufgeführt.

235 *Frau von Buttlar* – Tochter der Charlotte Ernst.

Novalis, Krankheit und Tod

Novalis' Schriften, Vierter Band, a. a. O., S. 343.

235 *Karl* – Karl von Hardenberg (1776–1813), Bruder von Novalis, später Amtshauptmann, Schriftsteller.

Julien – Julie von Charpentier, Novalis' Verlobte.

traurigsten Ereignisse – am 28. Oktober 1800 war Novalis' Bruder Bernhard (geb. 1787) in der Saale ertrunken. Juliens Mutter war schwer erkrankt; sie starb im September 1810.

Bitte wegen «Faust» – Goethe arbeitete seit Ende 1800 an der Helena-Tragödie.

Deine Schwägerin – Maria Agatha Alberti (1767–1810), Schwester von Tiecks Frau, war von 1800 bis 1803 als Malerin in Dresden. Später Nonne in Münster.

236 *«Florentin»* – Roman von Dorothea Schlegel, Ende 1800 von Friedrich Schlegel herausgegeben.

Deine Sonette – wahrscheinlich Friedrich Schlegels Sonette am Anfang des «Florentin».

Ich bleibe noch längere Zeit hier – Am 10. 1. 1801 holte Heinrich Erasmus von Hardenberg seinen Sohn in Dresden ab, Julie Charpentier begleitete ihn nach Weißenfels, wo er am 25. März starb.

Deine liebe Frau – Amalie Tieck, geb. Alberti (1770–1837), seit 1798 mit Tieck verheiratet.

Novalis' Schriften, Vierter Band, a. a. O., S. 681.

236 *Carl Adolf von Carlowitz* – (1771–1837), Majoratsherr auf Großhartmannsdorf bei Freiberg und Liebstadt (Kuckuckstein), Bruder des Hans Georg von Carlowitz, 1813 Chef des russischen Kriegsdepartements in Sachsen, Generalmajor.

Fr. Schlegel, Seit diesen sechs Jahren

Ludwig Tieck und die Brüder Schlegel. Briefe, hg. von H. Lüdecke, Frankfurt/M. 1930, S. 160.

236 *bin ich hier* – Friedrich Schlegel war nach seinem Übertritt zur katholischen Kirche (1808) von Köln über Frankfurt nach Dresden gereist. Tieck hat die Brüder nicht besucht.

mit der Staël – August Wilhelm Schlegel begleitete seit 1804 Anna Louise Germaine de Staël-Holstein (1766–1817) auf ihren Reisen durch Europa. Die Tochter des französischen Finanzministers Necker war 1786–98 mit dem schwedischen Gesandten in Paris verheiratet und wurde als Gegnerin Napoleons aus Paris verbannt. Ihr Buch «Über Deutschland» (1810) entwarf ein neues Deutschlandbild für den französischen Leser.

R. Köpke, Universalpoesie und Aberglaube

Ludwig Tieck. Erinnerungen aus dem Leben des Dichters nach dessen mündlichen und schriftlichen Mitteilungen von R. Köpke. Zweiter Teil, Leipzig 1855, S. 26ff. und 73f.

237 *Rückkehr von England* – Tieck war von Mai bis Juli 1817 mit Burgsdorff in England.

238 *Solger* – Karl Wilhelm Ferdinand Solger (1780–1819), Philosoph, Ästhetiker der Romantik.

Calderón – Pedro Calderón de la Barca (1600–1681), spanischer Dramatiker.

Tiecks neuere Dichtungen – Die Novellen der Dresdner Zeit mit ihrer teilweisen Abkehr von der Romantik.

«Aufruhr in den Cevennen» – Fragment gebliebene historische Erzählung Tiecks.

239 *Vulgata* – (lat.) die Allgemeingebräuchliche; lat. Bibelübersetzung des Hieronymus (um 340–420), die von der Kirche als verbindlich anerkannt wurde.

*Rebmanns Freunde, Aberglaube**

Dresden wie es ist …, a. a. O., S. 1.

Fr. de la Motte Fouqué, Die väterlichen Ritterhallen

Otto Eduard Schmidt, Fouqué, Apel, Miltitz. Beiträge zur Geschichte der deutschen Romantik, Leipzig 1908, S. 96f.

241 *Friedrich de la Motte Fouqué* – (1777–1843), romantischer Erzähler und Dramatiker, preußischer Major. Seine Erzählung «Undine» war Vorlage für die Opern von E. T. A. Hoffmann und Albert Lortzing.

241 *Carl Borromäus von Miltitz* — (1780—1845), Dichter und Komponist, Hofmarschall des Prinzen Johann, wohnte auf Schloß Scharfenberg bei Meißen, wo Fouqué 1816 und 1823 Gast war.

Augusten — Auguste von Miltitz, geb. von Watzdorf (gest. 1842), seit 1810 mit Carl Borromäus von Miltitz verheiratet.

Fr. de la Motte Fouqué, Dichter und Don Quichote

Lebensgeschichte des Baron Friedrich de la Motte Fouqué, Halle 1840, S. 326ff. und 333f.

241 *Schlacht von Dresden* — vom 24. bis 26. 8. 1813 gegen Napoleon.

Chr. G. Körner, Ein merkwürdiges poetisches Produkt

Adam Müllers Lebenszeugnisse. Band I, hg. von Jakob Baxa, München, Paderborn, Wien 1966, S. 310f.

243 *«Familie von Schroffenstein»* — erstes Drama Kleists, im Frühjahr 1803 anonym erschienen.

«Amphitryon» — Kleists «Lustspiel nach Molière» wurde im Mai 1807 in Dresden von Adam Müller herausgegeben.

Plautus, Titus — (um 244—184 v. u. Z.), römischer Komödiendichter.

Molière — (Jean-Baptiste Paquelin), (1622—1673).

A. Müller, Ein junger Dichter

Briefwechsel zwischen Friedrich Gentz und Adam Heinrich Müller 1800—1829, Stuttgart 1857, S. 93ff.

244 *von mir herausgegebene dramatische Arbeit* — Kleists «Amphitryon».

im Schlosse Joux als Arrestant — Im Januar 1807 wurde Kleist von den Franzosen wegen Spionageverdachts verhaftet und im März nach Joux bei Pontallier (im April nach Châlons sur Marne) gebracht, Ende Juli entlassen.

Toussaint — François-Dominique Toussaint-Louverture (1743—1803), Sohn eines Negersklaven, seit 1794 General in französischen Diensten, 1797 Führer des Aufstandes der Farbigen auf Haïti (Santo Domingo), 1801 von General Leclerc besiegt und nach Fort Joux gebracht, wo er starb. Kleist empfing hier die Anregung zu seiner Novelle «Verlobung auf St. Domingo» (1811).

Vorlesungen — «Die dramatische Kunst» (1807/08).

Darstellung des Gegensatzes — «Die Lehre vom Gegensatze», 1804 in Berlin erschienen.

H. v. Kleist, «Penthesilea» und «Das Käthchen von Heilbronn»

H. v. Kleist, Werke und Briefe in vier Bänden, a. a. O., S. 411.

245 *Heinrich Joseph von Collin* — (1771—1811), österreichischer Lyriker, Dramatiker, Hofsekretär mit engen Beziehungen zum Burgtheater.

245 *Cotta* – Johann Friedrich Cotta, Freiherr von Crottendorf (1764–1832), Tübinger Verlagsbuchhändler, kaufte 1808 die Auflage der «Penthesilea».
246 *Rammsche Gasse* – Rampische Gasse.

Fr. Chr. Dahlmann, Mit Ferdinand Hartmann und Heinrich von Kleist

Anton Springer, Friedrich Christoph Dahlmann, Leipzig 1870, S. 455 f. (aus: Fragment einer Autobiographie, 1849).
246 *Friedrich Christoph Dahlmann* – (1785–1860), Historiker, von Januar bis Ende April 1809 in Dresden, begleitete Kleist nach Österreich; seit 1812 Professor der Geschichte in Kiel, 1837 einer der sieben Göttinger Professoren, die gegen den Verfassungsbruch des Königs von Hannover protestierten und mit Jacob Grimm und Gervinus des Landes verwiesen wurden.
Bruchstück meiner «Wolken» – Neben Thukydides und Äschylos hatte Dahlmann auch den «Frieden» und die «Wolken» von Aristophanes übersetzt.
247 *Bernadotte* – Jean Baptiste (1763–1844), französischer General unter Napoleon, seit 1812 als Karl Johann Kronprinz von Schweden, auch militärisch Napoleons Gegner. König seit 1818.

R. Köpke, Ludwig Tieck und Heinrich von Kleist

Ludwig Tieck. Erinnerungen aus dem Leben des Dichters ... von R. Köpke, a. a. O., Erster Teil, S. 337 ff.
248 *Müllers Frau* – Sophie von Haza-Radlitz, geb. von Taylor (1775–1849); Müller verliebte sich 1803 als Sekretär und Hauslehrer des preußischen Gutsbesitzers Peter Bogislaus von H. in dessen Frau Sophie, die er 1809 heiratete.

K. A. Böttiger, Mißgunst

Briefe von, an und über Kleist, mitgeteilt von Georg Minde-Pouet. In: Jahrbuch der Kleist-Gesellschaft 1925/26, S. 62 f.
248 *mit dem 5. Stück* – Das «vierte und fünfte Stück» des «Phöbus» (Juni 1808) enthielt u. a. die Epigramme Kleists gegen Goethe.
Gespenster Ossians – James Macpherson (1736–1796) hatte 1765 die Werke Ossians als Übersetzung aus dem Altschottischen herausgegeben; in Wahrheit war er der Verfasser.

*G. Fr. Rebmann, Gelehrsamkeit – Zensur**

G. Fr. Rebmann, Hans Kiekindiewelts Reisen ..., a. a. O., S. 276 ff.
250 *Sorbonne* – Ursprünglich die Magisterinnung an der Pariser Universität, dann bis 1792 die theologische Fakultät.
Zionswächter – Hier: Dogmatiker des 18. Jh. Zion war die Burg, später der Tempel im biblischen Jerusalem.
Karl II. von England – (1630–1685), König seit 1660.

251 *der Rektor der Kreuzschule* – Christian Friedrich Olpe.
Insinuationen – Vorladungen.
K. H. – Königliche Hoheit.
über Paynes Werk – Thomas Payne (1737–1809), englischer Schriftsteller, kämpfte im Unabhängigkeitskrieg auf seiten der Amerikaner, mußte 1790 wegen seines Buches «Rights of Men» («Menschenrechte») nach Frankreich fliehen.
Bigottismus – Frömmelei.
Benjamin Schmolke – (1672–1737), lutherischer Prediger, Dichter von Kirchenliedern.
252 *4 000 Seelen starken katholischen Gemeinde* – Anm. Rebmanns zur 2. Aufl.: «Auch hier ist ein Irrtum. Die katholische Gemeinde ist nicht nur 4 000 Seelen stark, sondern beträgt $\frac{1}{6}$, wo nicht gar $\frac{1}{5}$ der ganzen Volksmenge.»
253 *ecclesia cathedralis* – (lat.) die bischöfliche Kirche.
P. Schneider – Johann Aloys Schneider (1752–1818).
Ausnahme unter seinen Mitbrüdern – Anm. zur 2. Aufl.: «Auch diesen Mann soll die Dresdner Luft sehr verändert haben.»
Langbein – August Friedrich Ernst Langbein (1757–1835), seit 1786 Kanzlist im Geheimen Archiv, verfaßte Fabeln, Gedichte, komische Erzählungen.
Rupert Becker – Gotthelf Wilhelm Rupert Becker (gest. 1823), Geh. Kriegs-Kammerrat, verfaßte Unterhaltungsromane.
Lippert – Philipp Daniel Lippert (1702–1785), Maler und Zeichner, schrieb ein Werk über Gemmenkunde.
treffliche Anstalt – Die 1774 gegründete Anstalt für Tierarzneikunde lag vor dem Wilsdruffer Tor und wurde 1778 vom Kurfürsten übernommen.

W. v. Kügelgen, Gelehrte

W. v. Kügelgen, Jugenderinnerungen eines alten Mannes, a. a. O., S. 105 f.
254 *Hasse* – Friedrich Christian August Hasse (1773–1848), seit 1803 Professor am Kadettenhaus in Dresden, seit 1828 in Leipzig. Seine Biographie Gerhard von Kügelgens erschien 1824 in Leipzig.
Graf von Loeben – Otto Heinrich Graf von Loeben (1786–1825), Pseudonym Isidorus Orientalis, Dichter der Dresdner Nachromantik («Liederkreis»), Jugendfreund Joseph von Eichendorffs, Freiwilliger 1813.
Minister von Nostitz – Gottlob Adolf Ernst Graf von Nostitz und Jänkendorf (1765–1836), sächsischer Konferenzminister, schrieb unter dem Pseudonym Arthur von Nordstern rokokohafte Erbauungslyrik.
Hofrat Winkler – Karl Gottfried Theodor Winkler (1775–1856), Pseudonym Theodor Hell, Dichter des Dresdner «Liederkreises», Archivbeamter, Theaterdirektor, Übersetzer, Verfasser von Unterhaltungsstücken.
Hofrat Kind – Johann Friedrich Kind (1768–1843), Jurist, Schriftsteller (Textbuch zum «Freischütz», Dramen, Erzählungen, Gedichte), gab die Zahl seiner Werke mit 500 an, veröffentlichte mit Winkler seit 1817 die «Abendzeitung».
Dr. Struve – Friedrich Adolf August Struve (1781–1840), Arzt in Dresden, Erfinder des künstlichen Mineralwassers.

Ludwig Geiger, Aus Alt-Weimar. Mitteilungen von Zeitgenossen nebst Skizzen und Ausführungen, Berlin 1897, S. 257.

254 *Christian Gottlob von Voigt* – (1743–1819), Jurist, seit 1775 im weimarischen Dienst, 1807 Oberkammerpräsident, seit 1815 Präsident des Staatsministeriums.

welche ... gaudia den curis publicis interponiert – welche ... Freuden den öffentlichen Angelegenheiten gegenübergestellt werden können.

Scrivers «Seelenschatzes» ... – Christian Scriver (1629–1693), Pietist. Seine geistlichen Gedichte: «Seelenschatzes Kraft und Saft oder geistliche und bewegliche Seelenandachten» erschienen 1704 in Wittenberg.

*K. v. Nostitz, An den Hauptmann von Varnhagen nach Wien**

Aus Karl von Nostitz ... Leben und Briefwechsel, a. a. O., S. 182 ff.

254 *Hauptmann von Varnhagen* – Karl August Varnhagen von Ense (1785–1858), Offizier in österreichischen, dann in russischen Diensten, später preußischer Diplomat, Schriftsteller.

temporisierend – zeitgemäß.

255 *Minister Reck* – Wohl Eberhard Friedrich Christoph Freiherr von der Recke, preußischer Verwaltungsbeamter, Justizminister, 1814/15 mit dem russischen Gouverneur Repnin im alliierten Gouvernement von Sachsen.

Spoliationen – Plünderungen, Beraubungen.

Cicerone – Vorführer, Erklärer.

Kongresse – Der Wiener Kongreß vom September 1814 bis Juni 1815.

Stägemann – Friedrich August von Stägemann (1763–1840), preußischer Staatsmann, Mitglied des Staatsrats, auch schriftstellerisch tätig.

K. A. Böttiger, Literärischer Jugendschwindel

Briefe von und an Friedrich Gentz, hg. von Friedrich Carl Wittichen, 1. Band, Berlin 1909, S. 213.

255 *diese Vorlesungen* – Karl August Böttiger schrieb unter «F» in Nr. 36/1806 des «Freimütigen» polemisch über Adam Müllers Vorlesungen, die populärer waren als seine Archäologievorlesungen.

G. H. Schubert, Ansichten von der Nachtseite der Naturwissenschaften

G. H. Schubert, Der Erwerb aus einem vergangenen und die Erwartung von einem zukünftigen Leben. Eine Selbstbiographie, Erlangen 1855, S. 221 ff.

256 *Schubert, Gotthilf Heinrich* – (1780–1860), Pfarrerssohn, Schüler Herders in Weimar; naturphilosophische Studien in Freiberg und Dresden; ab 1819 Professor der Naturwissenschaften in Erlangen.

schon im Winter – Schubert hielt 1807/08 Vorlesungen, die er 1808 als «Ansichten von der Nachtseite der Naturwissenschaften» herausgab. Proben davon erschienen in Kleists

«Phöbus», u. a. die Geschichte vom Bergmann aus Falun, die E. T. A. Hoffmann zu seiner Novelle inspirierte.

257 *Rühle von Lilienstern, Johann August Otto* – (1780–1847), preußischer Offizier, Erzieher des Prinzen Bernhard von Sachsen–Weimar, 1807–1810 in Dresden; Freund Kleists, zuletzt preußischer General.

Pfuel, Ernst Heinrich Adolf von – (1779–1866), Offizier in preußischen, österreichischen und russischen Diensten (Generalstabschef des russischen Generals v. Tettenborn); Freund Kleists; 1848 preußischer Ministerpräsident, 1807 Erzieher des Prinzen Bernhard von Sachsen-Weimar.

seine treffliche Frau – Eleonore, geb. Adler, seit 1786 mit K. A. Böttiger verheiratet.

einer adelichen Familie aus Polen – Haza-Radlitz.

258 *Mesmerismus* – Franz Anton Mesmer (1734–1815), Arzt, übte mit seiner Lehre vom tierischen Magnetismus, wonach eine wellenförmige magnetische Kraftströmung auf alle Lebewesen wirke, einen starken Einfluß auf die Romantik aus.

259 *Sprache und Weisheit der Inder* – Schlegel begründete mit der Schrift «Von der Sprache und Weisheit der Inder» (1808) das Sanskritstudium.

K. Chr. Fr. Krause, Privatgelehrter

Der Briefwechsel Karl Christian Friedrich Krauses zur Würdigung seines Lebens und Wirkens. Aus dem handschriftlichen Nachlasse hg. von Paul Hohlfeld und August Wünsche, 2 Bände, Leipzig 1903, Bd. 1., S. 127ff.

260 *Karl Christian Friedrich Krause* – (1781–1832), Philosoph in der Nachfolge Kants, Fichtes und besonders Schellings. 1802 Privatdozent in Jena, 1805–15 in Dresden Lehrer an der Ingenieurakademie, 1817–23 Privatgelehrter, dann in Göttingen und München.

Johann Friedrich Gotthard Krause – (1747–1825), Vater des Philosophen, Lehrer, dann Pfarrer in Nobitz bei Altenburg.

Michaelis – 29. September.

reüssieren – Erfolg haben.

261 *meine Selma* – Tochter Krauses: Er hatte mit seiner Frau Amalia Concordia, geb. Fuchs (geb. 1780), 14 Kinder, von denen ihn 12 überlebten (vgl. «Lilla», «Ernestinchen»).

von Sturms Erfindung – Wohl Leonhard Christoph Sturm (1669–1719), Architekt, Theoretiker des protestantischen Kirchenbaus.

Piedestal – Sockel einer Säule.

die alte Schloßkirche – Sophienkirche, seit 1737 Evangelische Hofkirche.

Fr. v. Gentz, Madame de Staël

Briefwechsel zwischen Friedrich Gentz und Adam Müller, a. a. O., S. 144ff.

262 *Buol-Mühlingen, Joseph Baron von* – (gest. 1812), ab 1801 österreichischer Legationssekretär in Dresden, 1808/09 Gesandtschaftsträger. Mit Kleist befreundet.

Bose, Friedrich Wilhelm August Carl Graf von – (1753–1809), Diplomat, Oberkammerherr in Dresden.

G. de Staël, Über Sachsen

G. de Staël, Über Deutschland. Nach der Übersetzung von R. Habs hg. von S. Metken, Stuttgart 1962, S. 144ff.

A. Schopenhauer, Das Tagewerk meiner Hände

A. Schopenhauer, Sämtliche Werke, hg. von P. Deussen. Vierzehnter Band (Briefe), München 1929, S. 229ff. u. 236.

264 *meiner Schwester* – Louise Adelaide (Adele) Schopenhauer (1797–1849), Schriftstellerin.
Großvater geworden – Walther Wolfgang von G. (1818–1885).

265 *das Tagewerk meiner Hände* – «Die Welt als Wille und Vorstellung» erschien 1818 in Leipzig bei Brockhaus.
nel bel paese ... – (ital.) in dem schönen Lande, wo (nur) das Ja erklingt.
zu Michael – zu Michaelis, d. h. im Herbst (29. September).
Helvetius – Claude Adrien Helvetius (1715–1771), französischer Enzyklopädist, materialistischer Philosoph.
Brockhaus – Friedrich Arnold Brockhaus (1772–1823), gründete 1805 den Verlag F. A. Brockhaus in Amsterdam, übernahm 1808 das «Konversationslexikon»; seit 1810 in Altenburg, seit 1817/18 in Leipzig.

Fr. Laun, Schopenhauer und Schlenkert

Fr. Laun, Memoiren, Dritter Teil, a. a. O., S. 78ff.

266 *Passow* – Franz Ludwig Karl Friedrich Passow (1786–1833), 1807–10 Gymnasiallehrer in Weimar, seit 1815 Professor der klassischen Sprachen in Breslau.

K. Förster, Gespräche mit Hegel

K. Förster, Biographische und literarische Skizzen aus seinem Leben, a. a. O., S. 176ff.

267 *Dr. Hase* – Heinrich Friedrich Hase (1789–1842), Inspektor in der Antikensammlung.
Aristoteles – (384–323 v. u. Z.), griechischer Philosoph.
Böttiger von Hegel scharf mitgenommen – Auch in Hegels «Ästhetik», Dritter Teil, Einleitung, Berlin und Weimar 1976, S. 14f., heißt es: «Böttigers Herumtatscheln an den weichen Marmorpartien der weiblichen Göttinnen gehört nicht zur Kunstbeschauung und zum Kunstgenuß.»

K. A. Böttiger, Washington Irving

Jean Pauls Sämtliche Werke, Briefe, Achter Band, a. a. O., S. 464.

268 *Washington Irving* – (1783–1859), erster amerikanischer Schriftsteller von internationalem Rang, wohnte 1822/23 im Hotel de Saxe am Neumarkt.

G. Nieritz, Oktober 1806

G. Nieritz, Selbstbiographie, a. a. O., S. 49 ff.

271 *meine Mutter* – Johanna Rahel, geb. Böttcher (1773–1828).
Adjutant von Funck – Der spätere Generalleutnant.

272 *meinem «Jungen Trommelschläger»* – «Der junge Trommelschläger», Erzählung (1844).
Gasthofe Kammerdieners – In Neustadt, an der Straße nach Königsbrück.

273 *Thiard* – Kammerherr und Oberstleutnant.

274 *sizilianische Vesper* – Volksaufstand der Einwohner von Palermo im Jahre 1282, der zur Vertreibung der Franzosen aus Sizilien führte.

D. Stock, Napoleon

Deutsche Rundschau 8/1878, S. 467 f.

275 *längst gewünschte Frieden* – Der Tilsiter Friede war am 9. 7. 1807 geschlossen worden.
Tage, die Napoleon hier verweilte – Vom 18. bis 22. 7. 1807.

276 *unsern Karl* – Der Dichter Karl Theodor Körner.

Bei der Ankunft Napoleons des Großen

Sächs. Landesbibliothek Dresden, Hist. Sax. C 1697 misc. Friedrich August 1806–1811.

277 *Er kam* – Der Verfasser ist unbekannt, doch folgt dem Text ein mehrseitiges Gedicht von Karl August Engelhardt (Roos) zum gleichen Anlaß.
Gideon – Legendärer Führer Israels.

Publicandum

Sächs. Landesbibliothek Dresden, H. univ. B 80^{e} Proclamation 1807 bis 1809. Bl. 31.

277 *Publicandum* – Bekanntmachung.
Herzog von Auerstedt – Louis Nicolas Davout (1770–1823), Marschall Napoleons, seit 1806 Herzog von Auerstedt.

Fr. Laun, Der Imperator

Fr. Laun, Memoiren, Zweiter Teil, a. a. O., S. 139 f.

278 *An einen Felsen fest geschmiedet* – Die Verbannung Napoleons nach St. Helena.
Imperator Napoleon … – (lat.) Kaiser Napoleon, König von Italien.
I. N. R. I. – Jesus aus Nazareth, König (Rex) der Juden.

L. Geiger, Aus Alt-Weimar, a. a. O., S. 170ff.

281 *Friedrich Justin Bertuch* – (1747–1822), Schriftsteller, Verleger, Kaufmann, Schatullenverwalter des Herzogs Karl August. Rühle hatte enge Beziehungen zu Weimar und suchte sie über Bertuch für den «Phöbus» zu nutzen.

Der Herzog – Karl August von Sachsen-Weimar (1757–1828), seit 1775 Herzog, seit 1815 Großherzog.

der Prinz – Karl Bernhard, Karl Augusts zweiter Sohn (1792–1862).

Müffling – Friedrich Karl Ferdinand Freiherr von Müffling (1775–1851), zuletzt preußischer Generalfeldmarschall.

Rat wegen des «Phöbus» – Goethe hatte sich im Januar 1808 nicht abgeneigt erklärt, Beiträge zu liefern.

«Achilleis» – Der erste Gesang erschien 1808.

Chr. G. Körner, Österreichische und braunschweigische Truppen

Adam Müllers Lebenszeugnisse, Bd. I, a. a. O., S. 475f.

282 *Am Ende* – Karl Friedrich am Ende (1756–1810), General in österreichischen Diensten, besetzte im Juni 1809 Dresden.

Herzog von Braunschweig – Friedrich Wilhelm, Herzog von Braunschweig-Oels (1771–1815), verlor 1806 durch Napoleon sein Land; 1809 Führer einer Freischar, die sich im August bis Helgoland durchschlug und von den Engländern nach London gebracht wurde.

Fürst Clary – Wohl Karl Joseph Fürst von Clary (1777–1831), führte 1808 als Major ein Landwehrbattaillon.

Fürst Lobkowitz – Befehlshaber der böhmischen Landwehr, Kommandant von Dresden.

[A. Müller], Proklamation für den Stadtkommandanten

Adam Müllers Lebenszeugnisse, Bd. I, a. a. O., S. 478f.

283 *Adam Müller* – Er war der Verfasser dieser Proklamation und wurde bei der Rückkehr der französischen Truppen unter Napoleons Bruder Jérôme verhaftet; der sächsische General von Thielmann verhinderte jedoch eine Deportation nach Frankreich, indem er ihn aus Sachsen ausweisen ließ.

Sr. K. K. apostolischen Majestät – des Kaisers von Österreich: Franz I. (1768–1835), als Franz II. 1792–1806 letzter römisch-deutscher Kaiser.

ehemalige Alliierte – Zuletzt im Reichskrieg gegen Frankreich 1793–95.

der K. K. Truppen – der kaiserlich-königlichen (d. h. österreichischen) Truppen.

Das K. S. Truppenkorps – Das königlich-sächsische Truppenkorps.

Nachbarstaaten – Das benachbarte Böhmen gehörte zu Österreich.

feindlichen Anführer – Müller nennt Thielmanns Namen nicht.

Deutsche Rundschau, a. a. O., S. 478 f.

284 *lieber Cousin* – Friedrich Weber war Christian Gottfried Körners Cousin.

König Jérôme – Jérôme Bonaparte (1784–1860), Bruder Napoleons, 1807–13 König von Westfalen.

Julie – Julie Kunze (1786–1849), lebte nach dem Tod der Eltern als Pflegetochter im Hause Körner.

285 *«Demetrius»* – Letzter Dramenentwurf (Fragment) Schillers.

Oehlenschläger – Adam Gottlob Oehlenschläger (1779–1850), dänischer Etatsrat, Schauspieler und Dichter.

Coppet – Ort am Genfer See.

mein Bruder – Karl Theodor Körner.

D. A. Taggesell, Die «Totenköpfe» *

D. A. Taggesell, Tagebuch eines Dresdner Bürgers ..., a. a. O., S. 33.

Heldenruhm und eine Mahlzeit

Proclamationen, a. a. O., Bl. 69 und 97.

286 *Am Tage des Treffens* – die Schlacht bei Wagram am 5./6. Juli 1809.

Fr. Laun, Wie Guckkastenbilder

Fr. Laun, Memoiren, Zweiter Teil, a. a. O., S. 166 ff.

286 *nach dieser Abreise* – Der König war mit dem Hof am 16. April 1809 über Leipzig nach Frankfurt/M. gereist.

288 *Tedeum* – Dankgottesdienst.

K. W. Daßdorf, Ausdruck der allgemeinen Freude bei der Zurückkunft ... *

Proclamationen, a. a. O., Bl. 95 ff.

289 *Zurückkunft* – Der sächsische König Friedrich August I. kehrte am 6. 8. 1809 nach Dresden zurück. – Das Gedicht ist ein Zeugnis der offiziell erwünschten Unterwürfigkeit und Lobhudelei.

Salve, Sancte Parens ... – (lat.) Sei gegrüßt, heiliger [Landes-]Vater, und seid gleichfalls gegrüßt, Wiedergekehrte. Vergil.

reizend Tempe – Das in der Antike wegen seiner Naturschönheit gepriesene Tal des Peneios zwischen Olymp und Ossa wird hier mit Dresden gleichgestellt.

H. v. Kleist, Werke und Briefe in vier Bänden, a. a. O., S. 420f.

290 *Pendant zur Geschichte von Spanien* — Im Juli 1808 war dort nach der Besetzung durch französische Truppen ein Aufstand ausgebrochen, der sich zu einem Volkskrieg entwickelte, gegen den die Franzosen trotz militärischer Überlegenheit machtlos waren.

G. Parthey, Fürstentag 1812

G. Parthey, Jugenderinnerungen, erster Teil, a. a. O., S. 311ff.

291 *Tochter Marie Luise* — (1791—1847), seit 1810 zweite Frau Napoleons, nach dessen Sturz Großherzogin von Parma, seit 1822 verheiratet mit dem Grafen von Neipperg.

Enkel, den König von Rom — Napoleon Franz Joseph Karl, Herzog von Reichstadt (1811—1832), erhielt bei der Geburt den Titel eines Königs von Rom.

Luise Beatrix — Maria Ludovica Beatrix von Modena (gest. 1816); seit 1808 dritte Frau des Kaisers Franz I. von Österreich.

König von Preußen — Friedrich Wilhelm III. (1770—1840), König seit 1797.

des Kronprinzen — Friedrich Wilhelm (1795—1861), 1840—1857 als Friedrich Wilhelm IV. König von Preußen.

Hardenberg — Karl August Fürst von Hardenberg (1750—1822), preußischer Minister, seit 1810 Staatskanzler.

292 *mon cher Papa* — (franz.) mein lieber Papa.

*D. A. Taggesell, Jahr 1812**

D. A Taggesell, Tagebuch eines Dresdner Bürgers ..., a. a. O., S. 52ff.

292 *Graf Wrede* — Karl Philipp Graf von Wrede (1767—1838), bayrischer General, später Fürst und Feldmarschall.

293 *Baron Serra* — 1806—13 französischer Gesandter in Dresden.

Lossischen Palais — Nach 1764 von dem Diplomaten Johann Adolf Graf von Loss erbaut (Kreuzgasse 10).

L. Richter, Napoleon und die Folgen

L. Richter, Lebenserinnerungen eines deutschen Malers, a. a. O., S. 18ff.

294 *bei Lützen zum Nachteil der Alliierten* — am 2. Mai 1813, darauf Rückzug über Dresden nach der Lausitz.

der Vater — Carl August Richter (1770—1848), Radierer, Professor an der Kunstakademie.

W. Hottenroth, Kinderspiele

Woldemar Hottenroth, Das Leben eines Malers, a. a. O., S. 22ff.

296 *Geschichte der Heiligen Schrift* — Die Erzählung von der Speisung der Fünftausend durch fünf Brote und zwei Fische, Markus 6,30ff.

296 *Mosczynski-Schanze* – Schanze im Garten der Gräfin Friederike Alexandrine von Mosczynska, geb. von Cosel (1709–1784), einer Tochter August des Starken. Die Gartenanlage mit dem Rokokopalais befand sich vor dem Seetor in Höhe des Dohnaschen Schlages.
Heine – Gustav Heine (1802–1880), später Architekt, Professor.

G. Nieritz, Die Große Armee und die Russen

G. Nieritz, Selbstbiographie, a. a. O., S. 110ff. u. 116ff.
300 *Sacre nom de Dieu!* – (franz.) Im heiligen Namen Gottes!
Miséricorde! ... – (franz.) Barmherzigkeit! Im Namen Gottes, geben Sie mir etwas!

D. v. Miltitz, Das Schicksal unseres Vaterlandes

Otto Eduard Schmidt, Kursächsische Streifzüge. Dritter Band, Dresden 1924[3], S. 334f.
302 *Schicksal unseres Vaterlandes in Ihre Hände* – Der sächsische General Thielmann, Kommandant von Torgau, schwankte, ob er die strategisch wichtige Festung den Preußen übergeben sollte. Als Napoleon nach seinem Sieg bei Großgörschen (2.5.1813) den sächsischen König ultimativ aufforderte, in seine Hauptstadt zurückzukehren, ging Thielmann allein zu den Alliierten über. Torgau wurde mit seiner sächsischen Besatzung an die Franzosen übergeben.

Chr. G. Körner, Hoffnungen und Tränen

Briefe der Familie Körner, Deutsche Rundschau, a. a. O., S. 126f.
303 *Kommunikation ... ist nun frei* – Die Verbindung zwischen Dresden und Breslau, wo Weber seit 1811 als Professor der Land- und Staatswirtschaft lebte.
304 *Ernst Moritz Arndt* – (1769–1860), 1805 Professor der Geschichte in Greifswald. Flucht vor Napoleon, 1812 Privatsekretär des Freiherrn vom Stein in Petersburg, mit dem er nach Deutschland zurückkehrte. 1818 Professor der Geschichte in Bonn; 1820 als angeblicher Demagoge zwangsweise in Ruhestand versetzt. 1840 rehabilitiert. Rektor der Universität Bonn, Mitglied der Frankfurter Nationalversammlung.

E. M. Arndt, Unerfreuliche Reden

E. M. Arndt, Meine Wanderungen und Wandelungen mit dem Reichsfreiherrn Heinrich Karl Friedrich vom Stein, Hamburg 1912, S. 119ff.
304 *Quartier bei ... Körner* – auf der Moritzstraße.
Hier sah ich Goethen – am 21. April 1813.

In Rußland und Sachsen 1812–1815, a. a. O., S. 321 f.

306 *Schwägerin und ... Tochter* – Dora Stock und Emma Körner.

nicht ohne eigene Schuld ... relegiert – 1810 nach wiederholten Schlägereien, u.a. mit adligen Studenten.

Tugendbund – Patriotischer «sittlich-wissenschaftlicher» Verein, 1808 in Königsberg gegründet hatte, etwa 300–400 Mitglieder, wurde Ende 1809 vom preußischen König aufgelöst.

Schlacht bei Lützen – (Großgörschen) Am 2. Mai 1813 besiegte hier Napoleon die Verbündeten.

307 *Finanzrat von Schönberg* – Moritz Haubold von Schönberg (1770–1860).

Batowski – Alexander Graf von Batowski, polnischer Oberjägermeister, früher Gesandter in Mitau.

W. v. Kügelgen, Goethe am Fenster

W. v. Kügelgen, Jugenderinnerungen eines alten Mannes, a. a. O., S. 122 ff.

308 *Blücher* – Gerhard Leberecht Blücher, Fürst von Wahlstatt (1742–1819), preußischer Generalfeldmarschall, volkstümlichster Heerführer der Befreiungskriege.

Tschernyschew – Alexander Iwanowitsch Fürst Tschernyschew (1779–1857), russischer General und Diplomat, vertrieb Februar 1813 die Franzosen aus Berlin. – Am 14. 3. erreichte die russische Vorhut Dresden-Neustadt, am 19. wurde die Elbbrücke gesprengt, am 22. besetzten die Russen die Neustadt, am 27. die Altstadt.

Einzug der Monarchen – Am 24. 4. 1813 kamen König Wilhelm III. und Zar Alexander I. nach Dresden.

Cortege – (franz.) Gefolge.

309 *eine unbekannte Dame* – Sara von Grotthuss, geb. Meyer (gest. 1828), eine Base der Rahel Levin.

310 Epitheton – (griech.) Beiwort, hier: Erklärung.

die Rüstkammer miteinander besehen – Vermutlich bei Goethes Aufenthalt im September 1810. Er saß Gerhard von Kügelgen hier zum zweiten Male Modell zu dem Porträt (zuvor im Winter 1809/10 in Weimar).

J. W. Goethe, Tagebuch, April 1813

Goethes Werke, III. Abt., Tagebücher, 5. Band, Weimar 1893, S. 35 ff.

311 *Frau Geh. Rat von Goethe* – Goethes Frau Christiane, geb. Vulpius (1765–1816).

Verlohren – Heinrich Ludwig von Verlohren (1750 oder 1751–1832), seit 1806 Geschäftsträger der Ernestinischen Höfe in Dresden, zuletzt Oberst und Legationsrat.

Hofmarschall von Ende – Friedrich Albrecht Gotthelf Freiherr von Ende (1755–1829), seit 1807 sächsischer Hofmarschall des Erbprinzen von Sachsen-Weimar und der Großfürstin Maria Pawlowna.

Herr von Nolten – Russischer Offizier.

«Cosi fan tutte» – Oper Mozarts, Goethe ging nach der 5. Szene im I. Akt.

Frau von Burgsdorff – Charlotte Wilhelmine Sophie von Burgsdorff, geb. von der Lochau

(1793–1863), Frau des sächsischen Staatsbeamten Ludwig Christoph von Burgsdorff (1774–1828).

311 *Forstrat Cotta* – Heinrich Cotta (1763–1844), Begründer der forstlichen Lehr- und Forschungsstätte in Tharandt.

H. G. v. Carlowitz, Anblicke des menschlichen Elends

O. E. Schmidt, Drei Brüder Carlowitz, a. a. O., S. 120 ff.

312 *Jeanette von Carlowitz* – geb. von Schönberg-Pfaffroda (1780–1826), seit 1801 mit Hans Georg von Carlowitz verheiratet.
Biedermann – Traugott Andreas Baron von Biedermann (1743–1814), Geh. Finanzrat in Dresden.

Fr. Laun, Könige und Kaiser

Fr. Laun, Memoiren, Zweiter Teil, a. a. O., S. 222 u. 228 f.

313 *Vier Tage nach dem Einrücken der Franzosen* – Am 12. Mai 1813.

314 *«A Votre Roi! ...»* – (franz.) «Zu Ihrem König! Sagen Sie ihm, er ist es, der Sachsen gerettet hat!»
mauvais esprit – (franz.) schlechte Gesinnung.
«Faites l'imprimer!» – (franz.) «Lassen Sie es drucken!»
«M'avez Vous compris ...» – (franz.) «Haben Sie mich verstanden, Herr Bürgermeister?»

J. W. Goethe, Tagebuch, August 1813

Goethes Werke, III. Abt., Tagebücher, 5. Band, a. a. O., S. 67 ff.

314 *Tagebuch, August 1813* – Goethe reiste am 18. 8. ab.
Wolfskehl – Christian Friedrich Karl von Wolfskehl (gest. 1844).
Peucer – Heinrich Karl Friedrich Peucer (1779–1849), Schriftsteller, Weimarischer Staatsbeamter.

315 *Hr. v. Heß* – Heinrich Freiherr von Heß (1788–1870), Hauptmann, später österreichischer Feldmarschall.
Talma, Batiste, Michot, Michelot – französische Schauspieler.
Eisbude – Die ehemals Busettische Eisbude («Grüne Bude») am Anfang der Neustädter Hauptallee.
dem Kaiser begegnet – Napoleon.
König von Neapel – Joachim Murat (1771–1815), König von Neapel seit 1808, zuvor französischer Reitergeneral; wurde im Oktober 1815 in Italien standrechtlich erschossen.
Henry de Hess Capitaine ... – (franz.) Heinrich von Heß, Hauptmann im Gefolge seiner Majestät des Kaisers von Österreich.

E. T. A. Hoffmann, Tagebücher, hg. von Friedrich Schnapp, München 1971, S. 269 ff.

315 *Feier des Napoleonsfestes* — Napoleons 44. Geburtstag war am 15. August. Da der Waffenstillstand mit den Alliierten am 10. ablief, wurde die Feier vorverlegt.

verließ der Kaiser ... die Stadt — Er wandte sich gegen die schlesische Armee unter Blücher.

Österreich ... beigetreten — Die Kriegserklärung erfolgte am 11. 8. 1813.

316 *Retirade der Franzosen* — Blücher war an der Bober vorgedrungen, hatte sich jedoch dem Kriegsplan entsprechend wieder nach Schlesien zurückgezogen.

vom Sande — nördlich der Neustadt.

23. Größere Unruhe — Seit dem 22. August überschritt das Hauptheer der Verbündeten den Erzgebirgskamm zum Angriff auf Dresden.

Tirailleurfeuer — Schützenfeuer.

vom Walle bei dem Theater — Die Secondasche Truppe spielte nicht mehr im Theater am Linckeschen Bade, sondern im sog. Morettischen Theater am Schloß.

Viktoria geschossen — Am 21. hatte Napoleon bei Plagwitz (Schlesien) über die Preußen und Russen gesiegt. Er zog nun nach dem gefährdeten Dresden.

VM ... NM. — Vormittags, nachmittags.

Schauspieler Keller — August Keller (gest. nach 1841), 1812—14 Mitglied der Secondaschen Gesellschaft, seit 1820 am Hoftheater Dresden.

319 *Mezzane* — (Mezzanin) Zwischengeschoß zwischen Erdgeschoß und erstem Stock.

(Zu bemerken: ...) — Von Hoffmann an den Rand des Manuskripts geschrieben.

320 *bonum commune* — (lat.) gemeinsames Gut.

321 *wie gut war es, daß ich* — Die Niederschrift endet mitten in der Zeile. Hoffmann war offensichtlich beim Schreiben gestört worden. Den Plan, die Ereignisse bis zur Kapitulation am 14. 11. 1813 zu erzählen, gab er auf. Am 15. 2. 1814 beendete er die Erzählung «Der goldne Topf».

E. T. A. Hoffmann, In dieser düstern verhängnisvollen Zeit

E. T. A. Hoffmanns Briefwechsel. Gesammelt und erläutert von Hans von Müller und Friedrich Schnapp. Erster Band, München 1967, S. 407 ff.

321 *Carl Friedrich Kunz* — (1785—1849), Weinhändler in Bamberg, seit 1813 Verleger und Inhaber einer bedeutenden Leihbücherei.

Morgenroth — Franz Anton Morgenroth (1770—1847), preußischer Beamter, seit 1810 Mitglied, seit 1838 Konzertmeister der Dresdner Hofkapelle, vertrauter Freund Hoffmanns.

«Magnetiseur» — Die Erzählung «Der Magnetiseur», am 19. 4. 1813 begonnen und am 19. 8. vollendet, erschien 1814 im zweiten Band der «Fantasiestücke in Callots Manier».

322 *die Fortsetzung* — der «Fantasiestücke».

ein Märchen — «Der goldne Topf».

Gozzi — Carlo Graf Gozzi (1720—1806), italienischer Dramatiker.

Faffner — Die Anspielung konnte nicht entschlüsselt werden.

«Iphigenia» — Glucks Oper wurde am 20. und 22. 8. 1813 gespielt.

«Faniska» — Oper von Luigi Cherubini (1760—1842), Aufführung wohl erst am 6. 11. 1813.

«Sylvana» — Carl Maria von Webers Oper von 1812 wurde Anfang September 1813 einstudiert.

322 «*Cortez*» – «Ferdinand Cortez», Oper von Gasparo Spontini (1774–1851).
Billett an Nikomedes – Am Schluß des «Magnetiseurs».
Schuberts Ansichten – «Ansichten von der Nachtseite der Naturwissenschaft», ein bedeutsamer Beleg für die Wirkung von Gotthilf Heinrich Schuberts Buch.
Der Kaiser ... ging ... fort – Am 15. 8. 1813, seinem Geburtstag, verließ Napoleon Dresden.
intaxable – nicht einschätzbar.
324 *da ich einsitzen mußte* – Wegen eines Durchfalls konnte Hoffmann nicht das Haus verlassen.
Addio mio ... – (ital.) Leb wohl, bester Freund.

G. Nieritz, Hunger

G. Nieritz, Selbstbiographie, a. a. O., S. 141 ff.

*D. A. Taggesell, Jahr 1813**

D. A. Taggesell, Tagebuch eines Dresdner Bürgers ..., a. a. O., S. 162 f., 188 f., 227.
329 *unglückliche Schlacht* – Der sächsische König war am 19. Oktober in Leipzig zum Kriegsgefangenen erklärt und am 23. nach Berlin gebracht worden.

Kapitulation

E. T. A. Hoffmanns Tagebücher, a. a. O., S. 437 f.
328 *Klenau* – Johann Graf von Klenau (1755–1819), österreichischer General der Kavallerie. Den 35 000 Soldaten unter Saint Cyr war freier Abzug zugesichert worden; doch wurden sie sogleich noch Verlassen der Stadt zu Gefangenen erklärt.

G. v. Kügelgen, Befreiung

Dresdner Geschichtsblätter, Nr. 1/1926, S. 119.
329 *Ballenstedt* – Die Familie Kügelgen wohnte bei Caroline Bardua.
330 *der gute Fürst* – Friedrich Franz Leopold III. (1740–1817), regierte seit 1758 in Anhalt-Dessau, seit 1807 Herzog.
Erbprinzessin von Weimar – Maria Pawlowna, Großfürstin von Rußland (1786–1859), seit 1804 mit Karl Friedrich, Erbprinz von Sachsen-Weimar, verheiratet. Tochter Pauls I. von Rußland.

E. T. A. Hoffmann, Freiheit!

E. T. A. Hoffmann, Briefwechsel, a. a. O., S. 417 f.
331 *meine Frau* – Michaelina, geb. Rorer-Trzińska (1778–1859), seit 1802 mit Hoffmann verheiratet.

J. J. Vieth v. Golßenau, Auszüge aus den Papieren eines alten Sachsen. In: Mitteilungen des Vereins für Geschichte der Stadt Meißen, 8. Band, 2. Heft, Meißen 1911, S. 151 ff.

332 *Johann Justus Vieth von Golßenau* – (1770–1853), 1812–15 sächsischer Generalmajor im Generalstab; unter dem Generalgouvernement Chef der Landesbewaffnung und des Generalstabs; Freund Christian Gottfried Körners und des Generals Thielmann. – Sein hier wiedergegebener «Entwurf der Note: An Se. Majestät den Kaiser von Rußland, den Baron von Stein und Fürst Hardenberg, im Dezember 1813 zu Frankfurt am Main» zeigt Schwierigkeiten und Engagement der sächsischen Patrioten, die sich besonders gegenüber dem Freiherrn vom Stein zu behaupten hatten.

334 *Fürst Repnin* – Nikolai Gregorjewitsch Fürst Repnin-Wolkonski (1778–1845), russischer Generalmajor, 1813/14 Generalgouverneur der Alliierten in Sachsen.

L. Seidler, Ein furchtbarer Morgen

Erinnerungen der Malerin Louise Seidler, a. a. O., S. 112 f.

334 *nach unserer Ankunft* – Ende Mai 1814.

D. A. Taggesell, Summarische Übersicht ... *

D. A. Taggesell, Tagebuch eines Dresdner Bürgers ..., a. a. O., S. 226.

PERSONENVERZEICHNIS

LITERATURVERZEICHNIS
(Auswahl)

C. W. Böttigers Geschichte von Sachsen. Zweite Auflage, bearbeitet von Th. Flathe, 2 Bände, Gotha 1870.

Bruford, Walther H., Die gesellschaftlichen Grundlagen der Goethezeit, Weimar 1936.

Deutsche Geschichte in Daten (Autorenkollektiv), Berlin 1967.

Doering-Manteuffel, Hans Robert, Dresden und sein Geistesleben im Vormärz. Ein Beitrag zur Geschichte des kulturellen Lebens in der sächsischen Hauptstadt, Dresden 1935.

Dresdner Geschichte der Stadt in Wort und Bild (Autorenkollektiv, Leitung Rudolf Förster), Berlin 1984.

Engelsing, Rolf, Der Bürger als Leser. Lesergeschichte in Deutschland 1500–1800, Stuttgart 1974.

Forberger, Rudolf, Die industrielle Revolution in Sachsen 1800–1860, 2 Bände, Berlin 1982.

Geismeier, Willi, Die Malerei der deutschen Romantiker, Dresden 1984.

Hantzsch, Adolf, Hervorragende Persönlichkeiten in Dresden und ihre Wohnungen. Mitteilungen des Vereins für Geschichte Dresdens, Heft 25, Dresden 1918.

Kiesel, H./Münch, P., Gesellschaft und Literatur im 18. Jahrhundert. Voraussetzungen und Entstehung des literarischen Marktes in Deutschland, München 1977.

Kötzschke, Rudolf/Kretzschmar, Sächsische Geschichte. Werden und Wandlungen eines deutschen Stammes und seiner Heimat im Rahmen der deutschen Geschichte, Frankfurt/M. 1965.

Krüger, Hermann Andreas, Pseudoromantik. Friedrich Kind und der Dresdener Liederkreis. Ein Beitrag zur Geschichte der Romantik, Leipzig 1904.

Lindau, M. B., Geschichte der Haupt- und Residenzstadt Dresden von der frühesten bis auf die gegenwärtige Zeit, 2 Bände, Dresden 1859 und 1862.

Löffler, Fritz, Das alte Dresden. Geschichte seiner Bauten, Leipzig 1982^{6}.

Neidhardt, Hans Joachim, Die Malerei der Romantik in Dresden, Leipzig 1976.

Prause, Marianne, Carl Gustav Carus. Leben und Werk, Berlin (West) 1968.

Sächsische Landesbibliothek Dresden, Verstorbene Schriftsteller (Belletristik), Publizisten und Philosophen Dresdens (Manuskript), Dresden 1981.

Schmidt, Gerhard, Die Staatsreform in Sachsen in der ersten Hälfte des 19. Jh., Weimar 1966.

Schmidt, Otto Eduard, Fouqué, Apel, Miltiz. Beiträge zur Geschichte der deutschen Romantik, Leipzig 1908.

Stulz, Percy/Opitz, Alfred, Volksbewegungen in Kursachsen zur Zeit der Französischen Revolution, Berlin 1956.

Thalmann, Marianne, Ludwig Tieck. Der romantische Weltmann aus Berlin, München 1955.

Volk, Waltraud, Historische Straßen und Plätze in Dresden, Berlin 1975.

ABBILDUNGSVERZEICHNIS

Textteil

Nach Seite 48

Nach Seite 112

Nach Seite 160

Nach Seite 208

(80) Selbstbildnis von Daniel Nikolaus Chodowiecki (sitzend), im Vordergrund links Bildnis des Archäologen Philipp Daniel Lippert, unten Vignette mit Ansicht von Meißen. Radierung (1790)
(81) Anton Graff, Selbstbildnis im hohen Alter. Gemälde (1805/06)
(82) Adrian Zingg. Zeichnung von Carl Vogel von Vogelstein
(83) Theodor Körners Eltern Christian Gottfried Körner und Marie Jakobine Stock vor der Verheiratung. Miniatur, Silberstiftzeichnung von Dora Stock (1786)
(84) Caspar David Friedrich, Selbstbildnis. Holzschnitt
(85) Philipp Otto Runge, Selbstbildnis. Zeichnung (1806)
(86) Dorothea Stock, Selbstbildnis. Gemälde (um 1800)

Nach Seite 288

(87) Das Hoftheater in Dresden (Morettisches Theater), erbaut 1746, abgebrochen 1840. Aquarell
(88) Dresden von der Gegend des Holzplatzes. Geätzt und gemalt von A. L. Stein (1776)
(89) Das «Hotel de Pologne» auf der Dresdner Schloßgasse. Kolorierter Umrißstich von Johann Carl August Richter
(90) Das Sächsische Ingenieurkorps in Dienstuniform vor dem Japanischen Palais und dem Weißen Tor. Kolorierter Kupferstich (1791)
(91) Palais im Großen Garten mit Schlittenfahrt und Eislauf. Kolorierter Stich
(92) Südliche Ansicht von Dresden um 1800
(93) Dresdner Bürgergendarmerie 1809
(94) Innenansicht des Saales des Opernhauses am Zwinger anläßlich des am 24. Mai 1812 aufgeführten Konzerts zu Ehren Napoleons. Kolorierter Stich

Nach Seite 320

(95) Karikatur auf Napoleon. Kolorierter Stich
(96) Napoleon am 10. August 1813 auf der großen Ostrawiese
(97) Aussicht vom Moreau-Denkmal in Dresden. Zeichnung von Ludwig Richter
(98) Napoleon auf der Rückkehr aus Rußland in Dresden anlangend (1812). Zeitgenössische Darstellung
(99) Erste Attacke der russischen Jäger auf die verschanzte französische Batterie am Großen Garten am 26. August 1813. Zeitgenössische Radierung
(100) Elbübergang französischer Truppen am 10. Mai 1813 unter den Augen Napoleons. Nach Bilderbogen III Zur Geschichte der Dresdener Elbbrücke aus Doktor Schäfers Chronik
(101) Die ersten Kosaken an der Löbtauer Weißeritz-Brücke im August 1813. Zeitgenössisches Aquarell
(102) Empfang des Kaisers von Rußland und des Königs von Preußen durch Geistlichkeit und Rat am Schwarzen Tor in Dresden am 24. April 1813. Kolorierte Zeichnung

Für den Schutzumschlag wurde das Gemälde «Die Frauenkirche zu Dresden» von Bernardo Bellotto, gen. Canaletto, verwendet, für das Vorsatzblatt die Sepiazeichnung «Blick auf Dresden 1815» von Adrian Zingg.

Die Bildvorlagen stellte die Sächsische Landesbibliothek Dresden, Abteilung Deutsche Fotothek, zur Verfügung bis auf die dem Archiv des Verlags der Nation entnommenen Abbildungen.

Die Genehmigung zur Veröffentlichung erteilten:

Die Staatlichen Kunstsammlungen Dresden, Kupferstichkabinett, für die Abbildungen 1, 3, 5, 6, 10, 11, 12, 14, 15, 16, 19, 36, 44, 51, 52, 57, 58, 59, 60, 61, 70, 71, 75, 80, 82, 84, 86, 89, 94, 97 sowie für das Vorsatzblatt.

Die Staatlichen Kunstsammlungen Dresden, Gemäldegalerie Alter Meister, für die Abbildungen 24, 32, 56, 65, 66, 68, 81.

Die Sächsische Landesbibliothek Dresden, Abteilung Deutsche Fotothek, für die Abbildungen 7, 8, 9, 13, 25, 28, 30, 33, 35, 42, 46, 47, 48, 49, 53, 54, 62, 63, 64, 69, 74, 78, 90, 91, 92, 99, 102 sowie für den Schutzumschlag.

Das Institut und Museum für Geschichte der Stadt Dresden für die Abbildungen 17, 22, 29, 31, 37, 40, 67, 72, 73, 76, 77, 79, 83, 86, 87, 88, 93, 95, 96, 98, 101.

Das Institut für Denkmalspflege Dresden für die Abbildungen 2, 41.

Das Institut für Volkskunde Dresden für die Abbildung 4.

Das Staatsarchiv Dresden für die Abbildung 26.

Die Staatlichen Museen zu Berlin, Kupferstichkabinett und Sammlung der Zeichnungen, für die Abbildung 23.

Frau Ilse Eichler, Coswig, für die Abbildung 100.

Bildarchiv Verlag der Nation Berlin für die übrigen Abbildungen (Fotoarbeiten: Ewald/Dietz Verlag).

ZUR TEXTGESTALTUNG

Diese Auswahl und Ordnung der Texte wendet sich an Leser, die an geschichtlichen und kulturgeschichtlichen Problemen Dresdens zwischen 1760 und 1815 interessiert sind, dafür aber nicht vorgebildet sein müssen. Sacherläuterungen sollen ihnen darum Hilfen geben, ohne in einem engen Sinne anzuleiten oder gar eine persönliche Lesart ersetzen zu wollen. Die Interpunktion wurde modernisiert, ebenso — unter Beibehaltung lautlicher Besonderheiten — die Orthographie. Die Überschriften wurden, der literarisch-ästhetischen Intention dieses Buches entsprechend, nach Möglichkeit dem Text entnommen; Kürzungen innerhalb der Texte wurden mit ... vermerkt, nicht jedoch solche am Anfang und Ende.

Mein Dank gilt zuerst meiner Frau, ohne deren Mitarbeit dieses Buch kaum zustande gekommen wäre, ferner der Sächsischen Landesbibliothek Dresden und der Bibliothek der Sektion Philosophie und Kulturwissenschaften der Technischen Universität Dresden, dem Staatsarchiv Dresden, der Forschungsgemeinschaft zur Kulturgeschichte des Dresdner Raumes beim Rat des Bezirks, deren Kolloquien zahlreiche Anregungen vermittelten, und den Herren Wolfgang Heckel, Adorf, Joachim Lindner und Bruno Brandl vom Verlag der Nation.

Die Angaben zu den Eltern von Gustav Nieritz verdanke ich den genealogischen Untersuchungen von Herrn Eberhard Stimmel, Dresden.

INHALT

Die Dresdner

Öffentlichkeit

Gerechtigkeit

Sprache

Männerstolz und Königsthrone

«An die Freude»

Gehorsam und Ungehorsam

Galeriegespräche

Universalpoesie

Bücher

Klassisches und Romantisches

Der Dramatiker

«Und ich begehre, nicht schuld daran zu sein»
1806–1813

Anhang